6訂版

消防設備がマスターできる！
消防設備アタック講座〔上〕

【連結送水管／連結散水設備／消防用水／非常コンセント設備／漏電火災警報器／非常警報設備／消防機関へ通報する火災報知設備／誘導灯／無線通信補助設備／避難器具／屋内消火栓設備／屋外消火栓設備／動力消防ポンプ設備／性能規定を導入／住宅用防災機器】

高木　任之　著
小林　恭一　監修

近代消防社　刊

改訂版の刊行にあたって

　平成24年、本書の著者、高木任之さんが亡くなられました。

　本書は、昭和61年の初版以来、予防行政や消防設備関係の仕事に携わる皆さんに長い間読み継がれて来ました。

　高木さんは、建設省からの交流人事の初代補佐として昭和46年から2年間消防庁に出向されました。その後、両省庁で消防法・建築基準法両法令の解釈・運用に携わった経験と知識を活かし、「消防・建築法規のドッキング講座」をはじめ、多数の著書を執筆されています。その博覧強記と軽妙洒脱な文体は、一種の「高木ワールド」とも言えるもので、消防関係者を中心に今も多くの読者を惹きつけています。

　その高木さんに、数年前から「俺もそろそろ歳だから、万一の時には頼むぞ」と、本書の継続に助力するよう、何度も冗談めかして言われていました。「何を気弱なことを」とそのたびに返していましたが、昨年の暮れに病床から真剣な依頼があり、まさか、と思いつつお引き受けすることにしました。「これで安心した」と震える文字でお葉書をいただいたのが最後のやり取りになりました。

　この種の法令解説は、日々改正される条文や通知を確実にフォローしていないと、すぐに陳腐化してしまいます。まして、消防用設備等の法令だけでなく構造なども含め広く解説している本書は、情報を収集するだけでも大変な苦労だと思います。現役を離れて長かった高木さんが、初版から何度も改訂を重ね出版を続けられたことには頭が下がります。

　高木さんと違って退官まで消防庁に在籍し、消防法の性能規定化など数々の法令改正を手がけた私ですが、今は学究の身になっています。法令や行政の世界から少し離れているため、変化にどうやってついくかが問題ですが、近代消防社が全面的にバックアップしてくださるということですので、その面では安心しています。

　高木さん独特の視点と語り口をうまく引き継いでいけるかどうかも課題です。愛読者の一人としても、あの「高木ワールド」を遺しつつ、今後も長く消防・消防設備関係の皆さんのお役に立てて頂けるよう、微力を尽くしていきたいと考えています。

　平成27年6月

東京理科大学大学院
国際火災科学研究科教授
博士（工学）小　林　恭　一

は　じ　め　に

　消火設備は火災予防の武器であるから、予防担当者としては、何としてもこれを勉強しマスターしておかなければならぬ。ま、そこで勉強をしてみるのだが、仲々これを攻略するのは困難のようである。敵は手ごわいぞ！
　そこで作戦をたてる。先ず**法令**を読む。その**解説書**を読む。判らない用語は、**用語事典**を調べてみる。作戦は、そのとおりで良いのだが、世の中そんなに甘くない。「どうもいかん、解説書は読んだけれども、何か今一つ、よう判らん。解説書の解説というものはないのかな。」などとボヤキ始める。そのうちにイライラしてくる。いわゆる欲求不満の徴候が現れてきたりするんですね。しかし、そんなことで消防の将来はどうなるのか。「もう勉強は止めた」では済まされん。
　そこで、もう一度「アタック」です。何が何でも、今度こそ消防設備をマスターするぞ、と決意も新たに**アタック**しましょう。
　ただ若干の作戦のたて直しをしてみる必要がありそうです。消防法令の順に、消火器、屋内消火栓設備という攻め方ではなく、設備の中で最も簡単なもの、判りやすそうなものからアタックし、或る程度の実力（自信）がついたら、次第に高級なものへと駒を進め、そして最期には消防設備を一挙にマスターするという作戦です。
　さて、話はそのように上手く進むかどうか。一つ、私も気持ちを新たにして、消防設備にアタックしてみます。ドッキング講座同様この**「アタック講座」**をよろしくお願いいたします。
　なお、この講座は、かつて、雑誌「近代消防」に連載したので、内容は予防を担当する若い消防職員の方を対象として執筆しましたが、初心の設計者、設備業者の方にも役立つことと思います。広く入門書として活用されるようお願いします。
　　平成 11 年 10 月

高　木　任　之

◇本書の内容

◇6訂版の内容は、平成27年3月の法令に準拠しています。

＝ 目　　次 ＝

はじめに

第1章　連結送水管 …………………………………………………………………… 1

連結送水管とは………連結送水管の必要性………連結送水管の設置………連結送水管の送水口・放水口………乾式の送水管と湿式の送水管………連結送水管の配管………結合金具の規格………結合金具に接続する消防用接続器具………放水口の位置はどこが良いのか………消防法施行令第32条の特例適用………11階以上の階に設ける連結送水管………70mをこえる高層階には………連結送水管の総合操作盤………検定と消防設備士………（参考）ＳＩ単位

第2章　連結散水設備 …………………………………………………………………… 17

連結散水設備のあらまし………ヘッドの開放型と閉鎖型………連結散水設備の設置と免除………散水ヘッドの設置を要しない部分………連結散水設備の送水口・送水区域………連結散水設備の配管………散水ヘッド（開放型）数と管口径………散水ヘッドの設置………散水ヘッドの基準………連結散水設備の総合操作盤………消防法施行令32条の特例適用………点検上の要点………検定と消防設備士

第3章　消防用水 …………………………………………………………………… 31

水は優れた消火剤………消防用水をどのようにして確保するか………消防用水の必要性………消防用水の設置………2棟以上の建築物がある場合………消防用水の必要とする有効水量………消防用水の水量についての運用………吸管投入口など………消防用水の点検………空調用蓄熱槽水の消防用水としての利用………検定と消防設備士

第4章　非常コンセント設備 …………………………………………………………………… 43

非常コンセント設備とは………発電設備からコンセントまで………非常コンセント設備のあらまし………非常コンセント設備の設置・配置………非常コンセント設備の設置・規格………非常コンセント設備の回路………非常コンセント設備の電源・非常電源の附置………非常コンセント設備の総合操作盤………点検上の要点………検定と消防設備士

〔附録〕電線の耐火保護と耐熱保護………耐火保護・耐火電線………耐熱保護・耐熱電線………（参考）光ファイバーケーブルの耐熱性能………（参考）建築基準法上の電線・配電………非常電源の概要

目　次

第5章　漏電火災警報器 …………………………………………………………… 61

漏電火災警報器という名前から………火災危険以外の漏電だってキャッチできる………漏電火災警報器と漏電遮断器の違い………設備と器具の違い………ラス・モルタル塗りとは………ラスモルタル塗り壁の火災の特色………設置対象の防火対象物………ラスモルタル部分が僅かでも必要か（運用）………部分により構造が異る場合の設置の要否………契約電流容量50アンペアをめぐる質疑………電気設備の安全ー漏電の防止………どうすれば漏電を発見できるか………零相変流器の発明………零相変流器の構造を、もう少し詳く………接地線と接地工事………漏電火災警報器の設置上の基準………漏電火災警報器の規格省令を読むと………変流器の機能・構造（屋内型と屋外型）………変流器の機能・構造（貫通型・分割型）………変流器の機能・構造（互換性型・非互換性型）………変流器の定格電流値………受信機の機能・構造（遮断機構の有無）………受信機の機能・構造………自主表示ラベル………交流電源の配電方式について………変流器の設置………受信機の設置………漏電火災警報器を設置した後のテスト………作動するが誤作動でないかと思うときは………受信機の感度調整………漏電火災警報器の試験器によるテスト………音響装置のテスト………漏電火災警報器が作動したら………検定と消防設備士

第6章　非常警報器具・非常警報設備 ……………………………………………… 111

火災の発生と情報伝達システム………非常警報器具の設置………非常警報設備の設置………非常ベルと自動式サイレンの基準………非常ベル等のシステムと点検………非常警報設備についての令第32条の適用………放送設備の設置対象………放送設備の技術基準………非常警報設備の基準によれば………音声警報音による放送………音圧の単位・デシベル………非常警報設備の配線・電源………非常警報設備の総合操作盤………消防設備士・検定………緊急地震速報に対する措置

第7章　消防機関へ通報する火災報知設備 ………………………………………… 139

消防機関への火災通報の現状………火災報知機の現状は………非常通報機とは………消防機関へ通報する火災報知設備の基準………火災通報装置とは何か

第8章　誘導灯・誘導標識 …………………………………………………………… 147

誘導灯及び誘導標識のあらまし………非常用の照明装置との関係………誘導灯及び誘導標識の設置対象………誘導灯を設置しなくても良い部分………誘導灯の明るさの種類（A級・B級・C級）有効範囲………誘導灯及び誘導標識の基準………設置場所に応じた誘導灯………誘導灯はどこに設置するのか………誘導灯・誘導標識の設置事例

………誘導灯に設ける非常電源の容量等………誘導灯の非常電源は内蔵か別置か……
………ルクス（照度）とルーメン（光束）………点滅機能又は音声誘導機能を有する誘導
灯………蓄光式誘導標識の基準・効果………誘導灯の点灯・消灯………誘導灯点検…
……誘導灯設置後の周囲の状況の変化に注意………誘導灯の設置・維持………誘導灯
の総合操作盤………誘導灯の表示・検定・消防設備士

第9章　無線通信補助設備 ……………………………………………………………… 201

地下街での無線通信を補助する設備………無線通信補助設備の基準………無線通信補
助設備の総合操作盤………消防設備士・検定………（参考）有線通信と無線通信

第10章　避難器具 …………………………………………………………………………… 207

避難器具の必要性………避難器具の種類とその適応性………避難器具設置上の共通基
準・個別基準………避難ロープの基準………すべり棒の基準………すべり台の基準…
……避難用タラップの基準………避難橋の基準………避難はしごの基準………緩降機
の基準………救助袋の基準………設置・維持基準の細目による開口部の大きさ等……
…設置すべき避難器具の数・種類………第1号の防火対象物における避難器具………
第2号の防火対象物における避難器具………第3号の防火対象物における避難器具…
……第4号の防火対象物における避難器具………第5号の防火対象物における避難器
具………避難器具設置数の減免………減免措置（その1～7）………避難器具の点検…
……検定と消防設備士

第11章　屋内消火栓設備 …………………………………………………………………… 251

屋内消火栓設備の役割・使用方法など………屋内消火栓設備の設置と免除………耐火
構造・耐火建築物………準耐火建築物………不燃材料・準不燃材料・難燃材料………
指定可燃物………1号消火栓と2号消火栓及び広範囲型2号消火栓………天井設置型
消火栓について………易操作性1号消火栓について………屋内消火栓設備に必要な水
量と水圧………必要な水圧を得るための3つの方法………マサツ損失水頭の求め方…
……屋内消火栓箱に関して………配管に関連して………可とう管継手の設置基準……
…合成樹脂パイプを消火設備の配管に使用する場合には………建築基準法施行令の規
定との関係………高架水槽方式（加圧送水装置）………圧力水槽方式（加圧送水装置）
………ポンプ方式（加圧送水装置）………ポンプの設置………ポンプの専用………ポ
ンプの能力………ポンプの原動機………ポンプの起動装置………吸水管（サクション
パイプ）………呼水装置………ポンプに設ける計器（圧力計・連成計）………水温上
昇防止装置（逃し配管）………ポンプの性能テスト用配管………内燃機関を原動機
とする加圧送水装置………屋内消火栓設備の総合操作盤………パッケージ型消火設備に

目　次

　　　よる屋内消火栓設備の代替………検定と消防設備士

第12章　屋外消火栓設備 ……………………………………………………… *307*

　　屋外消火栓設備の特色………屋外消火栓設備の設置対象防火対象物………屋外消火栓設備の設置を要しない部分………屋外消火栓設備の基準………屋外消火栓設備の総合操作盤………検定と消防設備士

第13章　動力消防ポンプ設備 …………………………………………………… *317*

　　動力消防ポンプとは………動力消防ポンプ設備の機能………動力消防ポンプの放水量と水源………可搬消防ポンプ等の維持管理………検定と消防設備士………（参考）動力消防ポンプのテスト

補講－1　消防用設備等へ性能規定を導入 ……………………………………… *323*

　　性能規定の導入………性能規定化には、どのような効果があるか………消防法改正のポイント………改正後の消防法施行令第32条（基準の特例）を読んでみる………「特殊消防用設備等」に関する規定の新設………特殊消防用設備等の設置及び維持に関する計画（設備等設置維持計画）………総務大臣による「特殊消防用設備等」の認定手続き………必要とされる「防火安全性能」とは（ルートＢ）………消防設備士に関する規定の整備………消防機関の検査・消防設備士等による点検規定の整備………消防機関による措置命令規定の整備

補講－2　住宅用防災機器 ……………………………………………………… *337*

　　住宅にも防災機器の設置を義務づけ………住宅用防災機器の設置・維持に関する基準………市町村火災予防条例（例）で定める住宅用防災機器の設置・維持基準………確認申請・消防同意との関係………一住宅における火災の予防の推進

消防設備がマスターできる！

消防設備アタック講座〔下〕

＝目　　　次＝

第14章　消火器具（消火器・簡易消火用具）……………〔下〕　1
第15章　自動火災報知設備　………………………………〔下〕　41
第16章　スプリンクラー設備　……………………………〔下〕135
第17章　特殊な消火設備のあらまし　……………………〔下〕205
第18章　水噴霧消火設備　…………………………………〔下〕211
第19章　泡消火設備　………………………………………〔下〕221
第20章　不活性ガス消火設備　……………………………〔下〕235
第21章　ハロゲン化物消火設備　…………………………〔下〕261
第22章　粉末消火設備　……………………………………〔下〕281
第23章　ガス漏れ火災警報設備　…………………………〔下〕295
第24章　排煙設備　…………………………………………〔下〕331
第25章　建築物の防火区画と設備　………………………〔下〕359
第26章　総合操作盤　………………………………………〔下〕379

第1章　連結送水管

〔**参照条文**〕消防法施行令第29条、消防法施行規則第30条の4、第31条

●連結送水管とは

　連結送水管から始まる設備の解説というのは、誠にユニークと思われるかも知れないが水系統の消火設備関係では、これが最もシンプル（簡素）なものだと思うので、先ずこれを取り上げてみた。以下、このテンで進むのでよろしく。

　連結送水管のことを昔は「サイアミーズ・コネクション」といった。もっと正確にいうと、連結送水管全体のことではなく、双口形の送水口のことをいうのである。ビルの送水口に、**サイアミーズコネクション**と表示のある送水口を見かけることもある。

　「サイアミズとは、どんな水か」と聞いた人がいるが、これは決して水の種類ではない。英語では（Siamese Connection）と書く。このサイアミーズというのは、シャムの国のという意味である。シャム人という意味もある。現在のタイ国を、かつては「シャム」といった。タイ国の航空会社にエアー・サイアム（Air Siam）という会社があった、それはその名残りであろう（**第1図参照**）。

　つまり「連結送水管」とは高層建築物などで火災が発生した際に、消防隊が双口形の送水口から水を送り、消火活動するために使用する施設のことをいうのである。

●連結送水管の必要性

　連結送水管は、文字通り、建築物内に消防用水を供給するための**送水管**である。消防隊がホースを延伸しなくても、あらかじめ建築物に設置しておいた送水管に水を送りこんでやれば、必要な階の放水口から消防用水を得ることができる。**連結**というのは、消防ポンプ自動車から送水を受けるため連結する**送水口**や、建築物内部で消防ホースを連結するための**放水口**を有するからである。

　建築物の高層階から出火した場合に、消防ポンプ自動車が外部から放水して消火活動に当るとともに、建築物内部に進入して注水する消火活動も重要である。そんな

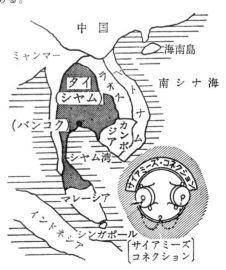

第1図　シャムは「タイ王国」の旧名

第1章　連結送水管

場合に地上から各階へホースを何本も延伸するのは大変であるから、あらかじめ建築物内に設置しておく送水管を使用すれば、容易に各階の放水口から取水することができる。(**第2図参照**)。

これは火災の初期において寸刻を争う消火活動を、より迅速に行うために重要なことである。建築物の所有者にしてみれば、それだけ速やかに消火活動のサービスを受けられることになる。従って、この設備は、建築物の関係者が消火活動に利用するためのものではなく、専ら消防隊が消火活動に使用するための施設、そこで「**消火活動上必要な施設**」に分類されている。しかし、ねらいは、消火にあることに違いはない。

● **連結送水管の設置**

連結送水管は、そのようなわけで、高層建築物とか地下街のような防火対象物に設置する。具体的には次の防火対象物である(**第3図参照**)。

・地上階数が **7以上**の建築物
・地上階数が **5又は6**で、延べ面積が **6,000㎡**以上の建築物
・延べ面積が **1,000㎡**以上の地下街
・延長が**50m**以上の**アーケード**
・道路の部分を有する防火対象物

若干の説明をすれば、地上階数が5階以上の建築物に設置すべきところ、5階建と6階建の建築物に限っては、延べ面積(建築物の各階の床面積の合計)が6,000㎡未満の規模のものを免除しているのだ、と考えてもよい。

注)設置対象となる建築物は、前記のとお

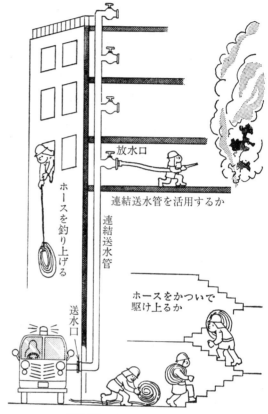

第2図　連結送水管の活用

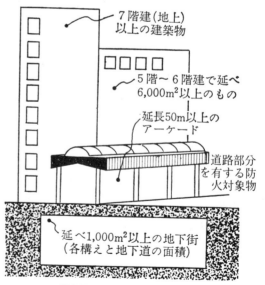

第3図　連結送水管の設置

第1章　連結送水管

りだが、これ以外の建物にも火災予防条例により設置を義務づけている都市がある。設置が必要となった場合、送水口は3階以上の階に設置を要することになる。

　地下街の延べ面積には、地下道部分の面積も算入される。建築基準法上は、各店舗等の構えの部分だけが延べ面積になるが、消防法上は、地下道部分を含むことに注意すること。

　アーケードについて「延長50m以上」としたのは、もともと消防法施行令別表第1⒅項のアーケードは、延長50m以上のものに限定しているためである。普通、その別表第1では、用途だけを定めており、規模については定めていないが、このアーケードに関しては異例である。なお、この⒅項について言えば、消防用設備の義務づけは、この連結送水管のみである。これも珍しい。

　また、**道路部分**というのは、防火対象物の中を道路が貫通するような特殊のケース。道路と建築物を一体として建設することができるように、道路法が改正されたので、それにあわせて、平成2年に追加されたもの。

●連結送水管の送水口・放水口

　連結送水管の送水管のことを、**主管**という。この主管の内径は**100mm以上**のものと定められている。管が細いと水量が不足するためである。なお、この内径はフォグガン等（定格放水量が200ℓ／分以下のもの）のみを使用する場合には、特例が設けられている（**9頁参照**）。この管には、水を送りこむための**送水口**（受け口）と、水を放水するための**放水口**とが設けられる。ここでのポイントは、これら送水口、放水口の**結合金具の規格**である。これらの結合金具は、どの消防隊の使用するホースにも、キッチリ適合するものでなければならない。折角、送水管を設けていても、ホースがつながらないのでは話にならない。ねじの切り方にも、何種類もあるからね。そこで、結合金具は、自主表示の対象になっているので、**規格省令**（平成25年総務省令23号）に適合するものでなければ使用できない（詳しくは**16頁参照**）。

　口金の**口径**は、送水口、放水口とも「呼称65」に統一してある。消防隊の使用するいわゆる2インチ半（約65㎜）のホースに合わせてあるのだ。なお、放水口の口径は消防機関により、別途の口径を指定することもできる。その場合は、当然にその指定された口径によらなければならない。

　送水口には、建築物の**外壁**に埋め込んで設けるタイプのものと、**スタンド型**といって地上へ突出したものとがある。どちらであっても差しつかえない。だが、送水口は、いずれも**双口形**のものでなければいけない（**第4図参照**）。

　ホースの接続口は、**高さ**についての規定がある。それによると、地上**0.5mから1m**の範囲とされている。これは、放水口についても、同様に床面からの高さが0.5～1mと定められている。高すぎても、低すぎても使いにくいからだ。

　それから、送水口の設置位置については、消防ポンプ自動車が容易に接近できるように道路等に面していて判りやすく使用に便利な場所としなければならない。

　なお、送水口は、送水管の**立管**の本数以上を設けなければならない。立管が2本であれば2本以上の

第1章　連結送水管

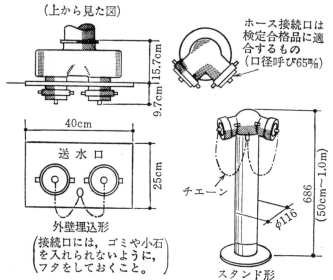

第4図　双口形送水口

送水口を設ける必要がある。

　また、送水口は、立管ごとに専用でなく、どの送水口から送水を始めても各放水口が使用できるよう相互に配管（**ヘッダー**という。）で連絡しておく。送水口には「送水口」という**標識**を設ける。

　一方、放水口は、建築物の各地上階に設ける。といっても1階及び2階には必要がないので**3階以上の各階**に設けることになる。**地下街においては各地階**というとになる（第5図参照）。

　その、それぞれの階の階段室、非常用エレベーターの乗降ロビー等に**放水口**を設ける。法令の表現によると「その他これらに類する場所で消防隊が有効に消火活動を行うことができる位置」でもよい。

　なお、配置上の基準としては、放水口を中心として**半径50mの円**（アーケード又は道路では半径25mの円）で、建築物又は道路の各部分が覆われるように配置する。普通であれば大体、各階1ヵ所（従って立管は1本）で済むが、大きな規模のビルでは、立管が2本以上必要となることがある。その場合

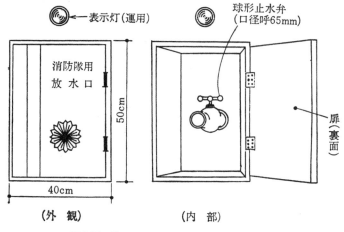

第5図　単口形放水口（3階以上の階に設置）

は、送水口も立管の数以上が必要となる。

また、法令には特段の定めがないが、屋上に**テスト用の放水口**を設けるのが通例である。これがないと送水テストのやりようがない。そりゃ、無理すれば各階でもやってできないことはないが、火事でもないのに屋内を濡らすことになってしまう。屋上だったら防水もしてあることだし、最頂部でもあるから水圧のテストをするのにも向いている。

放水口は、通常幅40cm、高さ50cm程度の**放水口箱**に納める。その扉に「放水口」の**標識**を設ける。
　注)「放水口」と書かなくても、消防のマーク（直径10cm以上）を付ければよい、とする運用を行っている消防機関もある。これは消防隊の専用設備であることから、消防機関が認めれば、それでもよい。

表示灯（赤色灯）は、規定にないから、無くても違反にはならないが、消防機関によっては設置するよう指導している。

わざわざ別に設けるのも大変だから、設置する場所を考えれば、屋内消火栓とか自動火災報知設備の発信機等に設ける赤色灯と兼ねることもできる。

●乾式の送水管と湿式の送水管

連結送水管には**湿式**と**乾式**との区別がある（**第6図参照**）。

乾式の場合には、通常放水管内はカラッポであって水は充満していない。アーケードのように水源を持たない場合には、乾式にするより他に方法がないが、通常は消防機関の指導もあって**湿式**とすることが増えている。特に高層建築物（高さ70m以上）の場合には、湿式でなければ認めていない。湿式というのは、常時、管内に水が満たされているから、送水時に管内空気の圧縮による、いわゆるウォーターハンマーが生じないという利点がある。

乾式の連結送水管の場合、普段は放水口のバルブ（放水口）を開けても水が出ないから子供達がいた

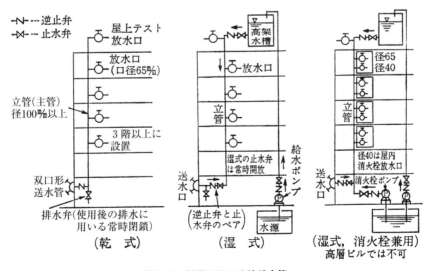

第6図　10階以下の連結送水管

第1章　連結送水管

ずらして、あちらこちらの放水口を開けてしまうことがある。これは公団住宅などではよくあることだ。普段はそれでも気がつかないが、イザ送水というときに、あちらこちらの階の放水口から一斉に水を噴いて大騒ぎとなることがある。そこで消防隊員が階段をかけ上って各階の放水口のバルブを閉めてまわるハメとなる「だから、連結送水管を使うのはイヤだよ。」というボヤキも聞こえてくる。これは管理をシッカリしておけば防げる。

ついでに、若干管理上のポイントを述べれば、乾式の連結送水管には、最下部に必ず排水弁が設けられている。これは使用後に管内の水を抜くために設けられているものであるから、通常時に必ず閉鎖しておかなければならない。そうでないと送水時に、水は排水弁からすべて洩れてしまう。

送水口には、乾式、湿式いずれにも、**逆止弁**が設けられている。英語ではノン・リターン・バルブ（チャッキ・バルブ）という。一たん送り込んだ水が逆流しないために設けられるものである。送水口の内部に設けられているから（乾式であれば）指先で押してみると判るように、通常は閉鎖しているが、水圧をかけると開いて通水する。しかし、通水を止めると、すぐに閉まって水を逆流させない（**第7図参照**）。

逆止弁(Non-Return Valve)

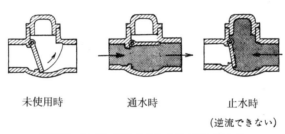

未使用時　　　通水時　　　止水時
　　　　　　　　　　　　（逆流できない）

第7図　スイング型（バタフライ型）逆止弁

逆止弁があるから、ポンプで圧送するのを中止しても水は逆流しないが、逆に後から管内の排水ができない。そこで排水弁が必要になる。

　注）消防用水には、必ずしも水道水ばかり使用するとは限らない。汚水が使用されることもある。そこで、連結送水管を使用した後は、一たん排水することが必要となる。

なお、**逆止弁**は、双口形送水口の各送水口ごとに設けてあるから、一方の送水口から送水を始めても、もう一つの送水口から水が噴出することはない。従って、一つの送水口から送水を中止することなしに、もう一つの送水口からの送水を始めることができる。

ところで湿式の場合は、主管内に水が充満しているが、それは送水口のところまで水が来ているのではなく、屋内に別の**逆止弁**が**止水弁**（仕切弁）とセットになって設けられている（**第8図参照**）。この場合は止水弁の方が内側（水のある側）に設けられている。これは、もしも逆止弁の具合が悪くなった場合に、逆止弁より手前の方（水のある方）で水を止めないことには、修理の方法がないためである。そのように、湿式の場合は逆止弁と止水弁とはペアで設けるのが常識となっている。ここで、最も重要なことは、この止水弁は修理の場合に閉めるだけで、**平常時は必ず開けておかなければならない**という

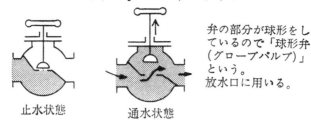

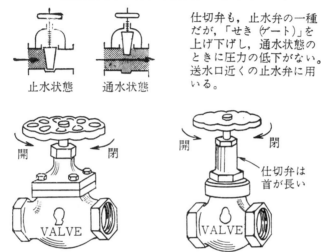

第8図　止水弁のいろいろ

こと。これが閉まっていたとすると、イザという場合に、いくら消防ポンプで送水しても水は入っていかない。また、間違いのないように「常時開放」とでも書いた札でもブラ下げておくことだ。これも点検をするときのポイントの一つだね。

　湿式の場合の水源には高架水槽などが用いられる。その場合、高架水槽と主管の間にも逆止弁と止水弁のセットが設けられる。この場合は、高架水槽から配管に水が流入するが、送水口から送水した場合に水が高架水槽へ入ることを防ぐためのもの。従って逆止弁の方向は反対になる。この場合の止水弁は、高架水槽からの水を止めて修理するため、逆止弁よりも高架槽側に設ける。この止水弁も常時開放でなければならない（**第6図参照**）。

　湿式としても、連結送水管の水は、もともと消防ポンプ自動車から供給されるべきものであるから、そのために高架水槽に**水源の水量**をすべて確保しておく必要はない。その点が屋内消火栓設備と異なる。

　そう言えば、放水口の高さが31m以下のものは運用として、**屋内消火栓設備**と高架水槽や立管の**共用**を認めていることがある。この場合、立管の径は当然、計算上必要な径以上としなければならない。また、屋内消火栓箱内に、連結送水管の放水口も設けられることとなるから、扉には「屋内消火栓」の標

第1章　連結送水管

識とともに「連結送水管放水口」の標識も必要となる（**第9図参照**）。

●連結送水管の配管

　連結送水管の配管は、**専用**とするのを原則とする。ただし、連結送水管の使用時に、その性能に支障のない場合は、前記のように**共用配管**とすることができる。

　　注）消防機関によっては、立管の共用を50mまで認める場合がある。

　配管の径は消防法施行令第29条では単に主管の内径は**100㎜以上**とのみ規定されているが、消防法施行規則では、さらに加えて「水力計算により算出された配管の呼び径」とすることとされている（消防法施行規則第31条第5号ホ）。

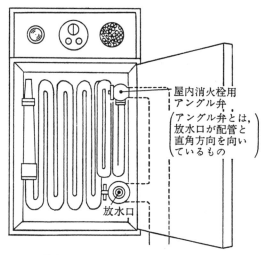

第9図　屋内消火栓箱に設けた放水口

　これは、本来、消防隊の行う消火活動においては比較的多量の**棒状放水**（呼称65のホース使用）を行うことを前提として前記のように主管の径を100㎜以上と定めているのであるが、近年**水損防止**の観点から高圧小水量の放水用器具（いわゆる「**フォグガン**」）の使用が一般的となって来た。

　そこで、消防長・消防署長が、その位置、構造及び設備の状況並びに使用状況から判断して、フォグガン等の**霧状放水器具**（定格放水量が200ℓ／分以下のもの）のみを使用すると指定した防火対象物にあっては、主管の内径を**水力計算**によって算出し、必要とする管径以上と緩和してもよい（消防法施行規則第30条の4第1項）。このように消火活動上必要な施設の一つである連結送水管は、消防隊の活動方針と密接な関係があるのです。

　配管の材質についても規定されている。当然、送水圧力に耐えるものでなければならない。そのため、**設計送水圧力**の1.5倍の水圧に耐えられなければならぬ。高層建築物で、途中階にブースターポンプを

設けて加圧するときは、その吐出側の配管耐圧力は、**締切圧力**の1.5倍の圧力に耐えるものとする。
> 注）設計送水圧力とは、ノズルの先端における放水圧力が0.6MPa（メガパスカル）以上（又はフォグガンを使用するとして消防機関が指定した放水圧力）となるように送水したときの送水口における圧力をいう。MPaについては後述（**16頁参照**）。

品質で表わせば、JIS G3442、G3448、G3452、G3454、G3459に適合する管又はこれらと同等以上の強度、耐食性及び耐熱性を有する管とする。ときには、設計送水圧力が1 MPaを超えることもあるが、そのときはJIS G3448、G3454に適合する管のうちの呼び厚さスケジュール40以上若しくはG3459に適合する管の内呼び厚さスケジュール10以上又はその同等品でなければいけない。

それに応じて、**管継手及びバルブ**の品質についても規定が設けられている。詳しくは消防法施行規則第31条第5項ハ及びニを参照して下さい。

開閉弁及び**止水弁**には、その**開閉方向**が表示してあり、**逆止弁**には**流れの方向**を表示してあるものを用います。

加圧送水装置（ブースターポンプ）の吸水側には止水弁を、吐出側には逆止弁と止水弁とを設けておきます。

●結合金具の規格

消防用水ホースに使用する結合金具には、**ねじ式**のものと**差込式**のものとがある。消防用吸管に使用する結合金具は、ねじ式に限られている（**第10図参照**）。

いずれも、差し口（オス）と受け口（メス）との組合せで一対をなすことから、これを**カップリング**という。**差込式**は、ねじを用いず、簡単に着脱ができる点に特色がある。日本人の発明によるもので、発明者の名をとって町之式ともいう。

消防機関によっては、そのいずれか一方を好む傾向があるらしいが、法令上は、そのいずれを用いても差支えないことになっている。まあ、わざわざ消防機関の嫌がる方式のものを使うこともないので、そこら当りは、事前に打合せて設置することが多い。

しかし、結合金具の二つの方式が認められる以上、そのために消火活動に支障があってはならないので、消防機関の方で、いずれの結合金具にも対応できる互換性のある兼用金具（アタッチメント）を用意しているはずである。

方式の違いは別として同じ方向であってもねじ山の切り方が少しでも違っていては困る。そこで消防用のホースや吸管の使用する結合金具はすべて、統一された規格に合格したものでなければ使用してはならないことにしている。当然、連結送水管の送水口や放水口に使用する結合金具も、その統一された規格（規格告示平13消防庁告示第37号及び平25消防庁告示第2号）に適合するものでなければならない（消防法施行規則第31条第3号）。

消防用ホース及び吸管の規格省令は「消防用ホースに使用する差込式又はねじ式の結合金具及び消防用吸管に使用するねじ式の結合金具の技術上の規格を定める省令」（平25総務省令23号）がある。

第1章　連結送水管

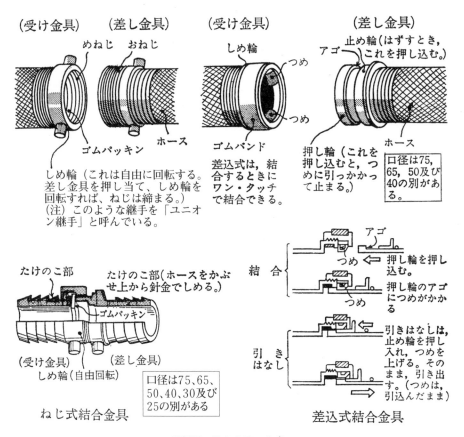

第10図　結合金具の方式

　消防関係者であれば、その使用方法や構造は良く知っていると思うので、詳細は省略するが、その概要は図を参照して下さい（**第10図参照**）。

●**結合金具に接続する消防用接続器具**

　差込式結合金具（消防用ホース）及び**ねじ式結合金具**（消防用ホース・消防用吸管）は、技術上の規格に適合する機械器具等対象（自主表示）となっているが、不思議なことに、それに接続する**消防用接続器具**（管そう、スムースノズル、噴霧ノズル、媒介金具及びスタンドパイプ）は、対象とはなってはいないという。しかし、接続するという点では、その重要性は何ら変るものではない。そこで消防庁では止むを得ず、これらの消防用接続器具についても、結合金具の規格省令（平成25年総務省令第23号）と同様の技術基準（平５・６・30消防予第197号・**結合金具に接続する消防用接続器具の構造・性能等に係る技術基準**）を定めて、その基準に基づき**日本消防検定協会**が品質評価を行っている。合格品には

適合マークを刻印することとしている。

●放水口の位置はどこが良いのか

先程、結合金具の方式にも、消防機関によって好き嫌いがあるようだと書いたが、この連結送水管の放水口の設置位置についても、消防機関によって、いろいろと指導に違いがあるようである。

規定のうえでは、放水口は「階段室、非常用エレベーターの乗降ロビーその他これらに類する場所で**消防隊が有効に消火活動を行うことができる位置に設けること。**」とさりげなく書いてあるが、これは苦心の作であるといえる。何故かというと、この連結送水管の放水口のみならず、非常コンセント設備や屋内消火栓等の設置すべき位置については、特別避難階段の附室又は非常用エレベーターの乗降ロビーのような安全区画の内部とすべきか、それとも、それらの区画を出てすぐ近くの位置が良いかについての論争があるからである。これは何としたことか（**第11図参照**）。

先ず、**安全区画の内部**に設けるべきであるとする説。これは一般的にも常識的であって、これらの消防用設備を活用するためには、消防隊は先ず安全区画内で、これらの設備に消防隊所有の機器等を装着した後、安全区画を出て、一気に火を攻める。まあ、こういう考え方である。

現に建築基準法施行令第129条の13の3第3項第8号にも、非常用エレベーターの乗降ロビーは「屋内消火栓、連結送水管の放水口、非常コンセント設備等の消火設備を設置できるものとすること。」と規定されているではないか。

それに対して、**別の考え方**の人達は、安全区画内にそれらの設備があったのでは、それを利用してホースや電線をつないで消火活動をする場合に扉が開いてしまう。安全区画の扉にホースや電線がはさまっていれば、煙や火炎が遠慮なく入ってくるから、これでは、もはや安全区画の意味がなくなってしまう、というもの。これも聞いてみればモットモな話。引続き意見を聞いていくと、「建築基準法は建築

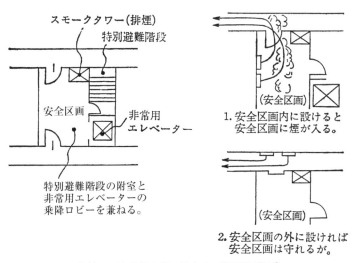

第11図 連結送水管の放水口の設置場所は？

第1章　連結送水管

基準法、それに何も、設置しなければならぬ、とは書いていない。設置することができるような構造にせよ、と言っているまでのこと。そこへ設けるかどうか、それは消防サイドで決めれば良いこと。」それはそのとおりである。

　　注）安全区画内に放水口等を設けた場合には、防火区画（特定防火設備・旧甲種防火戸）の下部に20cm角程度のホース通し用の小扉を設けるように指導しているため、そのため安全区画が役立たなくなるようなことは防止されている。これもチエの一つだね。

　それでは、一体どちらに設置すればよいのか。まあ、どちらか一方に決めるのはむづかしい。それぞれの消防機関の指導によって決めるのが一番でしょう。特に連結送水管の放水口や非常コンセント設備は、もともと消防の**消火活動上必要な施設**として設置するものですから。

　なお、**特別避難階段の付室**の構造等については、建築基準法施行令第123条第3項を、**非常用エレベーターの乗降ロビー**の構造等については、建築基準法施行令第129条の13の3第3項をそれぞれ読むか、又は拙著「**第3版 消防・建築法規のドッキング講座**」（158頁・178頁）を御覧下さい。

●消防法施行令第32条の特例適用

　連結送水管の設置について、消防法施行令第32条の特例を適用して差し支えないとした例規が2件ある。いずれも**日本住宅公団**（現　**(独)都市再生機構**）の共同住宅であるが、構造上、特異な構法を採用しているため必ずしも各階に連結送水管の放水口を設置することはできないものである（昭46・5・17付消防予第76号、昭48・2・23付消防予第31号）（**第12図参照**）。

●11階以上の階に設ける連結送水管

　11階以上の階には、一般に消防用設備の設置基準が強化される。ハシゴ付消防ポンプ自動車の能力と関連して定められるものである。連結送水管についても同様である。

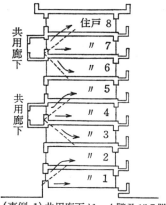
(事例-1) 共用廊下が，4階及び7階にしかない共同住宅では，放水口は共用廊下に設ければよい。

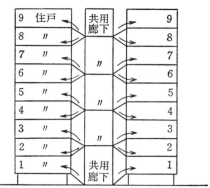
(事例-2) 共用廊下が，2階毎に1層しかないスキップフロアタイプの共同住宅では，放水口は共用廊下に設ければよい。

第12図　特殊な構造の共同住宅（公団）

先ず11階以上の階に設ける**放水口**は、**双口形**のものとしなければならなくなる。10階以下の階では、放水口は単口形のもので差支えないが、11階以上の階では、外部からのハシゴ車による放水が困難となるので、それだけ内部での消火活動に重点をおかなければならない。そこで、放水口を双口形とする。双口形といっても、一つの放水箱に、二つの放水口を設ければ足りる（**第13図参照**）。

それに加えて、放水用器具を格納した箱を付置しなければならない。ただし、必ずしも各階に**放水用器具格納箱**を設置しなければならないわけではなく、一の直通階段について**3階毎に1箇所**でよい（消防法施行規則第31条第6号ハ）。

当然のことながら放水口の近く（歩行距離で5ｍ以内）に設けなければならない。もっとも、屋内消火栓のように、それぞれ放水口にあらかじめホースや筒先を結合しておいてもよい。規定上は、格納箱には、放水用器具として、**長さ20ｍのホースを4本以上**、**筒先**（ノズル）**2本以上**を格納しておくこととなっている。格納箱には、その扉に「放水用器具格納箱」の標識を設けておく（**第14図参照**）。

なお、この**放水用器具格納箱**は、「**非常用エレベーターが設置されており、消火活動上必要な放水用器具を容易に搬送することができるものとして消防長又は消防署長が認める建築物**」については**設けないことができる**（消防法施行令第29条第2項第4号ハただし書、消防法施行規則第30条の4第2項）。

●70mをこえる高層階には

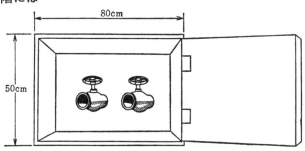

放水口を二箇設置する双口形放水口
第13図　双口形放水口の例

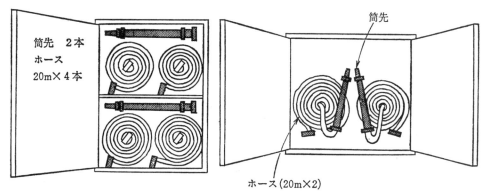

第14図　放水用具格納箱の内部（11階以上、3階毎）

第1章　連結送水管

建築物の高さが70mをこえる場合には、湿式とし、**加圧送水装置**（中継ポンプのこと、ブースター・ポンプともいう。）を設けなければならない。これは、消防ポンプの送水圧力を勘案してのことである。

水の重量は、比重が1であるから、深さ1cmについて1gとなる。1mでは100g、10mで1kgである。従って、消防ポンプの送水圧力を1.0〜1.1MPa（10〜11kgf／c㎡）とすると、水の高さ100mから110mの高さまで圧送できることになる。もっとも、これは理論上の話で、実際には、配管による**摩擦損失**があって、これより若干低くなる（配管による摩擦損失については、別に詳しく述べる機会がある（**277頁参照**）。

もっとも、そこまでは水が到達するとしても、最頂部では水圧は、零となるから放水圧力はない。もしも0.35MPaの放水圧力を必要とするのであれば、それよりも35m程低い位置で放水させなければならぬ理屈となる。そんなわけで、高さ70mを超えると中継ポンプが必要となる。

この加圧送水装置は、「火災の被害を受けるおそれの少ない箇所に、送水上支障がないように」設けることのほか、次のような規定に従って設けなければならない。

これは、屋内消火栓設備に加圧送水装置（ポンプ）の技術基準が設けられているから、ほぼそれに準じて

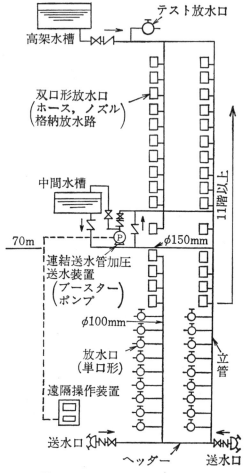

第15図　高層建築物における連結送水管

設ければよいことになる。ただし、このブースターポンプについては、いずれの放水口からも**毎分800ℓ以上**（フォッグガン使用として指定された防火対象物では水力計算に用いた量とする）を、**放水圧力0.6MPa**で放水できることが能力の目安となる。吐出量は、放水口を一斉に3個使用するものとして、2400ℓ以上の水を供給できるものでなければならない（立管ごとにブースターポンプを設けるときは、1600ℓ以上とする）。

　注）ポンプの全揚程（H）は、H＝h₁＋h₂＋h₃＋h₄で表わされる。ここでh₁は消防用ホースの、h₂は配管のそれぞれ摩擦損失水頭を、h₃は落差を、h₄はノズルの先端における放水時の水頭（一般的に60、消防機関が指定するときは、その水頭）を示す。

起動装置は、直接操作もでき、かつ送水口の直近又は中央管理室に設けられた操作部からの**遠隔操作**（リモート・コントロール）もできるようにしておく。

加圧送水装置の設置場所は、火災による被害を受けるおそれの少ない箇所とし、送水上の支障がないよ

う設置する。

加圧送水装置には、有効に**2時間以上**作動させられるような非常電源を設けなければならない。

貯水槽、加圧送水装置、非常電源、配管等は、**耐震的**に支障のないような措置を講じておく必要がある。

注）加圧送水装置の非常電源の設置の猶予期限は、平成4年5月31日とされている。
なお、2時間以上定格負荷で連続して運転できる性能、品質の自家発電設備としては、㈳日本内燃力発電設備協会の認定によるものがある。

●連結送水管の総合操作盤

高層建築物（地上15階建以上で延べ面積30,000㎡以上）、大規模建築物（延べ面積50,000㎡以上）等（消防法施行規則第12条第1項第8号）の防火対象物に設ける**連結送水管**（加圧送水装置を設ける場合に限る。）には、基準に適合する総合操作盤（平成16年消防庁告示第7号）を、消防庁長官の定める設置方法（平成16年消防庁告示第8号）に基づいて防災センター等に設けて、そこで当該設備の監視、操作等を行うことができるようにしなければならない。（消防法施行規則第12条第1項第8号の準用、同規則第31条第9号）

なお、この総合操作盤関係については、**当アタック講座〔下〕第26章　総合操作盤**を参照のこと。

この**連結送水管**について総合操作盤の表示項目、警報項目及び操作項目は、次の通り。
（表示項目）
　イ　加圧送水装置の作動状態及び電源断の状態
　ロ　中間水槽の減水状態
　ハ　総合操作盤の電源の状態
（警報項目）…なし
（操作項目）
　イ　加圧送水装置の遠隔起動
　ロ　警報停止

●検定と消防設備士

連結送水管に関連して、送水口及び放水口に使用する「差込式又はねじ式結合金具」は自主表示対象品目である。なお、11階以上の階に附置する放水用具のうち「消防用ホース」やその結合金具も、やはり自主表示対象品目である。

なお、連結送水管については、**消防設備士**による工事又は整備の対象となっていない。

注）結合金具については、前にも述べたように、送水口や放水口に用いるのも自体は、国家検定の対象になってはいないが、その規格に適合するものでなければならない。従って、検定・点検時には、消防ホースの結合金具と容易に着脱できるかテストをしておく必要がある。

第1章　連結送水管

(参考) SI単位

　計量法の改正により従前の力の単位又は圧力・応力の単位として用いられて来た**重量キログラム**(kgf)は、全面的にニュートン（N）又はパスカル（Pa）に移行することとなり、平成11年10月1日より施行されることとなりました。

　なにしろ、地球の引力（重力）に基礎を置く重量単位（kg）は、宇宙線内部では重力ゼロとなる程、頼りないもので、それを基礎として導き出される力、圧力、応力の単位は不確かなものとなります。そこで、このような重量系の単位を改めて、質量系のSI単位とすることにしたものです。質量は密度×体積として求められるので、宇宙空間にあっても不変だからです。

　さて、地球の重力加速度は980ガル程度であるため、力の単位ニュートン（N）は1 kgf＝9.8N≒10Nの関係となります。厳密には約2％の誤差が出ますが、そこは目をつぶって1 kgf＝10Nとして換算するのです。消防法令は、この考え方ですでに法令改正を済ませています。

　力の単位がニュートンに改められると圧力とか応力の単位も改められます。メートル法によって1㎡当り1Nの単位を基本として、これを**パスカル（Pa）**といいます。
すなわち

　　1 Pa＝1 N／㎡

となります。

　しかし、工学的にはこのままでは使いにくいので、これまで用いて来た単位（kgf／㎠）に近い単位に引下げる必要があります。そこで単位面積を㎠（1㎡＝100×100㎠）とし、一方1 N＝0.1kgと小さい単位ですのでこれを100倍してみます。すなわち、100Pa＝100N／10,000㎠、これを**1,000,000Pa＝100N／㎠**として**メガパスカル**（MPa）と呼びます。

　このメガパスカルを用いると、消火栓の放水圧力1.7kgf／㎠は0.17MPaとなります。放水圧力が6 kgf／㎠であれば0.6MPaとなる訳です。もちろん、これらの換算は、前記のように約2％の誤差は切捨ててあります。

　厳密な換算は下記の通りです。

〔力〕1 N＝0.101972kg，1 kg＝9.80665N

〔圧力・応力〕

　　1 Pa＝1.01972×10^{-8} kgf

　　1 kgf＝9.80665×10Pa

　　（1 Pa＝1 N／㎡，1 MPa＝100N／㎠）

〔接頭語〕

　　M（メガ）＝10^6

　　K（キロ）＝10^3

　なお、「消防用設備等に係る技術上の基準における計量単位のSI化について（平成9．5．14消防予第92号）」（通達）に詳しい解説がありますから、それを参照して下さい。

第2章　連結散水設備

> 〔参照条文〕消防法施行令第28条の2、消防法施行規則第30条の2、同第30条の2の2、同第30条の3

●連結散水設備のあらまし

　連結送水管の説明に続いて、次は連結散水設備にアタックしよう。この連結散水設備というのは、昭和47年の消防法施行令の改正により、新たに採用された地下室火災のための設備である。言うまでもなく地階において火災が発生すると、噴出する煙や有毒ガス、熱気等のため、消防隊は地階へ進入することが困難となり、火源に対して有効な注水を行うことができないなど、消火活動に支障を来たすことが多くなる。

　そのような場合、**スプリンクラー設備**のような自動式の消火装置が設けてあれば、大いに役立つであろうし、もしもその水源が枯れたときは、外部から消防隊が消防ポンプ自動車で送水をしてやることができれば、引続き天井のヘッドから放水を続けることができる。しかし、スプリンクラー設備は、その設置、維持に費用がかかり、各地階に設置を義務づけることはむずかしい。

　そこで自動的に火災を感知して消火するに至らなくても、先程書いた水源の枯れた状態のスプリンクラーヘッドでもよいから、あらかじめ地階の天井に設けてあれば、後は消防ポンプ自動車からの送水により天井から放水させることができるようになる。

　ま、そのような発想過程を経たんだろうと思うけれども、とにかく、**配管**と**ヘッド**だけは設置させて

第16図　連結散水設備は地階消火用の設備

第2章　連結散水設備

おく、**水源**は建築物の方で全部用意しなくてもよい。消防隊の方で送り込むという考え方の設備である（第16図参照）。

従って、消火設備には分類されず、**消火活動上必要な施設**に分類されている。そう言えば連結送水管をさらに一歩進めたというか、スプリンクラー設備とドッキングさせたというか、そんな感じのする設備である。

地上に設けられた**送水口**から、消防ポンプ自動車による送水を受けると、送水管を通じて水が送り込まれ、天井又は天井裏に設けられた**散水ヘッド**から送水する仕掛けである。従って、これも比較的簡易な構造の設備であると言える。

　注）連結送水管の放水口は、地下街には設置義務があるが、その他の地階には設置義務はない。この連結散水設備は、それに代わる地階向けの特殊な放水口と考えられないことはない。

● ヘッドの開放型と閉鎖型

散水ヘッドは、閉鎖型もあるが、通常、**開放型**のものを用いる。これは、連結散水設備は**乾式**を主体としているからである。送水を受けるとジョーロのように（実際はもっと激しく）ヘッドから散水が始まる。ところで地階の各ヘッドから直ちに全面的放水が始まると、火災の初期においては、かえって水損が多くなるおそれがある。

そこで**送水区域**を区分して、送水の選択ができるようにしている。一つの送水区域には**開放型ヘッド又は閉鎖型ヘッド**は**10箇以内**とし、各送水区域毎に送水口を設けるとか（この例は多い）、選択弁を用いて送水区域を選択することができるようにしている。

もちろん**閉鎖型スプリンクラーヘッド**を設けておいてもよい。閉鎖型スプリンクラーヘッドにしておけば、スプリンクラー設備のように火災による火熱を受けた部分のヘッドだけが開放されるため、散水も火災部分だけに限られ、それだけ水損が少なくなる、というメリットもでてくる。閉鎖型スプリンク

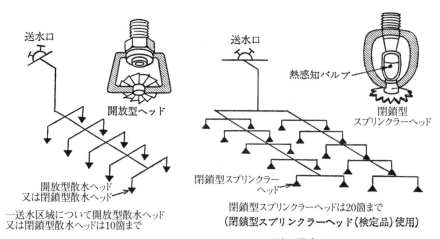

第17図　ヘッド数ごとに送水区域を区分

第2章　連結散水設備

ラーヘッドを用いる場合には、一つの送水区域に設けることができるヘッド数は**20箇**までと緩和される（**第17図**参照）。

●連結散水設備の設置と免除

連結散水設備は、用途に関係なく、**地階の床面積が700㎡以上**のものに設置する。**用途に関係なく**というのは、消防法施行令第28条の２第１項に「別表第１(1)項から(15)項まで、(16の２)項及び(17)項に掲げる防火対象物」と規定されているためである。(16)項のイ、ロ〔複合用途防火対象物〕及び(16の３)項だけが、一見除外されているようにみえるが、これは、これらの防火対象物は、それぞれ**構成用途毎**に法令の適用があるから、除外してもよいのである。これについては、消防法施行令第９条、同別表第１備考３を読むと、そのような意味のことが書いてあるのです。

一方、**設置免除**の規定としては「送水口を附置したスプリンクラー設備、水噴霧消火設備、泡消火設備、二酸化炭素消火設備、ハロゲン化物消火設備又は粉末消火設備」を設置した場合は、それらの設備の**有効範囲内**の部分については、連結散水設備の設置を要しないという趣旨の規定がある。

これらの自動式の消火設備が設置してあれば、むしろそのほうが優れているので、さらに重ねて連結散水設備を設置する必要はないのである。地階全部に設置してあれば、全く不要であるし、地階の一部にこれらの設備が設けてあれば、その**有効部分**については設置を要しないことになる。なお、少くとも、

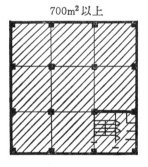

用途に関係なく700m²をこえる地階には連結散水設備を設ける。

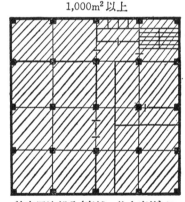

特定用途部分(店舗，飲食店等)が1,000m²をこえる地階にはスプリンクラー設備が必要である。

第18図　連結散水設備とスプリンクラー設備

特定用途部分が**1,000㎡以上**の**地階**には、スプリンクラー設備の設置が義務づけられていることをお忘れなく（消防法施行令第12条第１項第11号を参照のこと。）（**第18図参照**）。

なお、義務設置の場合に限らず、任意にスプリンクラー設備等を設けた場合も免除の対象になる。消防法施行令第28条の２第３項に「技術上の**基準に従い**、又は当該技術上の**基準の例により**設置したとき」と規定しているのは、技術上の基準に従って設置する**義務設置**の場合のみならず、技術上の基準の例に

第2章　連結散水設備

より設置した**自主設置**の場合においても、という意味である。法令上は、正確には、そのように書き分けるけれども、物体としての設置にしてみれば同じ基準に適合しているのだから、その性能に変りはないということになる。

ついでにもう一つ、この条文中で「**送水口を附置した**」という言葉がスプリンクラー設備だけにかかるのか、それともすべての設備にかかるのかという疑問。しかしねえ、粉末消火設備や不活性ガス消火設備にまで送水口を附置させる必要はないしなあ、そりゃ、スプリンクラー設備だけだろうよ、というのか大勢が占める解釈。このように法令にも、表現によっては、若干、解釈をまごつかせるものもあるが、ま、社会通念に従って常識的に解してよいのではなかろうか。

もっとも、スプリンクラー設備の基準（消防法施行令第12条第2項第7号）には「スプリンクラー設備には、(中略) 消防ポンプ自動車が容易に接近することができる位置に**双口形の送水口**を附置すること」という規定があるが、他の設備には、送水口の附置義務は見当らない。

それならば、基準に従って設置すれば、当然にスプリンクラー設備には、送水口を附置することが義務づけられているはずで、改めてここで「送水口を附置した……」とことわった意味は何か、と反論されそうだが、それは特にそこを強調し、念押ししたものという程度に考えておいて良いのではなかろうか。

　注）既存のスプリンクラー設備で送水口が附置されていない場合もあり得るので、緩和措置としては、このように送水口を附置したものだけに限定したものと思われる。

また**連結送水管**を設置し、あわせて**排煙設備**を設けた部分についても**連結散水設備**を設けないことができる（消防法施行令第28条の2第4項、消防法施行規則第30条の2の2）。

●散水ヘッドの設置を要しない部分

設備そのものの設置を要しない前記の場合と、単に**散水ヘッドのみ**の設置を要しない場合との違いは何か。似ているようでも法令的にはこれは違う。前記の場合には、連結散水設備に代る設備が設けられているため、連結散水設備の設置を必要なしとしたものだが、これから説明しようとするのは、別に代りの設備が設けられているわけではなく、本来であれば当然に連結散水設備を設けなければならないのだけれども、火災発生のおそれが少ないとか、散水をするとかえって危険を生じる電気室などに限って、ヘッドの取付けを免除するもの。

従って、前記は設備そのものの設置免除であるのに対して、ここで記すのは、ヘッドの取付け免除にしか過ぎないことになる。と言っても結果的にみれば、ヘッドが不要ならば、その部分に設備が設置されないのだから、全く同じようなものではないか。しかし、その設置不要とする考え方（理由）に違いがある。そこで法令上は書き分けているのである。

前置きはその程度として、実際に**散水ヘッドが不要**となるのは、次の部分である（消防法施行規則第30条の2）（**第19図参照**）。

・浴室、便所その他これらに類する場所（化粧室、洗濯場、脱衣場等）

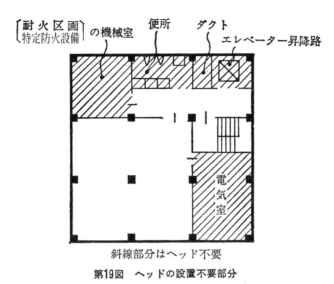

第19図　ヘッドの設置不要部分

- 発動機、変圧器その他これらに類する電気設備（蓄電池、充電装置、配電盤、開閉器等）が設置されている場所
- エレベーターの昇降路、リネンシュート、パイプダクトその他これらに類する部分（吸排気ダクト、メールシュート、ダストシュート、ダムウェータ昇降路等）
- 主要構造部を耐火構造とした防火対象物のうち耐火構造の壁、床又は自動閉鎖の**防火戸（遮炎性能のあるもの）**で区画された部分の**床面積が50㎡以下のもの**（**第20図**参照）。
- 主要構造部を耐火構造とした防火対象物のうち、**耐火構造の壁・床**又は自動閉鎖の**特定防火設備**で区画されたエレベーターの機械室、機械換気設備の機械室その他これらに類する機械室（ポンプ室、冷凍機室等）又は通信機器室、電子計算機室その他これらに類する室（電話交換室、電子計算機室、放

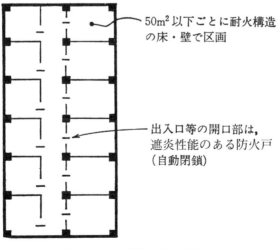

第20図　50㎡以下の防火区画

注）「遮炎性能のある防火戸」とは、旧甲種・乙種防火戸のことですが、住宅用の防火戸（準遮炎性能）は含まれません。

第2章　連結散水設備

送室、中央管理室等）

　　注）この後者の防火区画部分は、床面積の制限はないが、開口部の防火戸が**特定防火設備**に限定されていることに注意。

　これらの部分は、スプリンクラーヘッドの設置免除の規定（消防法施行規則第13条第3項）とのバランスをとって規定しているが、それかと言って全く同一でない点に注意。例えば階段室は、スプリンクラーヘッドの設置が免除されているが、連結散水設備のヘッドは、消火活動上の見地から必要とされる（昭49・4・2付消防安第34号）。

〔例規〕**金庫室**には散水ヘッドを設置しなくてもよい（昭54・6・22付消防予第118号）。

〔例規〕**レントゲン室等放射線源を使用し、貯蔵し、又は廃棄する室**には散水ヘッドを設けなくてもよい（昭50・6・16付消防予第14号）。

〔例規〕内装を下地とも不燃材料とした**地下鉄のプラットホーム**は、令第32条の適用により連結散水設備を設置しないことができる。ただし、連結送水管（放水口）を設けること（昭48・10・23付消防予第140号）。

●連結散水設備の送水口・送水区域

　この**送水口**の場合も、結合金具等は、連結送水管の送水口と基本的は同じであるので特に異なっている点のみを記す。

　先ず、基本的に**双口形送水口**とするが、小規模のもの（1送水区域の散水ヘッド数が4以下のもの）に限って**単口形の送水口**とすることができること。それから、送水口のホース接続口を地盤面上（高さ0.5～1m）の地上形の他、**地盤面下の埋込形**（深さ0.3m以内）を認めていること、である。これは、連結散水設備がもっぱら地階への送水を行うためのものであるための措置であろうか。しかし、連結送水管の場合でも、地下街の例があるが、地下埋込式の送水口を認めていなかった。

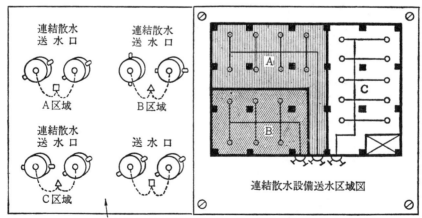

単に送水口と表示してあるのは、連結送水管の送水口である。
この場合は、各送水区域毎に送水口を有する例である。

第21図　連結散水設備の送水口と系統図

第2章　連結散水設備

　それから、送水口の標識には、「連結散水設備の送水口」である旨を表示しなければならない。ただし、連結散水設備の場合は、この他に**送水区域の系統図**（選択弁を設ける場合は選択弁を明示）もあわせて表示しておかなければならない（**第21図参照**）。

　この送水区域は、**散水ヘッド数**（開放型又は閉鎖型散水ヘッドは10箇以下、閉鎖型スプリンクラーヘッドは20箇以下）の制限があるほか、一斉放水による水損防止等を勘案して、**防火区画等を単位**に分割するとよい。なお、同一の送水区域内には、開放型散水ヘッドと閉鎖型散水ヘッドとを混在させてはならない。

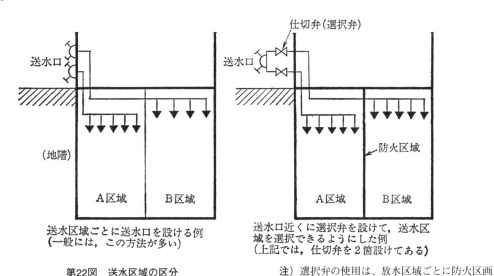

第22図　送水区域の区分

注）選択弁の使用は、放水区域ごとに防火区画されていること、というような条件付きでしか認めないことが多い。

　送水区域が2以上ある場合は、それぞれの送水区域ごとに送水口を設け、例えば、A区域、B区域というような区分を表示する。又送水口の近くに**選択弁**を設けて送水先の選択を行うことも認められている。ただし、この選択弁の方法によると、同時に複数の送水区域に送水することはできないものがある。**選択弁の構造**は特に定めていないが「送水区域が自由に選択できるもので、容易、確実に操作ができ、かつ、流水による障害を生じないもの（昭48・10・23付消防予第140号）」と示されている（**第22図参照**）。

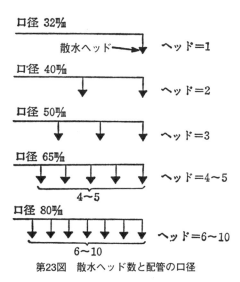

第23図　散水ヘッド数と配管の口径

第2章　連結散水設備

●連結散水設備の配管

　連結送水管の場合は、立管の内径が100mm以上という程度の規定しかなかったが、連結散水設備の場合は、ヘッド取付けの枝管があるものだから、**ヘッド数**に応じて**管の口径**を定めている。すなわち、一つの送水区域に設ける散水ヘッドの数により、配管の口径（呼び）は次の数値以上のものとしなければならない（**第23図参照**）。

●散水ヘッド（開放型）数と管口径

散水ヘッド（開放型）の取付箇数	1	2	3	4～5	6～10
管　の　呼　び　（mm）	32	40	50	65	80

　閉鎖型スプリンクラーヘッドの場合は、同じ管径でもヘッドの数はほぼ2倍まで見込んでよい。すなわち、管の口径が呼び80mmならば、ヘッド数は20箇以下という具合に。

　配管に**逆止弁**と**排水弁**（又は排水装置）を設けるのは、乾式の連結送水管の場合と同じ考えによるものである。改めていうまでもなく、この排水弁は**常時閉鎖**しておくべきものである。イザというときに送水しても、排水弁が開いていてはそこから流出してしまうからね（**第24図参照**）。

　　注）閉鎖型ヘッドを用いる場合は、管末に排水弁と兼ねた**試験弁**を設けること。ヘッドが閉鎖型ならば送水テストを行うことができる。

　このほか、連結散水設備の配管、継手、バルブの類には**材質**を定めている。例えば、配管はJIS　G

第24図　逆止弁と排水弁

3442とか、継手やバルブはJIS　G 5101だとかG 5705という適合品を使うこととされている。しかし「これらと同等以上の強度、耐食性、耐熱性を有するもの」という救済規定が設けられている。まあ、このような規定の場合は、要するに粗悪品を用いてはいけない、ということなんだナ、と理解しておけばよろしい。

この他、配管は兼用は認めず**専用**のものとし、亜鉛メッキ等の**耐食**措置のあるもの、管の**継手はねじ接続**が原則、ただし、**差込み溶接式**や耐熱措置をした**フランジ継手**の使用も認めている。配管の支持金具も堅ろうで耐熱性のあるものとすること（**第25図参照**）。このように結構きびしい規定としているのは、散水設備は、通常乾式であるため、火熱に弱いからである。特に消防隊が到着してから送水を開始するため、火熱にさらされる時間が比較的長いことも考慮されている。これに較べて湿式スプリンクラー設備は、管内に通水してあるため比較的火熱の影響は受けにくいものだ。

●散水ヘッドの設置

散水ヘッドは、**天井**の室内に面する部分及び**天井裏**の部分に設けるのを原則とする。ただし、天井裏については、天井の仕上げ材等によって設置を免除している。すなわち、天井の**仕上げ**を不燃材料、準不燃材料又は難燃材料でした場合又は天井裏の**高さが0.5ｍ未満**である場合には、天井裏にヘッドは設けなくてもよい（**第26図参照**）。

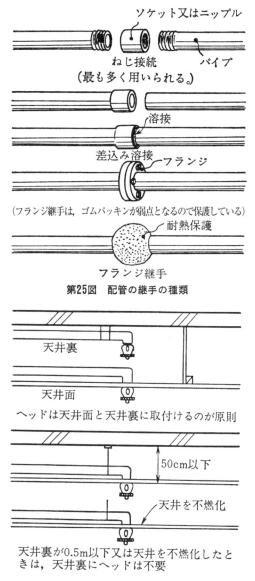

第25図　配管の継手の種類

第26図　ヘッドの取付け

　注）建築基準法上の規定では、地階の居室で特定の用途（建築基準法別表第１(1)、(2)又は(4)項の用途）に供するもの、及び床面積が50㎡をこえる居室で排煙上有効な開口部が、その居室の床面積の50分の１未満のものについては、**内装不燃化**の義務が課せられている。

このように、天井面のみならず、天井裏にまで設置するようにしているのは、天井が燃えやすい材料である場合には、天井が燃えることによって火災が拡大するおそれがあるからであり、また、スプリンクラー設備のように、火災の初期段階での消火を考えるのではなく、相当に火災が進んだ段階での使用を考慮しているためでもある。

第 2 章　連結散水設備

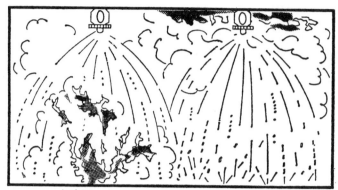

ヘッド直下の火には強いが，天井面をはう火炎には，ヘッド散水の効果は少ない。

第27図　ヘッドの消火効果

　少し話はそれるけれども、スプリンクラー設備でヘッドを天井面に設置しているのは、発火源が直下にあった場合に、せいぜい2～3箇のヘッドがハネて散水をすれば火災のホンの初期段階で消しとめる、という効果をねらっているものだ。

　しかし、火災の**拡大防止**については効果的と言えないフシがある。早い話、ヨソから火炎が拡大して来た場合、天井に着火して燃え拡がったならば、いくらヘッドがハネて散水を始めても、それは直下の床を濡らすだけで天井面での延焼を防止する効果は少ない。たとえ天井が不燃化していても、天井面に火炎が走れば、ヘッドが次々に散水するけれども、やはり床を濡らすだけで終ってしまう（**第27図参照**）。

　建築基準法の規定でも、同法施行令第129条第7項に、内装不燃化の規定は、スプリンクラー設備等の自動式消火設備と排煙設備とを設けた部屋（建築物の部分）には適用しないと書いてある。これは、確かにスプリンクラー設備があれば、火災の初期段階で消火してしまうから、内装制限を行う必要がないことになる。それは理論的に間違いではないが、先程のようにヨソで発火した火が拡大して来たことまで考えると、必ずしも万全とは言えないこととなる。折角スプリンクラー設備を設けておきながら、天井が燃えやすいのでは、先程の話と同じようなことになってしまうではないか。新鋭の機器にもアキレス腱がある。そこに気付いて対策を講じておくのがプロと言うものであろう。

　さて、話を戻してヘッドの**配置間隔**について述べると、これは、**開放型又は閉鎖型の散水ヘッド**の場合、散水ヘッドを中心に水平距離3.7mの半径の円を描き、その円によって地階の各部分が覆われるように配置すればよい。天井だけでなく、天井裏に設ける場合にも、その配置間隔は同じである（**第28図参照**）。

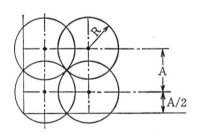

ヘッドの正方形配置

開放型又は閉鎖型散水ヘッド
- 半径　R＝3.7m
- 間隔　A＝5.2m
- 分担面積　27.04m²

閉鎖型スプリンクラーヘッド（耐火構造）
- 半径　R＝2.3m
- 間隔　A＝3.25m
- 分担面積　10.56m²

第28図　ヘッドの配置間隔等

この半径（R）3.7mの円で、もれなく覆うためには、ヘッドを正方形配置とした場合、5.2mピッチ（A）に相当する。その場合のヘッド1箇の分担面積は、

5.2×5.2＝27.04㎡

となり、ヘッド10箇では、270㎡となる。これが開放型ヘッドを用いた場合の**一送水区域の最大面積**である。

注）ヘッドの取付け面の高さが**2.1メートル以下**の場合には、散水分布状況に応じてヘッドの取付け間隔を短縮する必要がある。

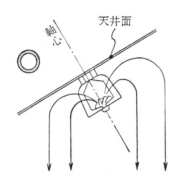
天井面と直角に取付けた方が散水分布がよい。

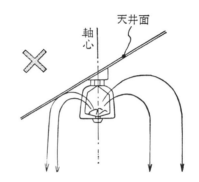
床面と垂直になるようにするとかえって分布が悪い。

第29図　傾斜面へのヘッドの取付け

一方、**閉鎖型スプリンクラーヘッド**の場合は、スプリンクラー設備の閉鎖型ヘッド（高感度型ヘッドを除く。）の取付け間隔と同じ、ヘッドを中心に水平距離**2.1m**（耐火建築物の場合は**2.3m**）の半径の円で覆われるように配置すればよい。

地階であれば当然、耐火構造であるから、半径2.3mの方をとって、正方形配置とすると、そのピッチ（配置間隔）は3.25mとなり、分担面積は、

3.25×3.25＝10.56㎡

ヘッド20箇では211㎡程度となる。これが閉鎖型スプリンクラーヘッドを用いた場合の一送水区域としての最大面積。

天井が傾斜していたり、屋根裏面で傾斜がある場合のヘッドは、その傾斜面に対して直角となるように設けてよい。その方が散水効果がよい。無理に斜めの台をかませて、床面に垂直になるよう取り付けても、手間のかかる割に効果はなく、かえって散水効果が悪くなるという（**第29図参照**）。

なお、以上のヘッドの配置は、ヘッド取付面の高さ

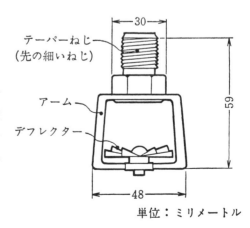

第30図　開放型散水ヘッドの認定

第2章　連結散水設備

が2.1m以下の場合にはヘッドの散水分布に応じた距離とします。

●散水ヘッドの基準

　ところで、この開放型又は閉鎖型散水ヘッドは、国家検定の対象品目には指定されていないけれども、消防庁長官の定める基準に適合したものでなければならないこととされている（消規第30条の3第1号ヘ）。基準は昭和48年消防庁告示第7号「開放型散水ヘッドの基準」で示されている。

　その基準によれば、ヘッドの**放水量**は、0.5MPaの**放水圧力**で放水した場合に毎分約180ℓ（169～194ℓ）とされている。

　他に**耐圧テスト**（放水圧力1.4MPa以上に耐える。）及び**耐火テスト**（1,000度で10分間加熱した後水中に投入する。）により機能に異常をきたさないことが確かめられる。特に耐火テストは、散水ヘッドが、放水するまでの時間、暫く火熱にさらされた後、急に送水により冷却されるという連結散水設備に特有の状態に耐えることをテストするわけである。

　ヘッドには、製造者名又は商標、製造年、型式番号及び取付方法を示す記号が表示される（**第30図参照**）。

　一方、閉鎖型散水ヘッドについては、未だ基準は定められていない。閉鎖型スプリンクラーヘッドは、**国家検定**（規格省令昭40自治省令第2号）の対象となっているので、その**合格品**を使用する。

●連結散水設備の総合操作盤

　高層建築物（地上15階建以上で延べ面積30,000㎡以上）、大規模建築物（延べ面積50,000㎡以上）等（消防法施行規則第12条第1項第8号）の防火対象物に設ける連結散水設備（選択弁を設ける場合に限る。）には、基準に適合する総合操作盤（平成16年消防庁告示第7号）を、消防庁長官の定める設置方法（平成16年消防庁告示第8号）に基づいて防災センター等に設けて、そこで当該設備の監視、操作等を行うことができるようにしなければならない。（消防法施行規則第12条第1項第8号の準用、同規則第30条の3第5号）

　なお、この総合操作盤関係については、**当アタック講座〔下〕第26章　総合操作盤**を参照のこと。

　この連結散水設備について総合操作盤の表示項目、警報項目及び操作項目は、次のとおり。
（表示項目）…散水区域図及び総合操作盤の電源の状態
（警報項目）…なし
（操作項目）…なし

●消防法施行令第32条の特例適用

　地下室で、周囲に**ドライエリア**等を有する次のような場合には、消防法施行令第32条を適用し、連結

散水設備を設置しないことができる（昭和50・6・16付消防安第65号）(**第31図参照**)。

主要構造部を**耐火構造**とした防火対象物で外周（外壁）が２面以上及び周上の２分の１以上が**ドライエリア**その他の外気に開放されており、かつ次の条件をすべて満足するもの。

1　ドライエリア等に面して**消火活動上有効な開口部**を２以上有し、かつ、当該開口部は、消防法施行規則第５条の２第２項の各号（第２号を除く。）に該当するものであること。

2　開口部が面するドライエリア等の幅は、当該開口部がある壁から**2.5m以上**であること。ただし、消火活動上支障のないものはこの限りではない。

3　ドライエリア等には地上からその底部に降りるための**傾斜路、階段等**の施設が設けられていること。

4　ドライエリア等の面する部分の**外壁の長さが30ｍを超える**ものは、**２以上の傾斜路等**を有すること。

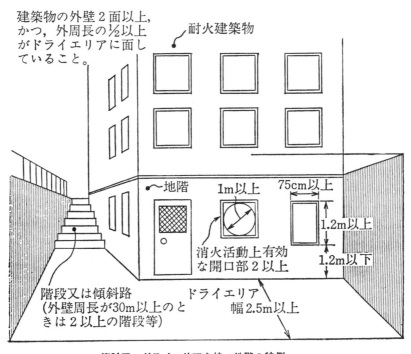

第31図　ドライエリアを持つ地階の特例

●**点検上の要点**

連結散水設備は、スプリンクラー設備と異なり、開放型ヘッドによる乾式の配管で済むという経済効果に特色があり、構造的に簡素なものであるから、特段のことがない限り、そんなに保守を要する部分はない。

外部からは、送水口近くに**送水区域図**が表示されていることを確かめてみるとか、**配管**については、**排水弁**が閉鎖されているとか、そんなことかね。ま、散水ヘッドを調べてみるんですな。**散水ヘッド**が

第2章　連結散水設備

広告を下げるのに使われていたり、間仕切の変更で散水効果を減じているようなことが、チョイチョイありますからね。

●検定と消防設備士

　連結散水設備の、送水口に使用する**差込式又はねじ式結合金具**（受け口）は自主表示である。これらは消防用ホースと円滑に結合させるため、技術上の基準に適合するものでなければならない。

　散水ヘッドは、消防庁長官が定める基準に適合するもの（消規第30条の3第1号ヘ）としなければならないが、検定の対象とはなっていない。なお、散水ヘッドのうち「開放型散水ヘッド」については、すでに基準（昭48消防庁告示第7号）が定められており、これについては㈶日本消防設備安全センターの行う認定制度があって、告示の基準に適合するものについては、認定に合格した旨の表示がなされている（**第31－2図**）。

第31－2図
㈶日本消防設備安全センターの認定合格証票

　閉鎖型スプリンクラーヘッドは、検定合格品を使用すること。

　なお、連結散水設備については、**消防設備士**による工事又は整備の対象とはなっていない。

第3章　消防用水

〔参照条文〕消防法施行令第27条、消防法施行規則（該当なし）

●水は優れた消火剤

　昔から、火を消すのに用いるのは**水**である。先に説明した連結送水管にしても、連結散水設備にしても、水がなければサッパリ役にはたたないのである。とにかく消火活動をするには、何としても水が必要となる。

　少し気取った言い方をすれば、水は優れた**消火剤**なのである。とにかく安い。消火活動に利用するからといって水道料金はタダではないらしいが、「湯水の如く」使用しても、しれている。これは地球上に水が広く分布しているからにほかならない。水は流体であって「方円の器」に従う。ポンプで吸い上げ、ホースで送り込むことができる。放水圧力を加えれば、物体をはねとばす程の力を発揮する。

　消火効力も優れている。水は火炎の温度を低下させる。これは水自身の温度が上昇して火炎の温度を下げる。すなわち熱を奪うのである。この熱の奪い方が、他の物質よりも優れている。言いかえれば**比熱**が大きいのである。1ccの水を1度温度を上げるのに1calの熱が必要である。もっと単位を大きくすれば1kgの水を摂氏1度だけ温度を上げるのに1kcalの熱が必要となる。逆に言えば、それだけの熱を奪う。

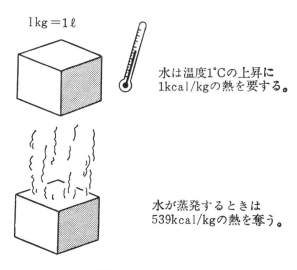

第32図　消火剤としての水

第3章　消防用水

また、この水が蒸発するときには、はるかに多くの熱を奪う。これを**蒸発潜熱**というが1kgの水が蒸発するに要する熱量は539kcal（2,264キロジュール）である（**第32図参照**）。

●**消防用水をどのようにして確保するか**

消防隊が消火活動を行う場合には、多量の水を必要とし、しかも、それが安定的に供給されなければならぬ。

そこで、市町村は、**消防に必要な水利**を設置し、維持し及び管理すべき義務を有している（消防法第20条）。いわゆる**公設**の消防水利である。

新しい宅地開発（開発行為）を行う場合の**開発許可**（都市計画法第29条）に際しては「消防に必要な水利が十分でない場合に設置する消防の用に供する**貯水施設**」が、災害の防止上支障がないような規模又は構造で適当に配置されていること（都市計画法第33条第1項第2号）を許可の**基準**の一つとしている。

この開発許可により設置される消防用貯水施設は、**工事完了公告**（都市計画法第36条第3項）の後、公告の翌日において**市町村の管理**に属するものとされている（都市計画法第39条）。従って、この貯水施設は、開発者の費用負担において建設されるけれども、原則として**公設**の水利となるものである。

このほか、消防法第21条では、**指定消防水利**を認めている。すなわち、消防長又は消防署長は、私的な所有であるものも含め、池、泉水、井戸、水槽、その他消防の用に供し得る水利について、その所有者、管理者又は占有者の承諾を得て、これを消防水利として指定するものである。消防水利に指定され

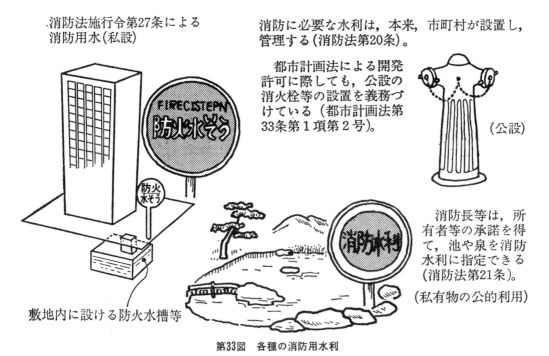

第33図　各種の消防用水利

ると「消防水利」の**標識**（消防法施行規則第34条の２、同別表第１の４）を掲げ、常時使用可能の状態におくことができるようになる。一種の水利権を取得するのである（**第33図参照**）。

さらに、火災の現場においては、消火活動に対して給水を維持するため**緊急**の必要がある場合においては、消防長等は、水利を使用し又は用水路の水門、樋門を開閉し、もしくは水道の制水弁の開閉を行うことができる（消防法第30条）。これは、指定消防水利でなくとも、緊急時に限り認められる緊急避難的な水利の**一時使用権**である。

そのような火災時の水利使用については、あらかじめ、その水利の管理者と**協定**をすることができるものとされ、例えば、東京消防庁では、東京都水道局長との協定により、年間の消火活動に使用する水量について、水道料金を支払っている。

このように、消防水利を確保するためには各種の措置がとられているにもかかわらず、さらに消防用水を必要とするのは何故か。

●消防用水の必要性

ちょっと古くなるけれども、消防庁の通達（昭39・7・20付自消乙予第９号）によると、大都市における大規模建築物の火災時においては「**断水**又は**水圧の低下**等の障害により、消火活動上著しい困難に遭遇し、これが被害拡大の要因となる事例もあるので、水利の不便による消火の困難性を克服する一助として」消防用水を設置させることとした、とある。

それにより、**大規模な建築物**や**高層建築物**については、消防用設備等の一つとして、消防用水を、それぞれの規模に応じて設置させているのである。

この消防用水は、あくまで、特定の建築物の関係者に設置を義務づけるものであるだけに、多くは**私設**のものであり、その特定の建築物の火災時の消防水利として役立たせるべきものである。言い直すと、消防用水は、消防法第17条により、建築行為にあわせて建築物の関係者に設置を義務づけるもので、設置後も、その関係者により維持管理されるべきものである。

消防用水は、消防法施行令第７条第５項によると「**防火水槽**又はこれに代る**貯水池**その他の用水」とされており、**流水**であっても差しつかえない。震災に伴う火災時のように、水道の断水が予想されるような場合には、こうした防火水槽は、大いに役立つものと思われる。

●消防用水の設置

消防用水を設置しなければならない、とされているのは、次のような**大規模建築物**又は**高層建築物**である（**第34図参照**）。

・**敷地面積**が20,000㎡以上あり、かつ、その**床面積**（１階及び２階の床面積の合計、消防法施行令第19条第１項カッコ書参照）が、耐火建築物にあっては15,000㎡以上、準耐火建築物にあっては10,000㎡以上、その他の建築物にあっては5,000㎡以上のもの

第3章　消防用水

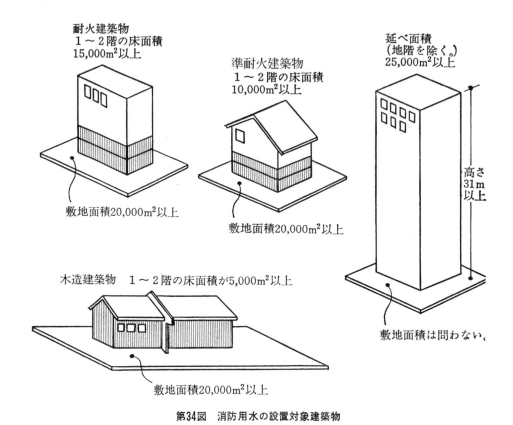

第34図　消防用水の設置対象建築物

・高さが31mを超え、かつ、延べ面積（地階部分を除いたもの）が25,000㎡以上の建築物

　最初の大規模建築物については、**敷地の規模**が要件となっているのは、極めて珍しい。建築物の床面積が規定以上であっても、敷地の規模が20,000㎡（2ha）に満たなければ、消防用水の設置義務がなくなる。次の高層建築物の場合には、敷地規模という要件はない。それならば、何故、敷地の規模が消防用水を設置するうえでの要件となるのであろうか。どうも、これに対してはスッキリとした説明ができそうにないが、ま、敷地がせまけりゃ、消防用水を設置するユトリがない、とでも考えておきましょう。

　それよりも判らないことがある。この大規模建築物では、床面積を「**1階及び2階の床面積の合計**」に限っていたが、一体この根拠は何か、ということ。消防法施行令第27条を何度も読み返してみたけれども、どこにもそんな規定はありませんよ、何かの間違いではないでしょうか。

　本当にその通りですね。だから、この消防法施行令第27条というのは、簡単なようで実は難解だとも言えるのです。それは、消防法施行令第19条（屋外消火栓設備に関する基準）にまで、さかのぼってみなければ判りません。その第19条の第1項には、床面積と書いてあって、その次にカッコ書があります。重要ですから、それを書き移してみます。それは「**床面積**（地階を除く階数が1であるものにあつては1階の床面積を、地階を除く階数が2以上であるものにあつては1階及び2階の部分の床面積の合計をいう。**第27条**において同じ。）」という規定です。この最期にサラリと書いてある「第27条において同

じ。」という規定が、実は前記の根拠なのである。このように指摘されると、ナルホドと判るが、普通では気がつかないョ。早速、法令集に注書きをしておくことだ。

ただし、これは「床面積」についてのみの規定であるから、高層建築物についてまでは適用がない。なお、高層建築物は、高さが31mを超える他、延べ面積が25,000㎡以上のもの、と規定されているが、この場合の延べ面積には、地階部分の床面積は算入しなくてもよい。

● 2棟以上の建築物がある場合

ここで、前者の敷地面積が20,000㎡以上あるものについて、同一敷地内に建築物が2棟以上ある場合にはどうなるのか。それは一応、別棟であれば、それぞれの棟ごとの床面積で判断すればよいのです。しかし、別棟といっても、お互いに極めて近接しているもの同士は、**1棟**とみなして、その床面積を合算しなければならない。

具体的に規定の表現によれば「当該建築物相互の1階の外壁間の中心線からの水平距離が**1階**にあっては**3m**以下、**2階**にあっては**5m**以下である部分を有するもの」は、1棟とみなすことになる。

この規定も、注意深く読むならば、単に2階としか書いてないことに疑問を持たれるであろう。普通ならば「2階以上」と書くはずなのに。これは、1階と2階の床面積しか考えていないことの裏返しの表現である、とも言える。しかし、普通では、そんなことまでは気がつくはずがない。ねえ、皆さん。

この、3mとか5mという距離は、建築基準法上の「延焼のおそれのある部分」の定義と同じ考え方によるもの。同法によれば「建築物相互の外壁間の中心線から、**1階**にあっては**3m**以下、**2階以上**にあっては**5m**以下の距離にある建築物の部分（建築基準法第2条第6号）」を、**延焼のおそれのある部分**と定義している。ナルホド、この定義では「**2階以上**」と書いてあるワイ。

そこで、1棟とみなすことになったとして、それぞれが同じ構造だったら、そのまま床面積を合計して、消防用水を設置しなければならないかどうか、判断すればよい。それならば構造が異なるときはどうなるか。それは、危険物の数量の場合と同じように**按分**によって求めればよい。

例えば、耐火建築物の1～2階の床面積の合計が10,000㎡、準耐火建築物の1～2階の床面積の合計が4,000㎡であったとすると、（外壁相互の距離が、例えば8mしか離れていないとすると）次のように計算する。

$$\frac{10,000}{15,000}+\frac{4,000}{10,000}\overset{(耐火)(準耐)}{=}0.67+0.40=1.07>1.0$$

この計が1より大きければ、消防用水の設置が必要となり、これが1より小さければ設置する必要はないことになる（**第35図参照**）。

第3章　消防用水

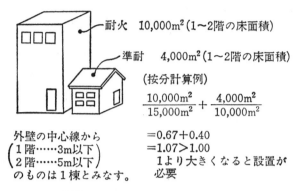

第35図　この場合は、消防用水が必要か

●消防用水の必要とする有効水量

　1箇の消防用水の有効水量は、少くとも20㎥以上のものでなければならない。**流水**を消防用水とする場合においては、毎分0.8㎥以上の流量があるものでなければならない。これは、消防用水を必要以上に細分化して散在することのないよう、ある程度、1箇所でまとまった水量を確保するためである（**第36図参照**）。

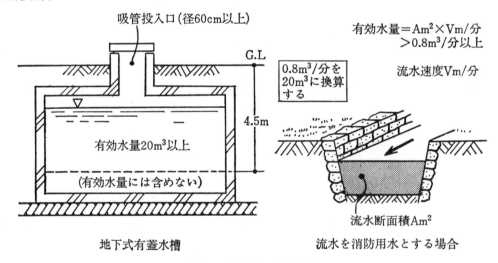

第36図　消防用水の有効水量

　ここで、有効水量というのは、地盤面下に消防用水を設けた場合には、**地盤面下4.5m以内の水量**をいうものとされている。従って、それよりも深いところに貯留してある水量は、場合によっては使用できるかも知れないが、法令でいう有効水量にはカウントできないこととされている。
　さて、消防用水は、単に20㎥さえあれば、それで足りるものではない。建築物の規模に応じて、必要な有効水量が次のように定められている。

第3章　消防用水

消防用水の設置対象となる建築物		必要とされる有効水量
（大規模建築物） 敷地面積が20,000㎡以上のもの	耐火建築物 1～2階の床面積の計が15,000㎡以上のもの	1～2階の床面積について7,500㎡又はその端数ごとに20㎥
	準耐火建築物 1～2階の床面積の計が10,000㎡以上のもの	1～2階の床面積について5,000㎡又はその端数ごとに20㎥
	その他の建築物 1～2階の床面積の計が5,000㎡以上のもの	1～2階の床面積について2,500㎡又はその端数ごとに20㎥
（高層建築物）高さが31mを超え、かつ延べ面積（地階部分を除く。）が25,000㎡以上のもの		床面積12,500㎡又はその端数ごとに20㎥

（注）流水を利用するものにあっては、毎分0.8㎥の流量を、20㎥の水量に換算するものとする。

　ひとつ、ここで**練習問題**をやってみますか。次の建築物には、どのような消防用水が必要となりますか。求めなさい。

〔問〕建築物は、耐火建築物で、地上15階建、地下3階、各階の床面積は、それぞれ2,000㎡とする。すなわち延べ面積（地階を含む。）は、36,000㎡である。高さは45m、敷地面積は23,000㎡としよう（**第37図参照**）。

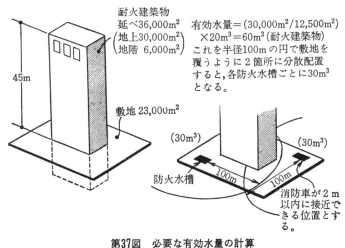

第37図　必要な有効水量の計算

〔解〕敷地面積は20,000㎡以上であるけれども、1階及び2階の床面積の合計が4,000㎡にしかならないので、そちらからは、消防用水を設置する必要はない。

　一方、高さが31mを超え、かつ、地上部分の床面積の計（延べ面積）が30,000㎡であるから、これは、25,000㎡をこえる。

　従って、それから計算した必要な有効水量は、次のようになる。

　〔30,000㎡／12,500㎡〕×20㎥＝2.4→3

　3×20㎥＝60㎥

　この場合は、60㎥の有効水量が必要。これは必ずしも1箇所とすることもないが、それを分散配置す

第3章　消防用水

るときは、少くも各箇所毎に有効水量を20㎥以上としなければならない。

　従って、20㎥ずつ、3箇所に分散配置するとか、2箇所に30㎥ずつ配置する、というようにする。

　かつ、消防用水を中心として**半径100m**の円で建築物の各部分を覆うことができるように配置する。それぞれの消防用水の位置は、**消防ポンプ自動車**が**2m以内**に接近できるような場所でなければならない。

●消防用水の水量についての運用

　法令上は、消防用水の水量（有効水量）は、先に説明したように建築物の床面積によって求めることができ、床面積が大きくなるに従って多くの水量を必要とするが、これについては、次のような運用を行って差支えないとの**通達**がある（昭39・7・20付自消乙予発第9号「消防法施行令の一部を改正する政令等の施行について」消防庁次長通達）。

　「しかしながら、**防火地域**及び**準防火地域**内に設置させる建築物については、その構造が耐火構造、簡易耐火構造又は防火構造であり、延焼防止上に多大の考慮が払われていることにかんがみ、これらの地域内にある建築物に設けるべき消防用水が計算により、80㎥をこえる場合は、運用上80㎥をもって足りるものとして扱われたいこと。この場合、**冷暖房用水**、**雑用水**等他の用途に使用される水を消防ポンプ自動車に利用できる状態にあるものは、計算上消防用水として考慮し、また、**屋外消火栓**の位置が連結送水管の送水口から100m以内にあるときは、屋外消火栓1箇につき、20㎥の消防用水を保有するものとして換算するよう指導されたいこと。」

　従って、そのように運用することができる。すなわち、消防用水の水量は、防火、準防火地域内では、80㎥を限度とすることができ、しかも、屋外消火栓等で代替することができるのである。

　特に、冷暖房又は雑用水の水槽を消防用水に利用できることの恩恵は大きい。消防用水専用の水槽ではなく、兼用の水槽が認められることになるのだから。

　また、消防用水は、防火水槽でなければならない、ということはない。プールとか池、濠、井戸等の**人工水利**や、河川、湖沼、海等の**自然水利**であってもよい。しかし、降雨期には所定の水量を確保できるけれども、渇水期になると水が涸れてしまうというのでは困る。年間を通じて規定の水量が得られるものでなければならない。

●吸管投入口など

　消防ポンプ自動車が消防用水を利用する場合は、消防用水の中に**吸管**を投入して吸上げる。吸管というのは、消防関係者には改めて説明するまでのこともないが、消防ポンプが吸水するためのゴム製又は合成樹脂製の導管であって、吸水するときの負圧（サクション）に耐えるため、ラセン状の**補強線**（金属製又は合成樹脂製）で補強されている。これは、家庭用の電気掃除機の吸い込みホース（ジャバラ）と同じ理屈である。この吸管は、**検定**ではなく、**自主表示の対象品目**に指定されている（**第38図参照**）。

第3章　消防用水

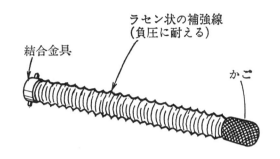

第38図　吸管

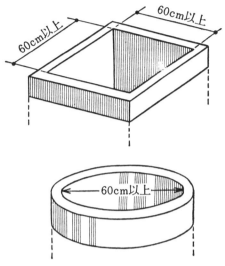

第39図　吸管投入口の大きさ

さて、防火水槽のように蓋付きの場合には、その吸管を投入するための適当な大きさの穴（**吸管投入口**）を設けておく必要がある。吸管投入口の**大きさ**は、通常60cm角の正方形又は直径60cmの円形の穴とされている（第39図参照）。また、その吸管が投入される部分（水槽の底部）の水深は、その消防用水の所要水量を有効に吸い上げることのできる深さでなければいけない。

有効水量は、地盤面の高さから4.5m以内の部分の水量であるから、それ以下に充分の深さがあればよい。しかし、その深さギリギリの場合などは、**集水ためます**（深さ50cm以上）を底部に設けて有効に集水できるようにする（第40図参照）。

なお、吸管投入口には蓋をして、転落事故の発生を防止し、ゴミ等の落下を予防する。投入口には「防火水槽」又は「消防用水」といった**標識**を設けておく。

また、水槽以外の水利を利用する場合で、十分な深さがない浅い池とか流水の場合にも、同様に深さ

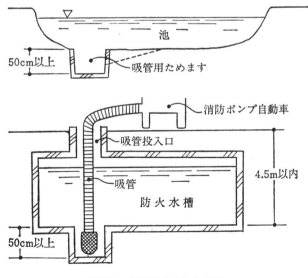

第40図　吸管用集水ためます

第3章 消防用水

50cm以上の集水ためますを設ける。この場合は、有効に吸水できるようにとは、単に水量だけではなく、吸管で吸い上げた場合に**空気**を吸ってしまうことのないように、という配慮が必要である。

昔は、本当にあったことかどうか確かではないが、吸管の吸口が浮くので、若い消防士が寒い夜空のもと、水中で吸管に抱きついてオモリの代用をつとめていたとか。

先程の運用通達により認められている雑用水等の水槽を兼用する場合は、まさか、そこへ吸管を投入するわけにはいかないので、建築物内に設けたポンプによって吸い上げて給水する。この場合、地盤面下4.5m以内という制限はないが、雑用水等の吸水管（サクション管）のフート弁の位置を変える等の措置によって、必要とする水量を確保することができるようにしなければいけない（**第41図参照**）。

この水槽の**採水口**は、通常、連結送水管の近くの外壁等に埋め込んで設置する。「**採水口**」という標識が設けられる。この採水口は、送水口と異なり、接続するための結合金具は、受け口ではなく「**差し口**」となっており、あわせて弁が設けてあることである。かつては、**ハンドル**を設けることもあったが、

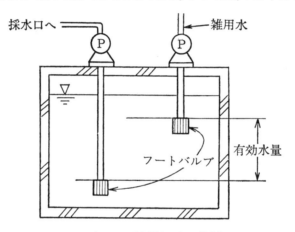

第41図　雑用水との兼用水槽

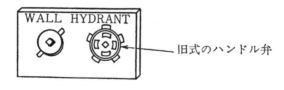

第42図　採水口の構造

どうもこれはイタズラをされやすいこともあって、近頃は用いない。それに替えて、四角柱の**キー形弁**を用いている。その開閉には、消防隊の使用する**開閉器**が使用される（**第42図参照**）。

●消防用水の点検

消防用水は、一般にむづかしい試験は必要がない。消防自動車が近づくのに**障害**はないかとか、**吸管投入口**のフタを開けてみて、所定の水量は確保されているか、水面にゴミなどが浮いてないか、**ためます**に土砂がたまっていないか。そんなことをチェックしてみればよい。

●空調用蓄熱槽水の消防用水としての利用

近頃、省エネルギー対策の一つとして、**エアコン（空調）用の冷水又は温水**を建築物の基礎部分に蓄えることがある。その水量は結構大きいものであるので、それを消防用水として有効利用することが考えられる。

それについては、すでに消防庁よりその取扱いについて通達（平成9年3月6日消防予第42号）が出されているので、それを読めば判るが、その通達の要点は次のようなものである。
・**水質**は、原水を上水道からとる等消火活動上支障のないものであること。
・**水温**は、概ね40℃以下とし、吸管投入口（又は採水管）は水温の低い部分から採ること。
・**水量**は消防用水として必要とされる水量以上であること。地盤面下4.5mを超える部分については、非常電源付の加圧送水装置及び採水管を設けなければならない。
　注）この他スプリンクラー設備の水源を消防水利として活用する場合については、下巻第16章スプリンクラー設備参照のこと。

●検定と消防設備士

消防用水については、**検定**の対象となっていないし、**消防設備士**による工事や整備の対象ともなっていない。

第4章　非常コンセント設備

[参照条文] 消防法施行令第29条の2、消防法施行規則第31条の2

●非常コンセント設備とは

　コンセントというのは、一般家庭でも、電気器具を使用するための差込み器具（受け口）のことだから、敢えて説明する程のこともない。消防隊が火災現場で使用するものには、**非常電源**が付置してあるから、それを「**非常コンセント**」という。
　コンセントというから英語かと思うが、これはいわゆる和製英語であって、外国ではコンセントと言ったって通じない。正しくは、**アウトレット（Outlet）**と言うべきである（第43図参照）。

Outlet[電]引き出し口
第43図　コンセントは和製英語

　ところで、この非常コンセント設備は、11階以上の**高層階**とか**地下街**に設置義務があるもので、一般の防火対象物には、あまり縁がなさそうである。しかし、電気関係の設備の中では、最も簡素な設備であるので、先ずは電気関係の設備への入門として、勉強してみようと思う。あわせて、非常電源とか、電線の保護（耐火保護、耐熱保護）の基礎についても勉強してみようと思う。

第4章　非常コンセント設備

●発電設備からコンセントまで

　わが国には9電力という主な**電力会社**がある。北海道、東北、東京、北陸、中部、関西、中国、四国、九州の電力会社である。他に沖縄県には沖縄電力がある。それらの電力会社で発電して供給される電力は、年間約9,182億kwh（キロワットアワー）（平成22年度発電量）に達する。そのうち約2,882億kwhは、**原子力発電**によっているし、その1/3に相当する741億kwhの電力を**水力発電**（ダム）によっている。他の5,532億kwhが**火力発電**によるものである。私が社会人となった昭和30年当時の電力は、その大部分が水力発電であったことを思うと世の中、変って来たものである。その発電単価は、キロワット時当り水力及び火力では18円から20円見当、それに対して原子力は11円から12円であるという。すべて**交流発電**である。電圧を昇降させる変電に便利であるという利点があるためである。

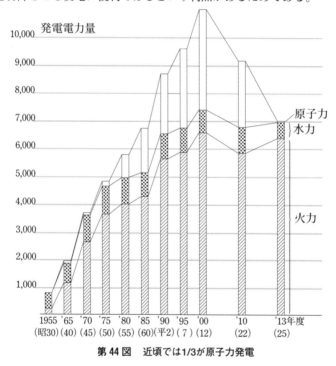

第44図　近頃では1/3が原子力発電

　電気設備技術基準（電気設備に関する技術基準を定める省令）によると、交流電圧では、600Ｖ（ボルト）までを**低圧**、そこから7,000Ｖまでを**高圧**、さらにそれ以上を**特別高圧**という。200,000Ｖ（200KV）以上を**超高圧**ともいう。

　発電所から変電所まで電気を送るための電線を**送電線**、変電所から一般家庭や工場などの需要家へ電気を送る電線を**配電線**という。

　変電所にも、1次、2次、3次の各変電所があり、3次変電所は**配電変電所**とも言われる。送電は、東京電力の房総線などは500ＫＶが用いられているが、一般には275ＫＶとか150ＫＶを用い、それを変電所でさらに降圧して66とか22ＫＶで配電変電所へ送電する。

　配電変電所では、これを6,600Ｖとか3,300Ｖの高圧電気として配電をする。これを**柱上変圧器**（電柱

44

第4章 非常コンセント設備

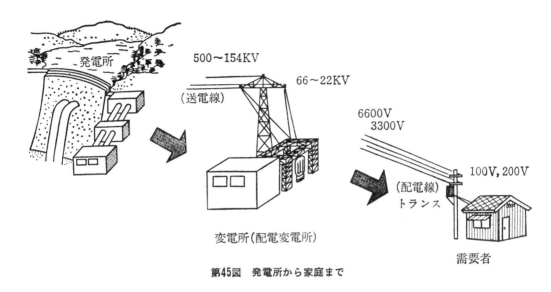

第45図 発電所から家庭まで

に設けられているトランス)によって**200V**(電力線)又は**100V**(電灯線)に変圧して一般家庭等の需要に供している。このようにして、発電所からの送電をできるだけ高圧とし、需要段階で電圧を降下させているのは、その間の電力ロスを少なくするための手段である。

交流電気は、プラス・マイナスの電圧変化があり、東京電力の供給する電気では、その繰返しが毎秒50回となる。これを**50Hz**(ヘルツ)という。関西地方では、**60Hz**である。世界でもヨーロッパは50Hz、アメリカでは60Hzと統一されてはいない。たまたま、明治の初め、東京電力(その前身)はドイツのAECから発電機を輸入し、関西電力(その前身)はアメリカのGEから発電機を輸入したため、このように周波数が異なる電気2種類を使用するハメとなった。北海道・東北・東京の各電力会社は、50Hz、中部・北陸・関西以西の各電力会社は60Hzを用い、その境界は静岡県の富士川であるが、静岡、長野、新潟の県内においては、その両周波数の電気が入り込んでいる。もっとも、福岡県でも、東京系の50Hzが用いられている等、必ずしも画一的ではない。静岡県の佐久間、長野県の新信濃には**周波数の変換所**を設け、全国の電力ネットワークを形成するようにしている。

ヘルツというのは、昔は**サイクル**と言った。50Hzのことを50**サイクル**と言うように用いたのである。このヘルツ (Hertz) というのは、物理学者の名前である。ドイツ語では、心臓のことをヘルツ (Herz) というが、若干スペルが違う。しかし、スペルが違うが心臓の鼓動も一種のサイクルである。

話は違うが、心臓は英語でハート (Heart)、これを焼きとり屋では「ハツ」という。肝臓のレバー (Liver) とか舌のタン (Tongue) などはそのまま英語、腸のことを「シロ」とか「ホワイト」というのは、その色が白いため、「コブクロ」は日本語、子宮のこと。「ガツ」というのは、英語でも俗に胃袋のことを言う。広くは臓物全体を指していう。英語の (Gut) は、羊の腸線で造るテニスのガットやら、バイオリンの弦、釣りのテグスまでの総称。むさぼり食うのを、ガツガツと食べているというがこれも同じ語源である。ガツには気力という意味もある。ゴルフでむずかしいパットを決めた場合などに腕を曲げるガッツポーズもそんなところから来ている。

45

第4章　非常コンセント設備

臓物を略して単に「モツ」と言い、モツ焼きと言う。関西でのホルモン焼きは、別にビタミンとかホルモンという、あのホルモンではなく、臓物は屠殺場では、捨てるもの、すなわち「放るもの」であることからホルモンになったといわれる。そうであれば、これは日本語（関西語）である。
　何か脱線しているので話を戻す。

●非常コンセント設備のあらまし

　消防隊が消火作業中に電源が断たれると、夜間では真暗闇の中で作業を行わなければなくなり、それは隊員の安全を守るうえからも、また作業効率のうえからも問題がある、また、照明だけではなく、ドリルとかカッターという電動工具を使用する場合の動力用電源の確保も重要である。
　そこで消防法令上は、高層建築物や地下街について、以前は**照明用**（100V）及び**動力用**（200V）の2種類のコンセントを1組にして、それに**非常電源**を付し、**非常コンセント**として設置を義務づけていた。しかし、昭和60年12月の政令改正により、法令上の義務づけは、100Vの電源のみとなった。
　このコンセントは、**保護箱**にセットされ、上部に赤色の**表示灯**が設けられる。消火作業には水を用いることから、漏電（感電）のおそれがある。そこでコンセントには、いずれもアース付きの**接地型**を用い、**自動遮断器**（ブレーカー）を設ける等の安全策が講じられている。差し込みのプラグ付きコードは、電気器具とともに消防隊が持ち込んで使用するので、建築物の関係者が用意しておく必要はない。当然のことながら、火災時においては常用電源の停電が考えられることから**非常電源**（容量は30分間分）が必要となる。（**第46図参照**）。

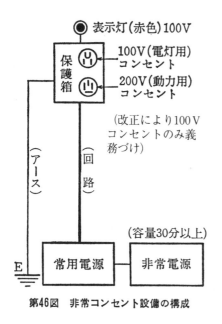

第46図　非常コンセント設備の構成

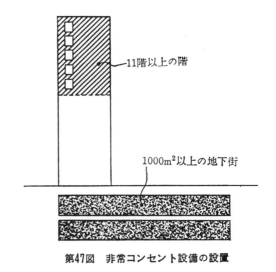

第47図　非常コンセント設備の設置

●非常コンセント設備の設置・配置

非常コンセント設備は、次の防火対象物に設置する（**第47図参照**）。
・地上階数が**11階以上**の建築物（非常コンセントそのものは11階以上の階に設置）
・延べ床面積が1,000㎡以上の**地下街**

これらの防火対象物においては、各階（設置すべき階）に、非常コンセントの設置場所を中心に**半径50mの円**を描き、その円で、設置すべき階の各部分を覆うことができるように配置を定める（**第48図参照**）。

ただし、消防隊による有効な活用を図るため、設置すべき場所は「**階段室、非常用エレベーターの乗降ロビーその他これに類する場所**」とされている。これは、連結送水管の送水口の設置場所と同様の規定である。

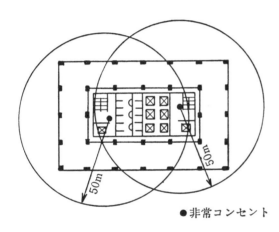

建築物の各部分が半径50mの円で覆われるような位置に配置する。
その設置位置は、階段室、非常用エレベーターのロビー等とする。

●非常コンセント

第48図　非常コンセントの配置

●非常コンセント設備の設置・規格

非常コンセントは、埋め込み式の**保護箱**（幅約20cm、高さ約25cmの鉄製）内に設ける。保護箱の扉には「非常コンセント」と表示する。上部には**赤色の灯火**（100V）を設ける。**保護箱内に設ける非常コンセントそのものの位置は、床面（又は階段の踏面）から1m以上1.5m以下**の高さとする（**第49図参照**）。

差し込み接続器（コンセント）は、消防隊がもち込む電気器具のプラグがスムーズに接続できるように、次のようなＪＩＳ製品を使用することとされている。（**第50図参照**）。

照明用	JIS　C8303の接地型２極さし込み接続器（単相交流125Ｖ15Ａ）（注）
動力用	JIS　C8303の４極さし込み接続器（３相交流200Ｖ30Ａ）…昭61改正で削除

　　（注）電源は単相交流100Ｖ15Ａ以上（消防法施行令第29条の２第２項第２号）であるが、接続器の定格は125Ｖ15Ａのもの（消防法施行規則第31条の２第３号）を用いる意味である。

第4章 非常コンセント設備

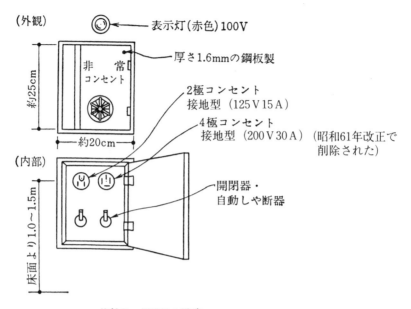

第49図　保護箱の構造

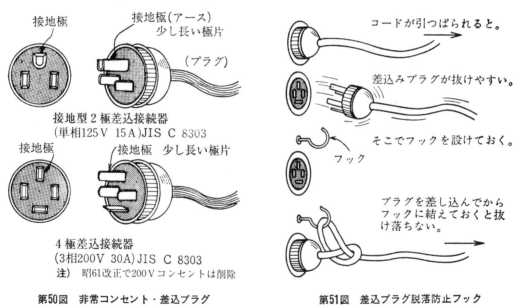

第50図　非常コンセント・差込プラグ　　**第51図　差込プラグ脱落防止フック**

　さし込み接続器の刃受には、通常のコンセントとは異なり、**接地型**が設けられているから、100Vのもので3穴、200Vのもので4穴となっているのが特色である。

　100Vのものでは、U型の接地極が設けられており、電極の極片よりも少し（約3㎜）長くなっている。これは、さし込みに際して一番先きに**アース回路**が形成され、引き抜きに際しては、電気回路が切れた後からアース回路が切れるようにするためである。200Vのプラグでも、やはり接地極の極片だけは1枚だけ長くなっている。

第4章 非常コンセント設備

　接地極には、**D種接地工事**（屋内配線に設ける接地工事）を設けておく。先に述べたように、消防隊が水を使用することから、隊員の感電防止のためにアースをしておくのである。
　また、保護箱内には、コンセントが抜け落ちるのを防ぐため、**フック**を設けるように指導されている（**第51図参照**）。

●非常コンセント設備の回路

　非常コンセントの回路は、100V、200Vの電圧ごとに**別の回路**とし、1回路に設ける**コンセントの数は10以下**とする。この場合、同一階において電圧別に、それぞれのコンセント数が2以上となる場合においては、同一の回路に設けず、それぞれ2以上の別の回路に設けることとされている。これは、同一階において、2以上のコンセントを設けながら同時に使用できなくなることを防ぐための措置である。こうしておけば、一つのコンセントが使用不能となったとしても、他のコンセントを使用することができる（**第52図参照**）（昭和61改正により、200V電源は必要がなくなった）。

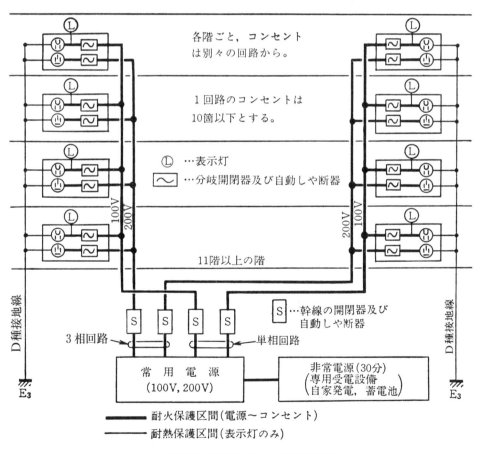

第52図　非常コンセント設備の回路

第4章　非常コンセント設備

（例規）10階又は11階まで幹線を立ち上げ、そこに分電盤を設けて11階以上の各階へ2以上の回路となるように分岐することはさしつかえない（昭40・10・21付自消丙予第166号）。

なお、**1回路**に設けるコンセントの数は、**10箇以下**と制限されているが、そのすべてが同時に使用されることはなく、せいぜい3個程度が同時使用される位、といわれるところから、必要な電源の容量は、100Vでは4.5Kw、200Vでは6.6Kwとなる。

この計算根拠は、一つのコンセントについて、交流単相100Vで1.5Kw、交流3相200Vで2.2Kwを見込んだものである。

また、**非常電源の回路**は、電源からコンセントに至るまで、**耐火電線**を使用するか、又は同等の**耐火保護**を必要とする。この仕様については、後で詳しく記述する。**表示灯の回路**は、**耐熱電線**の使用又は**耐熱保護**でよい。これも、後で詳しく述べたいが、耐火保護の方がきつく、耐熱保護は若干ゆるい。

なお、赤色表示灯の電源は、100V電源（耐熱保護）からとる。これは、自火報などの弱電（直流24V）系設備の赤色表示灯と電圧が異なり、使用電球も種類が違うことに注意。

●非常コンセント設備の電源・非常電源の附置

非常コンセントの**通常電源**は、交流低圧屋内幹線から、他の配線を分岐させず直接とり、開閉器には「非常コンセント用」と表示しておく。

これに**非常電源**を附置し、通常電源が停電した場合には、直ちに非常電源から電気が供給されるようにしておく。非常コンセント設備の場合には、非常電源の容量は**30分以上必要**とされている（**第52図参照**）。

さて、非常電源の種類には、**非常電源専用受電設備、自家発電設備又は蓄電池設備**の3種類がある。この概要についても、後で述べることにする。

ところで、この非常コンセント設備の非常電源に限って言えば、事実上は、**自家発電設備又は蓄電池設備**に限定されることになりそう。というのは、延べ面積が1,000㎡以上の特定防火対象物にあっては、そのような限定があるためである（消防法施行規則第12条第4号）。

地下街は当然に特定防火対象物であるし、地上11階以上のビルは、当然、延べ面積は1,000㎡以上になろうし、用途上からも何らかの形で特定用途部分を有する複合用途防火対象物（（16項イ）の特定防火対象物）になりそうだからである。もっとも、特定防火対象物に該当しない場合は、法規的には、専用受電設備であっても差支えないことになるが。

●非常コンセント設備の総合操作盤

高層建築物（地上15階建以上で延べ面積30,000㎡以上）、大規模建築物（延べ面積50,000㎡以上）等（消防法施行規則第12条第1項第8号）の防火対象物に設ける**非常コンセント設備**には、基準に適合す

第4章 非常コンセント設備

る総合操作盤（平成16年消防庁告示第7号）を、消防庁長官の定める設置方法（平成16年消防庁告示第8号）に基づいて防災センター等に設けて、そこで当該設備の監視、操作等を行うことができるようにしなければならない。（消防法施行規則第12条第1項第8号の準用、同規則第31条の2第10号）

なお、この総合操作盤関係については、**当アタック講座〔下〕第26章　総合操作盤**を参照のこと。

この**非常コンセント設備**について総合操作盤の表示項目、警報項目及び操作項目は、次のとおり。

（表示項目）…非常コンセントの位置及び電源断の状態
（警報項目）…なし
（操作項目）…なし

●点検上の要点

　非常コンセント設備については、点検といっても、実際の火災時に電力が供給できるかどうか、それがポイント。従って、それぞれ規定の電圧が確保されているかどうか。特に非常電源の電圧のチェックが大切。そうなると非常電源のメンテナンスを重視しなければならない。また、非常電源への切替えがスムーズに行くかどうか。そんなところにポイントがある。

　非常コンセント特有の問題について言うと、3相交流200Vの電源が設けられている場合においては、配電によって電動機が逆回転することもあるそうだから、1回は回転方向を確かめておかなければいけない。正しい回転方向とは、**右回転**のことをいう。

　それをチェックするために「**相回転計**」というものがある。これを使用すれば、わざわざモーターを廻してみることなく回転方向を確かめることができる。これは「**検相器**」とも呼ばれるが、**第53図**のような小型のものでポケットにも入る。正しく配線してあれば「正」のランプが点灯し、逆回転のときは「逆」の赤ランプが点灯するもの。これは、渡辺電気工業というところで製作販売している。

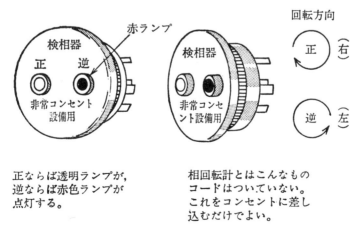

正ならば透明ランプが、逆ならば赤色ランプが点灯する。

相回転計とはこんなものコードはついていない。これをコンセントに差し込むだけでよい。

第53図　相回転計（検相器）

第4章　非常コンセント設備

　もしも、逆回転であったら、3本の配線のうち、どれでもよいからそのうちの2本の接続を取りかえてやるようにすればよい。とにかく、カッター等が逆回転したとすると、それは非常に危険だから、必ず回転方向は確かめておかなければいけない。

　赤色表示灯のランプが切れたときの取り替えは、電圧が100Ｖであることを忘れないように（弱電系設備は直流24Ｖ）。

●検定と消防設備士

　非常コンセント設備は、消防法令による**検定**の対象品目とは、なっていない。
　また、非常コンセント設備の工事及び整備は、**消防設備士**によることを要しない。
　以上で、非常コンセント設備についての説明を終えるが、先程からの約束で、説明を後廻しとしていた「非常電源用配線の耐火保護・耐熱保護」及び「非常電源の概要」について述べることにします。
　従って、これ以降は、非常コンセント設備の固有の問題ではなく、〔附録〕として一般論を述べるものです。

　　注）昭和61年の政令改正により、非常コンセント設備は「単相交流100Ｖ15Ａ以上」のみで差し支えなくなった。しかし、それ以前に設置されたものは「3相交流200Ｖ30Ａ以上」の電源も設置されていることから、あえて200Ｖ電源の記述も残してある。御了解をいただきたい。

〔附録〕

●電線の耐火保護と耐熱保護

　非常電源の配線は、電気工作物に係る法令の規定〔電気設備技術基準等〕によるほか、特に電線に

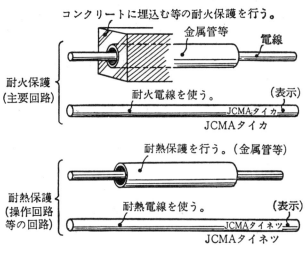

第54図　電線の耐火保護と耐熱保護

第4章　非常コンセント設備

ついては「**600Ｖ2種ビニル絶縁電線**又はこれと同等以上の**耐熱性**を有する電線を使用すること」という規定がある。

　それは消防法施行規則第12条〔屋内消火栓設備に関する基準の細目〕の第1項第4号ホ（イ）の規定である。また、続いて第1項第5号イにも全く同じ規定が設けられている。

　その限りでは、全く同じ内容であるが、その後に続いて規定されている電線保護の方法が異なっており、前者を**耐火保護**、後者を**耐熱保護**と称して区分している（**第54図参照**）。

　例えば、**非常電源の回路**そのものに使用する電線は**耐火保護**を必要とし、非常電源に関連する**操作回路**とか**赤色灯の回路**に使用する電線には**耐熱保護**を必要とする。言うまでもなく、耐火保護の方が基準が厳しく、耐熱保護は、それに較べると若干基準が緩和されている。

　消防用設備の種類による、**耐火保護区間**と**耐熱保護区間**とを区別し図示すると、**第55図**のようになる。

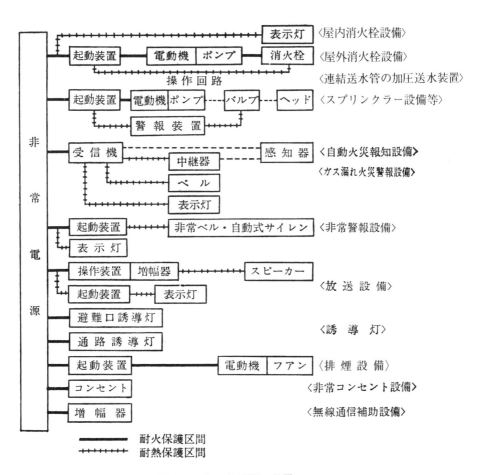

第55図　電線の耐熱保護の範囲

第4章　非常コンセント設備

● **耐火保護・耐火電線**

　先に述べたように、非常電源の回線に使用する電線は、600V2種ビニル絶縁電線等の耐熱性のある電線とし、それに耐火保護を施こす。この**耐火保護**というのは、「電線を**耐火構造**とした主要構造部に**埋設**することその他これを同等以上の耐熱効果のある方法で保護すること」であるが、このように埋設しなくても「ＭＩケーブル又は消防庁長官が認める基準に適合する電線を使用する」ことも認められている。もっと判りやすく言えば裸で使用することも認められるのである。このような電線のことを**耐火電線**と呼んでいる（消防法施行規則第12条第1項第4号ホ（ロ））。

　耐火電線は、消防庁長官の定める基準、すなわち「**耐火電線の基準（平成9年消防庁告示第10号）**」に適合するものでなければならない。この耐火電線の基準によると、耐火電線は、電線の種類に応じ大型又は小型の加熱炉耐火試験及び燃難性試験（高難燃ノンハロゲン性試験…ケーブルのみ）に合格したものとされている。**耐火電線**には(1)製造者又は商標、(2)製造年、(3)耐火電線である旨の**表示**、(4)金属電線管配線等に使用できるものにあってはその旨の表示、(5)高難燃ノンハロゲン耐火ケーブルにあってはＮＨの**表示**を行う。

　なお、この**高難燃ノンハロゲン耐火ケーブル**（耐火電線）及び後述の**高難燃ノンハロゲン耐熱電線**とは、火災等により当該電線が燃焼したとしても**濃煙とか有毒ガス等の発生が少ない**ので、**地階又は無窓階**に使用することが期待されるものである。

　それでは、もっと具体的に**耐火保護**の配線の工事方法を示すと次のようになる。

　先ず使用する**電線**として、600V2種ビニル絶縁電線は当然として、これと同等以上の耐熱性を有する電線としては、アルミ被ケーブル、鋼帯がい装ケーブル、クロロプレン外装ケーブル、ＣＤケーブル、ハイパロン絶縁電線、ワニスガラステープ絶縁電線、アスベスト絶縁電線、シリコンゴム絶縁電線、鉛被ケーブル、架橋ポリエチレン絶縁ビニルシースケーブル等及びバスダクトが認められている。

　これらの電線を**金属管**、**2種金属製可とう電線管**又は**合成樹脂管**に納め、**耐火構造**で造った壁、床等に**埋設**すると、耐火保護となる。なお、埋設工事が困難な場合は、これらと同等以上の耐熱効果のある方法により保護するものとする。すなわち不燃専用室、耐火性能を有するパイプシャフト及びピットの区画内に設ける場合も耐火保護と認めれる。ただし、他の配線と共に布設する場合は、相互に15cm以上離すか、不燃製の隔壁を設けて区画しなければいけない（**第56図参照**）。

　なお、**ＭＩケーブル**や**耐火電線**を使用する場合は、耐火構造部分に埋設することなく、ケーブル工事等により施行することができる。

　また、この基準では耐火バスダクトによる配線をも耐火電線として認めることとしている。バスダクトとは「導体を絶縁物で支持するか又は導体を絶縁物で被覆した電線をダクト（箱体）に入れて組立てたもの（基準第2第6号）」といい、低圧バスダクト及び高圧バスダクトの別がある。

　あわせて関連する開閉器等の**配線機器**は、耐熱効果のある方法で保護することとされている。それについては、「**配電盤及び分電盤の基準（昭和56年消防庁告示第10号）**」がある。

第4章　非常コンセント設備

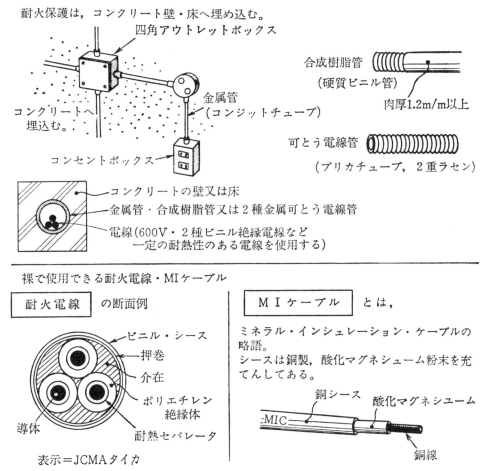

第56図　電線の耐火保護

●耐熱保護・耐熱電線

　非常電源に関連する操作回路とか赤色灯の回路に使用する電線は、耐熱保護を必要とする。この**耐熱保護**というのは、耐火保護よりも基準が緩和されているもので、使用する電線は、やはり600Ｖ２種ビニル絶縁電線等の耐熱性のある電線を使用することに変りはないが、それを耐熱保護するとは「**金属管工事、可とう電線管工事、金属ダクト工事**又は不燃性のダクトに布設する**ケーブル工事**により設けること」をいう。この他「消防庁長官が定める基準に適合する電線を使用する」ことも認められている。このような電線は、**耐熱電線**と呼んでいる。

　耐熱電線は、消防庁長官の定める基準、すなわち「**耐熱電線の基準**（平成９年消防庁告示第11号）」に適合するものでなければならない。この耐熱電線の基準によると、耐熱電線は、耐熱試験又は耐火試験及び高難燃ノンハロゲン性試験に合格したもので、耐熱電線には(1)製造者名又は商標、(2)製造年、(3)耐熱電線である旨の表示、(4)高難燃ノンハロゲン耐熱電線にあってはＮＨの**表示**を行う。

　具体的には、耐熱保護の区間の回路に使用できる**電線**は、耐火保護区間に使用する電線と同じものを、

第4章 非常コンセント設備

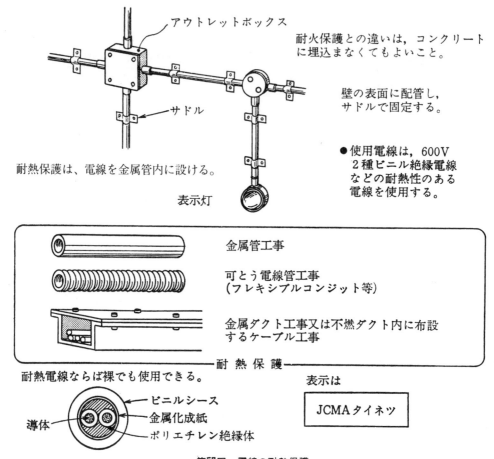

第57図 電線の耐熱保護

金属管工事、**可とう電線管工事**、**金属ダクト工事**又は不燃製のダクトに布設する**ケーブル工事**により設ければよい。耐火保護で認められている不燃専用室、耐火性能を有するパイプシャフト及びピットの区画内に設ける場合も当然、耐熱保護と認められる。ただし、他の配線と共用する場合には、相互に15cm以上離すとか、不燃製の隔壁を設けて区画するというのも同様である。

なお、ＭＩケーブルや耐火電線の他、**耐熱電線**を使用する場合は、金属管工事等によらず、ケーブル工事等により施行することができる（**第57図参照**）。

(参考) 光ファイバーケーブルの耐熱性能

近頃は、通信回路に光ファイバーケーブルが利用され始めた。消防用設備等においても、防災関係の情報量が多くなるにつれて光ファイバーケーブルを使用することが予想される。そこで消防庁においては、消防用設備等の操作回路、信号回路のような耐熱性能が要求される部分に、この光ファイバーケーブルを使用する場合は、消防庁が定めた「耐熱光ファイバーケーブルの基準」に適合したものを使用さ

第4章　非常コンセント設備

せることとし、その場合は消防法施行令第32条を適用して差支えないとしている。

なお、㈳日本電線工業会においては、上記基準に従って試験を自主的に行い、適合しているものには「ＪＣＭＡ」の表示を行うこととしているので、その表示のあるものについては、基準に適合しているものとして取扱って差支えない（昭和61.12.21消防予第178号）。

(参考) 建築基準法上の電線・配電

同じように建築基準法上の非常用の照明装置等の防災設備に使用する電線及び配電は次のように定められている（昭和44年建設省告示第1730号他）。

「**電線**は600Ｖ2種ビニル絶縁電線又はこれと同等以上の耐熱性を有するもの」とし、その**配電**は「耐火構造の主要構造部に埋設した配線、下地を不燃材料で造り、かつ、仕上げを不燃材料でした天井の裏面に鋼製電線管を用いて行う配線、耐火構造の床もしくは壁又建築基準法第2条第9号の2ロに規定する防火設備で区画されたダクトスペースその他これに類する部分に行う配線、裸導体バスダクト又は耐火バスダクトを用いて行う配線、ＭＩケーブルを用いて行う配線又はこれらと同等以上の有効な構造のものとすること。」としている。

大体、消防法令上の耐火保護と同様の配線であるが、不燃材料の天井裏に設ける金属管工事を認めている点が異なっている。

●非常電源の概要

ちょっと電線についてスペースをとってしまったので、非常電源については極く短く、その概要を述べるに留めることとしたい。

近頃では、平常時でも大きな停電があると相当の混乱が生じるだろうと予測されるが、もしも火災時に停電になれば、警報、避難又は消火活動に重大な支障を与えることになろう。従って、主要な設備には、一般電源が停電となっても、直ちに非常電源に切替って、電気が送れるようにしておくのである。

しかし、世の中には違った考え方があって、火災になるとすぐ電源を切ってしまう、ということがある。死者118名を出した大阪の千日前デパートの火災でも、管理者は、火事だと聞いて、あわてて電源を切ったと言っている。そのため、全館は停電状態となり避難消火活動に支障を与える結果となった。非常電源まで設置して火災時における電気の供給を確保しているのに残念なことである。火災時に電気を切るというのは間違いであるから、これは充分、周知を図る必要がある。

さて、消防法上認められている**非常電源**には4種類がある。⑴**非常電源専用受電設備**、⑵**自家発電設備**、⑶**蓄電池設備**、⑷**燃料電池設備**の4種類である（**第58図参照**）。

この3種類のうち、**非常電源専用受電設備**は、電力会社から供給される電気を電源としている。その電源が停電となる確率を小さくするため、或る系統からの受電ができなくなった場合に、他の系統からの受電に切替えて継続的に受電をしようとするもの。従って、それらが同時に停電する確率は少なくな

第4章　非常コンセント設備

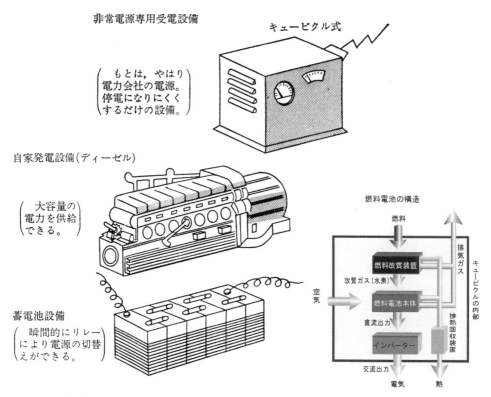

（注）：延べ1000㎡以上の特定防火対象物にあっては、自家発電設備、蓄電池設備又は燃料電池に限る。

第58図　非常電源には4種類

るとは言うものの、もとはと言えば、やはり電力会社の電源をアテにしているのであるから、信頼性は今一つ劣ると言わざるを得ない。従って、延べ面積が1,000㎡以上である**特定防火対象物**においては、非常電源をこの専用受電設備とすることを認めていない。

　別の系統から電気をとるというのは、例えばA変電所がダメになったらB変電所から電気をとる（ネットワーク方式）とか、さらに別の変電所からもとれる（ループ方式）と言う配線方式にしたり、または、自家用電気工作物といって、自分のビル内に非常電源を必要とする設備だけのための専用の変圧器を設けたりすることがある。

　近頃は「キュービクル式非常電源専用受電設備」といって、一つの鋼板製のボックスの中に、変圧器や遮断器などを、すべてセットにして収納してしまったものもある。外部には、電流計、電圧計など若干のメーターが露出しているだけである。その詳細については消防庁長官が「構造基準」を定めている（キュービクル式非常電源専用受電設備の基準・昭50.5.28消防庁告示第7号）。

　もっと簡易なものでは、開閉器だけを専用として、そこから電気回路を別系統にするだけというものもある。

第4章　非常コンセント設備

　それからみると、自家発電設備とか蓄電池設備の方は、電力会社に依存しないで、全く別の独立した電源を有するだけで信頼性は高いと言える。

　自家発電設備は、大きな容量の電力を供給することができるから、非常エレベーターの運転時には適する。しかし弱点は、停電後直ちに大容量の電力を供給することができず若干の時間を必要とすることである。これはディーゼルエンジンの駆動が本格化するまでの時間が必要となるためで、消防庁の基準では、所要の電圧を得るまでの時間を**40秒以内**としている。これにも消防庁長官が定める構造基準がある（自家発電設備の基準・昭48.2.10　消防庁告示第1号）。

　ところで、自家発電設備というと従来は軽油又は重油を燃料とするディーゼル機関を指していたが、排出する窒素ガスの総量規制等から次第に天然ガス、液化石油ガスを燃料とするもの又はガスタービン、コージェネレーションの導入等が増加傾向にある。このような**気体燃料**の使用される発電設備（**常用防災兼用ガス専燃発電設備**）は、消防法施行令第32条により設置が認められている（常用防災兼用ガス専燃発電設備を設置する場合の運用について（平6.5.27消防予第137号）。あわせて、その**評価**については、㈳日本内燃力発電設備協会において**認定**を行っている（常用防災兼用ガス専燃発電設備を設置する場合における主燃料の安定供給の確保に係る評価等について（平6.10.3消防予第225号））。

　蓄電池設備は、大容量の電力供給という点では不向きかも知れないが、瞬時に電力を供給できるという点で優れた非常電源である。**リレー装置**により、常用で電源が停電すれば直ちに蓄電池に切変わり、停電が復旧すれば直ちに常用電源に戻るのである。この蓄電池設備で大切なのはメンテナンス。常に充電されていないと役に立たないので、**自動充電装置**とか**時限充電装置**を設け、開放型の蓄電池では**減液警報装置**が必要となる（ニッケル・カドミウム蓄電池では、密閉型のため補液の必要はない）。蓄電池にもやはり構造基準が定められている（蓄電池設備の基準・昭48.2.10消防庁告示第2号）。

　建築基準法上では、非常電源のことを**予備電源**というが、内容的に同じものである。例えば、昭和44年建設省告示第1730号等では「常用の電源が断たれた場合に自動的に切り替えられて接続される予備電源」として「自動充電装置又は時限充電装置を有する蓄電池（充電を行うことなく30分間継続して照明設備を作動させることのできる容量を有し、かつ、開放型の蓄電池にあっては、減液警報装置を有するものに限る。）、自家発電装置その他これらに類するもの」を規定している。

　なお、平成17年の改正で**「燃料電池設備」**についても、非常電源として取扱うことができるようになった（消防法施行規則第12条第1項第4号）ただし、キュービクル式のものに限られる。なお、自動火災報知設備、非常警報設備及び無線通信補助設備に係る非常電源としては、使用することができない。

　また、燃料電池に関する基準は、平成18年3月29日消防庁告示第8号「燃料電池設備の基準」を参照のこと。

59

第5章　漏電火災警報器

〔**参照条文**〕消防法施行令第22条、消防法施行規則第24条の３

●漏電火災警報器という名前から

漏電火災警報器は、比較的機構が簡単ではあるが、しかし「どうして漏電が判るのか」という原理が今一つハッキリと判らない。そんな気持ちのする設備です。

最初から、こだわるようだけど、まずその名前から。これは、以前『**電気火災警報器**』と呼んでいた。あれは、いつだったかな。今のように名称を変更したのは。そう、昭和47年の消防法施行令の改正です。

確かに電気火災警報器と言ったのでは、まるで電気仕掛けの火災警報器、すなわち自動火災報知設備なんかと間違いやすい。もっと、名前は実体を表わすものの方が親切でよい。

ところで、これは「**漏電火災警報器**」なのだが、単に「**漏電警報器**」といってもよいのでしょ。火災に至らなくても、漏電するというのは、正常な状態ではない。人体にも危険を感じることだってあるし、と思うけれども。

そのとおりであるが、それには官庁間の守備範囲というものがあってね。野球でも、センターにはセンターの、レフトにはレフトの守備範囲があるが、それは相互にオーバーラップしていて、そんな中間

第59図　官庁には、それぞれの守備範囲が

第5章　漏電火災警報器

のところへフライが飛べば、そこは選手同士が声をかけあって、どちらかが処理すればよい（**第59図参照**）。

　ところが官庁では、その守備範囲、すなわち責任範囲が明確になっていて、お互いにヨソの領域には手を出さない、手出しをさせない、というところがある。

　漏電というと一般的な電気の保安上の問題は、これは**経済産業省**の守備範囲。経済産業省は各電力会社を監督している。これに対して、火災予防上の観点からする消防設備としての漏電警報器ならば、これは**消防庁**の守備範囲となる。従って、消防法上の警報設備である以上は、「火災」を付けて、漏電火災警報器ということになる。

　そのような例は、ガスだって一緒。『**ガス漏れ火災警報設備**』にしたって、ちゃんと消防設備である以上、火災という言葉が入っている。ガス漏れは、人体の健康、生命にも影響するし、爆発のおそれもある。何も火災の危険に限定することはない。しかし、消防法令上は、ガス漏れによる火災を警報し、予防するという目的のために、消防設備として設置させることになる。

　　注）他に経済産業省も、国土交通省もガス漏れに対して、警報設備の設置を義務づけている。

　火災予防というのは、あらゆる生活や事業活動に関連があるから、このように境界領域の処理（交通整理）をするケースは、よくあることです。

●火災危険以外の漏電だってキャッチできる

　とにかく漏電火災警報器は、火災予防上の見地から、消防法に基づいて設置させるのだから、消防庁の所管でよいわけ。

　その漏電火災警報器は、**国家検定品**とされ、一般の家庭電気器具のように通産省が型式認定するのではなく、消防法第21条の2により、消防庁（日本消防検定協会）が検定を行っていた。消防法の改正で、平成26年4月から自主表示対象機械器具等に変わり、「漏電火災警報器に係る技術上の規格を定める省令（平成25年総務省令第24号）」に適合しているかどうか日本消防検定協会で判定し、合格品には自主表示マークが付される。

　この警報器は、当然のことながら、漏電による火災の警報には効果があるのだろうけれども、例えば、洗濯機でビリッとくるようなケース、ああいうのはどうなるの。もちろん、洗濯機の漏電にも効果はありますヨ。

　消防法令上は、木造建築物の**ラス**（鉄網）**モルタル塗り**の場合に、設置を義務づけているけれども、何も「ラス」に漏電した場合だけ警報し、その他の漏電には知らん顔、というようなことはない。むしろ、ラスへの漏電に限って警報する方が、むずかしい。

　従って、消防法に基づく漏電火災警報器の設置上の主目的は、ラスモルタル塗りの建築物の火災予防にあるのだけれども、設置しておけば、それ以外の漏電だってキャッチできる。実際に聞いてみると、いろいろな漏電が発見できて、そのために役立っているというケースが多い。それは法令の目的からいうと副次的な効果ということになるのだけれども、まあ、結構なことではないですか。

第5章 漏電火災警報器

●漏電火災警報器と漏電遮断器の違い

ラスモルタル塗りの木造建築物のように、消防法に基づいて**設置義務**のある場合には、必ず消防法上の技術上の規格への適合品を使用しなければならない（**第60図参照**）。

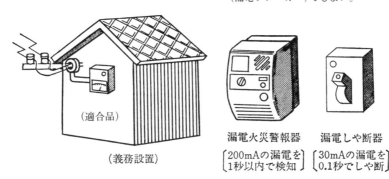

第60図　消防用設備の義務設置と自主設置

しかし、漏電火災警報器は、必ずしも設置義務のある場合に限らず、設置義務はなくても任意に（**自主的**に）設置していることがある。任意に設置しておけば、漏電の早期発見ができるから、火災予防に役立つだけでなく、感電防止のためにも役立つ。

だが、感電防止のためなら、経済産業省の型式認可による「**漏電遮断器**」を用いてもよいではないか。いわゆる漏電ブレーカーだが、これは感度が高く公称30mA（ミリアンペア）の漏電を検出すれば（実際にはその50％程度の電流で）ブレーカー（遮断機構）が0.1秒の感度で作動し、電流を遮断してしまう。従って感電防止効果は抜群といえる。

これに対して、消防庁の技術上の規格の**漏電火災警報器**の方は、火災予防という目的のためもあって、そのように高感度のものではない。規格から言うと、公称200mAの検出電流で、1秒以内に作動する、というもの。

これだけの感度の違いがあると、機構上はかなりの内容的な違いがでてくることになる。どうして、そのような違いがあるのか、というと、それは設置目的が異なるためだ、ということになる。

なお、漏電遮断器は、設置場所に注意。可燃性蒸気の滞留する場所に設けると、遮断時のスパークで着火のおそれがあり、かえって危険。安全な別の場所に設けること。

第5章　漏電火災警報器

●設備と器具の違い

　ついでといっては何だが、先程のガス漏れの場合は「警報設備」となっていたのに、この電気の漏電の場合は「警報器」となっている。自火報（自動火災報知設備のこと）の場合も設備となっている。この「**設備**」と「**器具**」の区別は、どこにあるのか。
　消防法令上の例では、消防法施行令第24条の「非常警報器具又は非常警報設備に関する基準」なんかで考えてみるのがよいのではないかナ。
　この例では、**器具**というのは、建築物に固定されておらず、持ち運びできるもの、又は固定されているようにみえるけれども容易に取りはずしができるものを指すようで、「警鐘、携帯用拡声器、手動式サイレン（消防法施行令第7条第3項第4号）」が器具に該当する。
　これに対して「非常ベル、自動式サイレン、放送設備（同号イ、ロ及びハ）」は**設備**とされている。設備は、この例のように、建築物と一体となっていて、簡単に取りはずしのできないものを考えればよい。建築基準法上でも、建築物の定義（同法第2条第1号、第3号）で、**建築設備**は建築物に含まれることとされている。
　消火設備でも、消火器は**器具**、屋内消火栓やスプリンクラーは**設備**である（**第61図参照**）。
　避難関係では「すべり台、避難はしご、緩降機、救助袋」等は、すべて**器具扱い**（消防法施行令第7条第4項第1号）となっている。誘導灯は**設備**である。
　この漏電火災警報器も、かなり建築物に固定的に設置されているようだけれども、法令上の扱いは器具。従って、漏電火災警報設備とは言わない。
　しかし、これらの区別は何も深刻に考える必要は全くない。まあ、教養の程度に知っておれば良いことです。

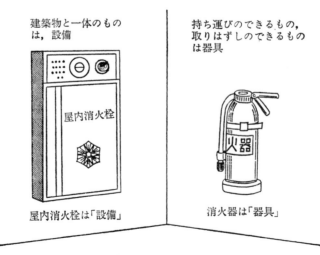

第61図　設備と器具の違い

●ラス・モルタル塗りとは

　消防法施行令第22条によると、漏電火災警報器は、**間柱若しくは下地を準不燃材料以外の材料で造った鉄網入りの壁、根太若しくは下地を準不燃材料以外の材料で造った鉄網入りの床又は野縁若しくは準不燃材料以外の材料で造った鉄網入りの天井を有する**防火対象物に設置するものとする、と規定しています。この鉄網は「てつもう」と読むのでしょうが、一般には法令の通りに「鉄網入り」などと野暮ったく（？）呼ばずに「ラス・モルタル」ということが多い。鉄網とは、英語で**ラス**（Lath）という。

　法令上では、何もモルタルとは書いてない。しかし、何のために、そのラスなるものを、天井や壁や床に使用するかというと、それはモルタルを塗るためなんです。このラスがないとモルタルが付かないわけで、従って、ラスあるところにモルタルありと考えてよい。

　建築基準法では、**防火地域内**では原則として、建築物は**耐火建築物**に限られているけれども（建築基準法第61条）、準防火地域になると、規模によっては、**耐火又は準耐火建築物**としなければならないという制限はあるものの、規模が小さいものは**木造建築物**だって建てられないことはない（**第62図参照**）。

　具体的に言うと、木造建築物が建てられるのは、2階建以下であれば、延べ面積500㎡までは許される。ただし、その場合に「**延焼のおそれのある部分**」の外壁・軒裏については、**防火構造**としなければならない（建築基準法第62条第2項）（昭62改正により、防火上の基準に適合するものは3階建も可能となった。また、木造建築物であっても、準耐火建築物とすることは可能）。

　その防火構造の代表的な構法が、このモルタル塗りなのです。防火構造としては、最も手軽で、単価的にも適切（㎡当り3,500円程度）だからでしょう。そこで、防火構造といえば、このラス・モルタル造を思い出す程です。

　ところで、このラスと呼ばれる鉄網には2種類ある。細い針金をネット状に編んだ**ワイヤラス**というのと、鉄板からこしらえた**メタルラス**というのがある。鉄板に切り目を入れておいて引っぱるように拡げると、メッシュ状になる。ワイヤラスの方が単価も高く、高級ということだが、モルタルの中へ塗り

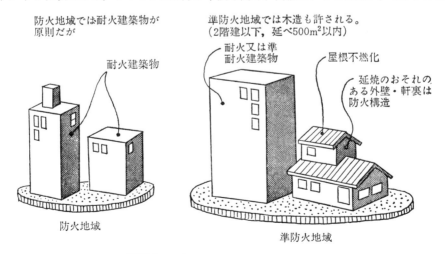

第62図　準防火地域の木造建築物は防火構造

第5章 漏電火災警報器

込んでしまえば、防火上の効果は、どちらも変りはない。ワイヤラスは、腰が強いから、モルタルを塗りやすいと左官職人は言う。一般には、メタルラスを使うことが多い（**第63図参照**）。

モルタルは、セメントと砂とを混ぜ、水を加えて練り上げて作る。コンクリートの表面仕上げやタイル貼りの下地に用いる。これを木造壁などに用いるときは、コンクリートのようなシッカリした下地がないので、下地をこしらえなければならない。一般には、**木ずり**（幅4cm、厚さ0.9cm程度の板）を目

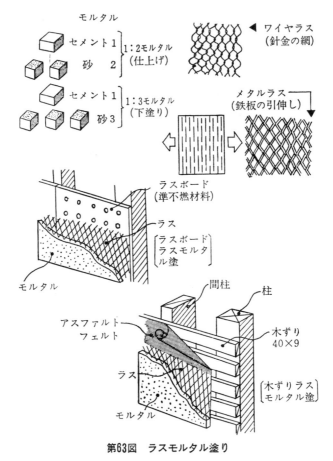

第63図 ラスモルタル塗り

すかしに貼り、その上に建築紙（アスファルトに浸した紙。アスファルトフェルトとも言う。）を貼って、その上にこのラスを打ち付ける。こうしておけば、木造建築物であっても、モルタルを塗ることができる。

近頃では、この木ずりに替えて、**ラスボード**（プラスターボードに穴あけ等を施したもの）を使うことが多くなって来た。このラスボードは、厚さが9mm以上あれば準不燃材料に該当する。

ついでに、プラスターとしっくいについても記しておこう。いずれも、木造建築物の内外装に用いられるが、**プラスター**は、原料が石膏であって水によって硬化する。いわゆる水硬性であるのに対して、**しっくい**の方は、原料が石灰であって、長期間にわたり空気に触れることによって固まる気硬性である。このプラスターやしっくいは、ラスを用いることなく、木ずりやラスボードの上に、直接塗ることがで

きる。

　さて、モルタルは、1度に塗りあげるのではなく、下塗り、中塗り、上塗りというように塗り上げる。セメント1に対して砂3というような調合のモルタル（1・3モルタルという）で下塗りし、だんだん上塗りになるに従って、セメント1に対し砂2というように調合（1・2モルタル）を良くしていく。

　ここで、砂が多くセメントが少ないのは手抜きではないかと勘違いしないで下さい。砂は或る程度多いほどモルタルは強く、砂が少なくなると、かえって後から亀裂（クラック）が入りやすいのです。モルタルが乾燥するときに収縮する性質があるので、それを収縮亀裂というが、それがかえって多くなってしまうのである。

　消防法令では、このような**下地**（先程の木ずり等）を不燃材料であるとか、準不燃材料にした場合には、火災のおそれが少なくなることから、漏電火災警報器の設置を免除しています。近頃では、下地にラスボード（準不燃材料）を使用することが多くなって来たので、設置を免除されるケースも多いようです。

●ラス・モルタル塗り壁の火災の特色

　壁をモルタル塗りとすると、**延焼防止**という点で防火上の点で効果は大きいが、モルタルで壁を密閉してしまうので、壁の内部の通風換気が悪くなり、その結果、壁の内部にある軸組が腐りやすいという欠点がある。これは、モルタル塗りとしても、適度の**通気口**を設けて風通しを良くしてやるとか、軸組の脚部に**防腐剤を塗る**等してやれば、そちらは何とか対策を講ずることができる。

　ところでヤッカイなのは、このモルタル壁のラス部分に**漏電**が生じた場合である。壁、床、天井などをモルタル塗りとすると大量のラスを用いる。もちろん、ラスは鉄網であるから電気の良導体である。天井や壁には、電気配線も多いから、漏電の危険も十分ある。

　ラスに漏電すると、あちらこちら壁体内部でスパークが生じる。そのスパークは部分的には温度が2,000℃にも達するという。そのような高温で焼けると、普通の火災で燃えた木材の表面とは異なり、炭化部分そのものも電気の良導体となって電気が伝わるという。スパークで溶断したラスは、機械的にペンチ等で切断した切り口と異なり、溶断しているから丸みを帯びて切れているところに特色がある。

　このように眼にみえない大壁の内部で出火すると発見がおくれ、しかも出火場所は1ヶ所とは限らず、あちらこちらで、このスパークを繰返す。そんなわけで急激な出火ではないけれども、長時間にわたる漏電の結果、建物のあちらこちらから煙が噴き出してきて、やがて何となく火災らしいと気付くのである。

　しかし、どこが燃えているのかハッキリせず、消火の決めてにも欠けるのである。火源を調べるため、やむを得ず壁の一部をはがしてみると、それが新鮮な空気を送り込むことになるせいか、煙が一斉に噴き出すようなことになる。しかし、火源はなかなか突きとめられない。

　壁体の中から屋根裏へ火が廻ると火災は、さらに激しくなる。消火活動が始まっても、これで完全に鎮火したのかどうか、それも確認しづらいというヤッカイな火災が、このラスへの漏電による壁体内着火

第5章　漏電火災警報器

である。

　さて、この漏電火災は、必ず**漏電点**があり、そこから漏電し、次に**出火点**がある。出火点は必ずしも漏電点とは限らない。さらに**接地点**がある。例えば、ラスがガス管と接触していれば、そこを通じて電流が大地へ逃げる。このように漏電は、正規の回路以外へ漏れた電気が大地へ戻ることによって完成する。従って、漏電火災の場合は、この**漏電点**、**出火点**及び**接地点**の3ヶ所を特定するのが、火災調査のポイントとなる（**第64図参照**）。

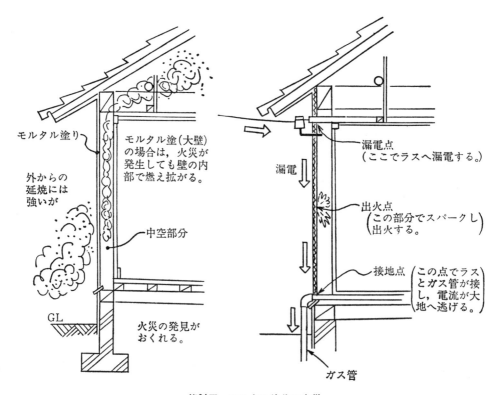

第64図　モルタル塗りの火災

●設置対象の防火対象物

　漏電火災警報器は遡及適用の設備だから、消防法令の適用前から存在している防火対象物（既存防火対象物）にあっても、常に現行法令の規定に適合するように設置しておかなければいけないわけです。従って、設備の全面的な遡及適用がある「特定防火対象物」とそれ以外の防火対象物の区分は、この場合、さして重要ではありません。

第5章　漏電火災警報器

漏電火災警報器の設置対象となっている防火対象物を表にまとめると次のようになる。

漏電火災警報器の設置

(消防法施行令第22条第1項)

(項)	用　　　　途	床　面　積	契約電流容量
(17)	重要文化財	すべて	
(5)	旅館、ホテル、共同住宅	150㎡以上	50A超
(9)	公衆浴場、蒸気浴場、熱気浴場		
(1)	映画館、集会場	300㎡以上	(1)項から(6)項まで 50A超
(2)	キャバレー、ダンスホール		
(3)	料理店、飲食店		
(4)	百貨店、店舗		
(6)	病院、福祉施設、幼稚園		
(12)	工場、スタジオ		
(16の2)	地下街		
(7)	学校	500㎡以上	
(8)	図書館		
(10)	停車場		
(11)	神社、寺院		
(14)	倉庫	1,000㎡以上	
(15)	その他の事業場		(15)項及び(16)項 50A超
(16) イ	複合用途防火対象物 (特定用途部分を含むもの)	500㎡以上 (特定用途部分 300㎡以上)	
(16) ロ	複合用途防火対象物（その他）	上記区分による	

漏電火災警報器は、鉄網（ラス）入りの壁、床又は天井を有するものに設置する。ただし、下地又は間柱、根太、野縁を準不燃材料としたものを除く。

　この表は、消防法施行令第22条第1項をまとめたものだが、同項第1号から第6号までは**床面積**がベースとなっているのに、第7号だけは、**契約電流容量**がベースになっており、それが50Aを超えるものが設置対象になっている。50Aを**超える**というのは「50A以上」の場合と異り、50Aちょうどの場合は、対象にしない、ならないという意味になる。

　契約電流容量については敢えて説明するまでもないと思うが、電力会社と需要者との間で契約した電流容量のことで、通常はA（アンペア）で表わされる。例えば、私の家では30Aの契約になっている。この容量だと基本料金は843円になる。その上、下は10Aきざみで、10A毎に基本料金は281円ずつ増減する（平成26年、東京電力の例）。

　　注）契約電流容量によって、家庭の分電盤に設けられるブレーカー（電流制限器）の器具の色が変る。5アンペアまでは青、10アンペアは赤、15アンペアは桃、20アンペアは黄、30アンペアは緑となっている。旧タイプでは、この色分けがない場合もある（**第65図参照**）。

　　なお、ブレーカー（電流制限器）は、規定以上の電流が流れた場合に自動的に作動するもので、開閉器を兼ねている。

　　一方、漏電遮断器は、**極く僅か**（30ミリアンペア）でも、正規の回路以外に流れた電流（漏電）があれば自

第5章 漏電火災警報器

動的に作動するもの。いずれも、正常時には、上向きにスイッチが向いている。作動時には、パチンと音がして下向きとなる。

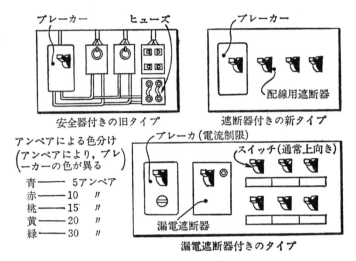

第65図 家庭用の分電盤の例

契約電流容量が60Aをこえると、キロ・ボルトアンペアとなるし、また**大口需要**ではキロ・ワット契約というものもある。そんな場合には、その電圧（100V又は200V）で割ってみれば、アンペアが判る。例えば、20KVAであれば

　　20,000VA／100V＝200アンペア

となるし、これが動力用の200V（3相交流）であれば

　　20,000VA／200V＝100アンペア

となる。

　高圧受電のときは、**需要係数**というもの（数値は0.6）を乗じ、変圧器で落した低電圧側（2次側）の電圧で割ればよい。

　　注）これらの計算は、一応、力率を1とした前提によるもの。交流の場合は、必ずしも、電力は電圧と電流の積にならないことがあるが、ここでは、それが等しいという前提で計算しているのである。交流でも、電熱器のように抵抗負荷ならば力率は1となるが、蛍光灯のような場合は、効率が悪く、その力率は0.65（20Wの例）程度になる。要するに0.35相当の無駄な電流が流れていることになる。

さて、この契約電流容量は「同一建築物で契約種別の異なる電気が供給されているものにあっては、そのうちの**最大契約電流容量**」によることとされている。例えば、電灯（重量電灯契約）とモーター使用による低圧電力契約とがある場合は、その合算でなく、そのうちのどちらか大きい方をとればよい。

　　注）そのどちらか大きい方が50アンペアを超えていれば、その防火対象物そのものが、漏電火災警報器の設置対象になるという意味である。

　なお、その**契約種別**は、電力会社に聞いてみると、次の表のように13種類もあるそうだ。

契約種別

需要区分	契約種別
電灯需要	定額電灯
	従量電灯（甲、乙、丙）
	臨時電灯（甲、乙、丙）
	公衆電灯（甲、乙、丙）
電灯電力併用需要	業務用電力
電力需要	低圧電力
	高圧電力（50kw以上）（甲、乙）
	特別高圧電力（2,000kw以上）
	臨時電力（1年未満）
	農事用電力
	予備電力（甲、乙、丙）
	深夜電力（甲、乙）
	融雪用電力

●ラスモルタル部分が僅かでも必要か（運用）

　漏電火災警報器の設置が必要かどうか、という質疑のうち多いのは、ラスモルタル部分が建築物の僅か一部にしか過ぎない場合でも、どうしても漏電火災警報器を設置しなければならないか、というもの。これに関しては、次の通達を参考にし下さい（昭和39年自消内予発第82号通達）。

　次の各号に掲げる建築物には、漏電火災警報器の設置を**省略**することができる。

1　ラスモルタル造の壁、床又は天井に現に**電気配線**がなされておらず、かつ、当該建築物の業態からみて、令第23条の壁などに電気配線がなされる**見込みがない**と認められる建築物

2　ラスモルタル造の壁などが建築物の一部にしか存しない建築物で、ラスモルタル造の壁などに漏電があっても、**地絡電流**が流れるおそれのないと認められる建築物

3　建築基準法第2条第9号の3ロ〔主要構造部を鉄骨等の不燃構造としたもの〕の準耐火建築物で、ラスモルタル造の壁などになされている電気配線が**金属管等による工事**で施行されており、その金属管等が**D種接地工事**又は**C種接地工事**により接地され、かつ、その金属管等の接地線と大地との電気抵抗がD種接地工事の場合は100Ω（オーム）以下、C種接地工事の場合は10Ω以下の建築物

　　注）金属管等による工事とは、金属管工事、金属線ぴ工事、可とう電線管工事、金属ダクト工事、バスダクト工事、フロアダクト工事その他電気配線を被覆する金属体による工事をいう（**第66図参照**）。

4　**学校**、**倉庫**など消防法施行令別表第1(7)項〔学校〕及び14項〔倉庫〕に掲げる建築物における契約電流容量が**10A以下**の建築物

　　注）同一建築物で契約種別の異なる電流が供給されているものにあっては、契約種別ごとの電気容量が10A以下であればよい。

第5章　漏電火災警報器

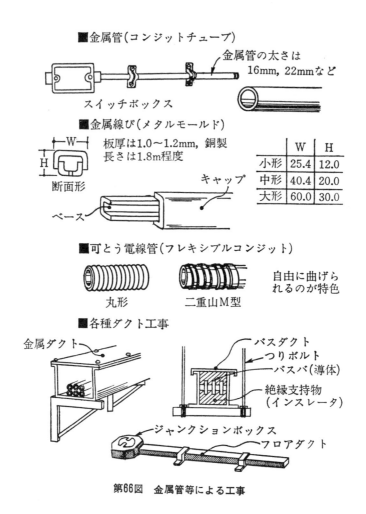

第66図　金属管等による工事

●部分により構造が異る場合の設置の要否

建築物の一部がラスモルタル造である場合の漏電火災警報器の設置方法はどうあるべきか。

例えば、病院・診療所〔(16)項防火対象物〕では、延べ面積が300㎡以上のものには漏電火災警報器の設置が必要であるが次のような場合はどうなるか。

(問)　平屋建の診療所でラスモルタル構造部分の床面積が500㎡、木造部分が1000㎡の建築物の場合、それぞれの構造部分に設置しなければならないか。

(答)　木造部分とモルタル部分の電路の引込口が異なる場合には、**モルタル部分の電路の引込口**に設ければよい。電路が同一の場合は、その電路の引込口に設ければよい（昭40・12・23付自消丙予第194号）。

●契約電流容量50アンペアをめぐる質疑

　消防法施行令第22条第1項第7号の「契約電流容量が50Aをこえるもの」という規定をめぐっての質疑も多く、これに対しては、昭和44年11月20日付消防予第265号によって予防課長から次のように回答されている。そのあらましは、

（問）　契約電流容量が50Aをこえるものを加えたねらいは。
（答）　漏洩電流による火災の危険性は、使用電流に関係するので今回の改正で契約電流により設置を義務づけた。
（問）　契約電流容量が50Aをこえていても、別表1(1)項から(6)項まで、(15)項及び(16)項と限定したのは何故か。
（答）　火災事例等にかんがみ他の防火対象物に設置を課するのは適当ではない。
（問）　契約種別により50Aをこえるものと、50A以下のものとがあった場合は、50Aをこえるもののみ警戒すればよいか。
（答）　建築物を単位とし、適用を受ける建築物の屋内配線の**すべて**を**警戒**する。
（問）　契約電流容量は、季節需要等の臨時電力も含むか。
（答）　含まれる。
（問）　50Aをこえれば、構造の如何にかかわらず設置するのか。
（答）　この場合も、**ラスモルタル造**に限る。
（問）　共同住宅で各戸が個別契約しており、総和が50Aをこえる場合は。
（答）　各戸の契約種別が同じでその総和が50Aをこえれば設置が必要となる。

●電気設備の安全ー漏電の防止

　今度は、電気の安全、特に漏電防止について、もう少し詳しく考えてみることとするかね。電気というものは、必要以外のところへ漏電してはいけないわけだが、これをもう少し正確に言うと「電気の流れている**電路**というものは、大地と絶縁されていなければならない」ということになる。これが大原則。

　それが、どこかで大地へ短絡して（地絡して）電流が流れると、これが**漏電**となる。先に**漏電火災**は、必ず漏電点、出火点及接地点があると述べたが、大地へ電流が流れ込むことによって漏電現象が完成する。大地を通じての壮大な回路が形成され、電流が流れることにより、漏電となるのである。

　これが人体に触れると**感電**になる。ショックの程度で済めばよいが、場合によっては感電死に至ることもある。大体、人体にピリッと感じるのは1mA（ミリアンペア、すなわち1,000分の1A）程度のもの。これが10mAになると筋肉が自由に動かせなくなって、いわゆる吸い寄せられたようになる。100mAになると感電死に至ることがある。

第5章　漏電火災警報器

　漏電は、ラスに流れると、接続部のような電気抵抗の大きな部分で発熱して、漏電火災になったりする。

　それを防止するために、電気工事は、**資格者**（電気工事士）が行い、**電気用品**は、電気用品取締法の規格に適合したものを使用するなどの措置が講じられている。また、使用開始後には、**定期検査**等がある。経年変化により、絶縁が序々に劣化（老化）してくると、やはり漏電しやすくなってくる（**第67図参照**）。

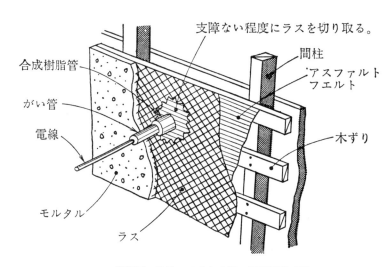

第67図　ラス・モルタル壁の電線貫通工事

●どうすれば漏電を発見できるか

　漏電というのは、正規の回路以外へ流れ出た、いわゆる脱走者のようなものだから、判りやすくいうと、**入場者**の数と**退場者**の数をチェックしてみれば良いことになる。その数に差が出れば、まだ退場していない者の数が判る。もう誰も会場に残っていないとすれば、それは別の出口から逃げた（？）のかも知れない。そこで「あやしいぞ」と騒ぎ出すことになる。

　ところで、電気は電流というように流れているものなのであろうが、眼にみえないからどうしても理解しにくい。その点、**水道**の水なら、漏れれば、そこが濡れるから判りやすい。しかし、地中に埋設した水道管の場合は、そのような方法も通じないのでメーターを使用しなければならない。

　A点からB点まで水道管があり、水を通してある。A点にもB点にも水量計を設けておいて、両方のメーターの数値が同じであれば、途中の漏水はないことになる。しかし、A点を通過した水量だけ、B点に到達しなければ、どこか途中で漏水していることになる。別に自然漏水でなくとも、意識的に水栓を設けて、そこから水を使用したとしても同じこと。その使用水量分だけ、B点へ到達する水量が減る。

　電気の場合だって、それと同じようなことを考えればよい。電流が流れいてる**電路の入口**と**出口**とに、

第5章　漏電火災警報器

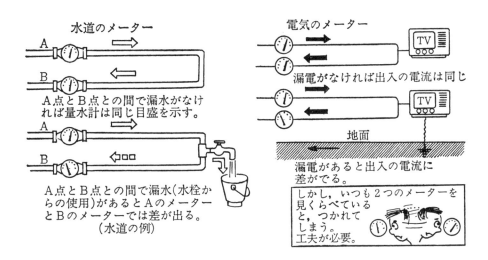

第68図　漏電を見付ける

それぞれ電流計を設けておいてその二つのメーターを見較べていればよい。漏電がなければ、両方のメーターは同じ数値を示すはずであるし、もしも漏電があれば、二つのメーターの数値に差が出ることになる（第68図参照）。

●零相変流器の発明

　漏電をみつける原理は、そのようなことだが、しかし、年中二つのメーター見較べていたのでは疲れてしまうではないか。そこでうまいことを考えた人がいる。二つのメーターのうち、一つを針が反対の方向に動くようにしてやる。そして、二つのメーターを一つの計器にまとめてしまう。そうすれば、一定の電流を流しても、針は全く動かないことになる。電流の値が変化（増減）しても、針は、やはり動かない。
　しかし、二つのメーターに差が出れば、始めてその差分（漏電分）だけ針が動くというもの。ただし、これは原理を述べたもので、この通りのメーターがあるわけではない。
　ところで、これと同じような便利な計器があり、それを変流計と言う。変流計というのは、一見ドーナツ型の計器で、そのドーナツの中に通した電線に電流が流れると、それを検知することができる。面白いことに、もう1本電線を入れて、反対方向に電流を流すようにすると、互いに打ち消しあって針は動かなくなる。すなわち、原理的には、プラス・マイナス・ゼロにして二つの針を動かなくしてしまうわけ。そんなことから、これを『**零相変流器**』という。零相変流器が漏電火災警報器における心臓部なのである。

　　注）零相変流器を略語でＺＣＴと呼ぶことがある。これは Zero-Phase Current Transformer の略語である。

第5章　漏電火災警報器

●零相変流器の構造を、もう少し詳く

　多少まわりくどいかも知れないが、零相変流器の構造を説明する前に、基礎的なことを説明しておこう。

　先ず、電線に電流が流れると、その電線の周囲には、**磁界**というものが生じる。これは電流の流れている電線の近くに磁石（北を指す磁針のこと）を持ってくると、針が狂うことから判ります。その磁界は、電流の流れる向きに、ねじ釘を廻したように、すなわち右ねじ方向に渦を巻くように**磁力線**が生じる。

　次に、この電線をリング状にしてみると、リング内を磁力線が束になって通り抜けるようになる。これを**磁束**という。さらに電線をコイル状に何度も巻くようにしてやると、磁束は、ますます大きくなってくる。このコイルの中に鉄心を入れてみると、その鉄心は強力な磁石となる。これが『**電磁石**』である。電磁石は、電流をとめると磁力を失い、また電流を通ずると磁石になる。

　鉄心を棒状でなく、閉じたリング状のものにすると、そのリング内を磁力線の束、すなわち**磁束**の流

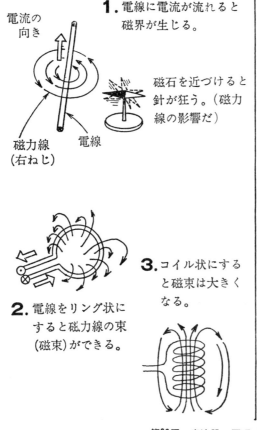

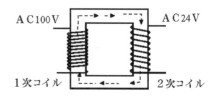

第69図　変流器の原理（その1）

第 5 章 漏電火災警報器

れ（φ、ファイ）が生じる。これは、電気回路とは異なり、磁気の回路であるから、**磁気回路**という（第69図参照）。

この磁気回路に絶縁された全く別のコイル（2次コイル）を設けておき、最初のコイル（1次コイル）に交流の電流を通ずると、磁束の流れは激しく変化し、それによって2次コイルに**誘導起電力**が生じる。2次コイルの巻数を、1次コイルに比べて多くしてやれば2次側に発生する電気の電圧は下がる。これが**変圧器**（トランス）の原理である。

　注）交流電気は、このような変圧器で容易に電圧を変化することができる。そのような特色を生かして、一般に電力は交流電気が使用される。

さて、変流器の構造であるが、これも1種の変圧器であると言えないこともない。やはり、リング状の鉄心にコイルが巻きつけてある。このリングの中に、電線を貫通しておいて電流を流すと一定の向きに磁束が生じ、鉄心（リング）の内部に磁気回路が形成される。

交流電源であれば、電流の向きが激しく変化（関東では50Ｈｚ、関西では60Ｈｚ）するので、リングに巻きつけられたコイルに誘導起電力（電圧）が生じる。従って、一種の変圧器と言える。

変圧器であれば、1次コイルがあるが、変流器の場合は、リング中を電線が貫通する点だけが異る。1次コイルは存在しないが、電圧の生じるコイルは、やはり2次コイルと呼ぶ。

さて、ここから先が、メーターの針を常にゼロにするための、いわゆる零相変流器の原理であるが、いたって簡単、反対方向に同じ量の電流が流れる電線をもう1本、リングの中に通してやればよい。すなわち、流入する電線と流出していく電線2本を通しておく。そうすれば、磁気回路中に、相反する磁束が生じることになり、実際はその磁束同志が打ち消しあう結果となるから、電圧は生じない。もしも、漏電が生じていると、電流がプラス・マイナス・ゼロにならないから、直ちにコイルに電圧を生ずることになる。それを受信機で受けて、ブザーを鳴らすようにしてやればよい（**第70図参照**）。

この変流器は、**接地線**（アース）に設けてもよい。接地線は、通常電流が流れていないが、もしもこれに電流が流れるというような場合は、漏電していることになるからである。もう少し別の表現をとる

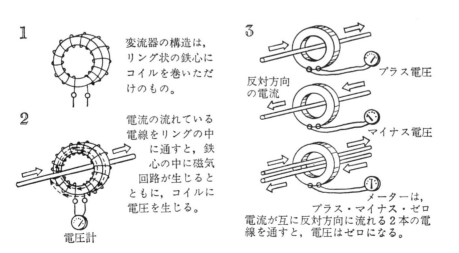

第70図　変流器の原理（その2）

第5章 漏電火災警報器

と、漏電した電流が大地を流れて来て、それが接地線を通じて元の電線に戻ると考えてもよい（**第71図参照**）。

接地線の場合は、電流が通常はゼロであるからプラス・マイナスは必要なし、従って1本の接地線をリングに通すだけで済む。

注）それは小さな変流器で済むことを意味するわけで、要するに経済的なのである。

● **接地線と接地工事**

ついでに、ここで**接地工事**の話もしておこう。電気（電路）は、大地と絶縁するのが原則であるけれども、場合によっては、むしろ大地へ逃がしてやる、計画的な漏電も必要になる。家庭で使用する電気洗濯機は、水を使うので、もしも漏電すると感電しやすい、そこでアースを設けておくのもその一例。

電気工事では、接地工事に、A種（旧第1種）、B種（旧第2種）、C種（旧特別第3種）及びD種（旧第3種）の4種類が定められている。**A種**は、高圧（600V以上）または特別高圧（7,000V以上）の変圧器の金属製外箱等に接地線を設けるもの、**B種**は、高圧又は特別高圧の変圧器の低圧側に接地線を設けるもの。漏電火災警報器は、この**B種接地線**に設けることもできる。これは、高圧で受電してトランスで低

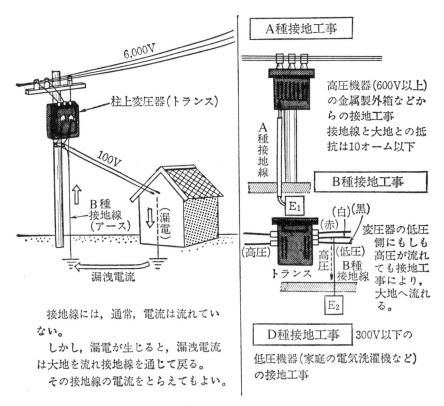

第71図 漏電と接地工事

圧にしても、もしも何かのはずみで、低圧側に高圧電流が流れるようなことになると、低圧側の設備や機器が焼け切れるような事故になってしまう。そこで、安全のために接地線を設けるように義務づけている。この接地線には、低圧側の電路に漏電が生じても、**地絡電流**が流れる。従って、ここに変流器を設けても漏電を検出し得る（第71図参照）。

　原理的には、その通りだが、実際にこの接地線に変流器を設置するのは、接地線が1本であり、変流器が小型で済むということにつきる。警戒電路側には大きな電流が流れていると、変流器も大型のものを用いなければならぬ。工事もヤッカイなうえ、費用も高くつく。それならば、接地線に設けた方が得。変流器もキュービクル変電器の箱の中へ内蔵すれば、屋内型のもので済むし、ま、世の中、大体こんなことで動いているものです。

　D種接地工事（旧第3種接地工事）は、低圧の屋内配線工事に用いる金属管、金属ダクト等に設けるもの、それらへの漏電事故を防止するためです。

　それなら、D種接地線に変流器を設けた場合はどうなるのでしょう。例えば、電気洗濯機のアース（D種接地線）に変流器を設けた場合、洗濯機に漏電すれば、それをキャッチすることはできる。しかし、本来のラスモルタルへの漏電はつかむことができない。

　洗濯機への漏電はキャッチできてもすでに、その先に漏れてしまっている電流までは調べようがない。

　従って、電線がラスモルタルの壁を貫通する以前の接地線すなわちB種接地線に設置しなければ、ラスモルタルへの漏電はキャッチできないことになるのです。

●漏電火災警報器の設置上の基準

　消防法施行令第22条第2項には「漏電火災警報器は、**建築物**の屋内配線に係る火災を有効に感知することができるように設置するものとする。」と規定してある。誠にゴモットモな規定であって、これを読む限りでは、改めて疑問の余地もない。

　若干、注意深く読むとすれば、第1項では漏電火災警報器は、次の**防火対象物**に設置しなければならないとして、第1号から第7号までに列記してあるけれども、この第2項になると急に「**建築物**」と表現されている。

　従って、第1項では、防火対象物と書いてあっても、実は建築物に限定されているのだな、ということが判る。気付かないことが多かろうとは思うが、法令では、防火対象物と建築物とを書き分けてあることがある。

　建築物と書くよりも、防火対象物と書いた方が、対象の幅は広くなる。それならば、むずかしく書き分けなくても、全部、防火対象物としておけばよさそうなものだが、そこは法令ですから、建築物しか、あり得ないような場合には正直に建築物と書いてある。例えば、消防法施行令第27条（消防用水に関する基準）の規定では、最初から建築物だけに限って規定していることが判る。

　次に、設置の**技術上の基準**といっても、消防法施行令では「漏電を有効に感知することができるよう

第5章　漏電火災警報器

に」と極めて大まかな規定にとどめ、具体的な細部の基準は、消防法施行規則（第24条の3）の方に任せてある。このような構成は、消防法令を通じて言えることで、政令と省令とは必ず読みあわせる必要がある。このような構成をとると言うことは、消防法施行令第33条にチャンと「……消防用設備等の設置及び維持に関し必要な事項は、総務省令〔消防法施行規則〕で定める。」と、ことわってある。

　言うまでもないが、**法律**（消防法）は、国会の議決によって定め、**政令**（消防法施行令）は、法律に基づいて政府（内閣）が閣議で決定し、そのまた細部は、委任により各省の関係大臣が**省令**（消防法施行規則）として定める（**第72図参照**）。

第72図　法律と政令と省令

　注）2001年1月6日から中央省庁が再編され、旧自治省は郵政省、総務庁とともに総務省になった。よって旧自治大臣は総務大臣となった。なお、消防庁は総務省の外局となる。

　消防庁は、総務省の外局（消防組織法第2条）として設けられているから、この省令というのは、総務省令になるのである。ただし、消防法施行省令とは言わずに、**消防法施行規則**と呼ぶことに注意して下さい。

　法令を扱う者にとっては、何も政令、省令と書き分けなくても、一つの基準にまとめておいてもらった方が、判りやすくて評判も良かろうと、余計なことをつい考えてしまうが、やはり、閣議まで開いて政府が決めるような内容と、それぞれの担当大臣が判断して決めてよい内容とがあるようで、そう利用者の都合だけでは勝手に政省令の基準を一本化できぬものらしい。

　ところで、漏電火災警報器は、**自主表示**の対象品目となっている（消防法施行令第41条第6号）。そこで技術上の基準の**合格品**でなければ、販売、陳列、請負工事の使用が認められない（消防法第21条の16の2）。

　そのための基準が『漏電火災警報器に係る技術上の規格を定める省令』であって、俗には、**規格省令**

と略称することがあるが、これも総務省令の一つです。ただし、これは規則と言わず、文字どおり省令となっている。

●漏電火災警報器の規格省令を読むと

漏電火災警報器の勉強をするときには、この規格省令を読んでみるということも大切。自主表示のための基準となるものだから、随分詳しい規格が定められている。しかし、それらの規格はいつも理解し

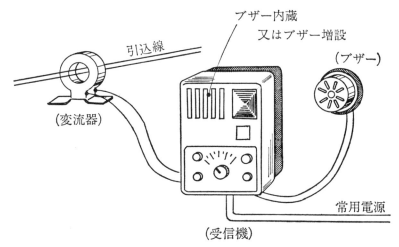

第73図　漏電火災警報器の構成

ていなければならないということはない。自主表示に合格した製品であれば、当然その規格に適合しているはずだから。

ただ、規格を読んでおけば、自主表示合格品は、どのような性能をもっているか、というようなことが判る。そんなわけで設備の理解に役立ちそうなところだけ拾い読みする、そんな程度の勉強でよいでしょう。

規格省令の第2条には、漏電火災警報器の**定義**があるので、それを読んでみると、**漏電火災警報器**とは「電圧600V以下の警戒電路の漏洩電流を検出し、防火対象物の関係者に報知する設備であって、**変流器及び受信機**で構成されたものをいう（同条第1号）。」と規定されています（**第73図参照**）。

先ず、電圧600V以下と規定してあるので、何故、いきなり600Vなのか、というと、交流の場合は600V以下を**低電圧**という。直流ならば750V以下が低電圧になる。これらを超えるものは**高電圧**という。7,000Vを超えるものは**特別高圧**という。

従って、一般の100Vの電灯線も、200Vの動力線も、この低電圧に入る。自主表示の合格品の漏電火災警報器は、低電圧の電気回路（電路）に使用することができる。

主な構成は、**変流器**と**受信機**であることも判る。変流器は漏電を感知し、受信機はそれを受けてブザーを鳴らして知らせる役目を持つわけだが、その詳しい構造や機能は後でユックリ説明します。

第5章　漏電火災警報器

　そういうことにして、ここでは**機器**について若干の解説をしておきたい。変流器は「**器**」を用い、受信機の方は「**機**」を用いる。その違いは何かということ。一般には、この両方をあわせて「**機器**」という。㈳全国消防機器協会という団体もある。「器」の方は、**器具**というように比較的簡単な構造のもので、特段、人が操作しないとか、動く部分が少ない静的なもの、「機」の方は、**機械**というように若干、複雑な構造を有するもので、人が操作するとか、歯車のように動く部分がある動的なもののイメージがある。更に機械とか電気によって自動的に動くものを**装置**と呼ぶことがある。もちろん、これは割り切れるものでなく例外もある。

　自火報（自動火災報知設備）ならば、感知器、中継器が器の方で、発信機、受信機は機の方になる。しかし、感知器といっても、近頃は、煙感知器のように複雑な構造のものもあるし、機という字は使っているが、発信機のように比較的簡易な構造のものもある。まあ、発信機は、押しボタンのように人が操作する部分があるし、それに何よりも、受信機と対（つい）をなすものだから、両方まとめて機なんだろうね。この程度のことだから、目くじら立てて、その区別を論ずる程のことはないが、これも知っておれば多少は教養の一部にはなる。

　　注）会社の名前でも、モーターなどを主として製作している三菱は、三菱電機というが、ラジオ、テレビの松下は、松下電器（現在は、パナソニック）というような違いがある。

●変流器の機能・構造（屋内型と屋外型）

　それではボチボチ変流器の勉強に入ります。例のドーナツ型の部分です。これも**定義**があって「警戒電路の漏洩電流を自動的に検出し、これを受信機に送信するものをいう（規格省令第2条第2号）。」と書いてある。前にも記したように、人間が日夜、計器を見較べていたのでは、疲れてしまうから、自動的に漏洩電流（漏電）を**検出**してくれるものでなければならない。例のドーナツ型の変流器であれば、漏洩電流のあった場合にだけ作動することになるわけです。

　警戒電路とは、漏電が発生していないかどうか、漏電火災警報器の監視の対象となっている電気回路のことです。言い方を変えてみると、変流器を通過した点以降の電路と言ってもよいわけです。ただし、変流器を接地線に設ける場合には、言い方を変えなければならず、その場合は、その接地線（B種）を取りつけた変流器から電力が供給されている電路が、警戒電路ということになります。

　ところで、この変流器の**設置場所**ですが、消防法施行規則第24条の3第2号では、「変流器は、建築物に電気を供給する**屋外の電路**」に設けることを原則とし「建築構造上、屋外の電路に設けることが困難な場合にあっては、電路の引込口に近接した**屋内の電路**に設置するよう規定されている。

　そのようなことから、規格省令では、変流器は、**屋外型**と**屋内型**に分類されている（規格省令第3条第1項）（**第74図参照**）。

　屋内型と屋外型との違いは、先ず、屋外型は雨露にさらされることから**防水試験**が行われるということ。この防水試験は「温度35℃の清水に15分間浸し、温度0℃の塩化ナトリウム（食塩）の飽和水溶液に15分間浸す操作を2回繰返し行った場合、機能に異常を生じない」ことが、合格の基準（規格省令第

第5章　漏電火災警報器

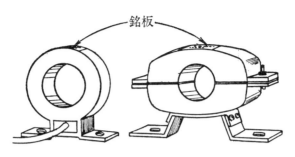

屋外(貫通型)　　屋外(分割型)

屋外型変流器は，合成樹脂で
モールドされている。

屋外型は防水試験や温度特性試験
(－20℃～60℃)を受けている。

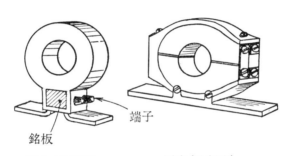

屋内(貫通型)　　屋内(分割型)

第74図　変流器の屋外型と屋内型

17条)となっている。火災報知設備の屋外型の発信機も，これに似た条件のテストを行っている。

　このほかに**温度特性試験**というのがあって，屋内型では60℃から零下10℃までの周囲温度で機能に異常を生じないかどうかのテストを行うのに対して，屋外型では寒い方の温度をもう10℃下げて，60℃から零下20℃までの周囲温度でテストを行っている（規格省令第12条）。

　このように屋外型は，防水，耐寒についてのテストが厳しいから，それだけ製品価格は割高となると考えてよいでしょう。しかし，もともと変流器というのは，構造的にも単純なものだから，合成樹脂等で被覆することができます。これを**モールド**すると言います。また，屋内型でも**防水ケース**に入れれば，屋外で使用することもできます。

　漏電火災警報器は，原則として屋外に設けるべきものだから，屋外型が多く生産されていますが，メーカーによっては，屋内型を主体として生産したり，屋内・屋外型の両方を生産しているもの等まちまちの状況です。

　　注）変流器の鉄心は，トランスと同じようにフェライトコア又はパーマロイ系コアでできている。外側のモールド材は，ポリエステル樹脂，フェノール樹脂又はブチルゴムという材質を使用して成型してある。

第5章　漏電火災警報器

●変流器の機能・構造（貫通型・分割型）

　変流器の機能、構造の続きです。先の区分では、屋内型と屋外型の区分でしたが、変流器には、**貫通型**と**分割型**という分類もある。ただし、この分類は法令に規定されているものではない。法令上の根拠はないが、むしろ、この分類の方が、変流器の種類としては幅をきかせている（**第74図参照**）。

　もともと変流器は、ドーナツ型（リング状）をしている。もっとも、若干角ばった4角形のものや8角形に近いものもある。いずれにしても、配線を行うときに、そのドーナツの穴の中へ電線を入れて貫

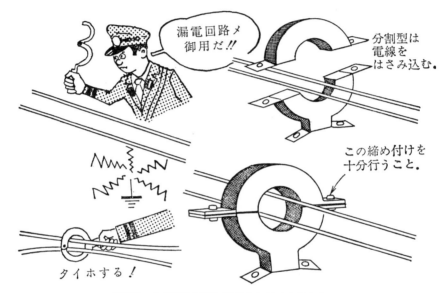

第75図　分割型は電線に手錠をかけるようなもの

通させておかなければならない。従って、**貫通型**というのだけれども、どうしても工事に手間がかかる。それに対して**分割型**というのは、そのドーナツ型の輪がパッと二つに割れるものだから、手間がかからない。先に配線を済ませておいても、要するに既存の配線に後から変流器を取りつけるとしても、ドー

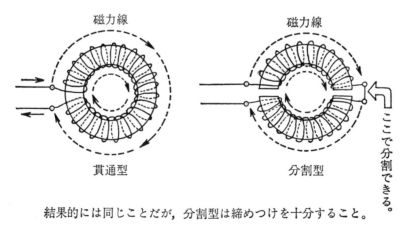

結果的には同じことだが、分割型は締めつけを十分すること。

第76図　貫通型と分割型の内部配線

第5章　漏電火災警報器

ナツを二つに割って配線を挟んでやればよい。これなら便利だ。しかし、そのときに充分、締めつけてやらなければいかん。分割したものをシッカリと密着固定しないと、どうしても誤差がでやすいからである。まあ、みようによっては、配線に手錠をかけるようなもんだね。「漏電は許さんぞ」というわけ（**第75図参照**）。

　ところが、この分割型は、便利だけれども値段がエラク高い。貫通型と較べると**価格は3倍**もするという。3割高ではなく、3倍なんです。従って、とにかく便利ではあるが、そんなに数が出ない。全生産（検定）の1割程度のものか。

　それに分割型は、屋外防水型としにくい。分割するものだから、そこが弱点となって、防水がむずかしくなるのです。（**第76図参照**）。

　この他にも、変流器では、**電路開閉試験**（規格省令第13条）、**短絡電流強度試験**（第14条）、**過漏電試験**（第15条）、**老化試験**（第16条）、**振動試験**（第18条）、**衝撃試験**（第19条）、**絶縁抵抗試験**（第20条）、**絶縁耐力試験**（第21条）、**衝撃波耐電圧試験**（第22条）及び**電圧降下防止試験**（第23条）と、こんなに多くのテストを受けている。

　それぞれ重要なテストなんだろうけれども、試験の名称を書きつらねるだけで疲れてしまう。ま、一つ一つのテストの内容まで理解するのは大変だし、ここらは「沢山のテストを受けるんですなア。ま、御苦労さんなことで」といった程度の感想を持つ程度でよろしいんじゃないですか。人間、正直でなくちゃ。

●変流器の機能・構造（互換性型・非互換性型）

　ところでもう一つ、変流器には、**互換性型**と**非互換性型**という分類がある。受信機にも同様の分類がある。この「互換」は、ゴカンと読む。以前、チョット発音の悪い人がいてどうも聞いていると「ゴーカン」と聞こえる。或る人が「どうも別のことを考えてしまう」と言っていたが、別のこととは何か、聞きそびれてしまった。

　さて、この互換、非互換は、変流器と受信機との交互の関係、すなわち組合せのことを言うのです。非互換性の方から説明すると、**非互換性型**は、**特定の変流器**と**特定の受信機**とでなければ、組合わせて使用することができない。つまり、操（みさお）の誉まれ高きカップルと言えます。それは、変流器と受信機とを組合せて試験を受けるためで、合格後も、その組合せでないと使用できないこととされている。非互換性型のものにあっては、変流器、受信機とも、表示の銘板には「届出番号」が記され、同じ**届出番号**のもの同志しか組合せができないのである。

　　注）或るメーカーの倒産に際して、メンテナンスの必要上から、同種のメーカーの製品との組合せを、例外的に認めたケースはある。

　それに対して、どの受信機とどの変流器とでも接続してもよい、というのが**互換性型**。といっても、全メーカー品を相互に組合せてよいという程に大っぴらではない。一定のメーカー品内での相互間の組合せに限られる。同一のメーカー品でも組合せの制約があることだってある。平たく言えば一定のグル

第5章　漏電火災警報器

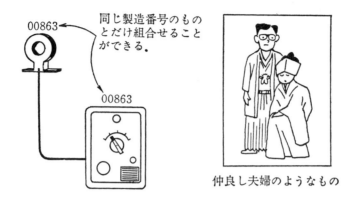

旧規格の「非互換性型」は1対1の組合せ．

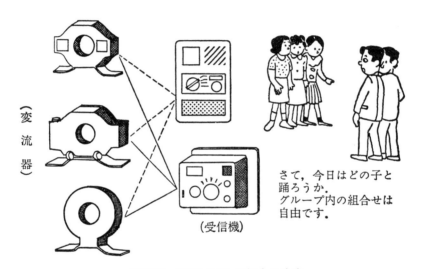

新規格の「互換性型」は組合せ自由

第77図　非互換性型と互換性型

ープ内のみでのスワッピングなんですナ。と言っても、これは機器のうえでのこと。機器の場合には、互換性型の方が、融通がきいていて便利である。決してミダラなことではない（**第77図参照**）。

　互換性型のもう一つの利便性は、メンテナンスについて。変流器の具合が悪いとか、定格電流をふやすので変流器の種類を取りかえるというような場合でも、変流器の方だけを取りかえればよい。これが、非互換性型になると、変流器と受信機とを**ワンセット**で取りかえなければならないことになる。

　便利である以上、当然に近頃のものは、この**互換性型**となっています。規格省令のうえでは、非互換性型も残してあるが、もうこちらの方は製作されていない。それじゃ、何故、最初から便利な互換性型ばかりを作らなかったのか。何も不便な非互換性型など作る必要はなかったではないか、という疑問もでようが、それは、変流器の特性が良くなったからだと言えます。要するに、技術の進歩によって可能になったのです。

そこで、若干、専門的になりますが、それらの機能的な違いを詳しく述べてみることにします。先ず、非互換性型の変流器には、一定の**公称作動電流値**というものがある。例えば、200mAとしてみます。それに相当する試験電流を流すと、コイルに電圧が生じる。これを**出力電圧**というが、その出力電圧値は設計上、200mAに対して100mVというように決められている。従って、テストでは当然に、その設計出力電圧値以上でなければならない。

実際には次の範囲の漏電で作動する．
$\begin{bmatrix} 上限 \ 200mA × 1.0 = 200mA \\ 下限 \ 200mA × 0.52 = 104mA \end{bmatrix}$

第78図　非互換性型の作動範囲

一方、それならば、とにかく敏感にさえしておけばよい、という考え方では困る。これは自火報の感知器だって同じこと。そこで、公称作動電流値の**52％**以下では作動してはならないこととしている。200mAならば、その52％は104mAになるが、その大きさの試験電流の場合は、それに対応する設計出力電圧値以下でなければならないことになる。従って、公称作動電流値が200mAとして試験に合格したものでも、感度のよいものは、その52％以上の電流が流れれば、作動する可能性があると言ってよい（**第78図参照**）。

私がこんな説明を始めると、たいてい、ここで質問がでる。「何故、**42％**なんですか。そんな端数の

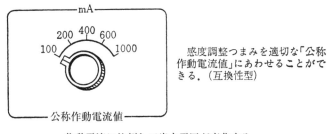

感度調整つまみを適切な「公称作動電流値」にあわせることができる．（互換性型）

作動電流に比例して出力電圧が変化する．

$\begin{matrix} 100mA \longrightarrow 50mV \\ 200mA \longrightarrow 100mV \\ 400mA \longrightarrow 200mV \\ 600mA \longrightarrow 300mV \\ 1000mA \longrightarrow 500mV \end{matrix} \Big\}$ （変動範囲） $×0.75〜1.25$

第79図　互換性型の感度調整つまみ

第5章　漏電火災警報器

ついた数字を使うのは」と。これを説明しますとね、旧規格では、公称作動電流値の50％から120％の範囲で作動することとしていた。しかし、100％をこえてから作動するというのは理屈にあわんではないか。果たして「誇大表示」とまでは言ったかどうか知らんが、とにかく作動の上限は100％にすべきだ、ということで、これを改めた。

　上限の120％を100％に換算したものだから、下限の50％は42％に相当することとなるわけ。計算してみると50×100／120＝42（％）となる。まあ、それだけのこと。しかし、歴史的な沿革のある数字ですナ。

　　　注）或る平成25年の新省令では52％以下とされた。

　一方、互換性型の方は、試験電流を0から1,000mAまでの範囲で流した場合に、その電流の変化に応じて出力電圧値が比例的に変化することとされている。当然に若干の誤差はあるであろうから、その変動範囲は、設計出力電圧値に対して75％から125％以内、すなわち、プラス・マイナス25％の枠内ということになる。

　互換性型の場合は、受信機の方も、感度を調整することができるので、その程度の変動範囲は差支えないのです（**第79図参照**）。

●変流器の定格電流値

　消防法施行規則の方では、変流器についての規定としては「変流器は、点検が容易な位置に堅固に取付けること（第24条の3第2号）」という規定と「変流器は、警戒電路の**定格電流値以上の電流値**を有するものを設けること（同条第1号）」という規定とがあります。

　この**定格電流値**というのは、警戒電路に本来流すべき電流の限度（最大負荷電流）とでも言うのでしょうか。ま、限度を超えたといっても直ちに何らかの障害が生ずるわけではなく、若干のユトリは持たせてありますが、定格電流を超えて電流を流すことは避けなければならない。

　定格電流値というのは、警戒電路だけではなく、変流器の方にもあって、まあ、それが変流器の種類

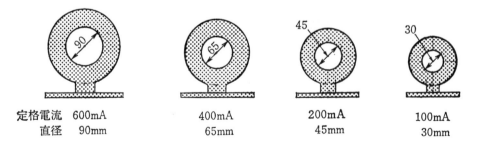

定格電流値が100mAから600mAと大きくなるに従って、電線貫通部の穴の直径が30mmφ（3cm）から90mmφ（9cm）へと大きくなっている．

第80図　定格電流値による変流器のサイズ（1例）

B種接地工事の接地線の太さ

1相に対する変圧器の合計容量〔KVAまで〕		接地線の太さ（銅）〔mm²以上〕
100 V	200 V	太さ
5	10	2.6
10	20	3.2
20	40	14
40	75	22
60	125	38
100	200	60

の一つにもなるわけだが、その大きさは、警戒電路の定格電流よりも大きいものでなければならない。大きい方は、どれだけ大きくても差支えないが、小さい方は使用することができない。もっともこの場合は多少、小さくても直ちに事故が生じるというような危険性があるわけではなく、また、機能に影響がでる、誤差がでる、という程度のことだけれども。しかし、法令で「使ってはいけない」と言っている以上、使うことはできない。

変流器の定格電流値の方は、100mAから始って、大きい方では600mAのものまでが主に製作されて

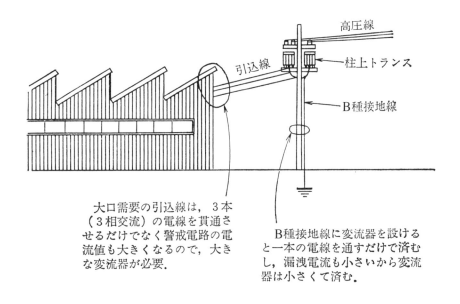

大口需要の引込線は、3本（3相交流）の電線を貫通させるだけでなく警戒電路の電流値も大きくなるので、大きな変流器が必要．

B種接地線に変流器を設けると一本の電線を通すだけで済むし、漏洩電流も小さいから変流器は小さくて済む．

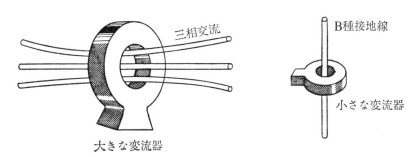

第81図　大口需要の場合の変流器

第5章　漏電火災警報器

いる。従って、800mAとか1000mAというような大容量のものは余り製作されていない（**第80図参照**）。

それならば、実際に600mA以上の場合にはどうしたらよいか。そのような場合は、変流器は警戒電路に設けず、接地線に設けることとなるから大丈夫なのです。ま、そのような大口需要の場合は、たいてい高圧受電となってしまう。そこで、その変圧器の**B種接地線**に変流器を設ければよいわけです。その場合は「接地線に流れることが予想される電流以上の電流値」を有する変流器を設置すればよい（同条第1号カッコ書）。接地線の太さは、上の表を参考にすればよい（**第81図参照**）。

●**受信機の機能・構造（遮断機構の有無）**

次に受信機の説明に入ります。先ず、**定義**から。これは「変流器から送信された信号を受信して、漏洩電流の発生を防火対象物の関係者に報知するものをいう（規格省令第2条第3号）」と規定されている。

受信機は、変流器から「漏電があったぞ」と知らせてよこした場合に、**赤ランプ**を点灯するとともに、**音響装置**（ブザーを用いる。最近では電子ブザーが多い。）を作動させて関係者に漏電を知らせるとい

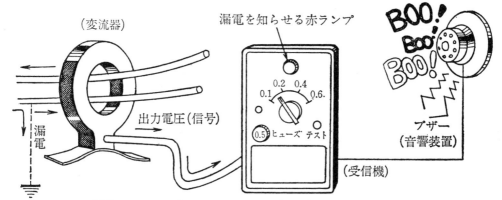

漏電があると，変流器に出力電圧（信号）が生じる．
これを人びとに判らせる装置が受信機である．
すなわち信号を，赤ランプやブザーの音に変えて知らせる．

第82図　受信機の持つ機能・構造

う機能を持っている。定義では、変流器から送信された「**信号**」を受信する、と書いてあるが、これは交通信号のように、赤、青という色の信号ではなく、先に述べたように、漏洩電流によって生じる出力電圧のことです。要するに、出力電圧という形で、漏電があったという情報を送ってくる。その情報は、直ちに人体に感ずることができる状態ではない。そこで、この定義では、その情報を単に「信号」と呼んでいるのです。この信号を加工して、関係者に報知することが、情報の提供になるわけです。ついでに**関係者**というのは「所有者、管理者又は占有者をいう」ものとされている（消防法第2条第4項）（**第82図参照**）。

第5章 漏電火災警報器

　その場合、何もノンビリとブザーなど鳴らしていないで、漏電が判った以上、直ちに電気を切ってしまったらどうか、という意見もあります。確かに**漏電遮断器**もあって、それが付いている分電盤も数多く見受けられるようになったが、こちらの方は、人体への感電防止等のため、非常に感度よく作動しま

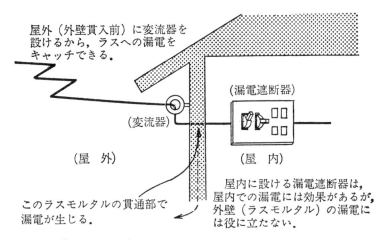

第83図　漏電遮断器では、ラス漏電をキャッチできない

す。しかし、漏電火災警報器の方は、漏電があっても、それによる火災を予防するものだから火災にまで発展するのには、時間的なユトリがある。漏電そく火災という程の緊迫感はないわけで、ブザーを鳴らしても足りるし、それ位の感度の方が実際的と言える。

　もともと、漏電火災警報器は、ラスモルタルへの漏電を発見するため、電線が外壁を貫通する以前、すなわち屋外に**変流器**を設けるが、**漏電遮断器**は、屋内の配電盤に設けるため、すでに壁を貫通した後のチェックとなり、ラスへの漏電は発見できないことに注意もしなければならん。この辺は、以前にも説明したとおりです（**第83図参照**）。

　消防法施行規則第24条の3第5号には「**可燃性蒸気、可燃性粉じん**等が滞留するおそれのある場所に漏電火災警報器を設ける場合にあっては、その作動と連動して電流の遮断を行う装置を、これらの場所以外の安全な場所に設けること」という規定がある。

　漏電によるスパークで引火、爆発のおそれがある場合は、直ちに電流を遮断する必要があるが、その遮断によってスパークが発生するのでは、元も子もない。従って、遮断機を設ける必要はあるが、安全な場所に設けなければならない。

　ところで、このような**遮断機構付きの漏電火災警報器**というものがあるが、実際には製作されているようには聞いていない。それでは現場では、どうしているのか。どうも現場では、遮断機構が必要なときは、通産省の漏電遮断器と組合せて使っているようだナ。その方が、それぞれの機器の特色をうまく発揮できるのかも知らんテ。

　逆の表現をするならば、どうも現場の方では、そのような収め方をしているものだから遮断機構付きの漏電火災警報器は、トント需要がなく、従ってどこのメーカーも、そういうものを作ろうとしないの

第5章　漏電火災警報器

かも知らん。果たして、どちらがニワトリで、どちらが卵かな。

●受信機の機能・構造

　漏電火災警報器の規格省令（昭和51年自治省令第15号）では、受信機は「定格電流60A以下の警戒電路のみ使用するを2級、その他のものを1級に分類する」と規定され、1級、2級の区分があった。
　一方、消防法施行規則には「警戒電路の定格電流が60Aをこえる電路にあっては1級漏電火災警報器、60A以下の電路にあっては1級又は2級の漏電火災警報器を設置するものとする。」と規定されていたが、平成25年の規則の改正及び新規格省令ではこの区分がなくなった。
　受信機は、変流器から送信された信号を受信して、漏洩電流の発生を防火対象物の関係者に報知するもので、一つの交流器（警戒回路数）に対応しているものと、もう一つ、**集合型受信機**というのがある。**定義**によると「2以上の変流器を組合せて使用する受信機で、1組の電源装置、音響装置等で構成されたものをいう（規格省令第2条第4号）」と規定されています。規定のように、**複数の変流器**から信号をワンセットの受信機で受けるもので、このような受信機には「漏洩電流の発生した警戒電路を明確に**表示**する装置（規格省令第27第2項）」が必要となる。そうでないと、どの変流器が働いたのか判らない（**第85図参照**）。
　また、この装置は「警戒電路を遮断した場合、漏洩電流の発生した警戒電路の表示が**継続**して行える」ものでなければならない。折角、発見した漏電をとり逃がさないようにしなければ。
　集合型の場合には、もう一つ、もしも二つの警戒電路で**同時**に**漏洩電流が発生**した場合にはどうなるか、ということも想定しておかなければいけない。そこで、そのような場合にも「漏電表示及び警戒電路の表示を行うこと」及び「2以上の警戒電路で漏洩電流が連続して発生した場合、最大負荷に耐えられる**容量**を有すること」という基準が設けられている（規格省令第27条第2項第3号、第4号）。
　この集合型は、ビル等で警戒電路が分かれている場合の**集中管理**であるとか、近頃では石油プラント等にも用いられる。それ程、大規模なのでなくても、一般の電灯線（100V）の他に電力線（200V）が入っている場合にも使用してよい。

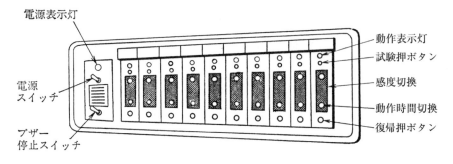

集合型受信機の例(10回線を1つのケースに)

第85図　集合型受信機

受信機には、これも法令上の区分ではないが、**埋込型**と**露出型**という二つのタイプがある。露出型などというから、ビキニタイプの水着など想い出してしまうかも知れないが、何のことはない、埋込型以外の一般的なタイプのことである。

　埋込型というのは、受信機を壁面に埋め込んで設置するタイプ、制御盤などでは、この埋込型の方が、計器が見やすい。このタイプでは、**音響装置を別に設ける**ようになっているのが特色。それに対して**露出型**の方は、音響装置を**内蔵**しているタイプが多い。もちろん、露出型であっても、音響装置を別の場所に設けることはできる（**第86図参照**）。

　規定によると「**音響装置は、防災センター等に設けること**」とされている（消防法施行規則第24条の３第３号イ）。

　漏電火災警報器の音響装置は、多くの場合は、非常ベル（自火報等）と区別するために**ブザー**を用いている。規則にも「音圧及び音色は、他の警報音又は騒音と明らかに区別して聞き取ることができるもの」でなければならないこととしており、そのため近頃では、電子音によるブザーを用いている。

　その場合の音の大きさ（音圧）は、音響装置から１ｍ離れた位置で**70 dB以上**が必要である。このデシベル（dB）は、使用電圧（通常使用される電圧）における音圧でなければならず、また、その90％の電圧でも音響を発すること（規格省令第５条）、そのほか、**連続８時間**、鳴動しても異常を生じないものという要請もある（規格省令第５条第１号ホ）。

　受信機は、**検査**の段階で多くのテストを受ける。書きあげれば、**電源電圧変動試験**（規格省令第28条）、**周囲温度試験**（第29条）、**過入力電圧試験**（第30条）、**繰返し試験**（第31条）、**振動試験**（第32条）、**衝撃試験**（第33条）、**絶縁抵抗試験**（第34条）、**絶縁耐力試験**（第35条）及び**衝撃波耐電圧試験**（第36条）となる。例により、これらの試験の内容は「御苦労様なことで」と、ねぎらいの言葉をかける程度にしておいて省略することとする。

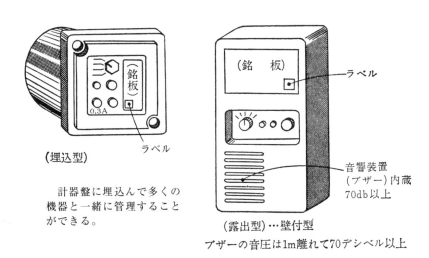

第86図　埋込型（盤用）と露出型の受信機

第5章　漏電火災警報器

　使用者側の方では、適合評価を信用して、**自主表示ラベル**の有無をチェックすれば、それでよい。ラベルのある機器は、すべてこれらの試験に合格している製品です。

●自主表示ラベル

　漏電火災警報器は、検定の対象品目に指定されていたが、法令改正で、平成26年4月から自主表示機械器具等になった。適合評価合格品には必ずラベルが貼ってある。ラベルのデザインは、消防法施行規則別表第4に示されているものが貼ってある。

　この適合ラベルが貼ってあるかどうかを調べてみるのが、実物に接する場合にとるべき態度の第一歩。まさか適合品でないものが出廻っているとは思えないが、一応は、もっともらしく「適合ラベルは貼ってあるかな」と調べてみるがよい。貼ることを重々しく貼付（ちょうふ）とも言うから「ラベルは貼付してあるか」などとつぶやきながら、ラベルを確かめて、フンフンと軽くうなずく。この落付いた態度が信頼感を増すのである。

　まあ、貼ってあるかどうかならば、シロートでも判断できる。専門家としてモノを言うのは、その次。漏電火災警報器は、国家検定が始まってから3度にわたり規格の改正があった。

　昭和37年から検定が始まり、**37年規格の合格品**、昭和44年に規格改正に行っているから、**44年規格の合格品**、さらに昭和51年に規格改正が改められ、51年規格の合格品が現在で回っている。そこで、どの時期の合格品であるかのを判定するのかチェックのコツである。コッソリ教えると、どの規格による合格品あるかについては、ラベルにチョットした細工がしてあり、それを知っていれば容易に判別することができるのである。

　まず、37年規格の合格品は、合格ラベルのマーク（円形）の直径が12mmで文字黒色、44年規格の合格品は、マークの直径が10mmで文字青色となっている。いずれの規格も**設置猶予期限**がおわり**型式失効**となっている。ところで、ここで注意しなければならないのは、44規格の合格ラベル（直径12mm、青色文字）と同じものが、昭和51年からの新規格品にも（昭和54年3月31日までの合格品）には貼ってあって、この区別は、ラベルだけでは区別がつかないことである。そこで、**銘板**による型式番号等も調べてみる必要がある。

　銘板には、少くとも「1　種別、型式及び型式番号、2　製造年、3　製造者又は商標」が表示してある。

　特に昭和51年規格品からは、変流器と受信機が別々に検定を受けられるようになった。これは互換性型の導入によるものである。従って、型式番号に、漏変第59〜○号とか、漏受第○〜○号というように、**変**と**受**という字が入るようになった。言うまでもなく、**変流器**又は**受信機**を示す略号である。そこでこの型式番号を調べてみることが、ポイントの一つです。変流器にもラベルを貼るようになったことも、チェックポイントになります。

　昭和54年4月以降の合格品は、ラベルを変更したので、これはハッキリ区別できます。円形マークの径も10mmと小型になっている（**第87図参照**）。

銘板の製造年についての記載方法では、製造年の部分を最初から全部刻印しないでおいて、199□というようにしておき、平成3年製ならば、あとでマジックペンか何かで、199①というように記入する方法をとることもある。或るとき、査察でこの銘板にホコリがついて見にくい、というのでシンナーを持って来させて拭きとった。ところが、その際、書き入れてあった文字まで消えてしまった、という笑い話もある。

　ま、合格ラベルは、それを見るだけで、規格まで判るということ。44規格品を査察で見かけたら「この有効期限は平成2年までですよ。取替えといてや」と言っておこう。多くの場合、合格ラベルは銘板の一部に貼ってあることが多い。そこでシッカリ型式番号も確かめてから、おもむろに告げるがよい。

　平成26年4月以降は、検定対象から自主表示対象となり、技術上の基準に適合したものには自主表示マークが付されている（**第87図**）。

44規格の検定品は平2.2.28に失効する．

昭和47年1月20日までは電気火災警報器
昭和47年1月21日からは漏電火災警報器 ｝と名称変更あり．

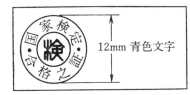

44規格は青色マークだから区別できる．

（注）51規格（現規格）の検定品も昭54.3.31まで同じマークを使用しているので注意．

51規格（現規格）の検定品は受信機用と変流器用とがある．
（黒色マーク，若干小型になった）

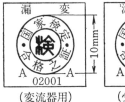

（注）51規格品でも昭54.3.31までは，44規格と同じ青色マークを使用していたので注意．型式番号を銘板で調べること．

平成25年4月移行

自主表示ラベル（左）と
日本消防検定協会が行った
品質評価に合格の表示（右）

第87図　漏電火災警報器の合格ラベルの判別

第5章　漏電火災警報器

●交流電源の配電方式について

　説明が大分長くなったが、次に変流器の設置方法、受信機の機能構造、設置後のテストや作動時の措置等について述べることとする。ところでその前に、配電方式の種類についてチョット説明しておきたい。

　直流電源の場合は、乾電池の構造からも判るように、プラス極（⊕）とマイナス極（⊖）とがあり、その間の電位差が**電圧**となる。

　一方、電力会社の供給する電気は、交流である。時間とともにプラスとマイナスが交互に入れ替る。その様子をグラフに書くとサインカーブになる。この波が1秒間に50回繰返されるのが東京電力の50Hzの電力であり、関西地方では60回繰返される60Hzの電力である（**第88図参照**）。

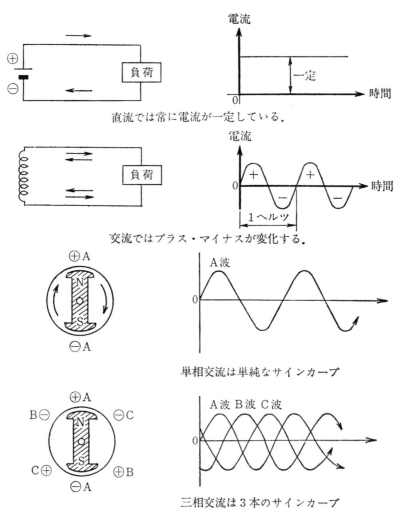

第88図　直流と交流、単相と三相（交流）

この波が単純に繰返されるのが、**単相**であって、これには、**2線式**と**3線式**とがある。**2線式**というのは最も判りやすいタイプである。**3線式**というのは、配線の電線量を節減するとともに送電電力も増えるという経済効果をねらったもので、トランスから得る200Vの電圧の中間にもう1本の線をとると、200Vの電圧を100Vずつに分割して使用できる。200Vの電源として使用することもできる（**第89図参照**）。

　注）この場合、**白線**が設置してある**中性線**でこれに対して、**赤線**又は**黒線**との間が100Vである。赤線と黒線との間は200V。このように3線配線では、3本の電線に色分けをして、結線違いのないようにしてある。

これに対して**3相交流**というのは、三つの交流回路ならば本来6本の配線が必要であるものをひとまとめとしたため、送電のための3本の配線は必要とするものの、帰りの線をひとまとめとすると、4本で済むというのが基本原理となる。ところが3相交流という波のズレた交流波形を使用すると、何と帰

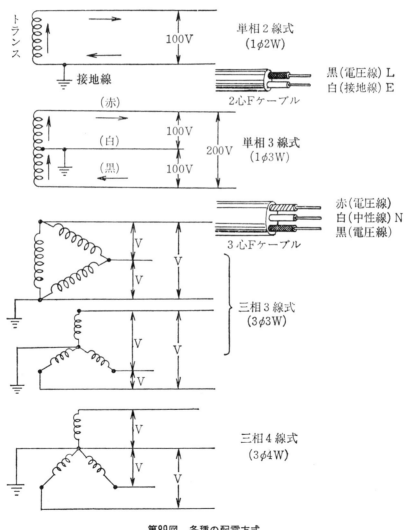

第89図　各種の配電方式

第5章　漏電火災警報器

りの線はプラスマイナス・ゼロとなるため、配線が不要となることが判った。従って、何と**3本の配線**で6本分の役目が果たせることが判った。

　これは便利だというので、現在、200Vの動力用配線は、**3相3線式**を用いている。結線の方法により、**3角結線**（デルタ結線ともいう。）及び**Y結線**（星形結線、スター結線ともいう。）の2種類がある。Y結線の中性線を省略せずに4線とすることもあり、その場合は**3相4線式**の配線となる（**第90図参照**）。

　このような配線方式を先に説明したのは、次に変流器の設置をする場合の注意事項を理解するために必要だと思ったからである。

●変流器の設置

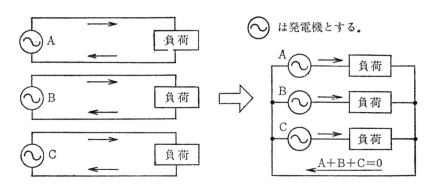

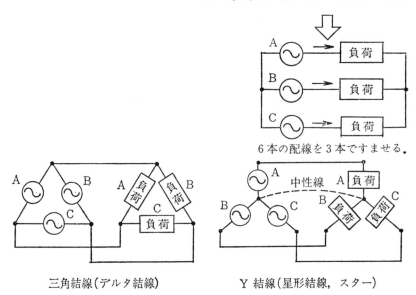

第90図　3相3線式の原理と結線方法

第5章　漏電火災警報器

消防法施行規則第24条の3には次のような規定がある（**第91図**参照）。

「変流器は、警戒電路の**定格電流以上**の電流値（B種接地線に設けるものにあっては、当該接地線に流れることが予想される電流値以上の電流値）を有するものを設けること。」

「変流器は、建築物に電気を供給する**屋外の電路**（建築構造上屋外の電路に設けることが困難な場合にあっては、電路の引込口に近接した屋内の電路）又は**B種接地線**で、当該変流器の点検が容易な位置に堅固に取り付けること。」

規定のうえでは以上のとおりであるが、実際の設置上では、種々の誤りを見受けるので、それを**第92図**によって理解を深めて下さい。

特に注意として、変流器の**リード線**（2次側）を開放したまま貫通配線に電流を流さないこと。**分割型**の変流器では、カミ合せをしっかりとし、充分締めつける等の注意が必要です。**警戒電路**の電線は、

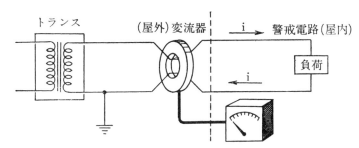

正常な負荷では漏電火災警報器は，働かない．

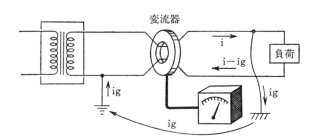

漏電があると警報器が作動してベルが鳴る．

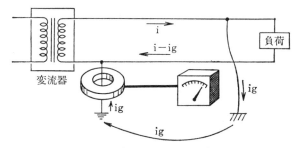

B種接地線(トランスのアース)に設けてもよい．

第91図　変流器の設置

第5章　漏電火災警報器

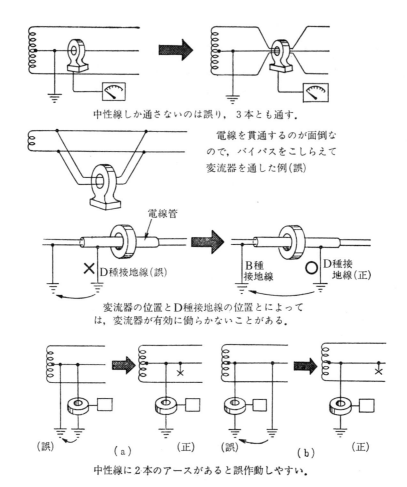

第92図　変流器設置上の注意(1)

変流器の中心に互いに密着して配置します。大電流が流れる回路と変流器を近づけないように（その回路の影響が変流器に生じないようにするためです。）1,000Aで20cm以上離す（**第93図参照**）。

さて、変流器は自主表示対象品だから合格ラベルとともに次のように表示がある。(1)漏電火災警報器変流器という文字、(2)届出番号、(3)屋外型又は屋内型のうち該当する種別、(4)定格電圧及び定格電流、(5)定格周波数、(6)単相又は三相のうち該当するもの、(7)設計出力圧、(8)製造年、(9)製造者、商標又は販売者名、(10)極性のある端子にはその極性を示す記号が記されている。

端子の極性とは、単相2線式であっても、事故防止のため必ず1線は接地されているが、この接地側がE又は⊖記号で、非接地側はL又は⊕記号で示されている。これが極性である。しかし、近頃の製品には、**減極性**といって極性のないものが多い。その場合は、どちらに接続してもよい。受信機の端子は、Z_1及びZ_2というのが、変流器からのリード線の接続端子である（**第94図参照**）。

　　注）受信機によっては、Z_0端子が設けられているものがある。これは受信機の感度を切替える場合に端子間を短絡するためのものである。このようにZ_0、Z_1及びZ_2と3端子の接続方法、短絡板の設置方法は、それぞれのメーカーのカタログに従って下さい。Z_3端子が設けられているものもある。

第5章　漏電火災警報器

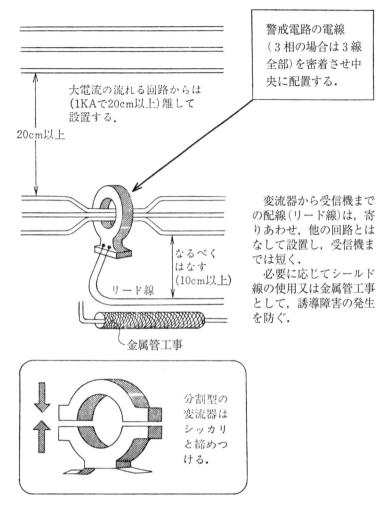

第93図　変流器設置上の注意(2)

　変流器と受信機の接続線（リード線）は、2本をよりあわせ、密着し、大電流回路とは10cm以上離して設置する。できればシールド線を使用するとか、金属管工事として誘導障害を受けないようにした方がよい（**第93図参照**）。

●受信機の設置

　受信機は、屋内で点検の容易な所に設置する。次のような場所には**設置しない**ことが望ましい。(1)可燃性ガスや微粉のある場所、(2)腐食性ガス発生のおそれのある場所、(3)火薬類を貯蔵、製造又は取り扱う場所、(4)湿度の高い場所、(5)温度変化の激しい場所、(6)振動の激しい場所、これらの場所は避ける。
　受信機には、自主表示のラベルとともに次の事項が表示してある。(1)漏電火災警報器受信機という文字、(2)届出番号、(3)定格電流、(4)電源周波数、(5)公称作動電流値、(6)作動入力電圧、(7)製造年、(8)製

第5章　漏電火災警報器

造者、商標又は販売業者、(9)集合型受信機にあっては、警戒電路数、(10)端子板には端子記号（電源用の端子にあっては、端子記号及び交流又は直流の別）並びに定格電圧及び定格電流、(11)部品には、部品記号（その付近に表示した場合を除く。）、(12)スイッチ等の操作部には、「開」、「閉」等の表示及び使用方法、(13)ヒューズホルダには、使用するヒューズの定格電流、(14)接続することができる変流器の届出番号、(15)その他取扱い上注意すべき事項。

変流器接続用の端子には、先程述べたようにZ_1、Z_2等の表示がある。**電源用の端子板**にはP_0、P_1及びP_2の表示がある。電源が交流100Vのときは、P_0及びP_1を使用し、電源が200Vのときは、P_0及びP_2を使用する。この接続を誤ったため、受信機をオシャカにしてしまう例もある。受信機の電源は、専用配線により、分電盤（開閉器・過電流しゃ断器は15A以下）から直接とる。従って、コンセント差し込みとしてはいけない。

　注）専用回路は、自動火災報知設備との**兼用**を認めている消防もあるが、東京消防庁では、その兼用を認めていない。

ほかに、a、b及びcという**外部信号接続端子**が設けられている。これは内蔵しているものの他に外付ブザーを増設するために使用する（**第94図参照**）。

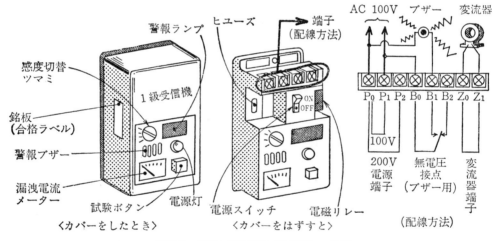

第94図　漏電火災警報器（受信機）の設置

ここで簡単に、受信機の**内部構造**及び機能について述べておきます。変流器からは、僅か0.5V程の漏電信号が入ってきますが、これでは、電圧が微弱ですので、このままでは警報を発することができません。そこで電源から強力なエネルギーを与えて**増幅**してやらなければなりません。そのためにトランジスタなどの半導体が必要となるのです。増幅された信号を用いて**電磁継電器**（マグネチック・リレー）を働らかせ、接点を開閉して、漏電表示灯や音響装置を作動させるのです。電磁継電器のような重要な部品は、300,000回に及ぶ繰返し作動テストをして機能に異常が生じてないか試験を行っています（**第95図参照**）。

この受信機の内部構成をブロックダイアグラムで示すと**第96図**のようになります。

操作電源から入った電気は、**変圧部及び整流部**を経て、トランジスタ増幅部を動かすための**直流電源**

第5章 漏電火災警報器

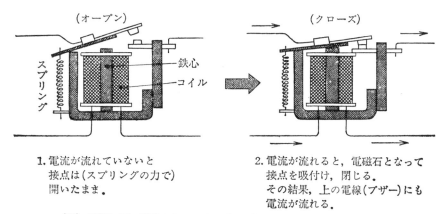

1. 電流が流れていないと接点は(スプリングの力で)開いたまま。

2. 電流が流れると、電磁石となって接点を吸付け、閉じる。その結果、上の電線(ブザー)にも電流が流れる。

（注）反対に下の電流が切れると、上に電流が流れるタイプもある。

第95図　電磁継電器（マグネチック・リレー）の仕組み

となります。一方、変流器から入る信号は、先ず**保護部**に入ります。2個のダイオード等を用いて過大な信号をカットして増幅部を保護してやるわけです。その間に**感度切替部**が入り、そこで感度を調整します。また**試験装置**の設置位置を御覧下さい。そこで、変流器から入る信号と同じ入力を増幅部に送ってテストを行うのです。

●漏電火災警報器を設置した後のテスト

漏電火災警報器は、設置しっ放しではいけません。設置した後、テストをして正しく取付けられたかどうかを確認しておきます。

設置が終ったら、受信機に**電源**を入れます。そうすると**電源ランプ**が点灯します。この段階で早くもランプが点灯しない、ということがあるかも知れませんが、それは初歩的なミス、受信機まで電気がきていないとすれば、それではランプが点くわけはないが、電気がきていてもランプが点かないのならば、ランプがユルんでいる又は切れている、ヒューズが入っていない又は切れている、というようなことが考えられます。この程度のことは常識的に考えれば解決できます。

次には正常に作動するかどうか、一度**試験用押しボタン**を押してみます。人工的に漏電と同じような現象を作り出すわけです。直ちに**漏電ランプ**が点灯し、あわせて**音響装置**（ブザー）が鳴動するはずです（**第97図参照**）。

試験ボタンを押しても、漏電ランプが点灯しない場合は、受信機と変流器の間の断線（扉や窓にはさまれると線が細いので切れることがある。）又は変流器の故障が考えられます。それとも受信機の方に故障があるのかも知れません。音響装置が鳴らないのは、配線の接続不良等をチェックしてみます。

電源ランプを入れただけで、直ちに漏電ランプが点灯し、ブザーが鳴り出すことがあるかも知れません。そんな場合は、ヒョットして本当に**漏電**が生じているかも知れないのですが、それは極めて稀なことでしょう。

多くの場合は、おそらく**誤作動**かと思われます。

第5章　漏電火災警報器

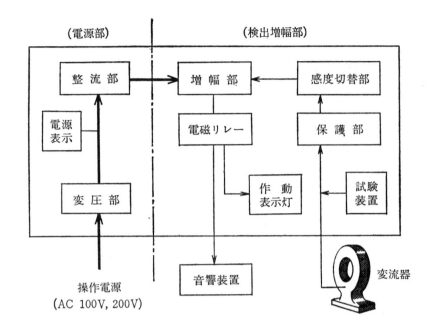

1. 変流器から入る電気信号は微弱であるので，増幅部（トランジスター使用）で，電気エネルギーを注入して，リレーを働かせたり，ブザー（音響装置）を鳴らせたりする．

2. 操作電源は，変圧して低圧とし，整流器で直流とする．

3. 変流器からの信号は，増幅器（トランジスター）保護のため，保護部（ダイオード等）で出力電圧を制限する．

4. 他に，電源表示灯，漏電作動表示灯などが設けられる．

第96図　受信機の内部構造を示すブロック・ダイヤグラム

● 作動するが誤作動でないかと思うときは

　設置直後だけでなく、相当期間、経過した後からも、いわゆる**誤作動**が生じることがあります。そこで、そのような場合は、誤作動の**原因**をいろいろと探求してみる必要があります。

　その原因の一つに**検出漏洩電流設定値**が**不適当**な場合があります。設定値は、警戒電路の負荷の状況、電線の長さ（恒長）等を考慮して定め、それに応じて感度調整装置の調整を行うわけですが、その調整方法、試験方法は後で詳しく述べることとします。

　次に**警戒電路**側にも問題があることがあります。その**絶縁状態**が非常に悪い場合には、誤作動をすることがあります。こんな場合には、電路の絶縁抵抗試験を行って、絶縁状態を調べ、その結果によって配線を取り替える等の措置を講じなければいけません。

　また、変流器の設置位置とか結線の誤まりが原因となっていることがあります。これは変流器の設置

第5章 漏電火災警報器

の項で説明した事を参考として下さい（**第92図参照**）。

受信機のZ₁及びZ₂配線を、はずしてみるのも点検方法の一つです。この配線は、変流器からの引込み配線だから、これをはずせばブザーもとまるはずです。それでブザーが止った場合は、**変流器**の方に原因があると見なければいけないから、変流器の設置方法が間違っているとか、分割型の変流器の締め付けがユルんでいるとか、それとも配線が強電流回路に接近していて、電磁誘導とか静電誘導が発生しているのではないか、というような点をチェックしてみます。

注）**非互換性型**の場合には、変流器と受信機の製造番号が一致していない場合も考えられる。

変流器が接続しているZ₁及びZ₂端子の配線をはずしても、ブザーの方が鳴り続けるようだったら、これは**受信機**の方がおかしいのではないか。何か故障があるのではないか。それとも、**復帰操作**の誤りがあるかも知れない。そんなチェックをしてみます。

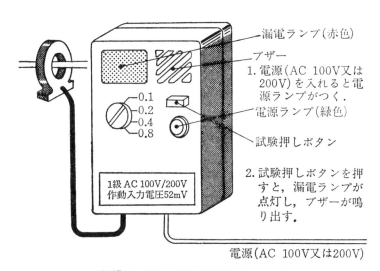

第97図 漏電火災警報器設置後のテスト

●受信機の感度調整

受信機の感度は、余りにも鋭敏であると、どうしても誤報が多くなりがちだし、それかと言って余り鈍感にしておくと、サッパリ警報機としての役に立たないということになります。そこで受信機の感度を適正なものとする**調整**は、漏電火災警報器を上手に活用していく上で重要なことです。

さて、近頃の受信機は、互換性型ですから定格電流値の異なる、いろいろのタイプの変流器と接続できるようになっています。そして、相手の性能に応じて受信機の感度を調整することができるようになっています。

たとえば、定格電流が100Aの場合に、検出漏洩電流を100mA、すなわち0.1Aと設定すれば〔0.1／100＝1／1,000〕となるので、その**精度**は1,000分の1となります。

第5章 漏電火災警報器

　定格電流を500Aとした場合にも、設定値を、そのまま100mAにしておくと、今度は精度が5,000分の1となってしまいます。これは定格電流の5,000分の1の漏洩電流があっても作動することとなり、余りにも鋭敏すぎて誤報がショッチュウ生ずるおそれがあります。そこで感度調整が必要となるのです。
　　　　　注）古いタイプの非互換性型の警報機では、受信機と変流器の容量に応じて、**公称作動電流値**（漏電火災警報器を作動するために必要な漏洩電流の値）が表示されています。その値は200mA以下（規格省令第6条）とされています。
　現在は、互換性型が用いられていますから受信機には**「感度調整装置」**が付いています。**調整ツマミ**を切替えるタイプの他、**接続端子**を取り替えるタイプのものもあります。
　いずれにせよ調整の範囲は、**最小200mA以上**とするとともに、**最大も1,000mA以下**としなければなりません（規格省令第6条及び第7条）（**第98図参照**）。
　そこで、この範囲内で、検出漏洩電流**設定値**を定めなければなりませんが、規定では「検出漏洩電流値は、誤報が生じないように当該建築物の警戒電路の状態に応ずる適正な値とすること」としています（消防法施行規則第24条の3第4号）。
　警戒電路の状態とは、負荷電流、使用電線、電線の長さ（恒長）等が考えられますが、電線の劣化等の条件も加味する必要があります。
　検出漏洩電流設定値は、おおむね**100mAから400mA**の範囲とすることとされています。**B種接地線**に設ける場合には、おおむね**400mAから800mA**の範囲内で設定することとされています。

● 漏電火災警報器の試験器によるテスト

　さて、漏洩電流値を設定した後、漏電火災警報器がキチンと作動するかどうか。それを簡易にテストすることができる**試験器**がある。例えば、松下電工製の「漏電火災警報器試験器（MG-1）」がそれである。
　この試験器は、交流100Vの電源を用いるが、内部のトランスで5Vに落した出力端子が設けられている。これにリード線を接続し、リード線は変流器を**1回貫通**する。このリード線に若干の電流を流すと、それが漏電と同じような効果を持ち、受信機や音響装置を作動させることになる（**第99図参照**）。
　もしも警戒電路に漏電が生じていたりすると受信機の正しいテストができないので、念のために変流器以降の警戒電路の分岐スイッチは、全部切っておいてテストするのがよい。
　さて、テストに入る前に試験器の電流調整ツマミは、左に1杯に回して、0目盛としておいてから電源を入れる。次に電流系の切り替えツマミの値をセットする。松下電工の試験器では、75mA、300mA及び1,200mAの3段階切替えとなっている。これは、受信機の感度設定値を0.1A、0.2Aと順次変更してテストを行うわけであるが、その都度計測しやすい電流値に合わせればよい。
　そこで、電流調整ツマミを少しずつ右の方向に回してみる。それに応じてリード線に電流が流れ始める。漏電と同じ効果の現象を人工的に発生させているわけである。これは電流計の針のフレを見ていれば判る。徐々に電流を増やしていくと突然、漏電火災警報器が**作動**して音響装置が鳴動する。そのとき

のメーター（電流計）の目盛りを読めば、**作動電流値**が得られる。

　注）電流調整ツマミは、不作動の限界値付近からはユックリと回す。設定値が0.1Aとすれば、その40％に当る40mAが不作動の限界値となる。

一般には、このテストを2～3回繰返してその**平均値**をとるようにしている。受信機が**手動復帰式**のものは、1回のテスト毎に電流調整ツマミを0にした後、復帰ボタンで復帰させてやる必要がある。**自動復帰式**ならば自動復帰する。

受信機の漏洩電流値を変更して、同様のテストを繰返す。

　注）作動電流値が電流計の最大目盛をこえる場合には、電流計切替えスイッチを1段上のランクに切替える。

以上のテストで漏洩電流設定値のマイナス60％以上、プラス10％以下の範囲で作動すれば**合格**である。テスト終了後は、検出漏洩電流設定値を**テスト前の状態**に戻しておくことを忘れないように。

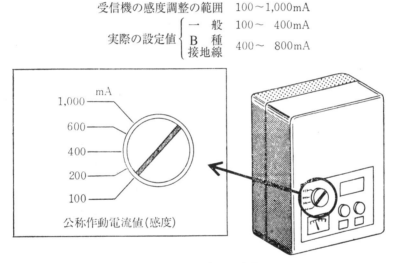

感度切替ツマミの例（5段階）警報器の表面

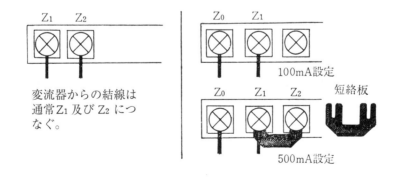

結線の端子を変更することで感度調整する
タイプのものもある。（タイプとしては少ない）

第98図　受信機の感度調整方法

第5章　漏電火災警報器

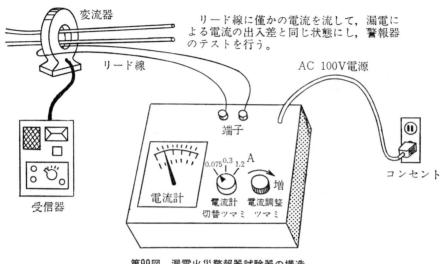

第99図　漏電火災警報器試験器の構造

●音響装置のテスト

　音響装置の音圧は、1m離れた位置で70dB（1級受信機）以上が必要である。そこで**騒音計**を用いて測定してみる。

　その場合の注意事項は、無響室内でのテストと異なり、ブザーを鳴らす前から周囲の雑音により騒音計の針が振れてしまうことである。例えばブザーを鳴らす前すでに72dBを示してしまったとする。ブザーを鳴らしても、同じ程度の音圧であるので、騒音計は76dBにしか上らなかった。都合4dBしか上らなかったとする。この場合は、いったいブザーの音圧をどう読んだらよいであろうか。

　この場合は、次の表によって補正を行う。

指　示　差	3	4	5	6	7	8	9	10以上
補　正　値	－3	－2	－2	－1	－1	－1	－1	0

　先程の例では、76－72＝4が**指示差**となる。その場合の**補正値**はマイナス2であるので、76－2＝74となり、74dBが得られる音量となる。そのようにして求める。

　ブザーを鳴らす前の騒音（暗騒音）が58デシベルで、ブザー鳴動後、73dBと言うように、指示差が10以上であれば補正の必要はなく、73dBがブザーそのものの音圧とみてよい。

　　注）騒音計は、**A特性**によるものとする。これは人間の耳と同じような周波数特性を持たせるもので、A、B、Cのうちでは低い騒音を計測するために用いる。

●漏電火災警報器が作動したら

　漏電火災警報器が作動して、ブザーが鳴り出したら、これはどこかで**漏電**が発生したものと思わなけ

ればいけない。詳しく言えば、受信機に設定しておいた検出漏洩電流値以上の漏洩電流が発生したことを示しているわけです。

そこで取るべき措置としては、先ず漏電の程度を調べてみると、というのが落ちついた態度です。受信機の感度調整装置のツマミを操作してみればよいのです。現在の設定値が100mAであって、それで作動しているのであれば、もう少し大きなAの方へ切替えていくわけです。それで200mAに切替えたときに作動が停止するようならば、これは「漏電といっても200mA以下の漏電なんだナ」というようにその程度が判る、これが1,000mA（1A）まで切替えても作動が停まらない、ということになればこれは相当大きい漏電が生じているという具合に判るわけです。

次に、どの**回路**に漏電が生じているかを調べます。受信機を作動させたままにしておいて、警戒回路の分電盤で分岐スイッチを順に切っていくわけです。或る回路を切ったトタンに作動が停まるようならば、その回路がアヤシイのです。念のために、先に切った回路に通電してみます。その結果、再び作動することがなければ、それらの回路は安全です。これで漏電中の回路が確定できます。

次に、その回路に**負荷**されている器具を全部コンセントから抜いてしまいます。全部抜いてから、その回路のスイッチ（開閉器）を入れてみます。負荷がないので、漏電火災警報器は作動しないはずです。もしもそれでも作動するようだったら、回路の**配線**等に原因があるわけです。そうなったら、その配線工事をした電気工事店に連絡して、漏電の原因をつきとめ、それを除去してしまわなければいけません。

配線に原因がなく、受信機が作動していないのであれば、今度は、**電気器具**を一つずつコンセントに差し込んでいきます。どれかの器具に不良があり、それを負荷させたトタンに再び受信機が作動し始めるはずです。これで漏電の原因がつきとめられます。漏電の原因となっている器具等は、サッソク修繕しましょう。

以上のようなチェック方法は、家庭の漏電ブレーカーが作動した場合にも応用できます。

ところで以上のような方法でも、原因がつきとめられないことがあります。それは、分電盤に至る途中での漏電です。ラスモルタル部分の壁を貫通している配線から**ラスへの漏電**です。これこそ、漏電火災警報器を設置している本来の目的なのです。そして、変流器を屋外に設置させている理由なのです。

漏電火災警報器の設置により、ラスモルタル塗り構造の警報器の漏電火災が少しでも予防されることを期待します。

●検定と消防設備士

漏電火災警報器（変流器及び受信機）は、**自主表示**の品目に**指定**されている（消防法施行令第41条第6号）。従って、**技術上の規格の適合表示**のあるものでなければ、販売、陳列又は工事に使用することができない（消防法第21条の16）。

注）合格の表示ラベルは、**第87図**を参照のこと。

技術上の**規格**は「漏電火災警報器に係る技術上の規格を定める省令（平成25年総務省令第24号）」に定められている。その内容は、これまでに説明しているので、ここでは省略する。

第 5 章　漏電火災警報器

　また、漏電火災警報器は、その設置工事には消防設備士の資格は必要ないが、その**整備**を行うには**消防設備士（乙種第 7 類）**の資格を必要とする（消防法施行令第36条の 2 第 2 項第 3 号）。従って、その免状を有していなければ、整備を行うことができない。

第6章　非常警報器具・非常警報設備

第6章　非常警報器具・非常警報設備

[参照条文] 消防法施行令第24条、消防法施行規則第25条の2

●火災の発生と情報伝達システム

　以前、説明したことがあるように、**器具**と**設備**の違いは、**器具**は持ち運びができるもの、**設備**は建築物に固定されていて一体となっているもの、というように考えてよい。
　消防法施行令第7条によって整理してみると次のように区分される。
◇**非常警報器具**＝警鐘、携帯用拡声器、手動式サイレンその他の非常警報器具
◇**非常警報設備**＝非常ベル、自動式サイレン及び放送設備
　これによると、非常警報**設備**は限定的に**3種類**の設備だけが法令上、認められているのに対して、非常警報**器具**の方は、ここに示したものは一つの例示であって「その他の」器具も含まれる。
　　注）「その他これらに類する非常警報器具」としては、ゴング、ブザー等がある(昭44・11・20消防予第265号)。
　さて、これらの器具や設備の果すべき役割については、改めて説明する程の必要性はないだろうけれども、一応述べることとすると、火災というものは時間の経過と共に拡大していく、従って早期にこれを発見し、それをできるだけ早く人びとに知らせることが重要である。いわゆる**情報の伝達**です。
　火災の発生が知らされれば、直ちに消火活動に従事し、また一斉に避難を開始する、別の人は消防機

第100図　火災を発見した場合（情報の伝達）

第6章　非常警報器具・非常警報設備

関へ119通話をする、こういうようにそれぞれの判断で行動を起すことができる。それによって、火災による被害の軽減を図ることができる（**第100図参照**）。

　従って、**早期発見**、**早期伝達**が、火災予防の第一歩であるわけです。自動火災報知設備も、当然にその役割を果します。そこで本当は、この非常警報器具、非常警報設備というものは、**自動火災報知設備**と同じ体系（システム）の中で考えていかなければならない、そういう機能を持っているわけです。

　防火対象物（収容人員）の規模による、その体系を整理してみると次のようになります。
(1) 極めて小規模な防火対象物（収容人員ベース）では、この非常警報はなくても、関係者には口伝えに叫んでも、火災の発生を知らせることができる。
(2) 或る程度以上の規模（収容人員）になると、**非常警報器具**の設置が義務づけられる。
(3) さらに規模（収容人員）が大きくなると、今度は**非常警報設備**を設置させる。この設置を設けた場

第101図　火災発生の伝達（警報システムの種類）

合には、器具の設置は必要ない。
⑷　それよりも、もっと規模（今度は面積ベースになるが）が大きくなると、**自動火災報知設備**の設置が義務づけられる。自動火災報知設備が設置されたときは、重ねて非常警報器具又は設備（非常ベル、自動式サイレン）は、設置しなくてもよい。
⑸　さらに規模（面積、収容人員）が大きくなって火災時にパニックが発生するおそれがあるような場合には、自動火災報知設備に**放送設備**を付加させて、情報の精度を高める（**第101図参照**）。

　一応、考え方としては、このような体系になっています。しかし、法令上は必ずしもこのようには表現されていません。若干、ニュアンスが異ります。例えば『非常警報器具を先ず義務づける。ただし、非常警報設備や自火報を設けた場合は、その有効範囲内では、設置を免除する』とこのような筋書きとなっている。これは、法令では、非常警報設備や自火報を**任意**に（自主的に）設置した場合であっても、当然に器具の設置は免除される、そういう思想が入るから若干のニュアンスが変ってくるわけです。

　ついでに、その辺をもう少しテイネイに説明してみるならば、消防法施行令で、第ナン条ナン項に定める「技術上の**基準に従い**」設置されているとき、というのは**義務設置**になります。一方「又は当該技術上の**基準の例により**」設置されているとき、というのは**任意設定**されている場合を意味します。

　或る設備に代わる十分な機能を持っているものを設置すれば、本来の設備の設置を免除してもよい、というような場合には、必ずこの両者が並んで規定されています。

　法令に基づいて義務的に設置した場合でも、法令の義務づけはないにもかかわらず任意に設置した場合でも、技術上の基準に適合しておれば、物理的な効果は変りがないからです。

　チョット脱線しかけたので、元へ戻しますが、このように非常警報と自動火災報知設備とは、ともに火災発生の情報伝達という一つのシステムでとらえていく必要があります。ま、非常警報が**収容人員**ベースであるのに、自動火災報知設備は**床面積**をベースにして、設置の義務づけをしているという不統一があるため、若干、木に竹を継いだ感じがしないわけではありませんけれども。

　それから法令の規定では、大規模な防火対象物には**放送設備**の義務づけを行っています。その場合、放送設備は単独ではなく「非常ベル及び放送設備又は自動式サイレン及び放送設備」という組合せで義務づけている。必ず放送設備は、非常ベルと組合せるか、又は自動式サイレンと組合せて設置しなければならないのです。ときどき、この規定を読み間違える人がいますが、この規定は、このように**組合せ**で設置するように規定しているのです（消防法施行令第24条第3項）（**第102図参照**）。

　もちろん、自動火災報知設備が設置してあれば（放送設備が必要な規模では、自火報は設置してあることが多い。）、その有効範囲内では、非常ベルや自動式サイレンの設置は必要がないから、**自動火災報知設備と放送設備**との組合せになるわけです（消防法施行令第24条第5項参照）。

　どうも法令を正直に読んでいると、放送設備と非常ベル等との組合せ設置を義務づけているように読めるけれども、実態上は、そのような規模になると自火報の義務づけがあるわけだから、結果的には、**自火報と放送設備の組合せ設置を義務づけているのと変りはない。このように法令上の規定と実態との間にはギャップがあることがあるので、法令は表面的に読まず、実態を年頭におきながら判断することが大切である。しかし、初めのうちは、そこまでは気が付かないかも知れないが法令の運用を長い間や

第6章 非常警報器具・非常警報設備

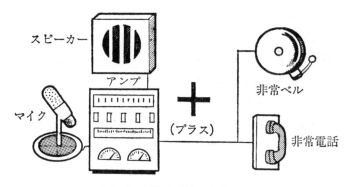

(1) 放送設備プラス非常ベル

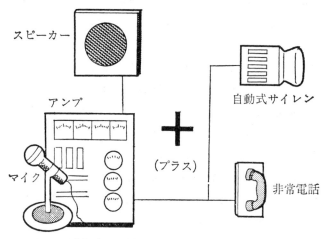

(2) 放送設備プラス自動式サイレン

第102図　放送設備の義務づけは、他の警報設備と組合せで設置する。

っていると自然に身に付くものです。

　注）法令の規定上は「非常ベル又は自動式サイレンと同等以上の**音響を発する装置**を附加した放送設備」の場合も、非常ベル又は自動式サイレンの附加は必要ない、と規定している（消防法施行規則第25条の2第1項）。しかし、その規定では、自火報の設置まで免除しているとは読めない。従って、放送設備に非常ベル等に代る音響装置を附加したとしても、やはり、自火報と放送設備の組合せになってしまう。

　大規模な建築物では、収容人員も多く、火災が発生したからと言って「それ火事だ」と、やたらにベルやサイレンを鳴らすだけでは、かえって不安を拡大しパニックになりやすい。ベルやサイレンだけでは、どの程度の状況なのか判らない。つまり情報としての**精度**が劣るのです。

　その点、放送設備であれば「只今、八階の湯沸室で火災が発生しました。しかしボヤで終り、消しとめました」と言えば関係者は安心するし、また「危険物に着火し延焼中」と言えば、これは一刻の猶予もできないわけです。このように、単にベルを鳴らすだけでは火災の発生までは判るが、情報としての内容がない。その点、放送設備は**質の高い情報**を提供できるわけです。従って、自火報を設けてあって

第6章　非常警報器具・非常警報設備

も、放送設備を附置する必要性があるのです。
　さて、このように非常警報と自動火災報知設備とは、条文では別々となっているけれども、別々のシステムではないので、一体としたシステムで理解することが大切なのです。

●非常警報器具の設置

　非常警報器具は、先に説明したように、警鐘とか携帯用拡声器、手動式サイレン又はこれらに類する器具だから、特別に設置上のこれといった技術上の基準は見当らない。強いていえば「多数の者の目にふれやすく、火災時に速やかに操作することができるような箇所に設ける」ことという程度の規定があるだけです（第103図参照）。

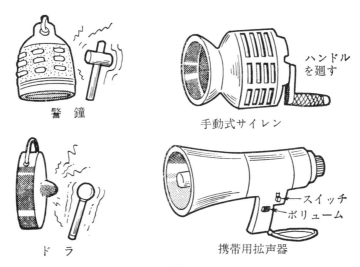

第103図　非常警報器具の種類

　従って、その設置義務があるときは、これらの器具のうち（これらに類するゴング、ブザー等の器具でもよい。）、どれでも1種類、数についても少くとも1箇を設置すれば、それで足りる。使用方法については、何も説明する程のことはない。消火設備の専門家でなくても判るはずです。
　注）携帯用拡声器の場合には、電池が切れていないかどうか、点検しておく必要がある。
　設置対象は、消防法施行令別表第1でいうと、(4)項〔百貨店、店舗〕、(6)項ロ、ハ及びニ〔福祉施設、幼稚園等〕、(9)項ロ〔公衆浴場〕及び(12)項〔工場、スタジオ〕で、収容人員が20人から50人未満の規模のものです。必ずしも、特定防火対象物に限ってはおりません。
　収容人員がこの範囲だとしても、地階又は無窓階の場合は、非常警報設備（非常ベル等）が義務づけられるので、注意して下さい。
　また、非常警報関係では、遡及適用の設備となっている（消防法施行令第34条第4号）ので、既存の防火対象物に対しても適用があります。

第6章　非常警報器具・非常警報設備

●非常警報設備の設置

　非常警報設備には、法令上、**非常ベル**、**自動式サイレン**及び**放送設備**の3種類がある。法令上の扱いは、どれでも全く同じ効果を持つものとされている。

　しかし、どれかを設置することとなると、一般には、**非常ベル**が圧倒的に多い。非常ベルは、自動火災報知設備のうち、感知部門（感知器から受信機まで）を欠いた、残りの音響装置と発信機だけのシステムと考えてよい。従って、自動的に火災を感知できないが、代って（代ってという表現は、むしろ逆かも知れないが）人間が火災を発見した場合に、起動装置を用いて音響装置を鳴らせばよい。火災以外に、犯罪予防（押し売り等）にも役立てることはできる。

　設置対象は、基本的には**収容人員50人以上**の防火対象物である。ただし、**地階**、**無窓階**及び消防法施行令別表第1の(5)項イ〔旅館、ホテル〕、(6)項イ〔病院、診療所〕及び(9)項イ〔蒸気浴場、熱気浴場〕にあっては、**収容人員20人以上**と強化される（消防法施行令第24条第2項）。

非常警報器具と非常警報設備の設置対象

防火対象物の区分	非常警報器具	非常警報設備
(1)　劇場、公会堂等 (2)　キャバレー、遊技場等 (3)　料理店、飲食店等 (5)　ロ　寄宿舎、共同住宅等 (7)　学校 (8)　図書館等 (10)　停車場、飛行場等 (11)　神社等 (13)　駐車場、格納庫 (14)　倉庫 (15)　その他の事業場 (16)　複合用途防火対象物 　(16の2)　地下街　(16の3)　準地下街 (17)　重要文化財		収容人員50人以上 （地階、無窓階 では収容人員 20人以上）
(4)　百貨店、店舗等 (6)　ロ・ハ　福祉施設等 　　　ニ　幼稚園等 (9)　ロ　公衆浴場 (12)　工場、スタジオ等	収容人員20人以上50人未満	
(5)　イ　旅館、ホテル等 (6)　イ　病院、診療所等 (9)　イ　蒸気浴場、熱気浴場		収容人員20人以上

●非常警報器具と非常警報設備の設置対象を表にまとめると上記のようになる。
　下の欄の方ほど、規制はきびしい。
●自動火災報知設備の設置が必要になる場合は、自火報を設置する必要がある。

第6章 非常警報器具・非常警報設備

このような収容人員以上の規模であって、かつ、自動火災報知設備の設置義務のある規模未満のものが、非常警報設備の守備範囲である。例えば、店舗〔(4)項〕では、床面積3㎡ごとに収容人員1名とすると、収容人員50人は、床面積で150㎡程度となります。一方、自火報は、(4)項では300㎡以上に設置義務があります。従って、150㎡から300㎡までの範囲の店舗が、この非常警報設備の設置対象となります。

　注）厳密には、従業員も収容人員に加算されるので、床面積の下限は150m²未満となります。

なお、非常警報設備は、**検定**の対象となっていませんし、**消防設備士**の工事・整備の対象にもなっておりません。ただし、**既存遡及適用**であることは、非常警報器具の場合と同様です。

●非常ベルと自動式サイレンの基準

非常警報設備については、国家検定の対象品目には入っていないので、いわゆる規格省令には存在しないが、消防庁の**告示**で**基準**が定められている。それは消防法施行規則第25条の2（非常警報設備に関する基準）第3項に「非常警報設備は、(中略)、消防庁長官が定める基準に適合するものでなければならない。」という規定が設けられていることによるもの。消防庁長官は、この規定に基いて基準を定めた場合、それを消防庁告示という形で官報に掲載します。

　注）昭和48年2月10日付で、消防庁告示第6号「非常警報設備の基準」が定められている。

この基準には、**定義**があるので、先ずそれを読んでみる。（告示第2、第1号、第2号）

◇**非常ベル**＝起動装置、音響装置（ベル）、表示灯、電源及び配線により構成されるものをいう。
◇**自動式サイレン**＝起動装置、音響装置（サイレン）、表示灯、電源及び配線により構成されるものをいう（**第104図参照**）。

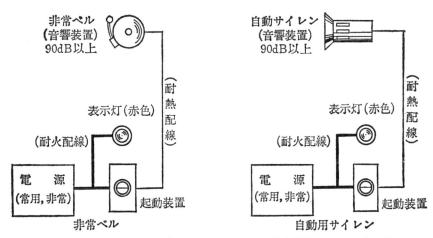

●起動装置を押すと（スイッチを入れると）音響装置が鳴り始める。

第104図　非常ベル・自動式サイレンの構成

第6章　非常警報器具・非常警報設備

　両者を読み較べてみると、なんと構成が良く似ていることか。音響装置のカッコ内のベルとサイレンが違うだけで、後は全く同じ。文字ヅラだけでなく、実質的にも音響装置以外は、構造は同じである。ベルにしてもサイレンにしても（実際はベルが使用されることが多いけれども）、大きな音響（規定では1m離れた位置で**90dB**（デシベル）以上）で、火災の発生を報知することができればよい。
　具体的には「当該防火対象物の全区域に火災の発生を有効に、かつ、すみやかに報知することができるように設けること（消防法施行令第24条第4項第1号）」とされているが、それは「各階ごとに、その階の各部分から一の音響装置までの**水平距離**が**25m**以下となるように設けること（消防法施行規則第25条の2第2項第1号ハ）」を意味している。

　　注）「一の音響装置」の一は、いちと読むのではなく、法令上は、いつと発音します。同一とか均一という場合のいつと同じ発音です。「どれか一つの」と言う意味です。

　なお、次のような大規模な建築物の場合は、自火報の設置が義務づけられるであろうから、実例は少ないと思うが、一応、規定を紹介しておきます。パニック防止のための規定です。
　「**地階を除く階数**が**5**以上で**延べ面積**が**3,000㎡**をこえる防火対象物にあっては、**出火階**が、2階以上の階にあっては出火階及びその直上階、1階の場合にあっては出火階、その直上階及び地階、**地階**の場合にあっては出火階、その直上階及びその他の地階に限って警報を発することができるものである

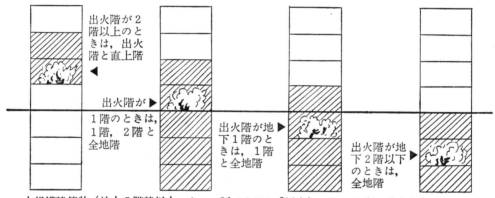

大規模建築物（地上5階建以上，かつ，延べ3,000m²以上）では，1度に鳴らすとかえってパニックを生じるおそれがあるので，部分鳴動とする。
（注）非常警報設備（非常ベル，自動サイレン）で，このようなケースは少ない．

第105図　パニック防止のための部分鳴動

こと（消防法施行規則第25条の2第2項第1号ロ、第3号チ）」（**第105図**参照）。
　ただし「この場合において、**一定の時間が経過した場合又は新たな火災信号を受信した場合**には、当該設備を設置した防火対象物又はその部分の**全域**に**自動的**に警報を発するように措置されていること。」とされています。これは確かに火災初期においてパニック防止は必要であるけれども、そのまま放置すると避難の遅れから、かえって被害が大きくなる不安もあるので、一定時間の経過により、**部分鳴動**から**一斉鳴動**に自動的に切換るものです。
　この規定と全く同じ規定が、**自動火災報知設備**にも（消防法施行規則第24条第5号ハ）、**放送設備**に

第6章 非常警報器具・非常警報設備

も(同規則第25条の2第2項第3号チ)設けられています。パニック防止上の原則とされているものです。

先程述べたように、これらの規模になると自火報が設置されるケースが多いだけに、非常警報設備（非常ベル又は自動式サイレン）で、このような規定により選別して警報を発することができるようにするケースは非常に少ない。自動式サイレンの場合では、むしろ選別して鳴らしても区別して聞きわけることは困難でもある。

強いて言えば、既存（非特定）防火対象物であるため自火報は遡及適用にはならないが、非常警報設備は遡及適用を受ける（本来、遡及適用である）というようなケースならば、あり得ます。

次に非常ベル等を鳴らすための**起動装置**については「多数の者の目にふれやすく、かつ、火災に際しすみやかに操作することができる箇所に設けること（消防法施行令第24条第4項第2号）」と言うことですが、これは省令によると「各階ごとに、その階の各部分から一の起動装置までの歩行距離が50m以下となるように設けること（消防法施行規則第25条の2第2項第2号の2イ）」とされています。

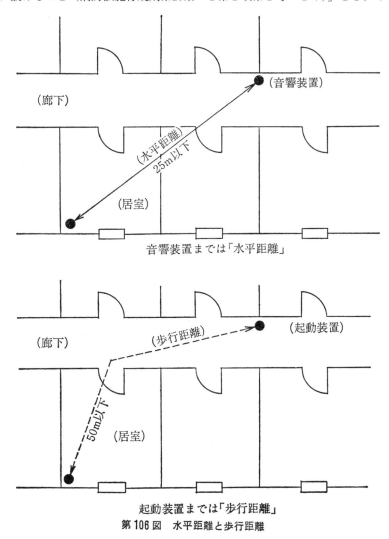

第106図　水平距離と歩行距離

第6章 非常警報器具・非常警報設備

なんだ、音響装置の基準と同じではないか、と思われるかも知れません。確かに似ています。しかし、**音響装置**は**25m以下**、こちらの**起動装置**は**50m以下**と数値が異なります。

それならば、起動装置は、音響装置に一つおきに設ければ良いのか、というと、そうではない、早トチリは禁物です。音響装置の方は「**水平距離**」で規定してあるのに対して、起動装置の方では「**歩行距離**」で規定してあるのです（**第106図参照**）。

これだから法規は嫌になる、まるで落し穴をこしらえてあるみたい、と言いたくなるでしょうが、これは決して意地悪でしているのではない。**音響**の方は、距離が離れるに従って音が小さくなる。従って水平距離が基本になる。ところが**起動装置**は、人が操作するものだから、そこまで到達する歩行距離が大切なわけ。従って、法規では、そこを忠実に表現しているだけのこと。

しかし、基準が違うからと言って、決して音響装置と起動装置とが全く別の場所に設けられているわけではない。先ず、たいていの場合は、両者を同じ場所に設けてある。その方が判りやすい（それならば何も法規を書き分ける程のことはないではないか。）。ま、そう言っても、法規には法規の考え方があるのです。

さて、非常ベル等は、音の伝わり方を良くするため、通常は高い位置に設置しますが、これは、1m離れた位置で**90dB**の音圧があればよい。それに対して、起動装置の方は「床面からの高さが**0.8m以上1.5m以下**の箇所に設けること」と規定されている。

なお、ダンスホール、カラオケボックス等の室内外で、音響が聞きとりにくい場所においては、他の警報音や騒音と明らかに区別して聞きとれるものとすること。この基準は、放送設備のスピーカーにも適用されます。

また、令別表第1(2)項ニ（カラオケボックス等）の防火対象物において、遊興のため客にヘッドホン、イヤホン等を利用させる個室を有するものにあっては、当該個室において警報音が確実に聞きとれるものでなければならない（消防法施行規則第25条の2第2項第1号イ(ハ)）。放送設備においても同様とする（同項第3号イ(ハ)）。

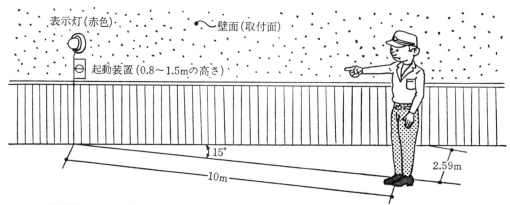

取付面から15°の角度で10m離れた位置で識別できるか。Sin 15°＝0.259だから10m離れ、壁面から2.59m離れた位置で確認する。

第107図 表示灯の識別

第6章 非常警報器具・非常警報設備

　また、起動装置の直近の箇所には**表示灯**（赤色灯）を設けなければならない。「表示灯は、赤色の灯火で、取付面と15°以上の角度となる方向に沿って10m離れた所から点灯していることが容易に識別できるものであること」と規定されている（**第107図参照**）（以上、消防法施行規則第25条の2第2項第2号の2イからニまで）。

　この表示灯の規格は、屋内消火栓設備の消火栓箱の上部に設ける表示灯の規格（消防法施行規則第12条第3号のロ）と同じもの。その他、非常コンセントの保護箱の上部にも表示灯を設置しなければならない、という規定がありますが、例えば、非常コンセントの表示灯では、このように詳しい規格が定められていません。しかし、単に表示灯を設置せよと規定されているだけでも、実際は、この規格に従って設置すべきものです。

　非常警報設備には、**非常電源**を附置しなければならず（消防法施行令第24条第4項第3号）、また、その**配線**についての規定もあります（消防法施行規則第25条の2第2項第4号）。これらについては、後からまとめて説明することとします。

●非常ベル等のシステムと点検

　以上述べたように、非常警報設備についての法令上の基準は、この程度のものです。それを組合せてシステムとすれば、**第108図**のようになります。この図では起動装置、表示灯、音響装置等の単体を配線で繋いで、一つの**システム**としているわけです。まさに建築設備という感じがします。これを**単体型**と呼ぶことがあります。

　それは、これから述べる**一体型**とか**複合装置**と呼ばれるものが現れたため、それらと区別するために付けられた名称です。

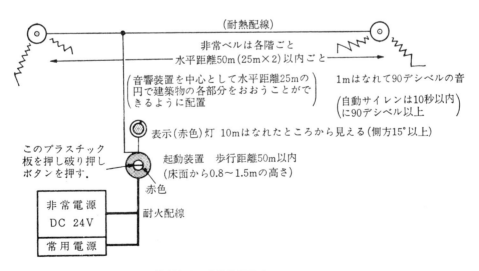

第108図　非常警報設備のシステム

第6章　非常警報器具・非常警報設備

　その**一体型**というのは、起動装置と表示灯さらに音響装置までを、一体として組合せ、コンパクトな装置にまとめてしまったものです。大体、起動装置と表示灯とは、バラバラに設けるべきものでなく、一緒に設置するのだから、一つの装置にまとめてもよいわけですし、もちろん、それに音響装置までを一緒にしたって差支えないわけです。以前にも述べたように、非常警報設備の義務づけがあっても、もう少し規模が大きくなると、すぐに自動火災報知設備の設置が必要になる。要するに非常警報設備を設置すべき防火対象物というのは、極めて幅がせまい。したがって、一つの音響装置で済ませられるケースが多い。音響装置は、水平距離25mの範囲まで有効です。一体型を二つ以上連結しても差支えありません。

　さらに、**非常電源（蓄電池）**までを組合せてしまった装置も開発されている。これを**複合装置**と呼んでいる。大体、非常警報設備は、自動火災報知設備と異なり、平常時は表示灯が点灯しているだけのもの、起動装置を押してから、はじめて装置に通電して音響装置を鳴動させれば良いのだから、このようなことも可能となる（**第109図参照**）。これだと、非常電源と起動装置間の配線の耐火保護は必要としない。

　　注）複合装置は、密閉型蓄電池を内蔵しているが、他へ電源を供給することはできない。そこで平常時は交流100ボルトの電源を供給しておく。停電時には蓄電池（2.4ボルト）でベルを一斉に鳴らす。

　非常警報設備の**点検ポイント**は、実際に非常ベル等を鳴らしてみることと、非常電源への切替えがスムースに行くかどうか、そんなところだ（**第110図参照**）。

　先ず、**起動装置**、これは外部が赤色で、押しボタンには、イタズラされないように透明なプラスチック板（有機ガラス製保護板）が設けてある。**保護板**は、中央の直径20mm程度の部分が、手で押し破ること又は押しはずすことができる。軽く触れた程度（2kgの静荷重）では破れず、力を入れて押せば（8kgの静荷重を加えると）押し破ることができる。

　保護板を押し破ると、多くの場合、その勢いで**押しボタンスイッチ**が押され、火災信号が送られる。

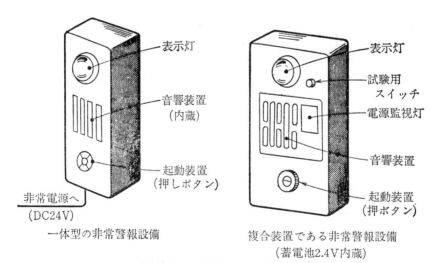

一体型の非常警報設備　　　　複合装置である非常警報設備
　　　　　　　　　　　　　　（蓄電池2.4V内蔵）

第109図　一体型のものと複合装置

第6章　非常警報器具・非常警報設備

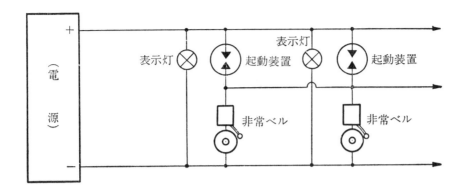

このような配線としておけば，どの起動装置（押しボタン）を押しても，全部の非常ベルは一斉に鳴動する．

第110図　非常ベルの配線

火災信号というと何かむずかしそうだが、要するに電気が通じてベル等が鳴り出すのである。ベルは手動によって復旧しない限り鳴り続ける。押しボタンを引出せば、停止する。

　点検テストのときは、一いち保護板を押し破る必要はないから、保護板をはずしてテストし、後でもう一度保護板をはめ込んでおけばよい。保護板はメーカーによっては、裏表のあるものがある。裏からだと押し破りにくいので、間違えないようにセットする。

　非常電源の容量は、自動火災報知設備と同じように**10分間**が必要、その種類は、**蓄電池設備又は非常電源専用受電設備**に限られる。ただし、延べ面積1,000㎡以上の特定防火対象物には、非常電源専用受電設備を用いることはできない。

　蓄電池の場合は、**試験ボタン**を押してみて非常電源に直ちに切替わるかどうか、非常電源の電圧等は十分であるかを確かめる。非常電源専用受電設備である場合には、配電盤又は分電盤の開閉器を操作して、通常電源をカットし直ちに非常電源に切替わることを確認する。

　非常警報設備（非常ベル又は自動式サイレン）が、消防庁告示（昭和48年第6号「非常警報設備の基準」）に適合しているかどうかについては、日本消防検定協会が判定して、適合しているものにはその旨の表示がされているので、それをチェックしてみるとよい（**第111図参照**）。

第111図　日本消防協会の自主認定評価による合格ラベル

第6章　非常警報器具・非常警報設備

●**非常警報設備についての令第32条の適用**

非常警報設備について次のような例規がある。
（問）　収容人員が50人以上であれば、**仮設建築物**でも非常警報設備が必要か。
（答）　お見込みのとおり。ただし、短期間使用する仮設建築物にあっては、実情により、携帯用拡声器の設置をもって代えることができる（昭44. 11. 20消防予第265号）。
（問）　**著しい騒音**を発する場所の非常警報設備には消防法施行令第32条を適用して緩和してよいか。
（答）　その騒音と異なる音色を発する音響装置を設置すること（昭44. 11. 20消防予第265号）。
（問）　音響装置は、小規模建築物でも**各階**ごとに設けなければならないか。屋外に設けてもよいか。
（答）　全区域に火災の発生を有効に感知できる場合は、**階段室**など共用部分に音響装置を設けてさしつかえない。音響装置は、屋内に設置すること（昭44. 11. 20消防予第265号）。
（問）　収容人員50人以上の**公衆浴場**にあっても、建築物の規模・構造等から非常警報設備を設置せず、非常警報器具を設置させることとしてよいか。
（答）　番台から脱衣場及び浴槽を監視することができるような一般的な公衆浴場で、非常警報器具を設置することにより、火災の発生を有効に、かつ、すみやかに報知することができる場合には、非常警報設備を省略してよい（昭45. 11. 19消防予第226号）。

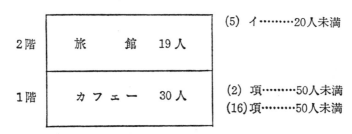

第112図　非常警報設備は必要か

（問）　図（**第112図**）のような**複合用途防火対象物**には、非常警報設備は必要か。
（答）　1階が無窓階でなければ、設置義務はない（昭48. 10. 23消防予第140号）。
（例規）小規模な防火対象物で、非常警報設備の音響装置を設けなくても、火災である旨の警報を有効に行えると認められるものについては、消防法施行令第32条の特例規定を適用して差し支えない（昭44. 10. 31消防予第249号）。

●**放送設備の設置対象**

法令の規定上は、放送設備も非常警報設備の一種ですから、非常ベルの代りに**放送設備**を設けたって

第6章 非常警報器具・非常警報設備

放送設備の設置対象

防火対象物の区分	収容人員	規模
(1) 劇場、公会堂等 (2) キャバレー、遊技場等 (3) 料理店、飲食店等 (4) 百貨店、店舗等 (5)イ 旅館、ホテル等 (6)イ 病院、診療所等 　ロ・ハ 福祉施設等 　ニ 幼稚園等 (9)イ 蒸気浴場、熱気浴場	300人以上	（収容人員・用途にかかわらず） 地上の階数 11以上 地階の階数 3以上
(16)イ 特定用途を含む複合用途 　　 防火対象物	500人以上	
(5)ロ 寄宿舎、共同住宅等 (7) 学校 (8) 図書館等	800人以上	
(16の2) 地下街 (16の3) 準地下街	すべて	
その他		

● 上記の防火対象物は、自動火災報知設備に放送設備を附加する。（自火報不要の場合は、非常ベル等に附加する。）

差支えないのです。しかし、現実には、そのような例は至って少ない。先に述べたように、少し規模が大きくなると、自動火災報知設備が義務づけられる。もっと大きくなると、放送設備の附加が義務づけられる。従って、ここでは、その**附加義務の放送設備**を取り上げるわけです。

さて、**設置対象**は、これも非常警報設備の体系ですから、**収容人員**がベースとなっています（消防法施行令第24条第3項）。

それを表にすると上のようになります。ただし、同項第2号にあるように「地階を除く階数が**11**以上のもの又は地階の階数が**3**以上のもの」は、用途に関係なく放送設備が必要となります。

●**放送設備の技術基準**

これは、消防法施行規則第25条の2の説明になります。

放送設備の場合にも、当然、火災の発生を知らせるための**起動装置**が必要です。起動装置は、各階毎に各部分から一の起動装置までの歩行距離が50ｍ以下となるように設けます。床面からの高さは0.8ｍ～1.5ｍの範囲に設けます。一般には、非常ベルの場合と同じように、押しボタンスイッチでよいのですが、先に述べたパニックの防止上、階数によって設置義務を課しているような防火対象物、これをもって詳しく言うと「**11階以上の階、地下3階以下の階**又は令別表第1（16の2）項〔**地下街**〕及び（16の3）項〔**準地下街**〕」に設ける放送設備の起動装置は、**非常電話（Ｔ型発信機）**とすることと

第6章　非常警報器具・非常警報設備

しています（消防法施行規則第25条の2第2項第2号）。

これは、単にボタンをおして火災の発生を知らせるだけでなく、もっと詳しい火災の状況を電話で知らせる必要があるからです。情報の精度を高めるとともに、誤報を防ぎ情報をより確度の高いものとする意味もあります。

放送設備の場合、非常電話で知らせても、それを受けてくれる人がいなければ役に立ちません。遠隔操作器を設けても、やはりそれを操作する人が必要です。その辺が、非常ベルの押しボタンとは違うところです。

従って、放送設備の**操作部**又は遠隔操作部のうち少なくとも一つは防災センター等に設けることとされています。ただし、操作盤が設けられていれば、それでもよろしい。

そこで、一つの防火対象物に増築等で、操作部又は遠隔操作盤が2箇所以上設けられるケースも考えられる。その場合、情報がチグハグになるといけないので、必ず「操作部のある場所**相互間で同時に通話することができる設備**」を設けることとされている。どちらの操作部からでも全館に火災の発生を（場合によっては選択して）知らせることができるようにしてあるわけです（**第114図参照**）。

さて、操作部、増幅器又は遠隔操作器といった機器は「点検に便利で、かつ、防火上有効な措置を講じた位置」に設けることとされ、特に操作部及び遠隔操作器の操作スイッチは、床面からの**高さ**が0.8m以上1.5m以下の箇所に設けることとされています。ところで、中央管理室には一日中、管理者の人が勤務していることになるため、通常は椅子に座っている。そうなると、この最低0.8mというのは少し高すぎるという実感があるため「いすに座って操作するものにあっては0.6m以上」の高さに緩和することができます。

ところで、起動装置又は自動火災報知設備の作動で火災の発生を知らせた場合、操作部及び遠隔操作器には、その作動した階又は作動した区域が**連動して表示**されます。防災センター等に総合表示盤を設けたときは、そちらへも連動して表示されます。

放送設備は、出火階によって**選別警報**ができるようになっていなければならない。これは、大規模な防火対象物に設置する非常ベルの場合と同様に「出火階が、2以上の階の場合にあっては出火階及びその直上階、1階の場合にあっては出火階、その直上階及び地階、地階の場合にあっては出火階、その直上階及びその他の地階に限って警報を発することができる」システムです。これはパニック防止のために必要であることは、先に述べたとおりです（**第105図参照**）。ただし、一定時間が経過すると自動的に全区域に警報を発するように切替えられなければなりません。

（放送設備のスピーカー）

スピーカーの**音圧**はL級、M級及びS級に3区分されている。L級の音圧の大きさは1m離れた位置で92dB以上、M級は同じく87〜92dB、S級は同じく84dB〜87dBとなっている。

スピーカーの種類は、階段又は傾斜路以外の場所では、**100㎡を超える放送区域ではL級、50㎡〜100㎡の放送区域ではL級又はM級、50㎡以下の放送地域では、L級、M級及びS級のいずれでもよい**

第6章 非常警報器具・非常警報設備

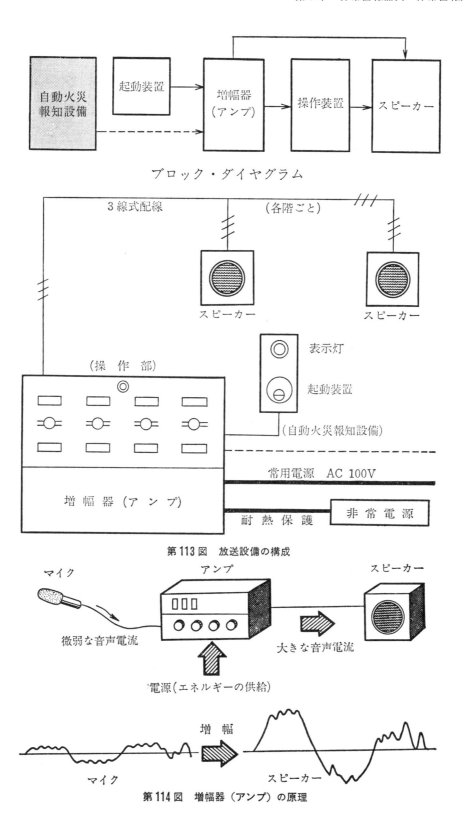

第113図 放送設備の構成

第114図 増幅器（アンプ）の原理

第6章　非常警報器具・非常警報設備

(この「**放送区域**」とは、防火対象物の2以上の階にわたらず、かつ、床、壁又は戸(障子、ふすま等遮音性能の著しく低いものを除く。)で区画された部分をいう)。

さらにスピーカーは、階段、傾斜路以外の場所では、放送区域ごとに、各部分からスピーカーまでの**水平距離を10m以下**となるように設置する。ただし、居室及び居室から地上に通じる主たる廊下その他の通路では6㎡以下、その他の部分にあっては30㎡以下の放送区域では、隣接する放送区域のスピーカーまでの水平距離が**8m以下**であればスピーカーを設けなくてもよい。

スピーカーを**階段又は傾斜路**に設置する場合は、**垂直距離15mにつきL級のものを1個以上**設けること。

放送設備の基準は、従前のようにスピーカーの音圧をL級、M級又はS級という種類による外、次の方法によることもできるようになった(平成10年7月24日より施行)。

その新しい方法とは、スピーカーを階段又は傾斜路以外の場所に設置する場合、放送区域ごとに次式によって求めた音圧レベルが**床面から高さ1mにおいて75dB以上**となるように設けるものである。すなわち、

$$P = p + 10 \log_{10} \left(\frac{Q}{4\pi r^2} + \frac{4(1-\alpha)}{S\alpha} \right)$$

P＝音圧レベル(単位　デシベル)
p＝スピーカーの音響パワーレベル(単位　デシベル)
Q＝スピーカーの指向係数
r＝当該箇所からスピーカーまでの距離(単位　メートル)
α＝放送区域の平均吸音率
S＝放送区域の壁、床及び天井又は屋根の面積の合計(単位　平方メートル)

さらに**残響時間が3秒以上**となるときは、床面からの高さ1mの箇所から1のスピーカーまでの距離が次式によって求めた値以下となるようにする。

$$r = \frac{3}{4} \sqrt{\frac{QS\alpha}{\pi(1-\alpha)}}$$

r＝当該箇所からスピーカーまでの距離(単位　メートル)
Q＝スピーカーの指向係数
S＝放送区域の壁、床及び天井又は屋根の面積の合計(単位　平方メートル)
α＝放送区域の平均吸音率

なお、スピーカーはこの場合にあっても**階段又は傾斜路**に設置する場合は、**垂直距離15mにつきL級のものを1個以上**設けること。

このような新しい規定が導入されるのは、建築基準法の性能規定化と同じことで、今までの決まりきった**仕様**(寸法、形状等)のものに留らず、新しい手法の放送設備を導入しようとするときに対応できるよう、あるべき放送設備の**性能**を規定しておいて、それに合格するものは、放送設備として認めて行こうとするものである。

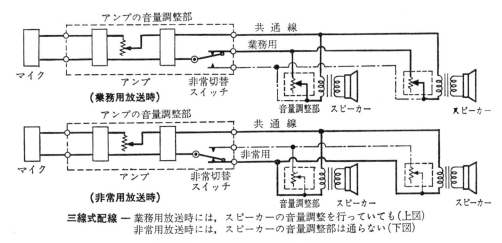

三線式配線 — 業務用放送時には，スピーカーの音量調整を行っていても（上図）
　　　　　　非常用放送時には，スピーカーの音量調整部は通らない（下図）

第115図　音量調整を行う場合の3線式配線

　従って、現場では上記の式を覚えておく必要は全くないのであって、新しい方式を開発しようとする人々にとってのみ関心の対象となる、と考えてそれ程の間違いはない。今後共、性能規定化で、このような性能を規定する条文が、増えて来ると思うが、現場では、それほど深刻に考える必要もない。もっとも、これらの式に適合するものは、当然に規定に適合している訳だから、それなりに尊重して扱わなければならないが。

　音量調整器を設けて、平常時の音声を押えておく場合は、**三線式配線**とします（**第115図参照**）。こうしておけば、平常のBGM（バック・グラウンド・ミュージック）や業務放送には音量をしぼっていても、非常放送の場合には所定の音量を得ることができます。このような共用の場合は「火災の際、非常警報以外の放送を遮断する機構を有するもの」でなければなりません。

　また、他の電気回路によって**誘導障害**が生じないように設けなければなりません。これは、非常用の設備だけではなく、通信系の設備全体について言えることですが、例えば、大電流回路からできるだけ、少くとも20cm以上離して設ける、というような配慮が必要となるわけです。

　ま、省令には以上のようなことが規定されています。

●非常警報設備の基準によれば

　放送設備を含め、非常警報設備は、消防庁長官の定める基準に適合しなければならない。すなわち「**非常警報設備の基準**（昭和48年消防庁告示第6号）」です。先に説明したようにスピーカーの音圧について省令の基準が改正されているので、この基準も平成6年、平成10年に改正されています。この基準には省令には規定していないことも含まれているので、それについて主なものを説明します。

　なお、この基準に適合しているものについては、（社）日本電子機械工業会の「非常用放送設備委員会」が、自主的に試験をして**合格ラベル**を貼付している。ただし、非常ベルの合格レベルとは異り、小

第6章 非常警報器具・非常警報設備

鳥がさえずっているデザインのものである（**第116図参照**）。

　先ず、放送設備の**定義**から、放送設備とは、「起動装置、表示灯、スピーカー、増幅器、操作装置、電源及び配線により構成されるものをいう。」とされている。自動火災報知設備と連動するもの又は自動火災報知設備の受信機と併設される場合には、起動装置や表示灯が省略されることもあります。

　増幅器（アンプ）や操作装置、場合によっては非常電源までを一体化してあることが多く、通常、**ラック形**、**卓上形**、**壁掛形**に分類することができる（**第117図参照**）。

　各メーカーによって多少の違いはあろうかと思うが、**操作の順序**を示すと次のようになる。火災の発生により**起動装置**が操作されると火災信号が送られ、操作部にある**火災灯**（赤色灯）が点灯する。あわせて、ベルとかブザーによる**火災音信号**が鳴って、火災の発生が知らされる。そこで放送設備の操作者は、直ちに**非常起動スイッチ**を入れる。電圧計や電流計の針が動くので作動が確かめられる。次に選別放送をする場合、出火階表示灯の点灯又は非常電話により出火階を確認し「出火階及びその直上階」に限ってスイッチを入れる。**階別作動表示灯**により、放送が入る階の確認ができる。ここで、**非常用マイク**を取りその**スイッチ**を入れて緊急放送を行う。又はあらかじめ録音しておいた**エンドレステープ**を作動して放送を行う。放送がキチンと行われたかどうかは、**モニタースピーカー**とかレベル計によって**確認**できる。以上のような操作は、**遠隔操作器**（リモコン）によっても、操作できる。なお、先程の非常用マイクは、マイクのスイッチを入れないで（オフ状態で）放送すると、その間は**警報音**が流れる。また、非常起動スイッチを入れると、通常の放送は直ちに停止され、非常放送に切替る。メンテナンス上は、通常放送と兼用した方が都合がよい（**第118図参照**）。

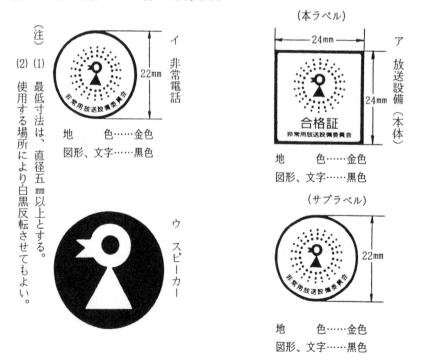

第116図 (社)日本電子機械工業会の自主試験合格ラベル

第6章　非常警報器具・非常警報設備

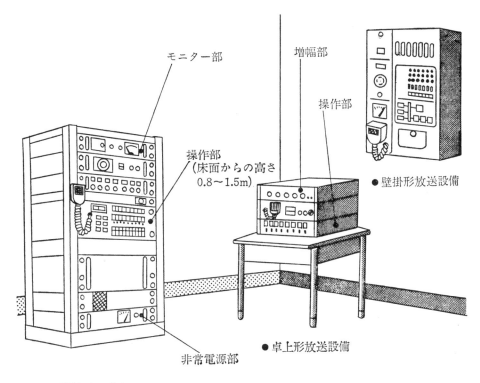

● ラック形放送設備(60W以上)

第117図　いろいろの放送設備（例）

注）非常用マイクを「オフ」にしておいた場合に、警報音が流れるというのは、放送設備に附加すべき非常ベル等に替えて設けられる音響装置のことを意味している。

また、方式により、起動装置（押しボタン）を操作することにより、直ちに増幅器等が作動し、エンドレステープによる非常放送を開始するものもある。必要な音量による放送開始までの所要時間は**10秒以内**とされている。

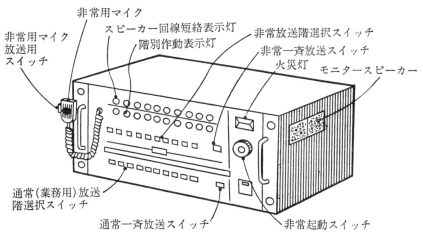

第118図　操作部のスイッチ類（例）

第6章　非常警報器具・非常警報設備

●音声警報音による放送

　放送設備には、あらかじめテープに採っておいた音声を自動的に放送する**音声警報音**が告示で定められました（非常警報設備の基準第4四及び五）。
　それは**シグナル**と**メッセージ**の組合せによるものですが、状況に応じて感知器発報放送、火災放送、非火災放送に区分して放送するので、精度の高い情報が提供され状況の把握が的確にできるので、パニックを防止し、落ちついた状態で迅速な避難を促すことが期待できます。
（感知器発報放送）感知器が発報した場合又はこれに準ずる情報を入手した場合に行う放送で、**女性**の声で自動火災報知設備の感知器が作動した場所及び火災発生の確認中である旨の情報又はこれに関連する内容を放送します。
　具体的には「**第1シグナル・ただいま○階の火災感知器が作動しました。係員が確認しておりますので、次の放送に御注意下さい（女声）・1秒間の無音状態**」を1単位として、**連続2回以上繰返して放送します。
　　注）第1シグナル**とは次の3つの音の組合せによるものです。
　　第1音＝740ヘルツの0.5秒単音（立上がり0.1立下り0.4秒波形）
　　第2音＝494ヘルツの0.5秒単音（立上がり0.1秒立下り0.4秒波形）
　　第3音＝300〜2000ヘルツの0.5秒スイープ音（矩形波）
（火災放送）火災の発生が確認された場合又はこれに準ずる情報を入手した場合に行う放送で、**男性**の声で火災が発生した場所、避難誘導及び火災である旨の情報又はこれに関連する内容を放送します。
　具体的には「**第1シグナル・火事です。火事です。○階で火災が発生しました。落ちついて避難して下さい（男声）。1秒間の無音状態・第1シグナル・（同様のメッセージ）・1秒間の無音状態・第2シグナル**」を1単位として**10分間以上連続**して繰返し放送する。
　　注）**第2シグナル**は第1シグナルの第3音を次のように組合せます。第3音（0.5秒の無音）第3音（0.5秒の無音）第3音（1.5秒の無音）この順で1単位として3回繰返します。
（非火災放送）火災の発生がないことが確認された場合に行う放送で、**女性**の声で自動火災報知設備の感知器の作動は非火災報であった旨の情報又はこれに関連する内容を放送します。
　具体的には「**第1シグナル・さきほとの火災感知器の作動は、確認の結果、異常がありませんでした。ご安心下さい。（女声）・1秒間の無音状態**」を1単位として、連続2回以上繰返して放送する。
　これらの放送起動は手動でも簡単な操作により行うことができます。また、音声警報音による放送中でもマイクロフォンによる放送に自動的に切替えることができます。
（参考）
・非常警報設備の基準（昭48消防庁告示第6号・平10改正）
・放送設備の設置に係る技術上の基準の運用について（平6．2．1消防予第22号）

●音圧の単位・デシベル

第6章　非常警報器具・非常警報設備

　ここで音圧の単位**デシベル**について述べておきたい。非常警報設備は、音や音声によって火災の発生等を報知するものであるから、その音の大きさは重要である。

　音の大きさというものは、もっと正確にいうと音圧であるが、非常ベル、自動式サイレン又は放送設備のスピーカー、そのいずれも**１m離れた点で90デシベル以上**が必要である（消防法施行規則第25条の２第２項第１号イ）。

　それでは、このデシベル（decibel，dB又はdbと略記）という音圧の単位について、測定方法はＪＩＳに定められているが「スピーカーに１Wの入力電力を加えたときに、スピーカーから１m離れた位置で得られる音圧」で表示する。「デシ」とは、デシリットルのデシと同じ、10分の１を意味する。「ベル」の方は、電話の発明者の名をとって単位とした。10デシベル、すなわち１ベルというのは、人間のささやき声に相当する。

　かつては、消防法令で「ホン」を用いていたが、改正して「デシベル」に改めた経緯があるが、現に基準省令では「ホン」が用いられている。このホンとデシベルは同じものと考えてよい。辞典によると、ホンは音の大きさ、デシベルは音の強さとある。

　スピーカーは普通、コーン形が用いられる。この口径が大きくなると、その出力音圧レベルは若干の増加がみられるが、ほとんど違いはない。一般的に90〜100dBである。90dBのスピーカーに１Wの入力電力を加えると、１m離れた位置で90dBの音圧が得られる（**第119図参照**）。

　スピーカーの定格入力は、居室内で１W以上とされているので、それに該当する。居室以外では、それが**３W以上**とされている。それではdBの方も３倍になるかというと、そうではない。**入力ワット数が倍になると３dB**しか上らない。10Wと20Wの比較でも、後者は、やはり３dBしか増加しない。３倍になれば、デシベルの増加は4.5、従って、90dBは94.5dBしか増加しない（**第120図参照**）。

　次に、１m以上離れると音圧は**減衰**していく。スピーカーからの**距離が倍になると６dB低下**する。１mで90dBあれば２mでは84dBとなる。10m離れると20dB下る。スピーカーの**配置が水平距離25m以下**であるから、その距離では約28dB下る。出力90dBのスピーカーに３Wで入力すると、１m離れて94.5dBの音圧、25m離れると約69.5dBになる。一般的には、65dB以上が要求されることから、ほぼその水準が得られる。

　一般に、ささやき声が10dB、静かな住宅内で40dB、デパート内は65dBと言われ、これ位ならは会話も楽にできるが、街の交差点、駅の待合室では75dBにもなる。こうなると会話に大声を出さなければならず、それ以上では会話が次第に困難となる。高架下や昔の地下鉄内部では100dB、サイレンは110dB、飛行機のエンジン音は近くでは120dB近くになるが、こうなるともう耳で聴く限界値で、やがて疼痛感に変ると言われる。

（**参考**）放送設備のスピーカーの性能に応じた設置ガイドラインについて（平11．２．２消防予第25号）

●非常警報設備の配線・電源

　配線は当然のことながら、電気工作物に係る法令の規定（電気設備技術基準省令）によらなければな

第6章 非常警報器具・非常警報設備

スピーカーの種類		出力音圧レベル
コーン形スピーカー（口径）	12cm	87～90dB
	16cm	89～92dB
	20cm	93～96dB
	25cm	94～97dB
ホーン形スピーカー		102～110dB

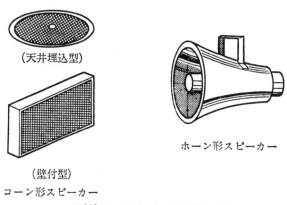

第119図　スピーカーの種類・出力

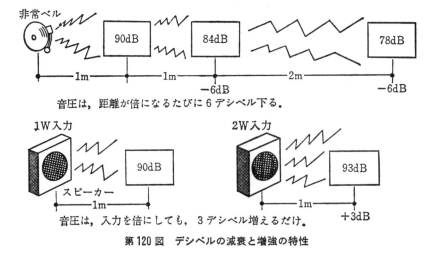

第120図　デシベルの減衰と増強の特性

らないが、その他非常警報設備の配線は次のように絶縁性が要求される。すなわちその電気回路の配線相互間及び大地との間の**絶縁抵抗**は、絶縁抵抗測定器（目盛がメグオームであるところから「メガー」と呼ぶ。）で測定してみる必要がある（**第121図参照**）。

測定電圧を直流250Ｖとして、電路の大地電圧が150Ｖ以下（通常はこれに該当）ならば**0.1ＭΩ以下**、150Ｖ超える場合は0.2ＭΩ以下でなければならない。この**絶縁抵抗**というのは、加えた電圧と、そのときの漏れ電流の比率に相当する。

配線に使用する電線とその他の電線とは、同一の管やダクト、線ぴ又はプルボックスの中に設けることはできない。これは、**誘導障害**の発生を予防するためである。ただし、すべての配線が**弱電流回路**（60Ｖ以下、小勢力回路ともいう。）である場合には、この限りでない。一般に非常警報設備の非常電源には、直流24Ｖ等の電圧が用いられる。

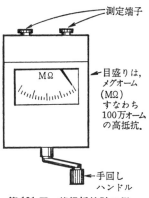

第121図　絶縁抵抗計の例

また火災によって一つの階のスピーカーとかスピーカーの配線とかが、短絡（ショート）したり断線したりしても、そのために他の階への火災報知までができなくなってしまってはならないので、それを防ぐため、各階毎の**独立**した配線としておかなければいけない（**第122図参照**）。

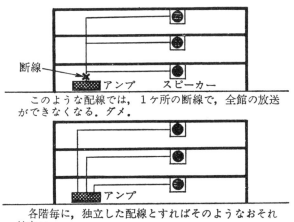

第122図　各階は独立配線とする

配線の保護としては、非常電源から起動装置までの幹線部分は**耐火保護**、操作部からスピーカーまで（起動装置から非常ベル等まで）又は遠隔操作器までは**耐熱保護**とする。すでに「非常コンセント設備」の章で述べたように、600Ｖ２種ビニル絶縁電線等の電線を金属管工事等によって配線するか又は耐熱電線を使用すれば「耐熱保護」となり、さらにその金属管をコンクリート中に埋め込むか又は耐火電線を使用すれば「耐火保護」になる（**第123図参照**）。

電源は、配線の途中から他の配線に分岐していない屋内幹線又は蓄電池設備から直接とり、**開閉器**には「非常警報設備用」の表示をしておく。

第6章 非常警報器具・非常警報設備

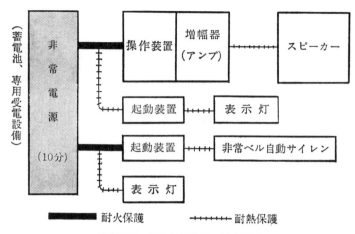

第123図　非常警報設備の配線保護

非常電源は、**非常電源専用受電設備**又は**蓄電池設備**とし、その容量は**10分間以上**必要である。なお、延べ面積が1,000㎡以上の**特定防火対象物**では、蓄電池設備に限る。

●非常警報設備の総合操作盤

高層建築物（地上15階建以上で延べ面積30,000㎡以上）、大規模建築物（延べ面積50,000㎡以上）等（消防法施行規則第12条第1項第8号）の防火対象物に設ける**非常警報設備（放送設備）**には、基準に適合する総合操作盤（平成16年消防庁告示第7号）を、消防庁長官の定める設置方法（平成16年消防庁告示第8号）に基づいて防災センター等に設けて、そこで当該設備の監視、操作等を行うことができるようにしなければならない。（消防法施行規則第12条第1項第8号の準用、同規則第25条の2第2項第6号）

なお、この総合操作盤関係については、**当アタック講座〔下〕第26章　総合操作盤**を参照のこと。
この非常警報設備について総合操作盤の表示項目、警報項目及び操作項目は、次のとおり。
　（表示事項）…消防法施行規則第25条の2第2項第3号ホの放送設備の操作部の表示事項の他、次に掲げる事項
　　　　イ　連動断の状態（非常電話、自動火災報知設備等の作動と連動するものに限る）
　　　　ロ　総合操作盤の電源の状態
　（警報事項）…なし。
　（操作事項）…消防法施行規則第25条の2第3項第3号の放送設備の操作部の操作事項

●消防設備士・検定

非常警報設備については、**消防設備士**による工事・整備の対象にはなっていない。

また、**検定対象品目**としての指定もない。ただし、消防庁長官が定める「**非常警報設備の基準**（昭和48年消防庁告示第8号）」に適合したものでなければならない。

これについては、先に記したように、放送設備については（社）日本電子機械工業会の「非常用放送設備委員会」の、その他の警報設備については（社）日本火災報知機工業会の「非常警報設備認定委員会」がそれぞれ、自主的に検査を行い、合格品には**合格ラベル**を貼付している。

　注）非常ベル及び自動式サイレンについては**第111図**の、放送設備については**第116図**の合格ラベルを参照のこと。

●緊急地震速報に対する措置

消防法令上の放送設備は、火災時における警報設備の1種として位置づけられており、一般の業務放送用のチャンネルとは区分されているものである。ところで、**緊急地震速報**が平成19年10月1日から、一般利用者への提供が始まり、地震対策の一環として導入する動きが広まりつつある状況にある。

ついては、この緊急地震速報と消防法令上の放送設備の利用に関して従来は、緊急地震速報の受信機器等との接続等は想定されていなかったものであるが、放送設備を利用すれば、停電時も非常電源（蓄電池設備）による放送が可能となり、また全館への一斉放送も容易に実施できる等のメリットがある。従って、放送設備に緊急地震速報を導入することができるものとし、その要件の明確化が図られた。（平成21年12月1日施行）

すなわち、火災の際に遮断しなければならない非常警報以外の放送から、地震動予報等に係る放送で、これに要する時間が短時間であり、かつ、火災の発生を有効に報知することを妨げないものを除くこととする。（消防法施行規則第25条の2第2項第3号リ、非常警報の基準第4第1号（四））

あわせて、地震動予報等に係る放送を行う機能を有するものにあっては、地震動予報等に係る放送を行っている間に、起動装置若しくは操作部を操作した場合又は自動火災報知設備等から起動のための信号を受信した場合には、地震動予報等に係る放送が終了した後、直ちに、かつ、自動的に非常警報の放送を行うものとする。（非常警報設備の基準第4第1号（五））

第7章　消防機関へ通報する火災報知設備

[参照条文] 消防法施行令第23条、消防法施行規則第25条

● 消防機関への火災通報の現状

　平成26年版の消防白書によると、平成25年中の出火件数48,095件について消防機関は、どのようにして火災の発生を知ったか、すなわちその**覚知方法**について次のように分析している。

火災の覚知方法（平成25年中）

覚知方法	出火件数（件）	構成比（％）
火災報知専用電話（119）	33,582	69.8
（うち加入電話）	(11,420)	(23.7)
（うち携帯電話）	(18,819)	(39.1)
ＮＴＴ加入電話を除く	(3,343)	(7.0)
加入電話（固定電話）	1,942	4.1
〃　　（携帯電話）	1,166	2.4
警察電話（110）	1,734	3.6
駆けつけ通報	278	0.6
その他（事後聞知を含む）	9,371	19.3
計	48,095	100.0

　これによると、火災の通報は、大部分が**電話**によっている。特に、携帯電話が普及したので携帯電話による１１９番通報が一番多くなっている。かつて、電話の普及が少なかった戦前では、**望楼**が火災発見の手段だったもので、新米の消防士が、汽車の煙を火災だと間違えて「只今、火災は西の方へ走っております！」と叫んだとか、ま、そんな笑話さえ残っているのだが、昨今では、ぐ～んとその地位を落し、平成15年消防白書では全国に僅か２件、その構成比は0.0パーセントと数にもならい表示となっている。現在では統計の構成項目からも削除されている（**第124図参照**）。

　事後聞知とは、火災があったことを、後から消防機関が聞きつけて知り、火災統計に加えたもので、結局通報がなかったもの。

　その他に分類されているものは、どうもハッキリしないケース等。

　そこでもう一度、消防機関へ何らかの方法で通報があったもののみを抜き出して、再掲すると次の頁のようになる。

第7章　消防機関へ通報する火災報知設備

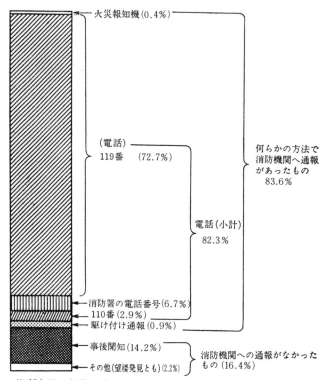

第124図　火災はどのようにして覚知したか　（平成15年版消防白書）

消防機関への通報手段（平成15年版消防白書）

通報手段		出火件数(件)	構成比(%)
火災報知機（MM）		266	0.5
電話 ｛１１９　加入電話　１１０｝	（消防）	42,295	85.9
	（消防）	4,243	8.6
	（警察）	1,875	3.8
駆け付け通報		552	1.2
計		49,231	100.0

　これからみると、**火災報知専用電話（119）**だけでなく、警察へ110番通報したものや、わざわざ消防署の電話番号（加入電話）を調べて連絡したものまで含めると、何と**98.3%**が、**電話通報**によっていることに気付かれるであろう。

　しかし、あれ程周知しているはずの119番も、29人に1人は110番に通報していることから、今さらながら出火時のローバイぶりが目にみえるようである。

　若干脱線するが、スウェーデン（ストックホルム）の電話帳には、次のようにすれば、火災時の電話（ストックホルムでは008）は、暗闇の中でも電話が廻せると、図解入りで説明してある（**第125図参照**）。

　先に断っておきたいのは、日本の電話ダイヤルは、1から始まって0で終っているが、スウェーデン

140

第7章 消防機関へ通報する火災報知設備

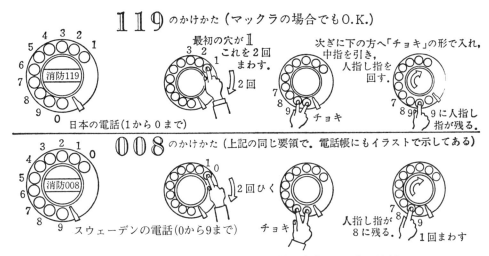

第125図 マックラヤミでもかけられる119番（ダイヤル式の場合）

では0から始まり9で終っていること。確かに近代数字は、数はゼロから始まる。プロ野球でも背番号が0がいるではないか。

　ついでに話をすると、西ドイツのホテルでは、エレベーターの表示が、1階は0、2階が1、3階が2となっていた。これは西ドイツに限らず、ヨーロッパ大陸では、どこの国でも同じこと、従って「2階で待ちあわせよう」と言われたら、日本式の3階に行かなければならないのだ。それだけならよいが、地下1階はマイナス1、地下2階はマイナス2で示されていた。日本式のB1、B2よりも合理的な感じ、正に数字の座標軸のような表現に感心したものだ。

　話を戻す。スウェーデンの電話帳では、先ずダイヤルを指先でさぐって、最初の0を2度廻す。次は、1番最期の2つのダイヤル穴に人指し指と中指とを、取りあえずつっこむ。こうしておいて、中指を曲げると、自然に人指し指は8に残ることになるから、それを廻せばよい、というもの。

　これは、日本の消防電話にも直ちに応用できる。都合よく1から始まり0で終っている日本式ダイヤルで、同じようなことを繰返せば、おのずと119番通報が可能になる。一つ、消防から電話会社に働きかけて、電話帳にのせてもらってはどうかと思ったこともあるが今ではダイヤル式は少ない。

　ところで、プッシュ式の電話の場合は、どうしたら良いか。キーの配置さえ知っていれば、暗闇であ

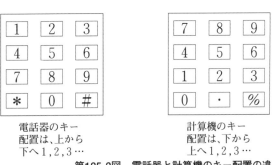

第125-2図 電話器と計算機のキー配置の違い

141

第7章　消防機関へ通報する火災報知設備

っても119へ掛けられるはずである。結論から言えば、①と⑨とは対角線の配置となっているから、それさえ思い出せば掛けられる。ただし、ここに思わぬ落し穴がある。それは計算機のキー配置とＮＴＴ電話の電話器（携帯を含む）のキー配置とが異なっていることだ。すでに気付いている人も多いとは思うけれども、知らない人もいる。

　参考までに、韓国や台湾では日本と同じ119（ワン・ワン・ナイン）を用いている。北京でも119を使用している。イトネシアでは、2222（ダブルツー・ダブツー）、これはオランダの影響。ロンドンでは999（スリー・ナイン）、イギリスの影響ではホンコンでも緊急電話は999（急々々）。コペンハーゲン（デンマーク）では000（スリーゼロ）、スイスでは118、パリでは、救急とポリスが17、消防ポンプが18となっている。ローマ、ニューヨークでは911（日本の119の逆になっている。）ただし、アメリカでは、電話会社によって異なる番号を使用しているとかで不統一らしい。

●火災報知機の現状は

　このように消防機関への通報は、**電話**によるものが98％を占めていて、**火災報知機**によるものは、僅か257件で、構成比は１％未満。ここ10年間程度は、このような傾向に変りがない。
　一昔前には、東京でも街頭に赤いポールが立っていて、そこに火災報知機の**発信機**（押しボタン）が設けられていた。しかし、電話が普及するにつれて、その利用率は減っていった。その一方でヨッパライによるイタズラがあったり、メンテナンスに費用がかかるとか、の理由で各都市も順次、報知機を廃止していった。東京消防庁が廃止したのは、昭和49年であった。
　このような街頭にあった火災報知機のことをＭＭ式ということがある。これは、この報知機が**公設**のものであることから、Municipal Typeと呼ばれ、通常は略してＭ型という。そのＭ型発信機とＭ型受信機とを組合せるのでＭＭ式と呼ぶのである（**第126図参照**）。

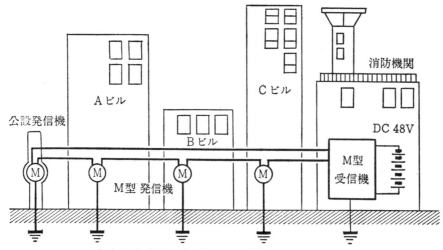

第126図　消防機関へ通報する火災報知設備（**ＭＭ式**）

第7章 消防機関へ通報する火災報知設備

このMM式を建築物の内部に設け、建築物内のM型発信機と、消防署内のM型受信機とをホットラインで結んでおくものが、消防法施行令第23条の**消防機関へ通報する火災報知設備**という長い名前の設備である。

しかし、このMM式は、先程書いたように今や順次廃止の運命であり、やがては消えていく設備なのかも知れぬ。或る人によると「全国に残っているのは1市だけ」とか、また別の人に聞くと「いや、私は3箇所、設置されているのを知っている」というように、誠に心細い状況である。

消防機関の方にM型受信機が設置されていない以上、建築物にM型発信機を設置せよ、と言ったってそれは無理な話。ところで消防法施行令第23条には「防火対象物に消防機関へ常時通報することができる**電話**を設置したときは、(中略)、火災報知機を設置しないことができる」という規定がある。従って、大部分はこの設置免除の規定の適用を受けて、MM式を設けていないというのが現状である。

消防法施行令が施行された昭和30年代では、電話の設置を申込んでも、一般家庭用は長い間待たされたうえ、電話債券を買わされたものだが、近頃は、もう債券を買う必要はないし、申込めば直ぐに引いてくれる。ところが消防法施行令の施行以来すでに50余年、このように電話が普及し、スッカリ情報化社会とやらに変化してしまった今日、一つの消防設備の存在意義すらも打ち消してしまいそうな情勢である。

だから、少し厳しい表現を使うと、火災報知機による通報が、まだ288件もあるんだなあ」ということになる。確かに仲間は少なくなりつつあるが「今なお残って健闘しているM型火災報知機諸君よ、頑張って下さい」と励ましの言葉をかけておこう。

● **非常通報機とは**

M型は確かに少なくなって来ているが、それに良く似たシステムに「**非常通報機**」がある。銀行に強盗が入ったりすると、気付かれないように警察へ通報することができる押しボタンである。ボタンを押

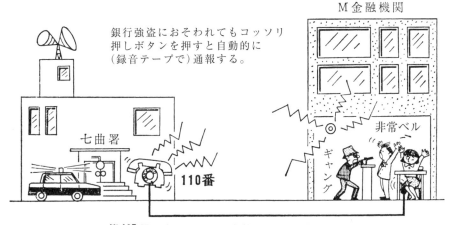

第127図 近頃では火災通報機の方が普及している

第 7 章　消防機関へ通報する火災報知設備

すと、警察署への通報は、あらかじめセットしてある録音テープが回って自動的に通報するシステムである。これは専用線ではなく、電話回路を利用しているのである（**第127図参照**）。

　このシステムは、財団法人電気通信共済会のものだけ認められており、**盗難ボタン**、**火災ボタン**の別がある。いずれも、警察署、消防署へ通報されるわけだが、ボタンを押すと同時に、**発報確認ランプ**が点灯し、**非常ベル**も鳴り出す。しかし、これは誰にでも設置が認められるものではなく、警察署への通報（盗難警報）は、金融機関以外は、極く例外的に銃砲・火薬取扱店とか、宝石店等が認められているだけである。

　　注）新(6)項ロに該当することとなる既存防火対象物については、平成24年3月31日までの間は、なお、従前の例による（改正政令附則第2条第2項）。

●消防機関へ通報する火災報知設備の基準

　この基準については、もう先程から書いているように、電話を設置して、消防機関へ通報することができるようにすれば、それで足りるわけだから、改めて技術基準を今さら説明することもないように思われる。従って省略する。

　ここでまた電話の話だが、もともと電話は業務用を主体として普及してきた。業務用は利用率も高く、電話会社の収益もよい。それがやがて一般家庭に普及し始める。電話会社は、それについて危機感を持っていたようである。それは、一般家庭では利用率が低く、設備費、維持費ばかりかさむのではないか、とみていたのである。しかし、その予想は見事にハズレた。家庭の主婦の長電話がこんなにスゴイものとは読めなかったようだ。おかげで電話会社の収益はホクホク。

　まあ、とにかく電話がホトンドの家庭に普及したということは、情報化社会への第一歩。そのお陰で119通報も増え、通報時間も短縮化されたとあらば、これも火災予防のために一役買っていることになる。

●火災通報装置とは何か

　ところで、平成8年の基準改正で「**火災通報装置**」なるものが現れたので、この「消防機関へ通報する火災報知設備」も電話さえあれば設けなくても良いという安易な考え方は通用しなくなった。

　結果的にいうと、少なくとも次の防火対象物には、この新しいタイプである「火災通報装置」の設置が、たとい電話があったとしても義務づけられることとなったのである。それは消防法施行令第23条第3項の改正で適用除外が外されたためである。

　　(5)項イ　旅館、ホテル、宿泊所（延べ面積500㎡以上のもの）
　　(6)項イ　病院、診療所又は助産所（延べ面積500㎡以上のもの）
　　(6)項ロ　老人短期入所施設等（すべて）
　　(6)項ハ　上記ロ以外の老人福祉施設等（延べ面積500㎡以上のもの）

第7章 消防機関へ通報する火災報知設備

図　火災通報装置を設置する場合の例
　　a　分界点を通信コネクタ以外の方式とする場合

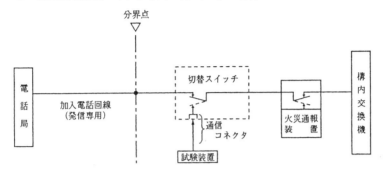

　　b　分界点を通信コネクタとする場合

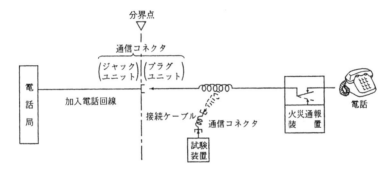

(注)1　⌐ ¬ の部分にあっては、火災通報装置に内蔵されているものもある。
(注)2　通信コネクタの内　↑は、プラグユニットを凸は、ジャックユニットを示す。

第127-2図　火災通報装置の設置

また、平成26年の消防法施行令改正で
(6)項イのうち(1)から(3)まで〔**有床の病院、診療所、助産所**〕（すべて）
(6)項イのうち(4)〔**無床の診療所、助産所**〕は、（延べ面積500㎡以上のもの）
に強化され設置が義務つけられ平成28年4月1日より施行されることとなった。
　さて、この「**火災通報装置**」とは、ＭＭ式のように専用回線ではなく、電話回線を利用するのでメンテナンスが楽であり、かつ、押しボタン一つ押すだけで消防機関へ通報することができるという優れものである。防災センター等に設置する。
　消防法施行規則第25条第3項によると、火災通報装置は屋内の**電話回線**のうち「交換機等と電話局との間となる部分に接続すること」とされている。これは交換機等を通さず、直接、電話局へと通じるよ

第7章　消防機関へ通報する火災報知設備

うにするためである。電源は蓄電池又は交流低圧屋内幹線から他の配線を分岐させずにとり、開閉器には「火災通報装置用」と表示する**（第127－2図参照）**。

　その他については消防庁長官の定める**基準（火災通報装置の基準**（平成8年2月16日消防庁告示第1号））に適合するものでなければならない。その基準の概要を記すと、次の通りである。
・「**火災通報装置**」とは、火災が発生した場合において、**手動起動装置を操作することにより**、**電話回線を使用して消防機関を呼び出し**、**蓄積音声情報により通報する**とともに、**通話を行うことができる装置**をいう。
　ここで、手動起動装置とは、**火災通報専用**である一の**押しボタン**、通報装置、遠隔起動装置等をいうものである。また、**蓄積音声情報**とは、あらかじめ音声で記憶させている火災通報（情報）のことである。
・消防機関への通報は、**手動起動装置（押しボタン等）**の操作により119番を呼び出し（回線が通話中であっても強制的に切替えて発信できる）、ＲＯＭ等に記憶させてある情報（女性の声で30秒以内に火災発生の所在地、名称、電話番号等を告げる）を伝える。これはモニターで確認できる。また、消防機関からの問いかけにも対応できるようになっている。
　その他、次の通知が参考となる。
・消防機関へ通報する**火災報知設備**の取扱いについて（平8.2.16消防予第22号）
・**火災通報装置**の設置に係る指導・留意事項について（平8.8.19消防予第164号）
・**電話回線を利用する通報装置**の設置・維持管理に係る留意事項について（平8.9.11消防予第180号）
・**緊急通報装置**の取扱いについて（平3.3.15消防予第41号）

第8章　誘導灯・誘導標識

[参照条文] 消防法施行令第26条、消防法施行規則第28条から第28条の3まで

● 誘導灯及び誘導標識のあらまし

誘導灯には、**避難口誘導灯**、**通路誘導灯**及び**客席誘導灯**の3種類がある。いずれも、避難をする場合の目印となる灯火である。まあ、これ位のことなら、十分知っている読者の方が多かろうと思うが、説

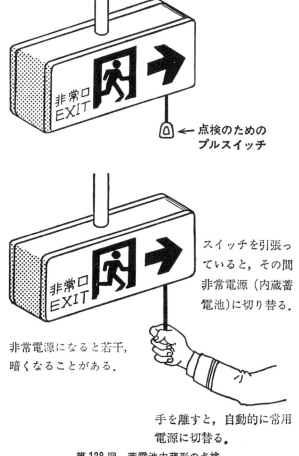

第128図　蓄電池内蔵形の点検

第8章　誘導灯・誘導標識

明の都合もあるから復習のつもりで暫くガマンして下さい。

　注）避難口は「ヒナンコウ」と読むが「ヒナングチ」と読んでもよい。非常口を「ヒジョウグチ」と読むのと同じこと。

　誘導灯は、いずれも常用電源により、常時点灯しており、もしも常用電源が停電したときは、自動的に**非常電源**に切り替わり、瞬時に点灯する。この非常電源は、通常、照明器具内に蓄電池を内蔵したものが多い。

　蓄電池内蔵の誘導灯では、**点検**のためのプルスイッチのヒモがぶら下がっている。これを引くと瞬時に非常電源に切替ることが確認できる。余り手際よく切替るので、始めのうちは本当に切替っているのかな、と思う程である。ヒモを引いている間は、非常電源によって点灯しているが、ヒモを離すと、またスイッチが自動的に戻って、常用電源になる。従って、普通のプルスイッチのように、「点」と「滅」とを繰り返すわけではないので、何度、繰返して点検しても、最後は必ず常用電源に戻ってしまうので心配はない（**第128図参照**）。

第129図　いろいろのピクトグラフ（絵文字）

第8章　誘導灯・誘導標識

　避難口誘導灯及び通路誘導灯は、ともに法令上「**緑色の灯火**」であることとされているけれども、避難口誘導灯は、緑色の地に白文字の灯火であるし、通路誘導灯は、白地に緑文字の灯火という違いがある。日本では、緑色を安全色とみて使用しているが、外国では必ずしも緑ばかりでなく、赤色とか黒色を用いている例もある。

　かつては「非常口」という文字とか、それに「EXIT」という英語を添えるとかの表現のみであったが、近頃では**ピクトグラフ**というシャレタ表現の、言うならば絵文字によってそれらを見れば意味が判るように表示し、デザイン的にも優れたものになって来ている。要するに、子供であろうと、外人さんであろうと、見れば判るのである（**第129図参照**）。

　そう言えば、最近のトイレは、どこへ行っても、男・女の別は、そのピクトグラフとかいう、男女の絵記号が用いられている。もう「御婦人用便所」などという看板は見られなくなった。これは、中国風に読むと「婦人を御するに用いて便なる所」となるそうである。こりゃ問題だネ。

　避難口誘導灯と通路誘導灯には、表示面の明るさによりA級、B級、およびC級の3種類がある（A級、B級及びC級については後述）。

　地下鉄や駅などでは、長辺が1メートル以上もある大きさのA級が用いられるため、遠くからでも非常に判りやすくなった。百貨店などではB級以上が用いられる。かつては、小さなC級が標準タイプであったが、このように形も大きくなり、表示も近代的になって、一層の効用を増したようである。また形の選択も長方形から正方形まで幅広くなったので、建築デザイン的にもフィットしやすくなった。

　ただ石油ショックの後で、省エネルギーの立場から、全然、利用していない場合にも常時点灯しておくのはムダでないか、ということから、**消灯システム**が認められるようになった（後述）。

　さて、**避難口誘導灯**は、階段室の出入口とか、屋外の出口等の扉の上部に設けられ、**通路誘導灯**は、そのような避難口に至る廊下、通路に設けられる。

　通路誘導灯は、避難の方向を示すとともに、煙によって見失わないように廊下であれば腰壁のような低い場所に設けられる。場合によっては、床面に埋め込むこともある。煙の中を腰を低くして避難する場合も、これならば効果があろう。階段室内に設ける灯火も、これは矢印や文字の表示はないが、やはり、通路誘導灯であるといえる。

（**誘導灯の区分**）…避難口誘導灯・通路誘導灯・客席誘導灯

区分	設置場所	主な目的	
避難口誘導灯	避難口（その上部又は直近の避難上有効な箇所）	避難口の位置の明示	
通路誘導灯	廊下、階段、通路その他避難上の設備がある場所	階段又は傾斜路に設けるもの以外のもの	避難の方向の明示
		階段又は傾斜路に設けるもの	・避難上必要な床面照度の確保 ・避難の方向の確認
客席誘導灯	令別表第1(1)項の用途に供される部分の客席	避難上必要な床面照度の確保	

第8章　誘導灯・誘導標識

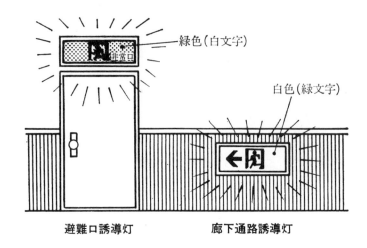

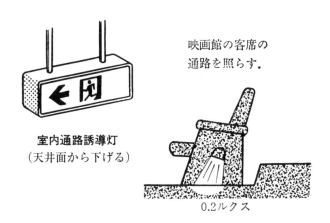

第130図　誘導灯のいろいろ

　客席誘導灯は、劇場や映画館の通路沿いの客席の脚部に設ける小型の照明灯で、客席の通路の床面を0.2ルクス以上の照度で照らす（**第130図参照**）。

　これらの誘導灯は、文字どおり灯火を有するのに対し、**誘導標識**の方は、避難の方向や避難口を表示した標識板である。昼間とか照明のある場合には役立つであろうが、夜間で照明のないような場所には、その効果は期待できそうにない。

　ここで落し話を一つ『太郎君が本を読んでいました。そのとき突然停電となってしまいました。しかし、太郎君は、平然として本を読み続けています。何故でしょう。』というもの。非常電源があったから、というのは考えすぎ、何ということはない『そのとき昼間だったから』それなら関係はないネ。ハイ、お粗末さま。

　それでは、誘導灯と誘導標識の**設置区分**について。簡単にいうと次のようになる。先ず**特定防火対象物**の各階には、すべて誘導灯が必要。このほか**公衆浴場**に限り誘導灯が義務づけられている。その他の

第8章　誘導灯・誘導標識

防火対象物においては、**地階、無窓階又は11階以上の階に限り**、誘導灯を設置する。従って、それら以外の階では、誘導標識であってもさしつかえない。

●非常用の照明装置との関係

建築基準法に、**非常用の照明装置**というのがある。これが機能的に、消防法上の誘導灯と似ているものだから、その関係について説明しておきます。

消防法上の**誘導灯**は、平常時においても、常に点灯しておくべきもので、たとえ停電になっても自動的に非常電源により直ちに点灯する。

これに対して、建築基準法の**非常用の照明装置**は、平常時には全く点灯していないが、停電になると直ちに自動的に点灯する。その部屋の電灯が点いていようと、全部消してあろうと、そんなことはお構いなく自動的に点灯する。その明るさは、床面において1ルクス以上となっている。新聞の見出し程度は読める明るさである（**第131図参照**）。

このように両者は似たような性格を持っているものの、その目的とするところは異なっている。従って必ずしも相互に競合することはないはずだが、**階段室に設けるものについてだけは**、そのような点が

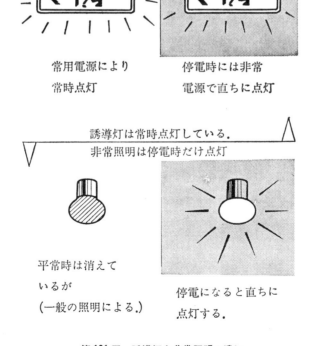

第131図　誘導灯と非常照明の違い

第8章 誘導灯・誘導標識

懸念される。

そこで、消防庁と国土交通省では、建築基準法にも消防法にも適合する場合は「消防法令に定める**通路誘導灯**であり、建築基準法に定める**非常用の照明装置**であるものとして取扱うものであること」という通達を出して調整を行っている(「階段における非常用の照明装置と通路誘導灯(昭46.4.9付消防予第54号)。また、ガイドラインにおいても、「階段又は傾斜路のうち、非常用の照明装置により、避難上必要な照度が確保されるとともに、避難の方向の確認(当該階の表示等)ができる場合には、通路誘導灯の設置を要しないこととされていること。」と説明されている。

この通達により、結局、別々に設置する必要がなく、両法に適合するものを一つ設ければ良い、ということがハッキリした。要するに1人2役をやってもらうことにしたのである。

(参考) 建築基準法上の非常用の照明装置
(設置が必要な建築物)
・次の**特殊建築物**の居室(建築基準法別表第1)
　(1)項…劇場、映画館、公会堂等
　(2)項…病院、診療所、ホテル、旅館、共同住宅、児童福祉施設等(共同住宅の住戸、病院の病室は除く。)
　(3)項目…図書館等(学校、体育館、ボウリング場、スキー場、スケート場、水泳場又はスポーツの練習場を除く。)
　(4)項…百貨店、店舗、展示場、キャバレー、バー、遊技場、公衆浴場、料理店等
・**階数**が3以上で**延べ面積が500㎡**を超える建築物の居室
・**延べ面積が1,000㎡**をこえる建築物の居室
・**採光上有効な開口部**が、居室の床面積の20分の1未満のもの
・以上の居室から地上に通ずる**廊下、階段**等
・これらに類する建築物の部分で照明装置の設置を通常必用とする部分

(非常用の照明装置の構造)

非常用の照明装置は「火災時において、停電した場合に自動的に点灯し、かつ、避難するまでの間に、当該建築物の温度が上昇した場合にあっても床面において1lx以上の照度を確保することができるもの(建築基準法施行令第126条の5第2号)」でなければならず、具体的には次のような構造とする。

・照明は直接照明とし、床面において**1ルクス以上**(蛍光灯を用いる場合は、常温下で**2ルクス以上**)の**照度**を確保する
・照明器具(照明カバーその他の附属物を含む。)のうち主要な部分は、**難燃材料**で造り又はおおう。
　照明器具は、次のいずれかとする。又は、同等以上の即時点灯性及び耐熱性を有するものとする。
　　(白熱灯)…二重コイル電球・ハロゲン電球、ソケットは磁器製又はフェノール樹脂製
　　(蛍光灯)…ラピッドスタート型蛍光ランプ又は即時点灯性回路に接続したスターター型蛍光ランプ、
　　　　　ソケットはメラミン樹脂製又はポリアミド製樹脂
　　(高輝度放電灯)即時点灯型高圧水銀ランプ、ソケットは磁器製、安定器は低力率型のもの

・**予備電源**を設ける（自動充電装置、時限充電装置を有する蓄電池で充電を行うことなく**30分間継続**して非常用の照明器具を点灯させることができるもの）。

注）消防法上の誘導灯に設ける非常電源は、誘導灯を20分間以上点灯できる密閉型蓄電池とすることとされている。

その他、国土交通大臣が定める**基準**（「非常用照明装置の機能を確保するための構造基準（昭和45.12.28建設省告示第1830号）」に適合する構造のものとする（以上、建築基準法施行令第126条の4、第126条の5）。

●誘導灯及び誘導標識の設置対象

結論からいうと、消防法施行令別表第1に掲げる防火対象物のうち、(1)項から(16の3)項に至るすべての防火対象物は、**誘導灯**又は**誘導標識**の**いずれか**を設置しなければならない、ということである。

ただし、(17)項の重要文化財についてだけは設置義務が課せられていない。重要文化財に誘導灯を設置したのでは、ブチコワシになってしまうからでありましょう。

先程も書いたことだが、**特定防火対象物**は、すべて次の表の上の方の欄に入っている。その他に、**公衆浴場**〔(9)項ロ〕だけが仲間入りしている。

それ以外の防火対象物は下の方の欄で、**地階、無窓階及び11階以上の階**だけに**誘導灯**を義務づけ、その他の階には**誘導標識**でさしつかえないこととしている。

防火対象物の区分	通路誘導灯・避難口誘導灯	誘導標識
(1) 劇場、映画館、公会堂等 (2) キャバレー、遊技場等 (3) 待合、飲食店等 (4) 百貨店、店舗等 (5)イ 旅館、ホテル等 (6) 病院、福祉施設、幼稚園等 (9) 公衆浴場、蒸気浴場、熱気浴場 (16)イ 特定用途を含む複合用途防火対象物 (16の2) 地下街 (16の3) 準地下街	防火対象物の各階に設置する。	
(5)ロ 共同住宅、寄宿舎等 (7) 学校 (8) 図書館等 (10) 停車場等 (11) 神社、寺院等 (12) 工場、スタジオ等 (13) 駐車場、格納庫等 (14) 倉庫 (15) その他の事業場 (16)ロ 特定用途部分を含まない複合用途防火対象物	地階、無窓階及び11階以上の階に設置する。	左記以外の階に設置する。

誘導灯・誘導標識の設置区分

第8章　誘導灯・誘導標識

　客席誘導灯は、(1)項の防火対象物〔劇場、映画館、公会堂等〕の客席部分に設ける。(16)項イ〔特定用途部分を有する複合用途防火対象物〕や(16の2)項〔地下街〕内に設けられる(1)項部分にも当然設置しなければならない。

　　注）多少くどくなるが、この当り前のようなことを改めて規定しているのは、**複合用途防火対象物**や**地下街**では、誘導灯については、各用途毎の規定が適用されず、(16)項イまたは(16の2)項としての規定が適用されるからである（消防法施行令第9条、同別表第1備考2）。

　　　それならば、**準地下街**（16の3項）の場合は、どうなんだと聞かれそうであるが、その場合は、別表第1の備考3に「準地下街の一部に(1)項の用途に供される部分があれば、それは(16の3)項の規定の適用を受けるとともに、(1)項の規定も適用する」というような趣旨のことがチャント規定してある。従って、準地下街については触れないであるのだ、ということ。法令は厳密に表現されているものですネ。

●誘導灯を設置しなくても良い部分

　さて、それならば避難口誘導灯は、各部屋のドアの上部に全部設置したものか。ホテルでいえば、各客室のドアに設けるべきか、浴室、便所のドアはどうか、という疑問。

　先ず言えることは、避難口誘導灯は、各室から避難のための**廊下又は通路への出入口**に設置するのが原則だから、客室内に設ける浴室や便所のドアの上部にまでは設置する必要はないこと。ただし、大浴場になると必要になる場合があります。

　次に、ホテルの個室のような小部屋でも、廊下へ出るドアには必要かというと、それも馬鹿馬鹿しい話なので不要。

　ここでチョット法令を読むうえで注意していただきたいのは「**居室の各部分から**」という表現。このとおりに読むと、居室に限り緩和規定があって、居室でない場合にはどんな小部屋でも緩和されないのか、という疑問が湧く。

　　注）居室とは、「居住、執務、作業、集会、娯楽その他これらに類する目的のために**継続的に使用**する室をいう」（昭44・10・31消防予第249号）

　このように、法令でキチント書いてないのだから反対（逆）の場合はダメだろうと固く読むのは、いわゆる「**反対解釈**」という読み方。それに対して、居室でさえ緩和されているのだから、当然に居室でない場合だって緩和されるはず、と応用をきかせて弾力的に読むのが「**当然解釈**」という読み方。さらに一歩進めて、本来、室内の避難口誘導灯というものは、居室内に設けるべきもの、居室以外にまで設けるという考え方そのものが非常識、従って、居室にのみ緩和規定があるのは、設置義務があるということの裏返しの表現なのだと考えればよいではないか。ま、このような議論もあって、室内に設ける避難口誘導灯については後者のように解するのが妥当だろうという評価である。

　　注）この議論は、消防法施行規則第28条の3第3項第1号イに、避難口誘導灯は「屋内から直接地上へ通ずる出入口」等に設置するように規定されているが、同規則第28条の2第1項や同規則第28条の3第3項第1号ハカッコ書において、緩和規定が「**居室**」とことわってあるのは何故かというもの。これは、廊下等では、歩行距離が10m以下であっても緩和できないという趣旨（反対解釈）であるが、室内にあって居室でない場合はどうかという議論である。

　議論はさておき、誘導灯及び誘導標識を設置する防火対象物又はその部分で、避難が容易であると

認められるもので総務省令で定める部分には、設けないことができる（規則第28条の２）。設けなくてもよい部分をまとめてみると次のようになる（**第132図参照**）。

避難口誘導灯を設けなくてもよい場合

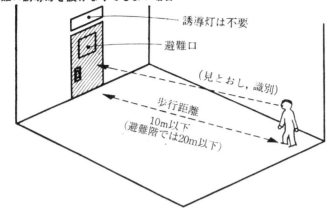

1. 居室の各部分から主要な避難口を容易に見とおし、識別できること．
2. 歩行距離が10m以下であること．（避難階では、20m以下まで緩和できる．）

(注) 地階，無窓階では，この緩和規定を適用できない．

通路誘導灯を設けなくてもよい場合

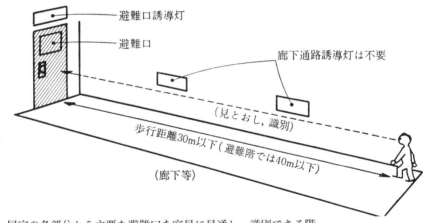

1. 居室の各部分から主要な避難口を容易に見通し，識別できる階．
2. その避難口に至る歩行距離は30m以下であること，→避難階では40m以下であること．

(注) 地階，無窓階では，この緩和規定の適用はできない．

誘導標識を設けなくてもよい場合

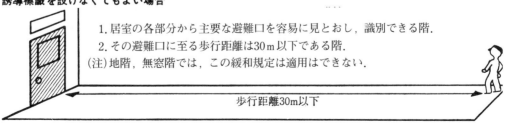

1. 居室の各部分から主要な避難口を容易に見とおし，識別できる階．
2. その避難口に至る歩行距離は30m以下である階．

(注) 地階，無窓階では，この緩和規定は適用はできない．

第132図　誘導灯・誘導標識の設置免除

第8章　誘導灯・誘導標識

では、ホテルの個室のような小部屋はどうか、これは**誘導灯はどこに設置するのか**の項で説明する。

〔**避難口誘導灯**〕居室の各部分から主要な避難口（附室が設けられている場合は附室の出入口）が容易に見とおしでき、かつ、識別できる階で、その一つの避難口に至る**歩行距離**が次の表以下のもの。ただし、**地階及び無窓階**においては、緩和規定を適用できない。

避難口誘導灯	避　難　階	20m以下
	避難階以外の階	10m以下

（小規模劇場等における避難口誘導灯の設置不要）

令別表第1(1)項の防火対象物（劇場・集会場等）の避難階で、小規模なもの（床面積500㎡以下かつ客席床面積150㎡以下）については、次のイ〜ハに該当するものは、避難口誘導灯の設置を要しない。（平成20年4月30日施行）

イ　客席避難口（客席に直接面する避難口）が2以上あること。
ロ　客席の各部分から客席避難口を容易に見通し、かつ、識別することができ、客席の各部分から当該客席避難口に至る歩行距離が20m以下であること。
ハ　すべての客席避難口に、火災時に当該避難口を識別できるように照明装置が設けられていること。（この照明装置は自動火災報知設備の感知器の作動と連動して点灯し、かつ、手動によっても点灯することができるもので、非常電源が附置されているものでなければならない。）

〔**通路誘導灯**〕居室の各部分から主要な避難口又はそこに設けられている避難口誘導灯が容易に見とおしでき、かつ、識別できるもので、その一つの避難口に至る**歩行距離**が次の表以下のもの。
ただし、**地階及び無窓階**においては、簡易規定の適用はできない。

通路誘導灯	避　難　階	40m以下
	避難階以外の階	30m以下
誘導標識		30m以下

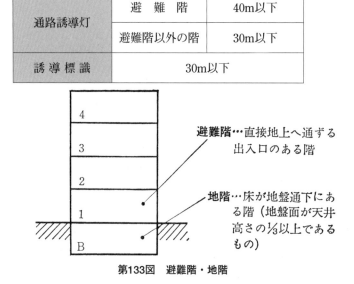

第133図　避難階・地階

第8章　誘導灯・誘導標識

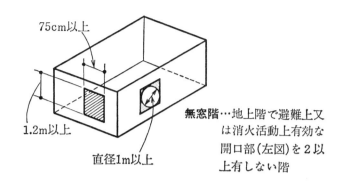

（注）11階以上の階では，内接円の直径が50cm以上の開口部が，床面積の1/30以上でないと無窓階になる．

第133-1図　無窓階

さらに、階段又は傾斜路においては非常用の照明装置が設けられている場合も重ねて通路誘導灯を設置する必要はない。

　注）**避難階**とは「直接地上へ通ずる出入口のある階をいう（建築基準法施行令第13条の2第1号）。

　　地階とは「床が地盤面下にある階で、床面から地盤面までの高さがその天井の高さの3分の1以上のものをいう。」（建築基準法施行令第1条第2号）。

　　無窓階とは「建築物の地上階のうち、総務省令〔消防法施行規則第5条の2〕で定める避難上又は消火活動上有効な開口部を有しない階をいう。」（消防法施行令第10条第1項第5号）（**第133図参照**）。

　　総務省令で定める開口部は、直径1m以上の円が内接する開口部又は幅が75cm以上、高さが1.2m以上の開口部で、これらの開口部が2以上ないと無窓階となる。

　　11階以上の階では、直径50cm以上の円が内接する開口部が、床面積の30分の1以下であると無窓階となる（**第133-1図参照**）。

●誘導灯の明るさの種類（A級・B級・C級）…有効範囲

　避難口誘導灯及び**通路誘導灯**は、その**表示面の大きさ**（縦方向の長さ）及び**表示面の明るさ**（常用電源により点灯しているときの表示面の輝度×表示面の面積、単位カンデラ）によって**A級**、**B級**、及び**C級**に区分されている（平成11年の改正前は、大形、中形及び小形と単に形状のみで3区分されてい

区分	級別	表示面の縦寸法（m）	表示面の明るさ（カンデラ）
避難口誘導灯	A級	0.4m以上	50以上
避難口誘導灯	B級	0.2以上0.4m未満	10以上
避難口誘導灯	C級	0.1以上0.2m未満	1.5以上
通路誘導灯	A級	0.4m以上	60以上
通路誘導灯	B級	0.2以上0.4m未満	13以上
通路誘導灯	C級	0.1以上0.2m未満	5以上

第8章　誘導灯・誘導標識

た。）。ただし、階段及び傾斜路に設けられているものには、このような区分はない。

次にそれぞれの誘導灯の**有効範囲**は、その誘導灯までの歩行距離が、次の(1)又は(2)によって定められる距離以下となる範囲とする。(1)又は(2)のいずれを採用するかについては、設置者の任意である。ただし、誘導灯を容易に見とおすことができない場合又は識別することができない場合においては、誘導灯までの**歩行距離が10m以内**の範囲とする。

(1) 次の表による距離

　　（注1）この表のA・B・C級の区分は、タテ寸法により、A級は0.4m、B級は0.2m、C級は0.1mのものを基本として定めてある。（従ってそれより大きい誘導灯は下記(2)の計算式で計算した方が得）

　　（注2）避難口であるあることを示すシンボルを一定の大きさで確保するため、避難の方向を示すシンボルの併記は認められていない。（告示第4第1号(六)イただし書）

区分			距離(m)
避難口誘導灯	A級	避難の方向を示すシンボルのないもの	60m
		避難の方向を示すシンボルのあるもの	40m
	B級	避難の方向を示すシンボルのないもの	30m
		避難の方向を示すシンボルのあるもの	20m
	C級	避難の方向を示すシンボルのないもの(注2)	15m
通路誘導灯	A級		20m
	B級		15m
	C級		10m

(2) 次の式で算出した距離

　　$D = kh$

　　D：歩行距離（単位　m）

　　h：避難口誘導灯又は通路誘導灯の表示面の縦寸法（単位　m）

　　k：次の表に示す値

区分		kの値
避難口誘導灯	避難の方向を示すシンボルのないもの	150
	避難の方向を示すシンボルのあるもの	100
通路誘導灯		50

〔計算例〕

　　a) 避難口誘導灯A級（避難方向を示すシンボル無、表示面タテ寸法0.5m）→150×0.5m＝75m
　　b) 　〃　　B級（避難方向を示すシンボル有、表示面タテ寸法0.3m）→100×0.3m＝30m
　　c) 通路誘導灯A級（表示面タテ寸法0.5m）　　　　　　　　　　　　→ 50×0.5m＝25m

●誘導灯及び誘導標識の基準

平成11年の基準改正に伴い、大形・中形・小形を主な種別とする旧基準（昭48）は、全面的に改正さ

れ、平成11年3月17日消防庁告示第2号「**誘導灯及び誘導標識の基準**」として刷新されている。

　その第4構造及び性能によると、概要は次の通り。

(1) 誘導灯の**構造**は、JIS C 8105-1及びC 8105-3の定めるところによる
(2) 誘導灯の**形状**は、正方形又は長方形（横長）とする。
(3) 誘導灯の**表示面の平均輝度**は次による（単位：カンデラ／m²）。

区分		常用電源	非常電源
避難口誘導灯	A級	350以上800未満	100以上300未満
	B級	250以上800未満	
	C級	150以上800未満	
通路誘導灯	A級	400以上1000未満	150以上400未満
	B級	350以上1000未満	
	C級	300以上1000未満	

(4) 誘導灯の**シンボル**は次による（**第134図**から**第136図**まで**参照**）。

　　避難口誘導灯──**緑色に白色**のシンボル又は文字で表示する。**第1のシンボル**の他第2のシンボル又は第3の文字を併記してよい。ただし、C級にあっては第2のシンボル（避難の方向）は併記してはならない。

　　通路誘導灯──**白地に緑色**のシンボル又は文字で表示する。**第2のシンボル**の他、第1のシンボル又は第3の文字を併記したものを含む。ただし、階段に設けるものにあっては、シンボル又は文字の表示は不要である。

(5) **標識灯の附置**──前記のシンボル又は文字以外の事項を表示する灯火（標識灯）を附置することができる。ただし、**地色は緑又は赤以外**とし、平均輝度は、誘導灯の平均輝度以下とする。

（参考）従来の大形・中形・小形と改正後のA級・B級・C級との関係

　誘導灯に係る技術上の基準の改正により、従来の**大形・中形・小形**の区分が**廃止**され、新しくA級・B級・C級の区分が設けられたが、その相互の関係は概ね次のように対応している。

改正前		改正後
従来タイプの誘導灯	高輝度誘導灯	
大形（比較的サイズ大）	40形	A　級
大形（比較的サイズ小）	20A形	B級・BH型
中形	20B形	B級・BL型
小形	10形	C　級

　　注）これまで特例とされていた「**高輝度誘導灯**」を取込むと共に、従来の**タテ寸法とヨコ寸法の割合**いは原則として**自由化**された。

第8章　誘導灯・誘導標識

別図第1　避難口であることを示すシンボル

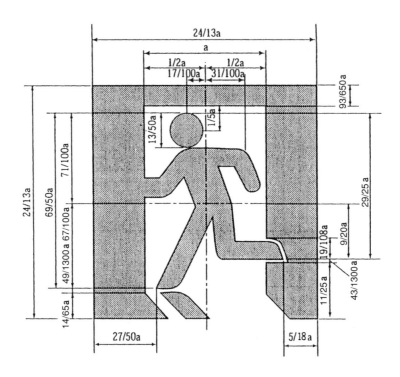

備考1　シンボルの色彩は緑色とし、シンボルの地の色彩は白色とする。
　　2　aは、$\frac{2}{5}$h（進路誘導灯又は廊下若しくは通路に設ける誘導標識に用いるものにあっては$\frac{1}{8}$h）以上$\frac{13}{24}$h以下とする。
　　3　hは、誘導灯又は誘導標識の表示面の短辺の長さを表すものとする。

第134図　誘導灯のシンボル-その1
（避難口であることを示すシンボル）

第8章 誘導灯・誘導標識

別図第2 避難の方向を示すシンボル
(1) 避難口誘導灯又は避難口に設ける誘導標識に用いるもの

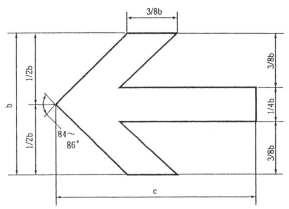

備考1 シンボルの色彩は、白色とする。
 2 bは$\frac{1}{5}$h以上$\frac{4}{5}$h以下とし、cは$\frac{1}{5}$h以上$\frac{13}{10}$h以下とする。
 3 hは、誘導灯又は誘導標識の表示面の短辺の長さを表すものとする。

(2) 通路誘導灯又は廊下若しくは通路に設ける誘導標識に用いるもの

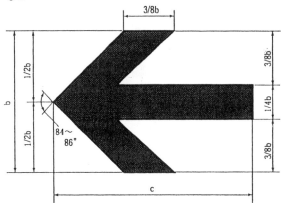

備考1 シンボルの色彩は、緑色とする。
 2 bは$\frac{3}{10}$h以上$\frac{4}{5}$h以下とし、cは$\frac{4}{10}$h以上$\frac{13}{10}$h以下とする。
 3 hは、誘導灯又は誘導標識の表示面の短辺の長さを表すものとする。

第135図 誘導灯のシンボル-その2
(避難の方向を示すシンボル)

第8章　誘導灯・誘導標識

別図第3　避難口であることを示す文字

(1) 避難口誘導灯又は避難口に設ける誘導標識に用いるもの

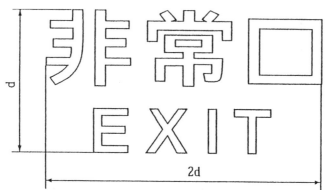

備考1　文字の色彩は、白色とする。
　　2　dは$\frac{1}{10}$h以上$\frac{1}{3}$h以下とする。
　　3　hは、誘導灯又は誘導標識の表示面の短辺の長さを表すものとする。

(2) 通路誘導灯又は廊下若しくは通路に設ける誘導標識に用いるもの

備考1　文字の色彩は、緑色とする。
　　2　dは$\frac{13}{100}$h以上$\frac{1}{3}$h以下とする。
　　3　hは、誘導灯又は誘導標識の表示面の短辺の長さを表すものとする。

第136図　誘導灯の文字
（避難口であることを示す文字）

第8章　誘導灯・誘導標識

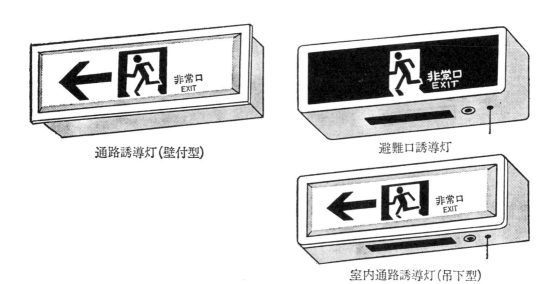

第137図　告示によるピクトグラフの誘導灯

(ピクトグラフの反転使用)

「誘導灯及び誘導標識の基準」の別図第1では、表示シンボル（ピクトグラフ）の人物が左方向へ避難するものが掲げられているが、避難口が右方向にあるものについては、人物が右方向へ避難するように見えるようピクトグラフを反転して用いても差支えないものとされている。（ガイドライン別添第2.2(10)イ）

右向きの矢印の場合は、本来のシンボルの組合せだと、どうもチグハグな感じ。そこで図のようにシンボルを反転して用いてもよい。

(本来のシンボル)

(反転したシンボル)

第138図　シンボルの反転使用

第8章　誘導灯・誘導標識

●設置場所に応じた誘導灯

　誘導灯には、大きさ・明るさに応じてA級、B級又はC級の区分が設けられていることは、先に説明したが、次にここで述べようとしているのは、それらの誘導灯は設置場所に応じて使用できる区分があるということである。

　小さな誘導灯（C級）は、目立ちにくいし、大きい誘導灯（A級）は遠くからも良く目立つ。そこで、防火対象物の用途・規模に応じて、設置する誘導灯の区分が次表のように設けられている。

（設置場所に応じた誘導灯の区分）

防火対象物の区分	設置することができる誘導灯の区分	
	避難口誘導灯	通路誘導灯
令別表第1⑽項〔停車場・発着場〕、（16の2）項〔地下街〕又は（16の3）項〔準地下街〕に掲げる防火対象物	・A級 ・B級（表地面の明るさが20以上のもの又は点滅機能を有するもの） （注1）	・A級 ・B級（表示面の明るさが25以上のもの） （注2）
令別表第1⑴項から⑷項まで、⑼項イに掲げる防火対象物の階又は⒃項イに掲げる防火対象物の階のうち、⑴項から⑷項まで、⑼項イに掲げる用途に供される部分が存する階で、その床面積が1000㎡以上のもの。		
上記以外の防火対象物又はその部分	・A級 ・B級 ・C級	・A級 ・B級 ・C級

（注1）点滅機能を有する誘導灯は、主要な避難口（消規則第28条の3第3項第1号イ又はロ）についてのみ設置することができる（同規則第28条の3第4項第6号イ）。

（注2）廊下に設置する場合は、見通しが良いこともあり、要件を緩和して、その誘導灯の「有効範囲内の各部分から容易に識別できるとき」は、B級であれば差支えない。

（注3）この表でC級で差支えないこととなっていても、「一般的に背景輝度の高い場所や光ノイズの多い場所、催しものの行われる大空間の場所等」については、上段のA級又はB級とすることが望ましい。

（注4）「主として当該防火対象物の関係者及び関係者に雇用されている者の使用に供する場所」に設置する誘導灯は、A級、B級又はC級とすることを認めて差支えない。（消防令第32条の適用による。）

●誘導灯はどこに設置するのか

　避難口誘導灯・通路誘導灯の設置箇所は、消防法施行規則第28条の3（誘導灯及び誘導標識に関する基準の細目）第3項に示されているところであるが、ガイドラインにおいては、その基準を図示しているので、それらをあわせて説明する。

　すなわち、同条第3項においては「避難口誘導灯及び通路誘導灯は、各階ごとに、次の各号に定めるところにより、設置しなければならない」ものとし、避難口誘導灯及び通路誘導灯ごとに基準を設けている。

第8章 誘導灯・誘導標識

(避難口誘導灯)

別紙3

誘導灯の設置場所

1 避難口誘導灯の設置箇所(規則第28条の3第3項第1号)

イ 屋内から直接地上へ通ずる出入口(附室が設けられている場合にあっては、当該附室の出り口)

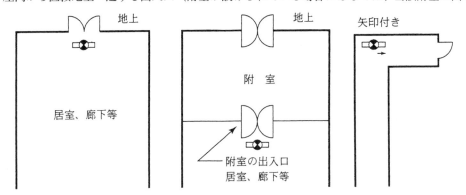

ロ 直通階段の出入口(附室が設けられている場合にあっては、当該附室の出り口)

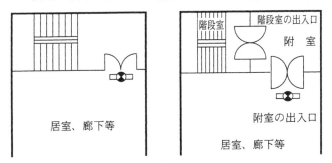

ハ イ又はロに掲げる避難口に通ずる廊下又は通路に通ずる出入口(室内の各部分から容易に避難することができるものとして**消防庁長官が定める居室の出入口**を除く。)

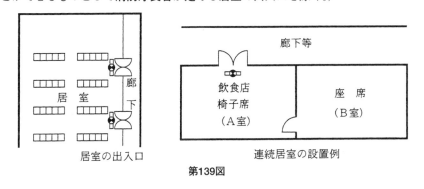

第139図

【消防庁長官が定める居室の出入口】

誘導灯及び誘導標識の基準(平成11年消防庁告示第2号)

第3 避難口誘導灯の設置を要しない居室の要件

第8章 誘導灯・誘導標識

① 室内の各部分から居室の出入口を見とおし、かつ、識別することができること。
② その居室の床面積が100㎡（主として防火対象物の関係者及び関係者に雇用されてする者の使用に供するものにあっては、400㎡）以下であること。

【避難口誘導灯の設置を要しない居室の要件】誘導灯告示第3

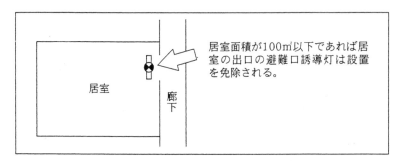

※新法令による
　設置例〔事例4〕
　参照（**174頁**）

ニ　イ又はロに掲げる避難口に通ずる廊下又は通路に設ける防火戸で直接手で開くことができるもの（くぐり戸付きの防火シャッターを含む）。がある場所（自動火災報知設備の感知器の作動と連動して閉鎖する防火戸に誘導標識が設けられ、かつ、当該誘導標識を識別することができる照度が確保されるように非常照明が設けられている場合を除く。）

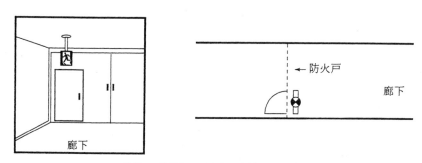

避難口誘導灯の設置が除外される例

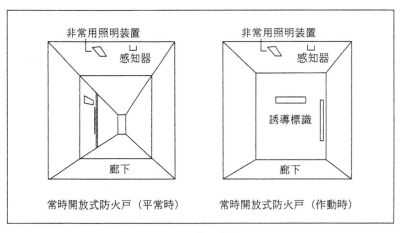

第140図

第8章　誘導灯・誘導標識

（通路誘導灯）

2　通路誘導灯の設置場所（規則第28条の3第3項第2号）

イ　曲り角

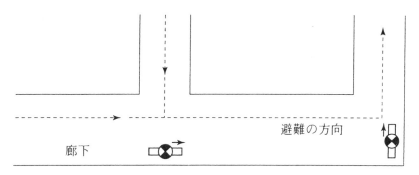

ロ　前1イ及びロに掲げる避難口に設置される避難口誘導灯の有効範囲内の箇所

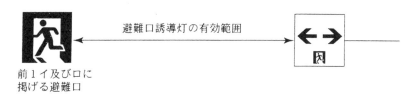

ハ　イ及びロのほか、廊下又は通路の各部分（避難口誘導灯の有効範囲内の部分を除く。）を通路誘導灯の有効範囲内に包含するために必要な箇所

○　廊下又は通路の各部分への通路誘導灯の配置

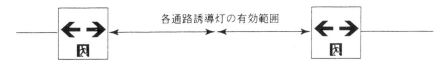

○　避難口への廊下又は通路の各部分への通路誘導灯の配置

第141図

（その他誘導灯設置箇所についての留意事項）

1）避難口誘導灯の設置箇所

　　避難口誘導灯は、避難口の上部又は同一壁面上の近接した位置に設けるべきものとされているが、必ずしも、それにとらわれることなく、避難口前方の近接した箇所など、当該避難口の位置を明示

第8章　誘導灯・誘導標識

することができる箇所に設置してよい。

2）附室がある場合の避難口誘導灯

　　屋内から直接地上へ通ずる出入口又は直通階段の出入口に**附室**が設けられている場合には、避難口誘導灯は、当該附室の出入口に設ければよい。（避難経路の明らかな近接位置に二重に設ける必要はない。）（第139図1イ参照）

3）直通階段から避難階への出入口

　　屋内に設ける直通階段から避難階の廊下・通路に通ずる出入口には、避難口誘導灯を設けるべきかどうかの議論があるが、この出入口には「避難口誘導灯を設けることが望ましい」とされている。

4）避難口誘導灯の有効範囲内は通路誘導灯不要

　　本来は通路誘導灯の設置免除に該当しない部分（消規則第28条の2第1号の規定に不適合の部分）であっても、廊下・通路の各部分が避難口誘導灯の有効範囲内に包含される場合には、その部分には通路誘導灯は設置する必要がない。（第142図参照）

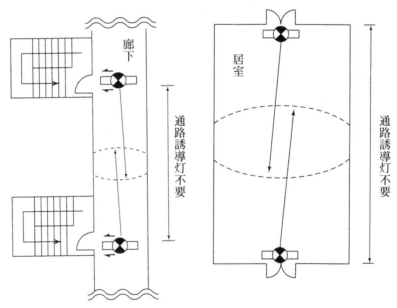

第142図

（誘導灯を容易に見とおすことができない場合等）

　　通常の場合には、前記によって求めた距離が、その誘導灯の有効範囲となる。（表示面側に限る。すなわち表示面の裏側については有効範囲とは認められない。）

　　また、誘導灯の有効範囲には、ただし書により「当該誘導灯を容易に見とおすことができない場合又は識別することができない場合にあっては、当該誘導灯までの歩行距離が10m以下となる範囲とする。（消規則第28条の3第2項ただし書）」とされている。

　　ガイドライン別紙2においては、その具体的な事例を次のように示している。

第8章　誘導灯・誘導標識

別紙2

誘導灯を容易に見とおしかつ識別することができない例

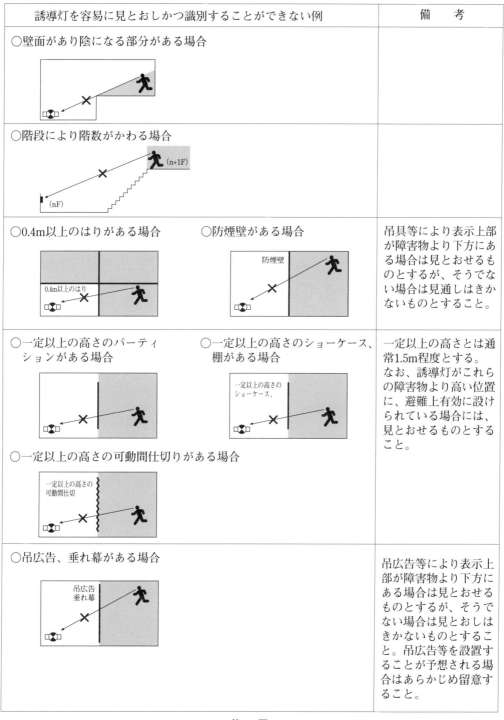

第143図

第8章　誘導灯・誘導標識

（誘導灯の設置順序）
　避難口誘導灯及び通路誘導灯の設置箇所は、以上のように消規則第28条の3第3項に規定されているところであるが、実務的に設置場所を定める手順については、要領よく行う方法がある。ガイドライン別紙4には、それが紹介されている。（法的に拘束力のあるものではないが、あくまでも実務的に役立つと考えての話である。）

　別図を見ながら理解を深めて欲しい。

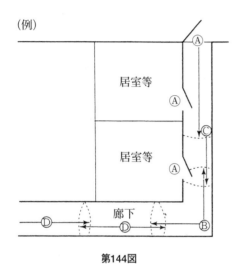

第144図

Ⓐ主要な避難口（消規則第28条の3第3項第1号イからニまでに掲げる避難口）に、避難口誘導灯を設置する。（居室等の出入口及び屋外への出入口）

Ⓑ廊下の曲がり角に通路誘導灯を設ける。

Ⓒ主要な避難口に設置された避難口誘導灯の有効範囲と廊下の曲がり角に設置された通路誘導灯の有効範囲との間に通路誘導灯を設ける。（その場合、通路誘導灯の位置は、必ず、避難口誘導灯の有効範囲内とすること。）

Ⓓその他の廊下・通路部分に通路誘導灯を配置する。この場合には、通路誘導灯の有効部分が相互に重なるように配置して設ける。

●誘導灯・誘導標識の設置事例

　誘導灯及び誘導標識に係る設置・維持ガイドライン（平11.9.21消防予第245号）別添第3には、具体的な設置例（6例）が示されているので、それらを次に掲げる。これらは設計等を行うときの参考となるものであるが、それぞれの防火対象物において「避難上有効に設置する」ための要件は異なることに留意すること。なお、それぞれに付した〔解説〕は筆者の見解である。

〔事例1〕
〔解説〕避難階以外の階に設けた劇場（(1)項イ）においては、客席・舞台から直通階段（避難階段）に至る避難経路の誘導が明確に行われなければならない。そのため、客席等の出入口（避難口）には避難口誘導灯を設け、そこからロビー等へ出た後は、迷うことなく直通階段に至るように通路誘導灯及び避難口（階段室入口）誘導灯を配置する。なお、客席誘導灯を設ける。

第8章　誘導灯・誘導標識

別紙8－1

新法令による設置例

設置例の内容

建物の用途	劇場（(1)項イ）
規模（床面積）	２０７０㎡
階	避難階以外

記　号	適　要
BH	B級BH形避難口・通路誘導灯
	片面形（両矢、片矢印付）
	両面形（両矢、片矢印付）

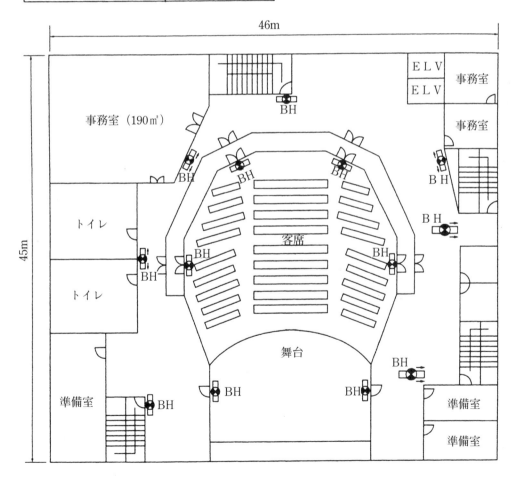

第8章　誘導灯・誘導標識

〔事例２〕

〔**解説**〕避難階以外の飲食店（(3)項ロ）の客席内においては、先ず、廊下への出入口に避難口誘導灯を設ける。ただし、客席の配置を考えると、各客席からは避難をする場合に用いる室内通路が想定されることから、どの通路を用いたとしても、迷うことなく避難口に達することができるように室内通路誘導灯を配置する。その際、室内に設けるフラワーボックス等が誘導灯の有効範囲を遮らないようにすること。

別紙8－2　　　　新法令による設置例

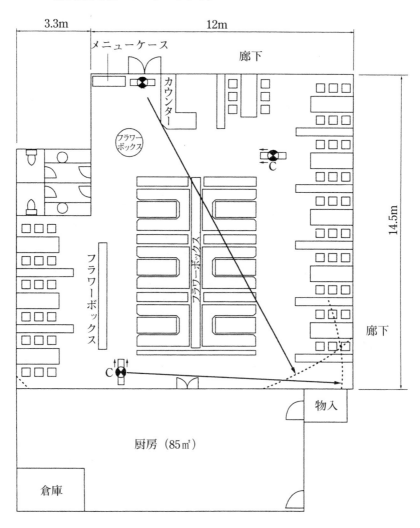

第8章 誘導灯・誘導標識

〔事例3〕

〔**解説**〕避難階に設ける店舗（⑷項）においては、直接地上へと避難することができる出入口（避難口）に避難口誘導灯を設ける。事例では、3ヶ所にそのような避難口があり、避難口誘導灯が設けられているが、そのいずれも視認することができない位置（レストラン前3m廊下）には通路誘導灯を設けて補完する。

なお、店舗内においても、区画されたレストランには、その出入口に避難口誘導灯が必要となる。階段室においても同様である。

別紙8－3

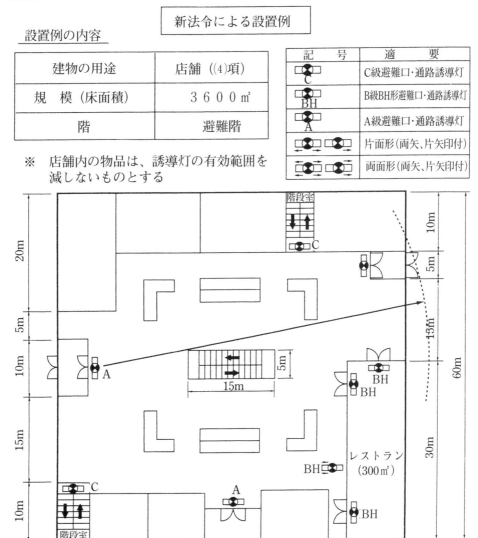

第8章　誘導灯・誘導標識

〔事例4〕

〔解説〕これはホテル（(5)項イ）の基準階（避難階以外）の例である。

客室が23室あるが、各客室は18㎡（100㎡以下）であるため、客室から廊下への出入口には誘導灯を設けなくともよい。

廊下へ出た後は、2ヶ所に設けられた直通階段（避難階段）のうちいずれかへ迷うことなく到達できるように通路誘導灯を配置し、階段室入口には避難口誘導灯を設置する。なお、廊下に設ける通路誘導灯の設置は、各曲がり角及び避難口誘導灯の有効範囲内に設けること。

別紙8-4　新法令による設置例

設置例の内容

建物の用途	ホテル（(5)項イ）
規　模（床面積）	648㎡
階	避難階以外

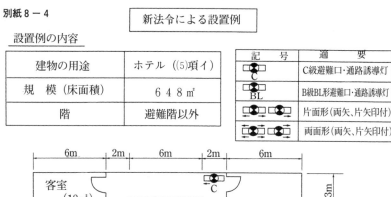

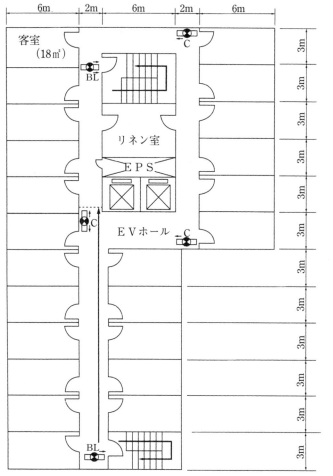

〔事例5〕

〔解説〕避難階に存する体育館（((7)項）の誘導灯配置例である。各体育館の出入口には、避難口誘導灯を設ける。その場合、各体育館の床面積に応じ、第1体育館においてはA級誘導灯、第2・第3体育館及び第1・第2道場においてはB級誘導灯を用いて、各室内をいずれかの誘導灯の有効範囲で覆うようにする。床面積100㎡以内の室には、設置を要しない。廊下には、通路誘導灯を有効範囲で覆うように配置し、主たる避難口（玄関）へ迷うことなく避難できるように誘導する。避難口（玄関）には避難口誘導灯を設ける。

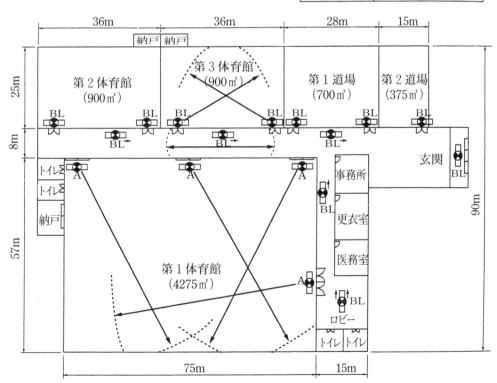

第8章 誘導灯・誘導標識

〔事例6〕

〔解説〕避難階にある事務所ビル（⒂項）の誘導灯設置例である。

　オフィス、大会議室、中会議室の他、喫茶コーナー、応接室⑵のように床面積100㎡をこえる居室の出入口（避難口）には避難口誘導灯を設けて、その有効範囲内で室内を覆うようにする。

　次いで、主たる出入口（ロビー部分及び背面出入口）には、避難口誘導灯を設け、これらの出入口（避難口）へ避難者を誘導するように、廊下部分に通路誘導灯を配置する。

　なお、左右にも外部への出入口（避難口）が存するので、その周辺からの避難者は、そこから避難するよう誘導することが考えられる。

別紙8－6

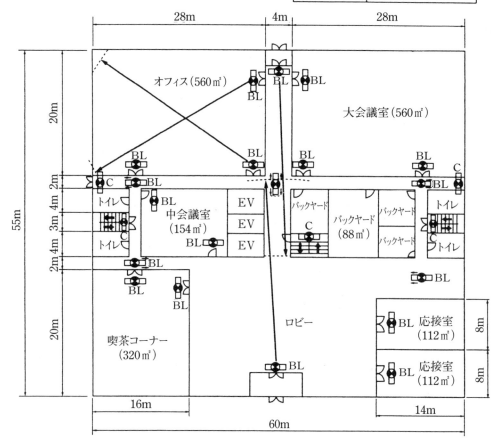

第8章 誘導灯・誘導標識

●誘導灯に設ける非常電源の容量等

　消防用設備等で電源を要するものには、消防法施行令で非常電源の設置を義務づけており、その容量等の基準の細目は、同法施行規則で、消防用設備等の種類に応じて、規定されているところである。一般的には、屋内消火栓設備のような電動機を使用する場合の非常電源の容量は30分以上、自動火災報知設備等の警報関係については10分以上とされている。その中にあって誘導灯関係は、避難に要する時間を考えて20分以上とされて来た。しかしながら、大規模建築物・高層建築物又は地下駅舎等においては、避難に要する時間が長引くことが予想される事から、そのような防火対象物に設ける誘導灯の非常電源の容量を**60分間以上**と強化されたところである（平成22年9月1日施行）。

消防法施行規則第28条の3第4項第10号
4　誘導灯の設置及び維持に関する技術上の基準の細目は、次のとおりとする。
　十　**非常電源**は、直交変換装置を有しない蓄電池によるものとし、その容量を誘導灯を有効に**20分間**（消防庁長官が定める要件に該当する防火対象物の前項第1号イ及びロに掲げる避難口、避難階の同号イに掲げる避難口に通ずる廊下及び通路、乗降場（地階にあるものに限る。）並びにこれに通ずる階段、傾斜路及び通路並びに直通階段に設けるもの（消防庁長官が定めるところにより蓄光式誘導標が設けられている防火対象物又はその部分にあっては、通路誘導灯を除く。）にあっては、60分間）作動できる容量（20分間を超える時間における作動に係る容量にあっては、直交変換装置を有する蓄電池設備、自家発電設備又は燃料電池設備によるものを含む。）以上とするほか、第12条第1項第四号イ（イ）から（ニ）まで及び（ヘ）、ロ（ロ）から（ニ）まで、ハ（イ）から（ニ）まで、ニ（イ）及び（ロ）並びにホの規定の例により設けること。

　これが改正後の第4項第10号の規定であるが、一読してもサット意味が判れば大したもので、一般的には難解条文に入るであろう。何故、難解かと言えば、文中にカッコ書が4箇所もあるため、途中で混乱が生じるからであろう。このようなカッコ書は、規定を正確に表現するために必要なものであるから止むを得ない。決してイジワルをしている訳ではない。
　そこで、この条文を読むコツは、先ずカッコ書部分は後廻しにして条文の骨格を把握するようにすることだ。そうすると、誘導灯の「非常電源は、直交変換装置を有しない蓄電池設備によるものとし、その容量を誘導灯を有効に20分間作動できる容量以上とするほか、（中略）の規定の例により設けること。」となる。これなら判る。**誘導灯に設ける非常電源は、容量20分間以上の蓄電池**によるとされていることが読みとれる。
　次に最初のカッコの中を読む。結構、長い規定であるが、このカッコの閉じる直前に「**60分間**」という規定がある。これは誘導灯の非常電源は一般的に容量20分で差支えないけれども、カッコ内の防火対象物に設ける誘導灯の非常電源に限り、容量は60分間以上が必要という意味であると推定できるであろう。ならば次は、そのような容量60分間の非常電源を必要とする防火対象物とは何であるかを調べる。

177

第 8 章　誘導灯・誘導標識

(容量が60分間の非常電源を必要とする防火対象物)
　条文では「消防庁長官が定める要件に該当する防火対象物」と規定しているが、これは具体的に何か。そのためには、消防庁告示として示されている筈なので、その告示を探し当てなければならない。それは「誘導灯及び誘導標識の基準第4」に規定されているので、それを次に掲げる。

誘導灯及び誘導標識の基準（平成11年消防庁告示第2号）（抄）

　　　　　　　　　　　　　　　　　　　　　　最終改正　平成23年消防庁告示第6号

第4　非常電源の容量を60分間とする防火対象物の要件

　　規則第28条の2第2項第4号及び第28条の3第4項第10号の消防庁長官が定める要件は、次の各号のいずれかに該当することとする。

　一　令別表第1(1)項から(16)項までに掲げる防火対象物で、次のいずれかを満すこと。
　　(1)　延べ面積50,000㎡以上
　　(2)　地階を除く階数が15以上あり、かつ、延べ面積30,000㎡以上
　二　令別表第1（16の2）項に掲げる防火対象物〔地下街〕で、延べ面積1,000㎡以上であること。
　三　令別表第1(10)項又は(16)項に掲げる防火対象物（同表(16)項に掲げる防火対象物にあっては、同表第1(10)項に掲げる防火対象物の用途に供される部分が存するものに限る。）で、乗降場が地階にあり、かつ、**消防長**（消防本部を置かない市町村においては、市町村長）又は**消防署長**が避難上必要があると認めて**指定**したものであること。

　この告示からも判るように、非常電源の容量として60分間以上が必要となってくる防火対象物とは、大規模建築物・高層建築物、大規模地下街の他消防長又は消防署長が指定する**地階の乗降場**である。
　次に、これらの防火対象物のすべての誘導灯ではなく、一応、次の避難口及び通路に設けるものに限定されている。

・前項第1号イ及びロ〔下記〕に掲げる避難口〔避難口に設ける避難口誘導灯〕
　イ　**屋内から直接地上へ通ずる出入口**（附室が設けられている場合にあっては、当該附室の出入口)
　ロ　**直通階段の出入口**（附室が設けられている場合にあっては、当該附室の出入口)
・避難階の同号イ〔上記〕に掲げる**避難口に通ずる廊下及び通路**〔通路に設ける通路誘導灯〕
・（消防長又は消防署長が指定した）**乗降場**（地階にあるものに限る。）並びにこれに通ずる**階段、傾斜路及び通路**〔これらに設ける通路誘導灯〕
・**直通階段**〔直通階段に設ける通路誘導灯〕

　なお、上記により非常電源の容量が60分間以上に該当していても、消防庁長官が定めるところにより蓄光式誘導標識が設けられているときは、その部分の通路誘導灯には60分間の非常電源は設けなくてもよい。
　また、非常電源の容量を20分間から60分間に延長するに当っては、延長部分の容量増加について20分

間の容量では認められていなかった直交変換装置を有する蓄電池設備、自家発電設備又は燃料電池設備としても差支えない。

〔**誘導灯の配線**〕誘導灯の配線は、電気工作物に係る法令の基準（電気設備技術基準省令等）によるほか、誘導灯の電気回路には**点滅器**は設けないこととし、また、誘導灯の**口出し線**は、屋内幹線と直接、

(**2線式配線**)…通常の配線〔蓄電池内蔵形〕

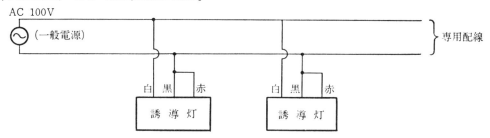

蓄電池内蔵形の誘導灯は、2線式配線とする。
誘導灯には口出し線が3本ある。（白…共通線，黒…充電線，赤…常用）うち、赤と黒とを一括して結線しておけば、平常時及び非常時（非常電源に切替え）とも点灯する。

(**3線式配線**)…点滅器使用の配線，消防署の指導が必要

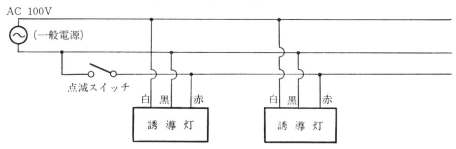

3線式配線では、図のように赤（常用）と（充電）との間に点滅スイッチを入れる。スイッチは切ってあっても充電(黒)は行われており、一般電源が切れるとリレーにより、非常電源(内蔵蓄電池)により自動点灯する。

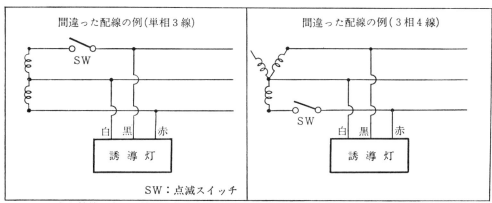

○このような結線にすると機器を損傷するおそれがあります。

第145図　誘導灯回路の2線式配線と3線式配線

第8章　誘導灯・誘導標識

接続すること。直接接続というのは、途中に差込みコンセントのような器具を介在させてはならないということである。

なお、誘導灯の蓄電池設備に内蔵して設ける**点検スイッチ**は設けても差支えない。これは、非常電源への切替えを点検するためのプルスイッチ（誘導灯からブラ下っているヒモのスイッチ）のことで、ヒモを離すと自動的に常用電源に復帰する。また、**3線式配線**によって常時充電されている回路に設ける点滅器は設置しても差支えない（**第145図参照**）。

●誘導灯の非常電源は内蔵か別置か

現在、誘導灯は非常電源内蔵形のものが多く用いられている。いわゆるニッケルカドミウム蓄電池を誘導灯の器具内に設置しているタイプである。誘導灯の個々の器具の価格としては、それだけ割高となる。

　　注） 例えば、小形誘導灯の場合、内蔵形は2万3,000円程度、別置形ならば2万円程度、両者には約3,000円の差がある。

しかし、個々の誘導灯ごとに非常電源を内蔵しているから、局部的な停電にも個々に対応できるし、また非常時に全館停電（非常電源回路の断線等による）のおそれもない。従って危険が分散され、安全性、信頼性が高い。

ほかに配線は**3線式配線**で済むし、耐熱保護の必要もないとこから、そちらの面での経済性とういメリットがある。器具の移設とか増設も容易である。しかし、個々に蓄電池のメンテナンスという観点では若干手間がかかる（ニッケルカドミウム蓄電池は、メンテナンスが楽であるが、全く不要ということではない。）。

これに対して、**電源別置形**は、非常電源を1箇所に集中させているので、その**メンテナンス**は比較的容易である。誘導灯照明器具が割安というのもメリットである。ただし、**配線**が**4本**（通常電源回路2本、非常電源回路2本）を要し、しかも非常電源回路には、**耐火保護を必要とする**点では経費がかさむ。

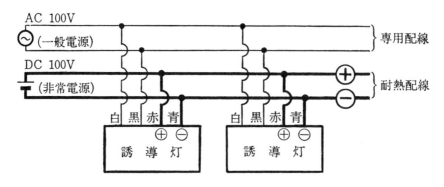

電源別置形の場合は、4線配線（通常電源2本，非常電源2本）とする．
誘導灯は，別置形誘導灯（口出し線4本）を用いる．
　（注）　口出し線の色はメーカーにより異ることがある．
第146図　非常電源別置形の誘導灯と回路

第8章　誘導灯・誘導標識

もっとも、耐火保護回路を用いて通常電源を送り込み、非常時には非常電源に切替えるという工夫もされているが、いずれにせよ割高となる（**第146図参照**）。

また、部分的な停電には対応できず、非常電源切替えの後も、断線等のトラブルがあると全館停電のおそれもある。蓄電池からの配線が長くなると**電圧低下**により急激な光束の減少も問題となるし、それかといって電圧を高めにすると**器具の寿命**は短くなる。増設が困難（蓄電池設備の容量まで増設しなければならないこともある）というデメリットもある。

一般には、内蔵形の方が割安であるが、**大建築物**（延べ3,000㎡以上程度）では、別置形の方が割安になるというのが、一般的傾向であるらしい。

●ルクス（照度）とルーメン（光束）

ここでルックス（ルクス）とルーメンという光の単位について簡単な説明を。**ルクス（Lux）**というのは、**照度の単位**ということで判りやすくいうと、自らの光による明るさではなく、他の光源によって照らされている度合いのこと。同じ新聞紙でも、明るいところでは読みやすく、うす暗くなると次第に読みにくくなるのは、紙面の照度が変るため。

そこで**照度**は、〔照度〕＝〔**入射光束**〕／〔**面積**〕という関係になる。この**入射光束**という、一つの光の束のようなものの単位が**ルーメン（Rumen）**である。1㎡の面積に、1ルーメンの光束で照らすと、その面の照度が1ルクスになる。また、それだけの光束を照射できる光輝の源の単位、すなわち光度の単位を「**燭光**（しょっこう）」という。

　注）燭光は**キャンデラ**ともいう。すなわち1燭光は1キャンデラとなる。

言いなおすと、1燭光の光源から1m離れた面（1㎡）に照らされる光束が1ルーメンであり、かつ、それによってその照らされる面の明るさ、すなわち照度が1ルクス（lx）となる。

照らされる面までの距離が2倍になると、一定の光束の照らす面が4倍となるので、その照度は4分の1となり、同様に距離が3倍になると、3の2乗すなわち9倍の面を照らすため、照度は9分の1となる（**第147-1図参照**）。

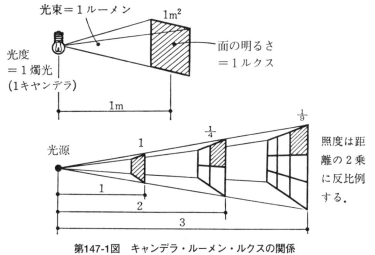

第147-1図　キャンデラ・ルーメン・ルクスの関係

第8章 誘導灯・誘導標識

なお、階段又は傾斜路に設ける通路誘導灯は、路面又は表面及び踊り場の中心線の照度が1ルクス以上であること、客席誘導灯は客席の通路における床面（水平面）について照度が0.2ルクス以上となるように設けるものとされている。

● **点滅機能又は音声誘導機能を有する誘導灯**

誘導灯の設置効果を高めるため「**点滅機能**」を有するもの又は「**音声誘導機能**」を有するものが実用化されている。いうまでもなく、点滅機能を有する誘導灯は、火災発生時において自動火災報知設備の感知器の作動と連動して、せん光を点滅することによって、その存在を目立たせて、避難誘導に資するものである。また、音声誘導機能を有する誘導灯は、同様に火災発生時において起動し、音声をもって「避難階段はこちらです」というように呼びかけ、目だけでなく耳からも、避難誘導しようとするものである。

消防法施行規則第28条の3（誘導灯及び誘導標識に関する基準の細目）第4項第6号には、それらの機能について、次のように規定している。

消防法施行規則第28条の3第4項第6号
誘導灯に設ける点滅機能又は音声誘導機能は、次のイからハまでに定めるところによること。
イ　前項第1号イ又はロに掲げる避難口に設置する避難口誘導灯以外の誘導灯には設けてはならないこと。

> **参考　前項第1号イ又はロに掲げる避難口**
> イ　屋内から直接地上へ通ずる出入口（附室が設けられている場合にあっては、当該附室の出入口）
> ロ　直通階段の出入口（附室が設けられている場合にあっては、当該附室の出入口）

ロ　自動火災報知設備の感知器の作動と連動して起動すること。
ハ　避難口から避難する方向に設けられている自動火災報知設備の感知器が作動したときは、当該避難口に設けられた誘導灯の点滅及び音声誘導が停止すること。
　　参考　ハの措置は、二方向避難において、火災危険の高い方向へ避難を誘導することを防ぐためのものである。

さらに「誘導灯及び誘導標識の基準（平11消告示第2号）」第5第1号(8)及び(9)号には、次のような基準を設けている。

第8章　誘導灯・誘導標識

・誘導灯及び誘導標識の基準（第5第1号(8)、(9)）
(8) 点滅機能を有する誘導灯のせん光光源は主光源と兼用することができること。
(9) 音声誘導機能を有する誘導灯には、音圧を調整する装置を設けることができること。

同基準には、あわせてその性能について次のように定めている。

・誘導灯及び誘導標識（第5第2号(3)、(4)）
(3) 点滅機能を有する誘導灯の**点滅周期**は、2±0.2（ヘルツ）であること。
(4) 音声誘導機能を有する誘導灯の音響装置は、次のイからへまでによること。
　イ　**音声誘導音**は「シグナル－メッセージ－1秒間の無音状態」の順に連続するものを反復するものであること。
　ロ　**シグナル**は、基本周波数の異なる2の周期的複合波をつなぎ合わせたものを2回反復したものとすること。
　ハ　**メッセージ**は女声によるものとし、避難口に誘導する内容のものであること。
　ニ　**音声誘導音**は、サンプリング周波数8KHz以上及び再生周波数帯域3KHz以上のAD－PCM符号化方式による音声合成音又はこれと同等以上の音質を有するものであること。
　ホ　**音響装置の音圧**は、シグナルを定格電圧で入力した場合、音響装置の中心軸上から1m離れた位置で90dB以上であること。
　ヘ　**音圧を調節する装置**が設けられている場合にあっては、最低調整音圧は音響装置の中心軸から1m離れた位置で70dB以上であること。

　以上により法令上のこれらの機能付誘導灯の構造・性能については、おおよその理解はできたものと思うが、さらに補完して「誘導灯・誘導標識に係る設置・維持ガイドライン（平11.9.21消防予第245号）」においては、次のように説明が加えられている。（同通達別添第2.2(7)）
(1) 誘導灯に設ける点滅機能又は音声誘導機能は、当該階における避難口のうち避難上特に重要な最終避難口（屋外又は第一次安全区画への出入口）の位置を更に明確に指示することを目的とするものであること。このため、規則第28条の3第3項第1号イ又はロに掲げる避難口に設置する避難口誘導灯以外の誘導灯には設けてはならないとされていること。
(2) 点滅機能又は音声誘導機能の付加は任意（点滅機能にあっては、規則第28条の3第4項第3号の規定に適合するための要件となっている場合を除く。）であるが、次に掲げる防火対象物又はその部分には、これらの機能を有する誘導灯を設置することが望ましいこと。
　(ア)　令別表第1(6)項ロ及びハに掲げる防火対象物のうち視力又は聴力の弱い者が出入りするものでこれらの者の避難経路となる部分
　(イ)　百貨店、旅館、病院、地下街その他不特定多数の者が出入りする防火対象物で雑踏、照明め

第8章　誘導灯・誘導標識

　　　看板等により誘導灯の視認性が低下するおそれのある部分
　　(ｳ)　その他これらの機能により積極的に避難誘導する必要性が高いと認められる部分
(これらの機能の起動・停止)
　これらの機能付誘導灯の機能を、具体的に起動したり、停止したりする運用については、同ガイドライン別紙7に（点滅機能又は音声誘導機能の起動・停止方法）として示されている。
(1)　起動方法
　・これらの機能は、感知器からの火災信号と連動して起動するだけでなく、自動火災報知設備の受信機が火災表示を行う場合（中継器からの火災信号、発信機からの火災信号等）においても、それらの火災信号と連動して起動することができること。
　・大規模防火対象物等において出火階の別に応じて自動火災報知設備の地区音響装置を区分鳴動する場合（消規則第24条第5号ハ）においては、地区音響装置の鳴動範囲（区分鳴動・全区域鳴動）に合わせて、これらの機能を起動することができること。
　・すでに音声により警報を発する自動火災報知設備又は放送設備が設置されている場合においては、これらの機能の起動のタイミングを、火災警報・火災放送と調整を図って定めること。
(2)　停止方法
　・火災発生時に、2方向避難となっている避難経路の選択について、誤って火災の発生した方向へ避難を誘導してしまう結果とならないように、次のような措置をとることとされている。すなわち、「熱・煙が滞留している避難経路への（積極的な）避難誘導を避けるため」これらの機能付誘導灯が設けられている主要な避難口方向において火災が発生（自動火災報知設備の感知器が作動）した場合には、その主要な避難口に設けられている誘導灯のこれらの機能は停止させるものとされている。
　　これをもっと具体的にいうと、直通階段に設けてある煙感知器が作動した場合には、その直通階段への避難誘導は行うべきでないので、その直通階段の出入口等に設けられた誘導灯の機能（点滅・音声誘導）を停止させる、というような事例を想定していることになる。
　　また、屋外階段は、もともと熱・煙が滞留するおそれがないとして自動火災報知設備の感知器が設置免除とされたことから、その心配はない。
　・音声により警報を発する自動火災報知設備による火災警報又は放送設備による火災放送が行われているときには、誘導灯の音声誘導は停止されているようにすること。（これについては、「非常放送中における自動火災報知設備の地区音響装置の鳴動停止機能について(昭60.9.30消防予第110号)」に準じて措置するものとする。）
　　ただし、誘導灯の設置位置、音圧レベルを調整する等により、火災警報又は火災放送の内容伝達が困難もしくは不充分となるおそれのない場合にあっては、停止しないことができる。
(消防計画への記載)…ガイドライン4
　誘導灯の点滅・音声誘導を行う場合においては、当該防火対象物の消防計画で、これらの機能の起動・停止に係る防火管理体制及び責任を明らかにしておく必要がある。

第8章　誘導灯・誘導標識

(機能付誘導灯の表示)　ガイドライン別添第2.2⑾イ
　誘導灯の表示事項のうち、その「種類」について、「点滅機能又は音声誘導機能を有する誘導灯については、その旨を併せて表示する必要がある」とされている。

●蓄光式誘導標識の基準・効果

　蓄光式誘導標識とは、平成18年の改正で、新しく登場した誘導標識で消防法施行規則第28条の2第1項第3号ハの定義によると、「**燐光等により光を発する誘導標識**」とのみ規定されている。燐とは、元素記号はPの物質で赤リンとか黄リン、白リン等の同素体が存在する。そのうち、黄リン、白リンは、二硫化炭素に溶け、湿った空気中では燐光を発することで知られている。蛍光灯の**蛍光**も光の刺激を受けて光るものであるが、光の照射が終ると直ちに消滅していまう。それに対して**燐光**というのは、光エネルギーを一たん吸収して光の照射が終っても、その後長時間にわたり発光を継続するという点が決定的な違いである。現在では、このような燐光を発する化学物質の開発が進み、各方面で活用されている。例えば、電灯などのスイッチ部分に、この蓄光物質が用いられていると、暗闇の中でもスイッチの場所が直ぐに判る、というような活用方法である。

　誘導標識にも、このような燐光を発するものは、目立ちやすいと理由で開発され、「誘導灯及び誘導標識の基準（平成11年消防庁告示第2号）」にも採り入れられた。それによると、照度200ルックスの光を20分間照射し、その後20分経過した後の表示面が24ミリカンデラ／㎡以上の平均輝度を有する誘導標識を、**蓄光式誘導標識**といい、特に平均輝度が100ミリカンデラ／㎡以上のものを「**高輝度蓄光式誘導標識**」と呼ぶこととしている（同基準第2）。さらに150ミリカンデラ／㎡以上のものにあっては、その大きさの特例として短辺の長さを8.5㎝以上、面積を217㎠以上と若干小型化することが認められている。また「誘導標識（蓄光式誘導標識及び高輝度誘導標識を含む。）」とされていることから、法令上の誘導標識の中には蓄光式も含まれており、一般論としてはどちらを使用しても差し支えないことになる（同基準第5第3項）。

　しかしながら、蓄光式誘導標識は、停電時においても所定の性能を発揮することができることから、一部の誘導灯については、この蓄光式誘導標識を、その代替とすることが認められることとなっている。
(**蓄光式誘導標識による誘導灯の設置免除**)　消防法施行規則第28条の2（誘導灯を設置することを要しない防火対象物又はその部分）には、蓄光式誘導標識の設置をもって、誘導灯の設置を免除できるとする規定が3箇所あるので、それを次に記す。なお、この緩和規定はコンビニ等で重宝されている模様。

・**避難口誘導灯の設置免除**（同条第1項第3号）　避難階にある居室で次に該当するもの
　1）　屋内から直接地上へ通ずる出入口（主として当該居室に存する者が利用するものに限る。）を有し、
　2）　室内の各部分から避難口を容易に見とおし、かつ、識別することができ、室内の各部分から当該避難口に至る歩行距離が30ｍ以下であること。
　3）　蓄光式誘導標識が消防庁長官の定めるところにより設けられていること。（後述）

第8章　誘導灯・誘導標識

- **通路誘導灯の設置免除**（同条第2項第2号）避難階にある居室で次に該当するもの
  1）　屋内から直接地上へ通ずる出入口（主として当該居室に存する者が利用するものに限る。）を有し、
  2）　室内の各部分から避難口又はこれに設ける避難口誘導灯若しくは蓄光式誘導標識を容易に見とおし、かつ、識別することができ、室内の各部分から当該避難口に至る歩行距離が30ｍ以下であること。
- **通路誘導灯の予備電源容量緩和**（同条第2項第4号）
　令別表第(1)項〜（16の3）項に掲げる防火対象物（消防庁長官が定める要件に該当する防火対象物）の乗降場（地階にあるものに限る。）に通ずる階段及び傾斜路並びに直通階段に設ける通路誘導灯を非常用の照明装置（建築基準法施行令第126条の4）で代替する場合にあっては、その予備電源を60分間作動できる容量以上のものに限る。ただし、消防庁長官が定めるところにより蓄光式誘導標識が設けられている防火対象物又はその部分に設けられている非常用の照明装置にあっては、その予備電源は30分間作動できる容量以上のものであれば足りる。
- **誘導標識の設置免除**（同条第3項第3号）**避難階にある居室**で次に該当するもの
  1）　屋内から直接地上へ通ずる出入口（主として当該居室に存する者が利用するものに限る。）を有し、
  2）　室内の各部分から避難口又はこれに設ける避難口誘導灯若しくは蓄光式誘導標識を容易に見とおし、かつ、識別することができ、室内の各部分から当該避難口に至る歩行距離が30ｍ以下であること。

（**長官が定める蓄光式誘導標識の基準の細目**）誘導灯及び誘導標識の基準第3の2には、次のアからオまでの事項が定められている。ただし、光を発する帯状の表示を設けることその他の方法により同等以上の避難安全性を確保するように措置されている場合にあっては、この限りでない。（**第147-3図参照**）
　ア　蓄光式誘導標識は、高輝度蓄光式誘導標識とすること。
　イ　蓄光式誘導標識は、床面又はその直近箇所に設けること。
　ウ　廊下及び通路の各部分から一の蓄光式誘導標識までの歩行距離が7.5ｍ以下となる箇所及び曲がり角に設けること。
　エ　蓄光式誘導標識は、性能を保持するために必要な照度が採光又は照明により確保されている箇所に設けること。
　オ　蓄光式誘導標識の周囲には、蓄光式誘導標識とまぎらわしい又は蓄光式誘導標識をさえぎる広告物、掲示物等を設けないこと。

（**誘導灯及び誘導標識に関する基準の細目の特例**）誘導灯及び誘導標識に関する基準の細目は、消防法施行規則第28条の3に規定されているところであるが、その中においても、蓄光式誘導標識を用いた場合の特例が定められている事例があるので、ここで、まとめてその内容を次に記すこととする。
- 消防法施行令別表第1(2)項ニ（カラオケボックス等）に設ける通路誘導灯（階段及び傾斜路に設けるものを除く。）にあっては、床面又はその直近の避難上有効な箇所に設けることとされているが、そ

図1　通路誘導灯に補完して床面又はその直近に蓄光式誘導標識を設ける場合の参考例

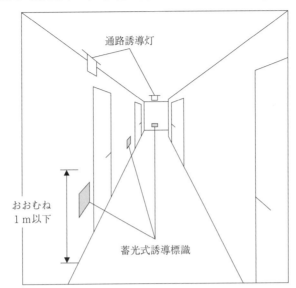

図2　階段、傾斜路、段差等のある場所に蓄光式誘導標識を設ける場合の参考例

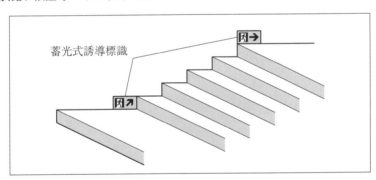

※　避難する際の錯覚（踏み面がきわめて暗い環境のため、階段なのか踊り場なのかを判断できない）による転倒、転落等を防ぐため、蓄光式誘導標識の設置高さは、統一することが望ましい。

（平成22年4月9日消防予第177号による。）

第147-2図　蓄光式誘導標識の設置例（図1・図2）

のただし書に、上記の「長官が定める基準の細目」に従って蓄光式誘導標識が設けられている場合には適用除外となる（規則第28条の3第4項第3号の2）。

・消防法施行規則第28条の3第4項第10号においては、誘導灯に付置する非常電源の容量を特定の場合には、一般の20分間から60分間に規制を強化することとしているが、その場合にあっても、上記により蓄光式誘導標識が設けられいる部分の通路誘導灯に限り容量を20分間とすることができる。

・上記の「長官が定める蓄光式誘導標識が設けられている部分においては、重ねて誘導標識の基準の細目を適用しない。」

第8章　誘導灯・誘導標識

図1　通路通路の床面や壁面に避難する方向に沿ってライン上に標示を行う場合の参考例

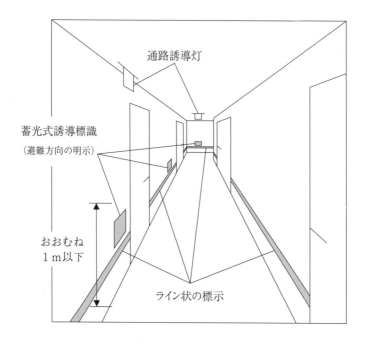

図2　階段等の踏み面において端部の位置を示すように標示を行う場合の参考例

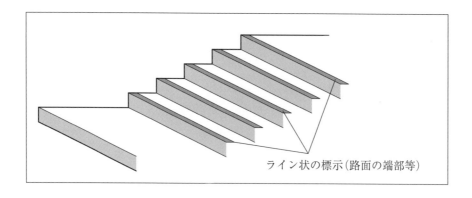

第8章　誘導灯・誘導標識

図3　避難口の外周やドアノブ、階段等の手すりをマーキングする標示の参考例
　　(a)　避難口の外周・ドアノブ　　　　　　　(b)　階段等の手すり

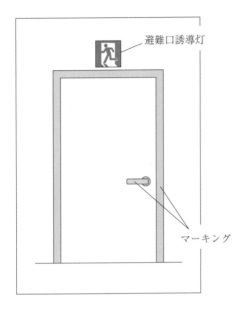
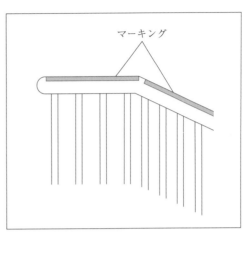

図4　階段のシンボルを用いた階段始点用の標示の参考例
　　(a)　上り階段であることを示すシンボル　　(b)　下り階段であることを示すシンボル

(平成22年4月9日消防予第177号による。)

第147-3図　光を発する帯状の標示等例（図1～図4）

第8章　誘導灯・誘導標識

図1　小規模な路面店等（避難が容易な居室における誘導灯等の免除関係）

(a) 単独建屋の場合

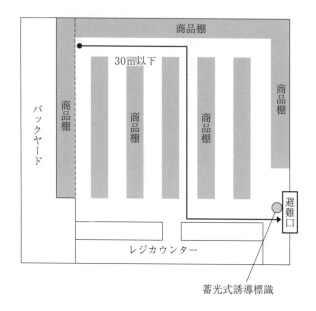

(b) 防火対象物の一部に当該居室が存する場合

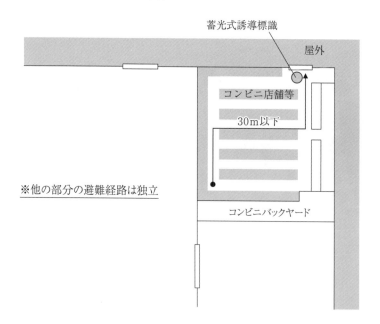

第8章　誘導灯・誘導標識

図2　個室型遊興店舗（通路上の煙の滞留を想定した床面等への誘導標示関係）

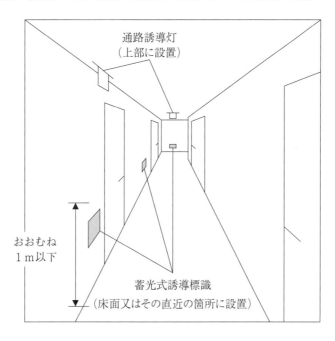

通路誘導灯
（上部に設置）

おおむね
1m以下

蓄光式誘導標識
（床面又はその直近の箇所に設置）

参考　通路誘導灯を床面又はその直近の避難上有効な箇所に設ける場合
（＝蓄光式誘導標識を設置しない場合）の設置イメージ

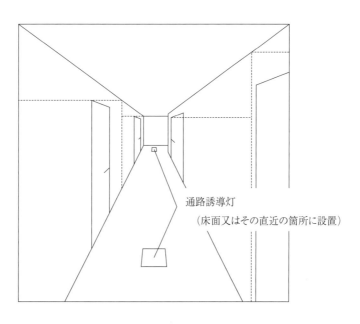

通路誘導灯
（床面又はその直近の箇所に設置）

第8章 誘導灯・誘導標識

図3 大規模・高層の防火対象物等（停電時の長時間避難に対応した誘導標示関係）

(a) 大規模・高層対象物の場合

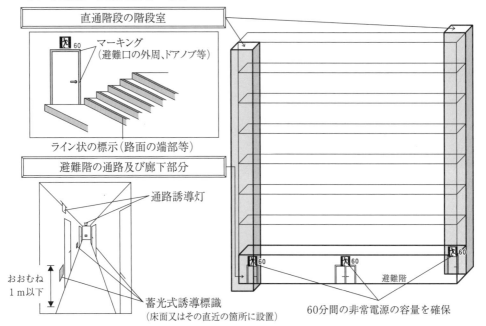

参考 通路誘導灯の非常電源の容量を60分間確保する場合
（＝蓄光式誘導標識を設置しない場合）の設置イメージ

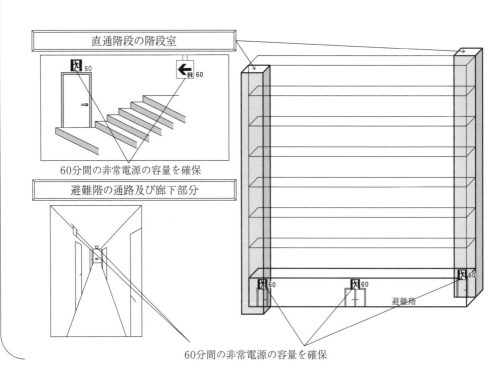

第8章　誘導灯・誘導標識

(b) 地下駅舎の場合

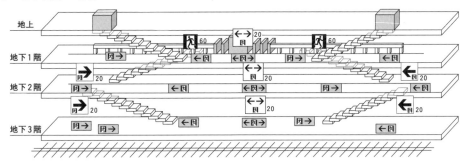

① 屋内から直接地上に通じる出入口（誘導灯の非常電源の容量を60分間確保）
② 地階にある乗降場
③ ②に通じる階段、傾斜路及び通路
 ⎫
 ⎬ 高輝度蓄光式誘導標識を設置
 ⎭

参考　通路誘導灯の非常電源の容量を60分間確保する場合
　　　（＝蓄光式誘導標識を設置しない場合）の設置イメージ

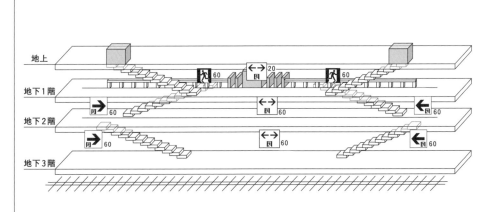

① 屋内から直接地上に通じる出入口
② 地階にある乗降場
③ ②に通じる階段、傾斜路及び通路
 ⎫
 ⎬ 誘導灯の非常電源の容量を60分間確保
 ⎭

（平成22年4月9日消防予第177号より）

第147-4図　蓄光式誘導標識の（用途別）設置イメージ（図1～図3）

第 8 章　誘導灯・誘導標識

●誘導灯の点灯・消灯

　避難口誘導灯及び通路誘導灯は、その設置目的からみて、常時点灯しておくべきものである。しかしながら、省エネルギーの立場からみて、無人である時間とか、自然光が得られる時間など、必ずしも点灯をしておく必要がない場合がある。また、その防火対象物の利用目的からみて、暗くすることが要請される場合も存在する。
　そこで、常時点灯を原則としつつも、一定の場合には**誘導灯を消灯**することができることとしている。
　ただし、自動火災報知設備の感知器が作動したときには、それと連動して点灯する等の措置がなされていることが前提となる。

(**誘導灯の消灯対象**)　…ガイドライン第 2.2 (4)
(1)　**当該防火対象物が「無人」である場合**
　「無人」というのは、その防火対象物全体が、休業、休日、夜間等において、定期的に人が存しない状態が繰返し継続されることをいうものである。ただし、防災センター要員、警備員等によって管理を行っていても、それは無人とみなされる。従って、無人でない状態にあっては、消灯の対象とはならない。

(2)　**「外光により避難口又は避難の方向が識別できる場所」に設置する場合**
　「外光」とは、自然光をいう。従って当該場所は、自然採光のための十分な開口部が存する必要がある。また、消灯対象は外光により避難口等を識別できる時間帯に限られる。(夜間は点灯することが必要である。)

(3)　**「利用形態により特に暗さが必要である場所」に設置する場合**
　通常予想される使用状態において、映像等による視覚効果、演出効果上、特に暗さが必要な次表の左欄に掲げる用途に供される場合であり、消灯対象となるのは同表右欄に掲げる使用状態にある場合とする。

用　　　途	使　用　状　態
遊園地のアトラクション等の用に供される部分(酒類、飲食の提供を伴うものを除く。)など常時暗さが必要とされる場所	当該部分における消灯は、営業時間中に限り行うことができるものであること。従って、清掃、点検等のため人が存する場合には、消灯はできないものであること。
劇場、映画館、プラネタリウム、映画スタジオ等の用途に供される部分(酒類、飲食の提供を伴うものを除く。)など一定時間継続して暗さが必要とされる場所	当該部分における消灯は、映画館における上映時間中、劇場における上映中など当該部分が、特に暗らさを必要とされる状態で使用されている時間内に限り行うことができるものであること
集会場等の用途に供される部分など一時的(数分程度)に暗さが必要とされる場所	当該部分における消灯は、催物全体の中で特に暗さが必要とされる状態で使用されている時間内に限り行うことができるものであること

(4) 「主として当該防火対象物の関係者及び関係者に雇用されている者の使用に供する場所」に設置する場合

「当該防火対象物の関係者及び関係者に雇用されている者」とは、当該防火対象物、特に避難経路について熟知している者をいう。従って、通常、出入りしていないなど内部の状態について疎い者は含まれない。

また、この規定においては、令別表第1(5)項ロ〔共同住宅等〕、(7)項〔学校〕、(8)項〔図書館等〕、(9)項ロ〔公衆浴場〕、(10)項〔停車場等〕、(11)項〔神社等〕、(12)項〔工場等〕、(13)項〔車庫等〕、(14)項〔倉庫〕及び(15)項〔その他の事業場〕に掲げる防火対象物の用途に供される部分に限って適用することができる。

(注) 階段・傾斜路に設ける誘導灯についても、上記(1)及び(2)に該当する場合においては、これらの例により消灯することができる。ただし、(3)及び(4)の場合にあっては、階段・傾斜路の誘導灯を消灯することはできない。

(消灯の方法)
(1) 誘導灯の消灯は手動で行う方式とすること。
　ただし「利用形態により特に暗さが必要である場所」の誘導灯で、誘導灯の消灯時間が最小限に設定されているときは、自動で行う方式とすることができる。
(2) 消灯は、個々の誘導灯ごとに行うのではなく、消灯対象ごとに一括して消灯する方式とすること。
(3) 「利用形態により特に暗さが必要である場所」において、消灯を行う場合には、利用者に対して①誘導灯が消灯される、②火災時には点灯する、③避難経路について、掲示、放送等によりあらかじめ周知すること、としている。

(点灯の方法)
(1) 「自動火災報知設備の感知器の作動と連動して点灯」する場合には、消灯しているすべての避難口誘導灯及び通路誘導灯を点灯すること。
(2) 「当該場所の利用形態に応じて点灯」する場合には、誘導灯を消灯している場所が、前記(誘導灯の消灯対象)(3)の要件に該当しなくなったとき、自動または手動により点灯すること。この場合において消灯対象ごとの点灯方法の具体例は、次表による。

消　灯　対　象	自動点灯方法
当該防火対象物が無人である場合	・照明器具連動装置 ・扉開放連動装置 ・施錠連動装置 ・赤外線センサー　等
「外光により避難口又は避難の方向が識別できる場所」に設置する場合	・照明器具連動装置 ・光電式自動点滅器　等
「利用形態により特に暗さが必要である場所」に設置する場合	・照明器具連動装置 ・扉解放連動装置　等
「主として当該防火対象物の関係者及び関係者に雇用されている者の使用に供する場所」に設置する場合	・照明器具連動装置　等

第8章　誘導灯・誘導標識

〔**手動点灯方法**〕消灯対象の別にかかわらず、防災センター要員、警備員、宿直者等により、当該場所の利用形態に応じて、迅速かつ確実に点灯することができる防火管理体制が整備されていること。
〔**自動点灯方法**〕…次表（前頁）の中から、適切な方法を選択する。
　　（注）自動を選択した場合においても、点滅器操作等により手動でも点灯できるようにしておくこと。
（配線の方法）
(1)　誘導灯を消灯している間においても、非常電源の蓄電池設備に常時充電することができる配線方式としておくこと。
(2)　操作回路の配線は屋内消火栓設備の操作回路の例により、耐熱電線を使用し、金属管工事等により設けること。
　　（消規則第12条第1項第5号の規定の例による。）
(3)　点灯・消灯に使用する点滅器、開閉器等は、防災センター等に設けること。
　　ただし、「利用形態により特に暗さが必要である場所」に設置する場合には、防災センター等のほか、当該場所を見とおすことができる場所又はその附近に設けることができること。
(4)　点灯・消灯に使用する点滅器、開閉器等には、その旨を表示しておくこと。
（消防計画に記載）
　誘導灯の消灯・点灯を行う場合には、当該防火対象物における**消防計画**において、消灯・点灯に係る防火管理体制及び責任を明らかにするとともに、火災時のみならず、停電時や地震等の災害時の対応についても明らかにしておく必要がある。

●誘導灯の点検

　誘導灯の点検で大切なのは、非常電源への切替えという機能チェック、先ず、常用電源でキチンと点灯しているかどうか。けい光灯が切れていたり、古くなってさかんにチラツキを生じているのは、けい光灯を取り替える。この場合、省エネルギータイプのけい光灯は使用しないこと（ＪＩＳ適合品を使用する。）。
　非常電源の蓄電池を内蔵しているものは、**点検用スイッチ**を引張ってみる。そうすると常用電源は切れて、直ちに非常電源（内蔵蓄電池）に切替る。ほとんど瞬間的に非常電源によって点灯する。
　　注）点灯の仕組みは、誘導灯内にトランジスターインバーターが内蔵されており、電磁リレーにより、けい光灯を高周波点灯させる。
　非常電源の明るさは、常用電源点灯時よりも若干暗くなることがあるが、それは差支えない。引張っている点検スイッチを離すと自動的に常用電源に戻るようになっているので、何度引張ってみても差支えない。最期は必ず元の常用電源に戻っている。
　非常電源が内蔵されておらず、別に蓄電池設備をおいて、そこから別配線で非常電源をとるような**別置形**の場合には、常用電源を分電盤の開閉器でしゃ断してみるとよい。人工的に停電状態が作り出されるわけだ。すると直ちに電磁リレーにより、非常電源に切替わり、**誘導灯**が点灯するはずである。建築

基準法上の**非常用照明装置**も同時に点灯するはずである。この種の点検をしたときは、必ず忘れずに常用電源に復帰しておくこと。そうしないと誘導灯がいつまでも蓄電池の非常電源を作用し続けることになり、バッテリーが上ってしまう。

誘導灯には内蔵蓄電池の点検をするため、**バッテリーモニター**がついているものが多い。その使用方法は、充分（24時間以上）充電した後、一般電源を切り、非常電源によって20分間点灯してみる。その後で一般電源に復帰したときに、モニターランプが点灯すれば、電池に寿命が来たことが判る。その場合は内蔵蓄電池を交換する。モニターランプは蓄電池の交換後に点検スイッチを引くと消灯する（**第148図参照**）。

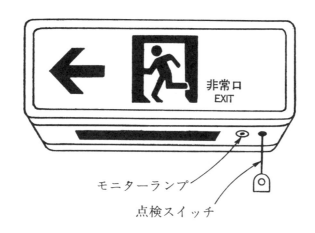

第148図　点検スイッチをモニターランプ

● 誘導灯設置後の周囲の状況の変化に注意

誘導灯や誘導標識は、設計図面どおりに配置したにもかかわらず、施工段階における状況の変化等により、設計当時に期待したようにその効果が発揮できていないケースが見受けられている。従って、設置時には、「避難上有効」に設置されているかどうかを確認する必要がある。

また、設置後においても、内装変更、広告・掲示等の掲出、照明の変更などの要因により当初は確保されていた視認性が妨げられているケースもある。

そこで、ガイドライン別添第2.2(8)においては「誘導灯の周囲の状況」について、次のように注意を喚起している。

> 誘導灯の周囲の状況
> 　ア　誘導灯の視認性（見とおし、表示内容の認知、誘目性）を確保する観点から、誘導灯の周囲には、誘導灯とまぎらわしい又は誘導灯をさえぎる灯火、広告物、掲示物等を設けないこととされていること。特に、防火対象物の使用開始後において、このような物品が設けられ

第8章　誘導灯・誘導標識

> る可能性が高いことから、設置時のみならず、日常時の維持管理が重要であること。
> イ　設置場所の用途、使用状況等から誘導灯の周囲にその視認性を低下させるおそれのある物品の存在が想定される場合には、あらかじめ視認性の高い誘導灯を選択するなど所要の対策を講ずる必要があること。

●誘導標識の設置・維持

　誘導標識は、誘導灯と同じように防火対象物に設けて、火災時等における関係者の避難を誘導する役割りを果すものであるが、誘導灯のような照明装置を有しない標識板であるところから、その誘導効果は劣ると考えられる。

　従って、法令（消令第26条第1項第4号）上は、令別表第1(1)項から(16)項までの防火対象物のすべてに設置することとされているが、「誘導灯の有効範囲内の部分」については、設置が免除されていることからも判るように、誘導灯を設置しない部分の補完的な役割りを果すものである。

　消防法施行令第26条（誘導灯及び誘導標識に関する基準）第2項第5号には、「誘導標識は、避難口である旨、又は避難の方向を明示した緑色の標識とし、多数の者の目に触れやすい箇所に、避難上有効なものとなるように設けること。」と簡潔に規定している。

　さらに消防法施行規則第28条の3（基準の細目）第5項においては、誘導標識の設置及び維持に関する技術上の**基準の細目**として、次のように定めている。

> (1)　避難口又は階段に設けるものを除き、各階ごとに、その廊下及び通路の各部分から一の誘導標識までの歩行距離が7.5m以下となる箇所及び曲り角に設けること。
> (2)　多数の者の目に触れやすく、かつ、採光が識別上十分である箇所に設けること。
> (3)　誘導標識の周囲には、誘導標識とまぎらわしい又は誘導標識をさえぎる広告物、掲示物等を設けないこと。

　また、平成20年4月30日付の改正（即日施行）により、小規模な劇場・集会場（床面積500㎡以下、かつ、客席床面積150㎡以下の令別表第1(1)項の防火対象物）の誘導標識についての設置不要の措置が講じられた。

　その詳細については、本書160頁に記した「避難口誘導灯の設置不要」とほぼ同じである。ただし、「歩行距離が20m以下」とあるのは「歩行距離が30m以下」と読み替えて適用してよい。

　なお、誘導標識の設置を要しない部分は、誘導灯の設置を要しない部分と同様である（消規則第28条の2）。

（誘導標識の構造・性能）…誘導灯・誘導標識の基準（告示第4第3号）

第8章　誘導灯・誘導標識

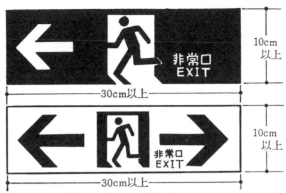

上：避難口に設ける誘導標識
下：廊下又は通路に設ける誘導標識
第149図　誘導標識の大きさ

　誘導標識の材料は堅ろうで耐久性のあるものとし表示面のシンボル等は、誘導灯の例による。表示面の形状は、**正方形**（１辺が12cm以上のもの）又は**長方形**（タテ寸法を短辺（長さ10cm以上）とし、かつ面積が300cm²以上のもの）とすること。

●**誘導灯の総合操作盤**

　高層建築物（地上15階建以上で延べ面積30,000m²以上）、大規模建築物（延べ面積50,000m²以上）等（消防法施行規則第12条第１項第８号）の防火対象物に設ける**誘導灯**（自動火災報知設備等から発せられた信号を受信し、あらかじめ設定された動作をするものに限る。）には、基準に適合する総合操作盤（平成16年消防庁告示第７号）を、消防庁長官の定める設置方法（平成16年消防庁告示第８号）に基づいて防災センター等に設けて、そこで当該設備の監視、操作等を行うことができるようにしなければならない。（消防法施行規則第12条第１項第８号の準用、同規則第28条の３第４項第12号）
　なお、この総合操作盤関係については、**当アタック講座〔下〕第26章　総合操作盤**　を参照のこと。
　この**誘導灯**について総合操作盤の表示項目、警報項目及び操作項目は、次のとおり。
（表示項目）…作動状態、連動断の状態及び操作盤の電源の状態
（警報項目）…なし
（操作項目）…一括点灯、手動消灯及び点検切替え

●**誘導灯の表示・検定・消防設備士**

　誘導灯及び誘導標識は、政省令の規定に基いて設置・維持するほか、消防庁長官の定める基準（平成11年消防庁告示第２号）に適合するものでなければならない。
（**表示**）

第8章　誘導灯・誘導標識

　その基準第5には、誘導灯については、次に掲げる事項を見やすい場所に、容易に消えないように表示することとされている。表示事項は、①製造者名又は商標、②製造年、③種類、④蓄電池設備を内蔵するものにあっては、その旨、⑤連続非常点灯可能が60分以上のものにあっては、その旨、となっている。

　なお、これらの表示中、③種類については、避難誘導灯、通路誘導灯の区分、A級・B級・C級の区分（階段・傾斜路に設ける通路誘導灯を除く）が表示されるほか、B級については、次のような細区分も表示される。

　また、点滅機能又は音声誘導機能を有する誘導灯には、その旨を併せて表示することとされている。標識灯を附置する誘導灯においても、その旨を併せて表示するほか、誘導灯に係る事項と標識灯に係る事項を区別して表示するものとされている。

表示面の明るさ（カンデラ）	表　示
避難口誘導灯≧20、通路誘導灯≧25	B級・BH形
避難口誘導灯＜20、通路誘導灯＜25	B級・BL形

（**工業会による認定**）誘導灯・誘導標識については、検定の対象とはされていない。それに代えて誘導灯については日本照明器具工業会に設けられている「誘導灯認定委員会」が、各メーカーの製品についてね告示の基準に適合しているものを認定し、別図のようなラベル表示をしている。あわせて維持管理の必要上、設置年マークも貼付することとしている。

(1)　器具（一般用）　　(2)　点滅形器具　　(3)　誘導音付加点滅形器具

指定認定機関によるもの

第150図　適合している旨の表示

（**消防設備士**）誘導灯・誘導標識は、消防設備士による工事・整備の対象となっていない。

第9章　無線通信補助設備

[参照条文] 消防法施行令第29条の3、消防法施行規則第31条の2の2

● 地下街での無線通信を補助する設備

　消防隊は、無線通信を使用するが、地下街の中では、この無線が聞きとりにくい。これは自動車がトンネルの中に入ると、途端にラジオが聞こえなくなるのと同じ現象である。むずかしくいうと、電波の**搬送特性**が悪くなるのである。

　ところで近頃では、トンネルに入ってもラジオが聞こえることがある。これはトンネルの中にもアンテナなどの施設が設けてあるためである。それと同じように地下街にも施設を設けておけば、無線が有効に活用できるようになる。

　そのような意味で、これは無線通信設備そのものではないが、それを補助する設備なのである。そこで**無線通信補助設備**という。もとより防火対象物の関係者が使用すべきものではなく、消防隊の使用に供する（警察と共用することもある。）ものであるところから、**消火活動上必要な施設**として位置づけられている。昭和49年の消防法施行令の改正で新しく仲間入した設備である。

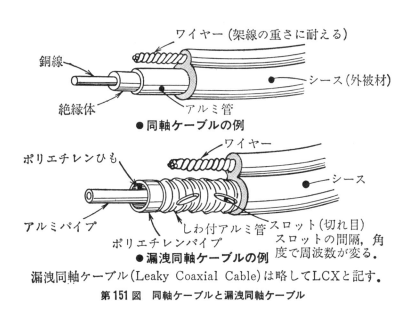

漏洩同軸ケーブル（Leaky Coaxial Cable）は略してLCXと記す。

第151図　同軸ケーブルと漏洩同軸ケーブル

第9章　無線通信補助設備

　この補助設備は、**同軸ケーブル**を用いて電波を地下街内部に送り、アンテナを介して電波を輻射させる。同軸ケーブルとは、テレビのアンテナからの引込みにも使用されるもの。構造的には丸断面のケーブルで、内部にアルミ管があり、その中に絶縁体に取り巻かれた銅線が入っている。ただそれだけの構造なのだが不思議なことにテレビチャンネルならば30チャンネル分を同時に伝送できる。

　同軸ケーブルの一種である**漏洩同軸ケーブル**を用いることもある。これは、電波を伝送するだけではなく、同時にケーブルから電波を輻射することができる。従ってアンテナなしでもよい。もちろん、これに**アンテナ**を設置することもできる（**第151図参照**）。

　この漏洩同軸ケーブルの構造は、同軸ケーブルのアルミ外管にシワが付いていると共にスロットという切れ目が入っているものである。このスロットから電波が輻射するのであるが、スロットの入れ方によって輻射する電波の種類が変ってくる。従って使用する電波の周波数に適したものを選ばなければいけない。現在、消防隊の使用する無線通信の周波数は150MHzであったが、しかし、消防・救急無線がデジタル方式になるのに合わせて周波数も260MHzに変更になるのに伴い「消防長又は消防署長が指定する周波数帯」と改正された。。

　無線電波は地上にある端子又は防災センターにある端子から送り込む。端子と無線機とは**コネクター**（接続部品付きの同軸ケーブル）で連結する。

●無線通信補助設備の基準

　〔**設置対象物**〕今のところ、無線通信補助設備を設置しなければならないのは、延べ面積が1,000m^{2}以上の**地下街**のみである。

　〔**設置基準**〕無線機と接続するための**端子**は「地上で消防隊が有効に活動できる場所及び防災センター等」に設置する。これは、先ず地上からの指揮連絡を考えているが、他に防災センター等からの指揮連絡も行えるようにしているためである。

　端子は、**保護箱**の内部に設け、その高さは床面又は地盤面から0.8m以上1.5m以下の位置とする。保護箱の表面は**赤色**とする。これはフチドリだけでなく、全面を赤色にする。その上へ「無線機接続端子」と表示する。地上に設ける保護箱は、堅ろうでみだりに開閉できない構造とし、ホコリが入らないよう、また防水上適切な措置を講じておく（**第152図参照**）。

　端子の構造はJIS C5411高周波同軸CO1形コネクターに適合するものでなければいけない。通常は、保護箱の内部に数メートルの長さのコネクターを巻いて入れておく。

　端子から送りこまれた電波は、同軸ケーブルにより伝送される。同軸ケーブルの末端にはアンテナを設ける。漏洩同軸ケーブルの場合には末端に**終端抵抗器**を設けておく。アンテナを設けてもよい（**第153図参照**）。

　同軸ケーブル等の品質は、**難燃性**を有し、かつ、湿気により電気的特性が劣化しないものとする。

　　注）延焼の媒介とならないよう難燃性を有するものとされたが、難燃化の技術が開発されるまでの間、当該ケーブル等のシース材料をすべて難燃性を有するものとしないでも、防火塗布する等、延焼媒介とならないため

第9章　無線通信補助設備

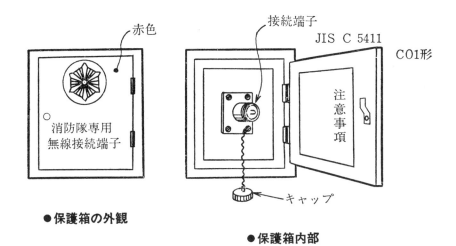

●保護箱の外観　　●保護箱内部

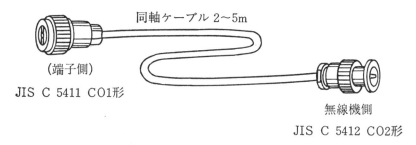

●コネクターの例
第152図　保護箱とコネクター

の措置を講ずれば足りる（昭49．12．2消防予第133号）。
　また、同軸ケーブル等は、**耐熱性**を有するように、かつ、金属板等により電波の輻射特性が低下することのないよう設置すること。同軸ケーブル等は、支持金具で堅固に固定すること。
　　注）無線通信は、火災がかなり進んだ段階においても使用することが考えられるところから、耐熱性を有するように設けることとされたが、これは同軸ケーブル等を石綿、けいそう土等で巻くとか、又は仕上げを不燃材料とした天井裏に設置すれば足りる（昭49．12．2消防予第133号。）
　同軸ケーブル等の**公称インピーダンス**は50Ωのものを用いる。インピーダンスというのは、チョット説明しにくいが「電気回路において交流の流れを妨げるもの」とでも言おうか。加えられた交流の電圧と回路に流れる電流の比で表わされ、その単位はオーム（Ω）である。同軸ケーブル等に接続するアンテナとか分配器等も、そのインピーダンスに整合するものを用いる。これは、現在多くの消防隊が所有する無線機のインピーダンスが50Ωであることによる。インピーダンスが整合していると能率よく安定した無線電波を伝送できる。
　ケーブルを分岐させる場合には、**分配器**を用いる。この他、**混合器**とか**分波器**を用いることもある。これらの器具は、それを設置することにより電波が弱められないように挿入損失の少ないものとする。ケーブルと分配器等との接続部は防水上の措置が必要である。

第9章　無線通信補助設備

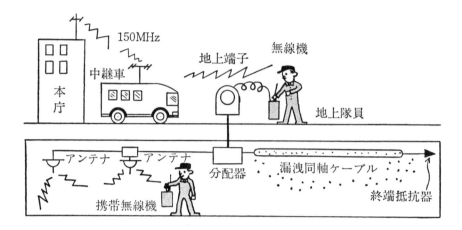

　アンテナは指向性が少ないので広場等に設けるのに適し，漏洩同軸ケーブル(LCX)は，一様に電波を輻射するので廊下のような細長い場所に適する．

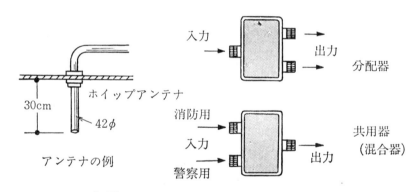

第153図　無線通信補助設備のシステム

　規模が大きくなると**増幅器**を設置することがある。増幅器の役目は、電波が次第に弱っていくので、途中でエネルギーを供給してやることである。増幅器は防火上有効な措置を講じた場所に設けなければならない。

　増幅器の**電源**は、交流低圧屋内幹線で配線の途中で分岐させていないものからとり、開閉器には「無線通信補助設備用」の表示をする。他に容量30分以上の**非常電源**（蓄電池設備に限る）を付置する。従って、最初から電源を蓄電池設備からとるようにしてもよい。非常電源から増幅器までの回路の配線は耐火保護を必要とする。

　注）増幅器を要する程の長距離配線となることは稀である。

　設備全体を通じて、点検に便利で、かつ、火災による被害を受けるおそれがないように設けること。

　同軸ケーブル等は、消防長、消防署長の指定する周波数帯における電波の伝送又は輻射に適するものとすること。警察の無線通信等と共用する場合には、消防隊相互の無線連絡に支障のないようにすること。

第9章 無線通信補助設備

●無線通信補助設備の総合操作盤

　延べ面積が1,000㎡以上の地下街（消防法施行規則第12条第1項第8号ロ）に設ける**無線通信補助設備**（増幅器を設ける場合に限る。）には、基準に適合する総合操作盤（平成16年消防庁告示第7号）を、消防庁長官の定める設置方法（平成16年消防庁告示第8号）に基づいて防災センター等に設けて、そこで当該設備の監視、操作等を行うことができるようにしなければならない。（消防法施行規則第12条第1項第8号の準用、同規則第31条の2の2第9号）

　なお、この総合操作盤関係については、**当アタック講座〔下〕第26章　総合操作盤**を参照のこと。

　この**無線通信補助設備**について総合操作盤の表示項目、警報項目及び操作項目は、次のとおり。
（表示項目）…端子の位置及び電源断の状態
（警報項目）…なし
（操作項目）…なし

●消防設備士・検定

　無線通信補助設備については、消防設備士による工事・整備の対象になっていない。
　また、検定対象品目としての指定もない。

（参考）有線通信と無線通信
　通信には、有線通信と無線通信とがある。有線通信の代表的なものに**電話**がある。1876年、米国のベルによって開発された。音声を一たん、電気信号に変えて伝送し、受信側で再び音声に戻す。日本でも1890年に東京（155名加入）及び横浜（42名加入）で電話交換を始めた。近頃では遠距離電話はマイクロ波で伝送することもあるが、基本的には有線通信システムである。

電　波　の　分　類

周波数帯番号	略　称	周波数の範囲	メートル区分
4	VLF	3KHz～30KHz	ミリアメートル波
5	LF	30KHz～300KHz	キロメートル波
6	MF	300KHz～3,000KHz	ヘクトメートル波
7	HF	3MHz～30MHz	デカメートル波
8	VHF	30MHz～300MHz	メートル波
9	UHF	300MHz～3,000MHz	デシメートル波
10	SHF	3GHz～30GHz	センチメートル波
11	EHF	30GHz～300GHz	ミリメートル波
12	－	300GHz～3,000GHz	デシミリメートル波

（注）KHz=10^3Hz（キロヘルツ）、MHz=10^6Hz（メガヘルツ）、GHz=10^9Hz（ギガヘルツ）

第9章 無線通信補助設備

一方、**無線通信**はイタリアのマルコーニ等によって19世紀末に開発された。以後、通信は無線時代に入る。**ラジオ**放送も無線の一種で1920年代にスタートした。日本では1925年に初放送、**テレビ**の初放送は1953年である。

電波法によると、電波とは、周波数3KHz（波長100km）から3,000GHz（波長0.1㎜）までのものをいう。**ラジオ**はヘクトメートル波（中波）、**テレビ**はメートル波（ＶＨＦ）からデジタル化に伴い、デシメートル波（ＵＨＦ）の超短波、**ＦＭ放送**もメートル波、**消防隊使用の150MHz**もテレビと同じ位の超短波である。現在、消防無線通信システムのデジタル化（平成28年5月31日）に伴い、周波数260MHz帯に変わる。

可視光線は3,800オングストローム（すみれ色）から8,100オングストローム（赤色）まで。1オングストロームは10^{-8}cmである。さらにこれよりも波長の短いものにＸ線などがある。

電流の周囲には磁場が生じるが、電流が変化すると磁場も変化し光速度と同じ速さで四方に伝播する。これが**磁波**である。それと直角方向に電力線の波が生じる。これが**電波**である。これらをあわせて**電磁波**という。

●テレビチャンネル（東京）・ＦＭ放送			●たんぱ放送		
チャンネル	テレビ放送	周波数	（　）内第2		9.76(9.59)MHz 6.11(6.05)MHz 3.94(3.92)MHz
7	テレビ東京	531.25MHz	●ラジオ放送（KHz）		
10	テレビ朝日	537.25			
8	フジテレビ	519.25	ラジオ日本（RF）	1422	FEN　810
6	TBSテレビ	525.25	ニッポン放送（LF）	1242	NHK第2　693
4	日本テレビ	549.25	文化放送（QR）	1134	NHK第1　594
3	NHK(教育)	479.25	TBSラジオ（KR）	954	
1	NHK	555.25			
FM	NHKFM	82.5MHz	●可視光線（A°…オングストローム=10^{-8}cm）		
	FM東京	80.0	すみれ色（3800）～赤色（8100）		

テレビ・ラジオ等の周波数

第10章　避難器具

[参照条文] 消防法施行令第25条、消防法施行規則第26条、第27条

●避難器具の必要性

　建築基準法施行令に「避難階」の定義がある。それによると**避難階**とは「直接地上に通ずる出入口のある階をいう（建築基準法施行令第13条の3第1号）」とされている。一つの建築物には必ず避難階がある。傾斜地に建つ建築物にあっては、この避難階が2以上存在することもある。

　建築物内部から避難をするということは、いかにしてこの**避難階**まで安全に到達するか、また屋外階段のように屋外の施設では、いかにして直接**地上**まで安全に到達できるか、を意味する。

　建築基準法には、また「**直通階段**」という考え方がある。この避難階又は地上まで、マッスグに上下できる階段である。階段の途中で上下につながっておらず、廊下とか通路を通って別の場所に行かないと、階段がないというのでは直通階段とは言えない。

　この直通階段を防火的に安全な構造としたものが、**避難階段**であり、**特別避難階段**である。避難階段には、**屋内避難階段**と**屋外避難階段**の別がある。**特別避難階段**は、さらに安全性を高めて、階段室への入り口に、排煙設備を設けた附室又は屋外に面した**バルコニー**を設けて、階段室へ煙が流入しないようにしたものである。従って、この特別避難階段というのは構造的に、屋内階段でなければならないから、屋外の特別避難階段というものはあり得ない（**第154図参照**）。

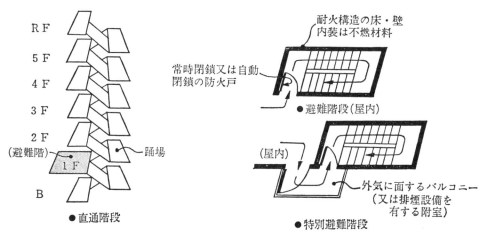

第154図　直通階段・避難階段・特別避難階段

第10章　避難器具

　これらの階段の構造上の詳細は、ここでは省略するが、さらに詳しく勉強したい向きは、建築基準法施行令第123条を御覧いただくか、又は拙著『**第3版 消防・建築法規のドッキング講座**』(155〜160頁)を参考とされるがよろしかろう。

　建築物が火災になって避難をする場合には、これらの階段を利用するのが常道であることは、言うまでもないが、時には逃げおくれて、もう階段まで歩いて行けない、階段が使えない、という状況に追い込まれることがある。

　昭和57年のホテル・ニュージャパン火災の場合も、そうであったが、それをテレビカメラがキャッチする。「あっ、あの人、なんとか助けられないのか」「ロープの1本もないのか」から始まって、そのうちに「消防は何をやっているか。ハシゴ車で助けろ」と茶の間からシッタ激励を受けるハメになる(**第155図参照**)。

昭和57年2月8日
東京消防庁永田町はしご車は
844号室の宿泊客を救助した．

第155図　ホテル・ニュージャパン火災で助けを求める宿泊客

　確かに、1本のロープでもあれば、人命を救うことができる、そういった場面も多々ある。ロープでもよいし、またはもっと確実な器具が備えてあれば、おそらく自力で安全に避難することだってできるだろう。そのような目的で、建築物に設置されるのが、消防法上の**避難器具**である。従って、避難器具は、すべての人びとが、これを利用して避難をすることまでは考えていない。あくまで、逃げおくれた人のための対策と考えた方がよい。

　避難器具は、人命を託すものであるから、あくまでも安全第一でなければならぬ。それと機構が**簡単**で、しかも誰にでもその使用法が判る**簡便**なものでなければならぬ。火災時には「落ちつけ」と叫んでみても、避難する方は必死だから、なかなか冷静にはなれない。そんなときに利用されるのが、この避難器具だから、ヤヤコシイものでは役に立たん。昭和46年、大阪の千日前デパート火災の場合でも、救助袋を外壁に垂れ下げるところまで、やってみたが、救助を求める人は、袋の外側にしがみついて降下しようとしている。

第10章　避難器具

　大火災の後では、テレビでそのような光景を見るものだから、よく避難器具の発明やアイデアを寄せられる奇特な発明家がおられるが、どうも安全性に疑問があったり、使い方が複雑すぎたりして、実用的なものは少ない。
　そこで消防法令では、今のところ、**8種類**の避難器具に限って設置を認めている。
　　注）消防法の性能規定化に伴い、避難上同等以上の効果がある器具が開発された場合は、これら8種類の避難器具以外のものであっても、避難器具として認められる余地はある。その場合の手続き等は本書末尾の補講－1（p.325）を参照して下さい。

●避難器具の種類とその適応性

　先に述べたように消防法施行令第25条で認めている避難器具の種類は、次の8種類である（**第156図参照**）。
(1)　**避難ロープ**
(2)　**すべり棒**
(3)　**すべり台**
(4)　**避難はしご**
(5)　**避難用タラップ**
(6)　**救助袋**
(7)　**緩降機**
(8)　**避難橋**

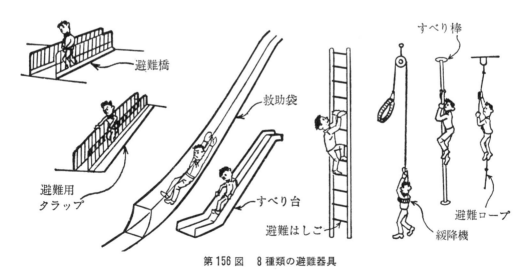

第156図　8種類の避難器具

　いずれも安全に地上または避難階に達することができるように考えられたものであるが、避難橋に限り、隣のビルの屋上へお互いに避難しあうという発想のものであるだけに、条件が整わなければ活用することはできない。

第10章　避難器具

避難器具の種類と適応性

種類＼階	地階	1	2	3	4	5	6	7	8	9	10	11以上
避難ロープ	×	－	○	×	×	×	×	×	×	×	×	－
すべり棒	×	－	○	×	×	×	×	×	×	×	×	－
すべり台	×	－	◎	◎	◎	◎	◎	◎	◎	◎	◎	－
避難はしご	◎	－	◎	○	○	○	○	○	○	○	○	－
避難用タラップ	◎	－	◎	○	×	×	×	×	×	×	×	－
救助袋	×	－	○	◎	◎	◎	◎	◎	◎	◎	◎	－
緩降機	×	－	◎	◎	◎	◎	○	○	○	○	○	－
避難橋	×	－	◎	◎	◎	◎	◎	◎	◎	◎	◎	－

（注）◎印は、すべてに適応性のある階、○印は、令別表第1(6)項の防火対象物以外に適応性あり、×印は設置不適、－印は設置不要の階を示す。

さて、これらの避難器具を建築物のどの階に設置してよいか、その**適応性**を整理してみると**上表**のようになる。

なお、昭和59年11月30日の政令改正で、「救助袋」は、2階にも適応、また「すべり台」は、6階以上にも適応することとなった。

(6)項の防火対象物、すなわち、病院、診療所、各種福祉施設、幼稚園等の用途に供するものにあっては、制限が厳しくなっている。

なお、この表はヨコに見れば、どの種類の避難器具は、どの階に設置してよいかが判り、またタテに見れば、或る階に適応性のある避難器具の種類ということが判るようになっている。

消防法施行令第25条をみると、4区分された表（法律の専門家では、このような表のことをタンザクと呼んでいる。）に、それぞれの防火対象物の区分毎に、各階に適応する避難器具の種類が示されているが、これを整理してみると上の表のように区分されていることが判る。

「えっ、そんなに簡単にまとめられるのかなァ」と心配する向きに、もう少しテイネイに説明すると、消防法施行令第25条を眺めると、2番目の表、すなわち「前項第2号及び第3号の防火対象物」の欄が基本になっているのです。3番目の「前項第4号の防火対象物」については、2階に設置不要のため2階の欄が空白となっているに過ぎず、「第5号の防火対象物」については、地上階についてのみ設置義務があるから、地階の欄は空白でよいのである。それだけのことで、その他の階は全く同じ内容なのである。

それでは前の方へ戻って、最初の「前項第1号の防火対象物」は、(6)項の防火対象物、すなわち病院等であるから、避難器具の種類を限定しているのである。従って、ここだけが内容的に違いがある。具体的には、下層階でも、すべり棒、避難ロープの使用を認めず、3階の避難用タラップ、3階以上の避難はしご、6階以上の緩降機をいずれも認めないという内容になっている。

従って、前記の表のように整理することができるわけである。

さて、1階において設置の必要がない、もっと正確にいうと避難階に設置の必要がないのは当り前であるが、**11階以上の高層階**においても設置の必要がないのは、どうしたことか。むしろ、高層階の方

にこそ設置の必要性が多いのではないか、という疑問がある。

もっともなことで、その必要性は判るが、実はそのような高層階において、安全に使用できる適切な器具が見当らないため、設置を義務づけていないに過ぎない。

その代りというか、高さ31mをこえる、いわゆる高層建築物においては、建築基準法第34条第2項で、非常用の昇降機（**非常用エレベーター**）の設置を義務づけている。なお、非常用のエレベーターは、火災時においては、消防隊の専用となるもので、一般の人びとの避難を目的としているものではない。

もともと、火災時や地震時には、エレベーターでの避難は禁止される。これは停電によってエレベーター内に閉じ込められてしまったり、火災階で扉が開き火傷を負うというような事故を防ぐためである。過去の火災では、例えば、池袋の西武デパート火災等で、エレベーター内に閉じ込められたため、命を落してしまったという事故が実際に発生している。

●避難器具設置上の共通基準・個別基準

避難器具を設置するうえで、8種類の器具に**共通する基準**には、次のようなものがある。すなわち「避難器具は、避難に際して**容易に接近**することができ、階段、避難口その他の**避難施設から適当な距離**にあり、かつ、避難器具を使用するについて**安全な構造**を有する**開口部**に設置すること」。ま、それぞれ使用方法が異なる8種類に共通する基準というのだから、内容はどうしても抽象的なものとなりがち。具体的な基準は、後で述べる各種類ごとの基準の中に多く含まれている。

続いて「避難器具は、前号の開口部に常時取りつけておくか、または必要に応じて速やかに当該開口部に取りつけることができる状態にしておくこと」とされている。以上は消防法施行令第25条第2項第2号、第3号の規定である。取付方法の細目は、「避難器具の設置及び維持に関する技術上の基準の細目（平成8年消防庁告示第2号）」に定められている。

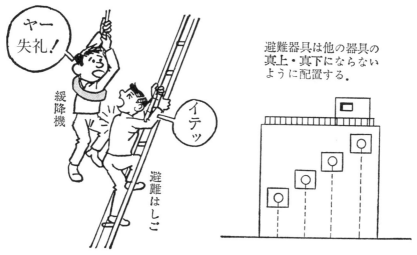

第157図 同一垂直線上にないような配置

第10章　避難器具

　それからみると消防法施行規則第27条第1号のように「避難器具のうち、すべり台、避難はしご、緩降機及び救助袋については、それらを設置する開口部が相互に**同一垂直線上**にならないこと」という内容の基準は原則であって、避難上支障がなければ位置は問わない（**第157図参照**）。

　また「避難器具を設置し、または格納してある場所には、見やすい箇所に『避難器具』という標識を設け」あわせて「その**使用方法を表示する**」。特に救助袋とか緩降機のように人びとが一見して直ちに使用方法が判るとは限らない器具には、判りやすく使用方法を表示しておく必要がある。もっとも、文字を読んで覚えるだけでは、身に付きにくいもの、やはり訓練で体に覚えさせることが必要。

　　注）避難器具の位置を示す標識は、タテ12㎝以上ヨコ36㎝以上とし、「避難器具」である旨を容易にわかるよう表示する。その使用方法は、図・文字を用いてわかりやすく表示する。

　なお、設置する防火対象物が「**特定1階段等防火対象物（下記注参照）**」である場合には、次のような表示を加えること。
　イ　避難器具設置又は格納場所の出入口には、その上部又は直近に「避難器具設置等場所」である旨、容易に識別できる措置を講じること。
　ロ　避難器具設置等場所がある階のエレベーターホール又は階段室（又はその附室）の出入口付近の見やすい個所に「避難器具設置等場所を明示した標識」を設けること。

　これらの追加規制は、平成17年10月2日より施行されるので、その前日までに、上記の措置を講じなければならない。

　　注）「特定1階段等防火対象物」とは、特定防火対象物の特定用途部分が避難階以外の階にあって、かつ、直通階段（避難階又は直接地上に直通する階段）が2以上設けられていないものをいう。
　　　なお、階段が、屋外に設けられているもの、特別避難階段であるもの又は屋内階段であっても一定の開口部（平成14年消防庁告示第7号）を有するものである場合には、適用除外となる。

　さて、避難器具のうち、**金属製避難はしご及び緩降機**については、**国家検定品目**に指定されている（消防法施行令第37条第12号及び第13号）。従って、これらの避難器具については、国家検定のための規格を定めた、いわゆる**規格省令**が存在する。

　その他の避難器具については、消防庁長官の定めた基準、すなわち、昭和53年消防庁告示第1号による「**避難器具の基準**」に適合するものでなければならない（消防法施行規則第27条第9号）。

　また、避難器具の**設置上の技術基準**は、各種類ごとに消防法施行規則第27条第1号から第10号に記されている。他、「設置及び維持に関する技術上の細目」が、平成8年告示第2号によって告示されている。

　避難機具のうち「特定1階段等防火対象物（上記注参照）」又はその部分に設けるものは、次のイからハまでのいずれかに適合するものでならなければならない。
　イ　安全かつ容易に避難することができる構造のバルコニー等に設けるもの
　ロ　常時、容易かつ確実に使用できる状態で設置されているもの
　ハ　一動作（開口部を開口する動作及び保安装置を解除する動作を除く。）で、容易かつ確実に使用できるもの

　なお、この規定は平成15年6月の規則改正によって追加されたものであり、平成18年10月2日に施行

第10章　避難器具

される。避難器具は遡及適用であるため、その前日までに新基準に適合させる必要がある。ただし、消防長又は消防署長が特に必要があると認めた場合には、その施行は平成20年10月2日施行となる。

以下、避難器具の種類ごとに区分して、それらの基準を総合的に説明してみることとする。

●避難ロープの基準

ロープをつるし、そのロープにつかまって降下するという誰しもが考えつきそうな、避難器具の中では最もプリミティーブな（原始的とでも言うか）器具。ところで、このロープというのは、原料は麻縄（又はナイロン）。表面はザラザラである。そこで力一杯ロープを握って滑り降りようものなら、手の皮はスリむける程で、それをガマンして滑り降りるのは容易なことではない。

そこで智恵のある人が途中に**結び目**（結節点）をこしらえてみた。そうすると降下時のスピード調節が容易になった。近頃の避難ロープには、すべてこの結び目が付けられている。**2階**からの避難に限って使用できる。ただし、(6)項の防火対象物には使用できない。

　〔告示による基準など〕

告示の**定義**によると、避難ロープとは「上部を固定し、つりさげたロープを使用し降下するもの」となっている。上部は、直接、建築物の一部に固定してあるものと、つり下げ金具（ナスカン・フック等）によって使用時に緊結するものとがある（**第158図参照**）。

つり下げ金具は、当然のことながら鋼材が使用される。耐食性のあるステンレス鋼であればよいが、そうでないときは、メッキ等の耐食加工を施す必要がある。

　注）ステンレス（Stainless）のステンは「着色する」という意味と「汚れる」という意味とがある。ステンレスは、汚れない、錆びない、という意味になる。ステンド・グラスの方は、着色したガラスの意味になる。

ロープの**太さ**は、直径12mm以上とし、使用時に急激な降下からの手の平をすりむくことのないよう、一定の間隔で結び目をこしらえておく等の措置を講じておく。当然のことながら、ロープの**長さ**は、取付位置から地盤面等の降着面にまで達する長さが必要である。

強度は、ロープについては6.5kNの引張荷重に耐え、つり下げ金具については6kNの引張荷重に耐えるものでなければならぬ。私は現在72kgの体重であるから、多少の衣服を着用しても約75kg。600kg（6.0kN）というと、その8人分だね。1人60kgとみれば10人分となる。

　注）荷重は「かじゅう」と読む。「にじゅう」というのは誤り。

荷重に耐えるというのは、ロープならば「破断又は著しい変形を生じない」ことをいい、つり下げ金具ならば「亀裂、破損、著しい変形等を生じない」ことをいう。

ロープの**材質**は、耐久性に富んだ繊維質のもので、全長を通じて均一な構造を有し、使用者を著しく施転させるねじれ等の障害を生じないものであることとされてい

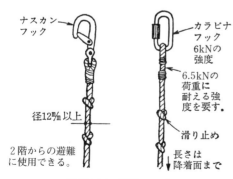

第158図　避難ロープ

第10章　避難器具

る。
　避難ロープを使用するための**開口部**の大きさは、幅50cm以上、高さ80cm以上又は幅45cm以上、高さ１ｍ以上（床面に設ける場合は半径0.5ｍ以上の円が内接するもの）を要する。あわせて降下に要する降下空間は、ロープを中心とした半径0.5ｍとする。ただし、壁面に沿って降下する場合の壁面側はこの限りでない。
　また、ロープには、(1)種類、(2)製造者名又は商標、(3)製造年月、(4)長さ、(5)自重を表示する。ロープにこのような事項を**表示**するのは、ヤッカイな注文かも知れないが、一般には、つり金具の近くに、表示事項を記した銘板を巻きつける等の方法で表示している。

●すべり棒の基準

　すべり棒とは、金属製のパイプを固定しておいて、イザという時に、それにしがみつくようにして降下する。消防署にあるから消防職員ならば説明するまでもなく、お判りであろう。ただし、署にあるのは屋内であり、しかも、いつも使っているからサビも出ない。しかし、避難器具とし用いるものは、屋外設備もある。そうなるとサビにも注意しなければならなし、雨降りで濡れていたりすると、これはスピードが出過ぎてたいんへ危険である。雪国や寒冷地では、零下何十度というような寒気の中で、素手で金属棒を握ろうものなら、アッという間に凍り付いてしまうから、そのまま滑り降りるなんて、とてもできない。手の皮がめくれてしまう。ま、そんなことにも配慮しておかなければならない。**２階**からの避難のみに使用できる。(6)項防火対象物は不適。
　〔告示による基準など〕
　告示によると、**すべり棒**とは「垂直に固定した棒を滑り降りるもの」、すべり棒の**外径**は、35mmから60mm、この位の太さが握りやすい。太からず細からずというところ。当然に**断面積**は円形である。表面は平滑で、上部及び下部は、取付け金具で固定する。材質は耐久性のある鋼材でメッキ等の耐食加工を

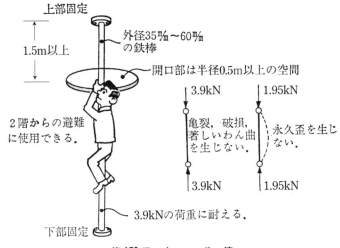

第159図　す　べ　り　棒

要する（**第159図参照**）。

　力学的な**強度**としては、3.9kNの圧縮荷重（軸方向）に耐えられるもの、すなわち、それだけの圧縮荷重を加えても、亀裂、破損、又は著しいわん曲の障害を生じないものでなければならない。先程のロープでは8～10人の重さに耐えるものということであったが、このすべり棒では、5～6人分に相当する3.9kNが限度。

　これは、すべり棒はスピードがあって、そう何人もしがみつけるものではないことが一つ、もう一つは、ロープならば引張りであるから、引張れば直線にしかならないが、圧縮のときは、上下からの圧縮力により材がハラミ出して、いわゆるわん曲をすることがある。これが力学的には「**座屈（ざくつ）**」という。

　そこで告示では、3.9kNの2分の1、すなわち1.95kNの荷重（軸方向）によって永久歪（ひずみ）を生じないもの、と規定している。一時的に生じた歪ならば、荷重を取り去ると元に戻るものであるが、荷重を取り去っても元へ戻らない歪が永久歪である。

　すべり棒を使用する場合も、一定の**開口部**や**降下空間**を必要とするが、これは避難ロープの場合と同じである。また、すべり棒は廊下階の床面よりの高さ1.5m以上から降着面まで必要である

　すべり棒にも、(1)種類〔すべり棒〕、(2)製造者又は商標、(3)製造年月　を記した**表示**が必要である。

●すべり台の基準

　これは、建築物にすべり台を設けておいて滑り降りるもの。幼稚園児でも使用できる。先に避難器具は、本来これで全員が避難するべきとは考えていないと書いたが、このすべり台は例外かも知れない。幼稚園などでは全員がこのすべり台による避難を行うこともあろう。もっとも、幼稚園を2階に設けることが良いことかどうか、別の問題があるが。

　2階から10階までの階に適応性がある。と言っても、何も10階から地上までイキナリ滑り降りて来るのではなく、先ず10階から9階へ、9階から8階へと順番に降り継いで来るのである。以前は、6階

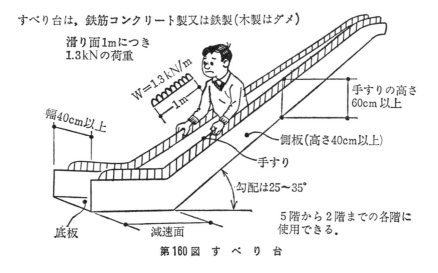

第160図　す　べ　り　台

第10章　避難器具

以上の設置が認められていなかったが、昭和59年11月の改正で、6階以上の設置も認められた。従って各階に使用できる。病院等にも使用が認められている。

　〔告示による基準など〕

　告示の**定義**によると、すべり台とは「勾配のある直線状またはラセン状の固定された滑り面を滑り降りるもの」とされている。

　すべり台の構成は、強いて分類すると、**底板、側板、手すり**となるが、側板と手すりとはそれ程厳密に区分する程のことはない。

　底板は**有効幅**40㎝以上の平滑な表面を持つ滑り面とし、**勾配**は25°から35°の範囲、下端には、滑降時のスピードを安全に落すための減速面を連続的に設ける。ま、これ位のことなら、子供の頃に遊んだから誰でも良く知っている。

　底板、側板及びその取り付け部は段差やすき間があってはならない。例外としては、滑り面がローラーとなっているのは止むを得ないとしている。ローラー滑り台というのは、滑ってみると面白い。ローラーがガラガラと廻って。しかし避難器具は遊び道具ではない。ローラー式にするにしても、その方が滑りやすいだろう、という避難上の配慮によるもの。ただし屋外ではサビついたりするおそれもあるし、なるべく簡易な構造のものとした方がよい。

　告示では、**側板の高さ**は40㎝以上、**手すりの高さ**は60㎝以上と書き分けてある。側板の上部に、さらに手すりを設けることを予定しているみたいだ。ちなみに側板が60㎝以上であれば、手すりは不要とされている（第160図参照）。

　この側板の高さが60㎝以上というのは、随分高いと思われるかも知れないが、これは鉛直面に対してのこと。勾配面について言えば、それにコサイン（$\cos\theta$）を乗じてみればよい。勾配30°では52㎝程度となるか。

　底板、側板、手すり及び支持部は、鋼材（アルミも可）、鉄筋コンクリート材等の**耐久性**のある材質を使用し、**耐食加工**（メッキ等）を施す。

　すべり台は、構造耐力上、底板、側板及び支持部について、**自重**（すべり台そのものの重量）及び**積載荷重**（滑り降りる人の体重、滑り面1mについて1.3kN）に対して安全であるほか、**風圧力**や**地震力**に対しての安全性も要求されている。

　側板や手すりは、底板、支持部等に固定されていて使用時に離脱することのないよう、強度的に安全なものとする。

　すべり台を設置する場所は、ボルト締め、埋め込み、溶接などの方法で、建築物の柱、床、はりなど構造上堅固な部分に（必要に応じて堅固に補強をする等の方法で）取り付ける。

　すべり台取付部の開口部の大きさは高さ0.8m以上×すべり台滑り面の幅以上とする。降下空間は、滑り面から上方に1m以上、幅は左右外方向に0.2m以上を確保する。避難空地は、すべり台下端先端前方1.5m以上、左右は中心線からそれぞれ0.5m以上を必要とする。

　すべり台には、⑴種類〔すべり台〕、⑵製造者名又は商標、⑶製造年月、⑷長さ、⑸勾配、を見やすい箇所に**表示**しておく。

●避難用タラップの基準

　タラップと聞くと、大きな艦船に設けられているタラップを思い出す。片方が甲板に固定されており、もう一方を降下させることができる**可動式の鉄製階段**である。甲板から港の岸壁に降りるとか、カッターに乗り移るときに使用する。

　このタラップを建築物に設置しておけば、避難のときに役立つのではなかろうか、と言うのがそもそもこの「**避難用タラップ**」を避難器具の一種に加えることとなった端緒である。

　避難器具としての使用範囲は、**3階**、**2階**及び**地階**に設置するものに限定されている。一般に見かけるタラップは、2階から地上に降りる部分が可動式となっていることが多いが、これには防犯上の理由も加味されてのことであろう。

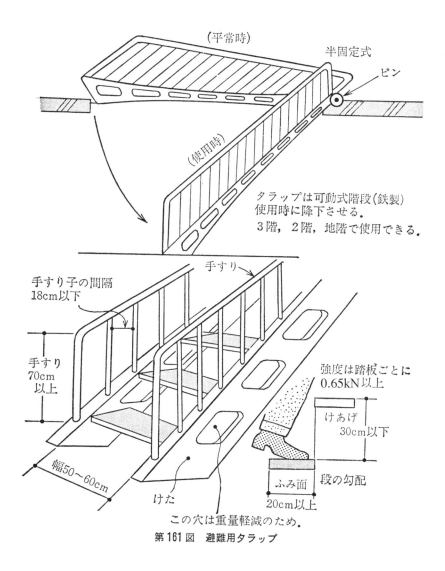

第161図　避難用タラップ

第10章　避難器具

　それでは、これは鉄製の**屋外避難階段**とどう違うのか、そこにまた建築基準法との接点がでてくる。両者は形態的には似たところがあるが、建築基準法上の階段は、本来、建築物からの避難に際して第一義的に使用されるべき施設であるのに対して、避難用タラップは、あくまで避難器具とし補助的な機能を分担しているものであろう。

　例えば、**屋外避難階段**の方は（居室の床面積が200㎡以上の場合）踏面24cm以上、蹴上げ20cm以下、幅は90cm以上とされているのに対して、**タラップ**の方は、踏み面20cm以上、蹴上げ30cm以下、幅は50cm以上60cm以下と、かなり基準に違いがある。

〔告示による基準など〕

　告示によると、避難用タラップとは、踏板、手すり等によって構成される「**階段状**のもので、使用の際、手すりを用いるもの」をいう。使用時以外は、タラップの下端を持ち上げておく**半固定式**のものが多い。使用する場合には、簡単に一動作で架設できるようになっており、安全、確実に避難の用に供されるものでなければならぬ。

　階段状のものであるだけに、先に述べたように階段と同じような基準が設けられている。それによると、**踏面**の寸法は20cm以上、**蹴上げ**の寸法は30cm以下、手すり間の**有効幅**は50cm以上60cm以下でなければならない。高さが4mをこえる場合は途中に**踊場**を設ける。踊場の**踏幅**1.2m以上が必要である。と言っても、踊場ともども可動式とはできないので、踊場から上部は固定しておき、踊場から下の部分だけを半固定式とするのが通例である。

　手すりは高さ70cm以上とし、タラップの両側に設ける。**手すり子の間隔**は、安全上18cm以下とする（**第161図参照**）。

　また、鉄板は濡れていると滑りやすいので**滑り止め**を設けておく。

　材質は、踏板、手すり、手すり子及び支持部について、鋼材又はアルミ材等の**耐久性**のある材料を用い、必要に応じてメッキ又は塗装による**耐食加工**を行う。

　強度としては、タラップの踏板や支持部に作用する**自重**、**積載荷重**（各踏板には0.65kN、踊場には1㎡当り3.3kN）、**風圧力**、**地震力**等に対して安全な構造とする。手すりは、踏板等に固定し、安全な強度を有すること。

　タラップの取付けは、柱、はり、床等に、一端ボルト締め、溶接等により堅固に取付けるものとする。避難用タラップの取付部の開口面積、降下空間等は避難橋に準ずる。

　また、避難用タラップには、見やすい箇所に、⑴種類〔避難用タラップ〕、⑵製造者名又は商標、⑶製造年月、⑷勾配　を**表示**する。

●避難橋の基準

　避難橋というのは、各種の避難器具の中では、ユニークなものに属するだろう。一般の避難器具は、建築物の各階から、地上又は避難階へ安全に避難することを目的としているが、この避難橋に限り、隣

のビルの屋上へ一たん避難し、そこから後は、そのビルの階段を利用させてもらうという手法の避難器具なのである。

　従って、どの建築物においても活用できると言うものではなく、各種の**条件**が満足した場合に限られることになる。ちょうど近くにビルがあるという**地理的条件**、しかも、そのビルの屋上の高さが同じ位であるという**建築的条件**、さらにお互いのビルの所有者、管理者同志が避難を認めあうという**社会的条**

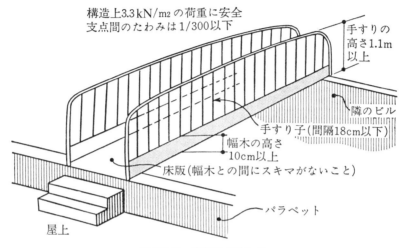

第162図　避難橋（固定式）

件、避難橋の設置費用を分担しあう**経済的条件**などがまとまらないと、単に一方がそれを望んだとしても勝手に設置することはできない。

　地上階であれば、何階に設けても差しつかえない。しかし、ビルとビルとの空間に橋渡しをするのであるから、充分な安全上の強度が必要となる。水平な架橋が望ましいが、屋上の高さの相互関係（高低差）から、若干の勾配がつくこともある。

（告示による基準など）

　告示によると、**避難橋**とは、橋げた、床板及び手すり等で構成され「建築物相互を連絡する**橋状のもの**」をいう。

　両端を固定して架橋してある**固定式**のものと、使用時に容易に架設できる構造の**移動式**のものとがある。いずれにせよ、空間を橋を架けて渡るのであるから、もしも橋がはずれて落ちるようなことがあったら、それこそ大変である。そこで端部は、安全上充分な**カカリ長さ**を有し、移動式のものでは、架橋後の**ズレ**が生じないような防止措置が必要である。

　構造耐力上主要な部分は、**不燃性**の材質とし、鋼材、アルミ材のような**耐久性**のあるものとする。必要に応じメッキ、塗装による**耐食加工**を行う。主要部分の**接合**は、溶接又はリベット接合等により十分な強度を有すること。

　橋げた、床板、手すり等の**強度**は、そこに作用する**自重**、**積載荷重**（床面1㎡につき3.3kN）、**風圧力**、**地震力**等に対して構造耐力上安全であること。また、前記の荷重による**たわみ**は、支点間の300分の1を超えないこと。幅木、手すり等は、橋げたとか床板に固定し、使用に際して安全な強度を有する

第10章 避難器具

ものであること。

床板は、すき間のない構造とする。床板と幅木との間もすき間を設けないこと。床板はすべり止めが必要、どうしても勾配を設けるときは、その勾配は5分の1未満とするか、階段を設ける。

手すりは、避難橋の両端に設ける。その高さは1.1m以上、手すり子の間隔は18cm以下とする。さらに脚部には高さ10cm以上の幅木を設けるとともに手すりとの中間部に転落防止のための措置を講じておく（**第162図参照**）。

避難橋の取付け部の開口面積は高さ1.8m以上×避難橋の最大幅以上とする。避難橋使用上の空間は路面から上方2m以上を確保する。避難橋には支障のない広さの空地を設け、そこから広場、道路等に通じる有効な避難通路を設けておかなければならない。

避難橋には見やすい箇所に次の**表示**をする。(1)種類〔避難橋〕、(2)製造者名又は商標、(3)製造年月、(4)長さ、(5)勾配〔勾配を有しない場合には不要〕

●避難はしごの基準

避難はしごは、避難のために使用するはしごであって、避難器具としは、オーソドックスなものである。その**使用方法**からみて、固定はしご、立てはしご及びつり下げはしごの三種類に区分できる。

固定はしごは、あらかじめ建築物の壁面等に固定しておくもので、使用上は便利であるが、コソ泥に悪用されるおそれもある。そこで、下部を折りたたんでおくとか、伸縮ができるようにして防犯対策を講じているものがある。また、横桟を縦棒の中にタタミ込んで収納しておき、使用時にはサッと、はしごの状態に戻せるようなアイデアに飛んだ方式（収納式）もある（**第164図参照**）。

立てかけはしごは、いわゆる一般にいうハシゴであって、これを立てかけて使用する。

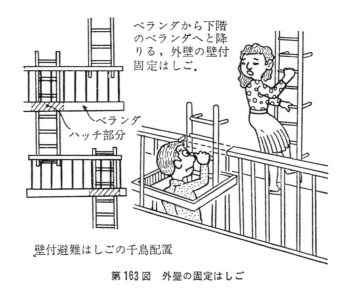

第163図 外壁の固定はしご

第10章　避難器具

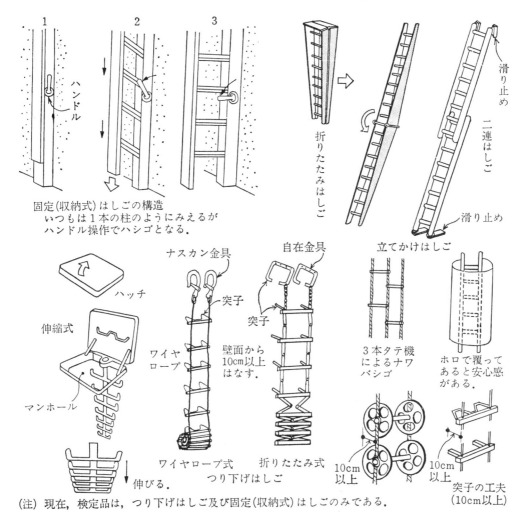

第164図　避難はしごの種類

　つり下げはしごは、いわゆる縄ばしごのようなもの。近頃では、金属製の**折りたたみ式**、**伸縮式**、**巻き上げ式**等の各種のタイプが普及し、マンションのベランダ等に設置され、その二方向避難に役立っている。

　　注）つり下げはしごを上手に使用するコツは、足の方に力を掛けず、腕で体重を支えるようにして昇降するとよい、とサーカス団員は言っている。

　避難はしごは、病院等の(6)項防火対象物を除いては、**あらゆる防火対象物の各階**に用いることができる。これは避難器具の中で、避難はしごは最もオーソドックスな器具であるからであろう。

　もっとも、各階に使用出来るといっても、例えば4階の窓から直接地上に達する立てかけはしごで降りるというようなことは適切でない。**4階以上の階に避難はしごを設けるときは、バルコニーに設ける金属性の固定はしご又は金属性のつり下げはしごでなければならない**（消防法施行規則第27条第4号ホ、第5号ニ）、その場合も、はしごは**千鳥配置**といって、降下口が直下階の降下口と同一直線上にない配

第10章　避難器具

置としなければならない。

　なお、鋼材をコの字形とし、外壁に直接、埋め込んで設ける「さるばしご」は、金属製避難はしごとしての検定は不要であるが、消防法施行令第32条の規定により、固定式の金属製避難はしごとして取り扱われる。

　11階以上の階には、避難器具の設置の必要はないけれども、前記のような外壁固定のはしごを設けていることが多い（**第163図参照**）。

　　注）「4階以上の階に避難はしごを設けるときは、金属製の固定はしごを設けるものとし」と消防法施行規則第27条3号ロに規定されているが、消防法施行令第32条の適用により、バルコニーのマンホールに組み込まれたつり下げはしごでも一定の基準に適合するものは設置しても差支えない（昭48.10.31消防安第50号）。
　　　基準の概要は、ベランダに設けたマンホール（内径おおむね60センチ）の上部からつり下げはしごを下方に展伸して使用するもので、マンホールのふたを開けた際に連動又は簡単な操作で展伸（下階床上50センチ以内迄）、使用時ユレの少ないもの。マンホールのふたは容易に開けることができるもので、降下中に閉鎖することのないように固定されること。配置は千鳥とする（**第164図下段左側のハッチ付のもの**）。
　　　消防法施行令別表第1(5)項、(7)項、(8)項、(11)項、(12)項及び(15)項の防火対象物に限り適用できる。

（金属製避難はしごの基準）

　金属製の避難はしごは、**国家検定**の対象品目に指定されているから、立てかけ式であろうと、つり下げ式であろうと、金属製である以上、その合格品を使用しなければならない。

　検定の基準である**規格省令**（金属製避難はしごの技術上の規格を定める省令）によると、**タテ棒**は2本以上（タテ棒3本のハシゴもある。また固定はしごではタテ棒1本のものも認められている。）とし、その間隔は30cmから50cmとする。そこへ**ヨコ桟**を間隔25〜35cmで取付ける。ヨコ桟の太さは、直径14mmから35mmの円形断面又はこれと同等の握り太さの形状の断面のものとする。

　つり下げはしごでは、タテ棒は、チェーンとかワイヤロープを用いてもよい。つり下げはしごは、壁面に密着すると使用しにくいので、壁面からの距離を保つため、10cm以上の突子（とっし）を設ける。**突子**は150Nの圧縮に耐えるものでなければならない。

　強度的な基準としては、ヨコ桟は、中央の7cm幅に100kgの等分布荷重を加えても永久歪を生じず、2.3Nmのトルクを加えても回転せず、かつ、破損しないものとする。タテ棒については、最上部ヨコ桟から最下部ヨコ桟までについて、長さ2m毎に500Nの静荷重を1本ごとに加えても永久歪を生じないもの、かつ、それらの2倍の静荷重でも破損しないものとする。

　　注）この静荷重は、一般には圧縮荷重であるが、つり下げはしごの場合は引張荷重とする。

　金属製避難はしごについては、国家検定合格のラベル（改正前は刻印）のほか、次の事項を**表示**する。(1)種別、(2)区分、(3)製造者名又は商標、(4)製造年月、(5)製造番号、(6)長さ、(7)立てかけはしご又はつり下げはしごにあっては、自重、(8)型式番号

　　注）消防研究所が開発した**収納型屋外避難階段**は、消防法施行令第32条の適用により、これを利用できる各階には、避難器具を設置したものとみなされる（昭48.8.9消防安第12号）。なお、規格省令第11条には、基準の特例が設けられており、新たな技術開発に係るもので同等以上のものは、総務大臣が定める基準によることができる。

（金属製以外の避難はしご）

222

金属製以外の避難はしごは、国家検定の対象品目となっておらず、従って基準は、消防庁の**告示**（避難器具の基準）に従う。

それによると、**タテ棒**（つり下げはしごではロープでもよい）は２本以上、その間隔は30cmから50cm、**ヨコ桟**の上下の間隔は、25～35cm、ヨコ桟の径は14mm～35mm、つり下げはしごの**突子**は10cm以上、というように、金属製避難はしごの場合とほぼ同様である。

強度関係は若干の違いがある。ヨコ桟の強度は中央７cmに金属製ならば２kN、その他の材質では３kNの等分布荷重を加えても永久歪を生じず、タテ棒は、長さ２m毎に1.3kNの静荷重（圧縮・引張）を１本ごとに加えても永久歪を生じず、かつ、それらの２倍の静荷重を加えても破損しないものとする。

表示事項は、⑴種別、⑵製造者名又は商標、⑶製造年月、⑷長さ、⑸立てかけはしご又はつり下げはしごにあっては自重とする。

(避難はしごの設置・維持の基準)

避難器具の設置及び維持に関する技術上の基準の細目（平成８年消防庁告示第２号）には、次のように定められている。

１）ハッチに収納された金属製はしご

つり下げはしごとし、ハッチ内に常時使用できるように格納しておく。通常はバルコニー等に設けられる。ハッチの降下口は直下階の降下口と重ならないよう**千鳥に配置**する。ハッチの上ぶたは容易に開けられるよう、下ぶたは開いたときに下端が床面上1.8m以上となるようにすること。

つり下げはしごの**突子**が壁面に安全・有効に接するように設けること。**最下端の横桟**は、降着面からの高さ0.5m以下とすること。操作に要する面積は0.5㎡以上（**一辺は0.6m以上**）とする。**降下空間**はハッチ開口部の面積以上とする。避難階での避難空地は、約１m以上の幅で避難通路等に通ずること。

２）上記以外の避難はしご

取付部の開口部は、壁面では幅0.5m以上×高さ0.8m以上又は幅0.45m以上×高さ１m以上、床面では直径0.5m以上の円が内接するものとする。壁面に設ける開口部の下端は1.2m以下とする。

操作部面積は0.5㎡以上かつ１辺0.6m以上とする。

降下空間は器具の前面から奥行0.65m以上、幅は端部から外方向に0.2m以上とする。

横桟の最下部は降着面からの**高さ0.5m以下**とする。

また、架空電線との間隔は1.2m以上（降下空間に対し）とする。かつ、はしごの上端との間隔は２m以上とする。

地階に設ける場合はドライエリアに**固定式**のものを設ける。

● **緩降機の基準**

緩降機とは、ツルベ式になっていて１人ずつ交互に降下する器具であるが、ツルベであれば滑車があって急速に回転してしまうのでその滑車に相当する部分に**ブレーキ装置**（調速器という）を設けて、降

第10章　避難器具

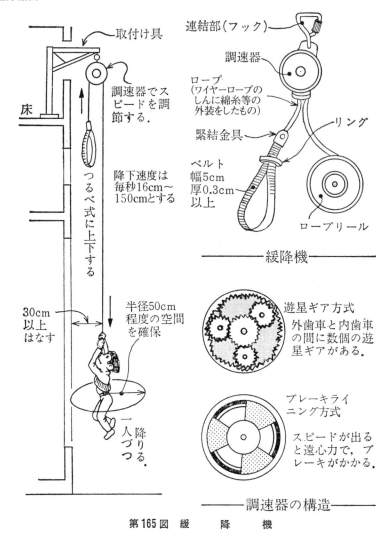

第165図　緩降機

下スピードを調節し、安全に降下できるようにしたものである。

　緩降機は、**国家検定**の対象品目に指定されているので、検定のための技術上の規格（規格省令）が設けられている。それによると、**緩降機**とは、「使用者が他人の力を借りずに自重により自動的に連続交互に降下することができる機構を有するもの」であって、「調速器、調速器の連結部、ロープ及び着用具」で構成されている（**第165図参照**）。

　そこで、先ずポイントとなる調速器の構造であるが、通常、この**調速器**はカバーでシッカリ覆われているので内部は容易に見ることができない。そこで、**第165図**を参照していただきたいが、回転のスピードを押えるために内部は**遊星ギア方式**（外歯車と内歯車との中間に数箇の遊びギアを入れたもの）とか、ブレーキを用いて回転を調整する**ブレーキライニング方式**などが採用されている。ブレーキは回転が速くなる程キツク締まるようになっているし、遊星ギアというのは、また不思議なメカニズムで、速く廻そうとしてもギアの嚙み合せの関係で、一定以上のスピードは出しにくい仕掛けとなっている。

　この調速器には１本の**ロープ**が通してあって、そのロープの両端に降下する人を支えるベルトが設け

第10章　避難器具

られている。ロープの長さは、取付位置から地盤面その他の降着面まで達する長さでなければならない。ロープのしんはワイヤーロープを用い、それをむき出しで使わず綿糸又はポリエステルの外装を施してある。ロープの強度は、最大3.9kNの重量を加えても破断しない強度を有している。

　着用具のうち**ベルト**は、幅5cm以上、厚さ0.3cm以上の大きさの繊維製（天然繊維又は化学繊維）のもので、長さは1.6mないし1.8mのものをループ状にしたものが用いられる。ベルトとロープとは、リベット等の金具で緊結してある。降下する人は、このベルトに体を通し、胸の位置で胸囲に合わせてベルトを締める。ベルトを締めるための**リング**があるから、それ引き寄せればよい。このリングで調節できるので、やせた人も子供でも容易に使用することができる。

　緩降機の**最大使用荷重**は、少くとも最大使用者数×1000N以上とされているので、よほど肥満した人でも先ず安全に使用できる。ベルトそのものの強度は、最大使用者数×650Nの引張りに対しても破断

第166図　緩降機の使用方法

第10章　避難器具

しないものとなっている。

　さて、降下する人の体重によって多少の差はあるが、調速器により降下の**スピード**は毎秒16cm～150cm前後に調節されている。テストでは、250N又は650N（使用者1名につき）の荷重を用いて、そのスピードを調べるが、最も遅いものでも毎秒16cm以上、速いものでも毎秒1.5m以下とされている。ロープが濡れていると滑りやすくなるので、**水濡れテスト**も実施しているが、降下スピードは平均20%程度増えるだけである。

　検定に合格した緩降機には、合格ラベルを貼付するとともに、次の事項が**表示**してある。(1)型式、(2)型式番号、(3)ロープ長、(4)最大使用荷重、(5)最大使用者数、(6)製造者名又は商標、(7)製造年月、(8)製造番号、(9)取扱い上の注意事項。

　　注）**最大使用者数**は、通常1人である。ロープの端にベルトを二つ設け、かつ、それに耐えるだけの強度を有するものは、2人ずつ一度に降ろすことも可能である。

　緩降機には、**取付け具**があって、それに取付ける。この取付けのための連結部までが、緩降機としての検定の対象となるものであって、取付け具自体は検定の対象ではない。

　取付け具の設置については、消防法施行規則第27条第4号に規定がある。それによると、取付け具は、建築物の柱、はり、床のような構造上堅固な部分に取付ける。必要に応じて補強したうえで取付ける。取付け具はメーカーによって、それぞれ特色があろうが、いずれにせよ、ボルト締め、溶接等でシッカリと取りつける。取付け具の材質は、十分な強度、耐久性のある鋼材に耐食加工を行ったものとする。ここらは当り前のことだ。

　なお、避難器具の設置及び維持に関する技術上の細目（平8告示第2号）によると緩降機の**つり下げ**

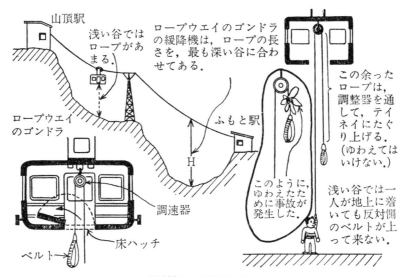

第167図　緩降機の事故

フックの取付け位置は床面から1.5m以上1.8m以下とされ、壁に設けるときの開口部は、下端を床面から1.2m以下とする。その場合、床から高さが0.5m以上のときはステップ等を設ける。**ロープの長さ**は、降着面へ降ろした着用具の下端が、降着面±0.5mの範囲となるように設定する。

第10章　避難器具

　さて、実際の**使用**に際しては、取付け具を設定したうえ、緩降機（通常は格納箱に入っている。）を取り出し、取付け具のアームに取りつける。ロープは長いのでリールに巻いてある。それは降下面へ投下してやればよい。

　緩降機のロープは、耐火構造のヒサシ等に接触してこすれ、切断することのないよう、これを設置の際に気を付けなければならない。人が降下するために必要な**降下空間**は、ロープを中心に半径0.5ｍの円筒形の空間が必要である。ロープは壁面から、15cmないし30cm程度、離れている必要がある。降下したならば、次に降下する人のために、降着地から速やかに離れるようにする（**第166図参照**）。

　ここで一つ、緩降機使用による**事故**を紹介しておきます。これは、建築物ではなく、ロープウェイのゴンドラからの降下に伴う事故です。緩降機は、器具も小形で収納に便利なところから、ロープウェイのゴンドラには、全部、積載してある。ゴンドラの天井裏に設け、床のハッチを上げると使用できる。

　問題は、ゴンドラの下の降下条件が、停った位置によって異なることである。山もあれば谷もある。ロープは、下まで届かないようでは困るので、最も深い谷でも降りれるだけの長さとなっている。

　そこで、もし比較的、下が浅い山部であった場合は、最初の１人が降りても、反対側のベルトが上りきらないことがある。

　そんなときは、面倒でも調速器を通してユックリとロープをたぐり上げるようにしなければいけない。それを面倒がってセッカチに降りようとすると、間違いが生じる。ロープが長いのだからと、簡単にロープをユワエテ、これでよし、と次の人が降りたところ、降下途中で、ロープが解けてアット言う間に、地上にたたきつけられてしまった。アセッタばかりの惨事であった（**第167図参照**）。

　注）この他、某大学で緩降機のロープの長さを変えるためロープとベルトの結合部の封印を解き、結び目を勝手に変更したため、訓練中事故を生じた例がある（昭和40年）。

●救助袋の基準

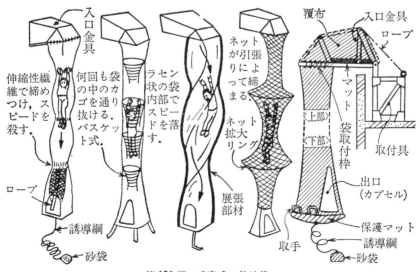

第168図　垂直式の救助袋

第10章　避難器具

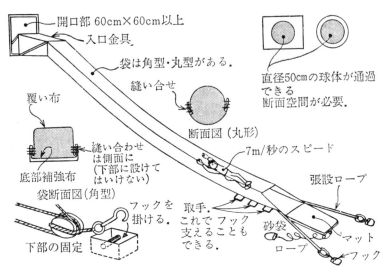

第169図　斜降式の救助袋

　救助袋とは、告示の**定義**によると「使用の際、垂直又は斜めに展張し、袋本体の内部を滑り降りるものをいう」とある。救助袋には大きく分けて二種類ある。**斜降式**と**垂直式**とである。

　斜降式とは「斜めに展張して使用する救助袋」とされている。布（キャンバス）製の長い筒を斜に張って、その中を滑り台のように滑り降りてくるもの。靴をぬいで滑り降りるように指導されている。靴をぬいだ方が滑りやすいし、袋の底部をいためない。

　垂直式の方は、垂直にたらした袋の内部を滑り降りるものであるから、斜降式に較べて場所を取らない、下部の固定が必要でないなどの特色があるため、せまい場所でも迅速に使用できるという特色がある。しかし、垂直に降りるといっても、下手をすれば落下するようなものだから、如何にしてスピードを殺して降下するかが決め手となる。そのために伸縮性のある繊維を使うとか、布の途中をしぼるとか、ラセン状に降りるとかの工夫がなされている。

　2階以上の階に適応性があり、(6)項の防火対象物すなわち病院等でも使用できる。病人子供の場合は、垂直式よりも斜降式の方が安全に使用できそうである。

　　注）従来は、2階に設置することは認められていなかったが昭和59年11月の改正で2階に設置することも認められるようになった。

（告示による基準）

　救助袋の構成は「入口金具、袋本体、緩衝装置、取手及び下部支持装置等」によるものとされているが、種類によっては、これらのすべてが必要であるわけではない。先に述べたように垂直式の救助袋では、下部支持装置は通常設けられないし、緩衝装置については、降着の際に強い衝撃を受けるおそれのない斜降式などでは設ける必要はない。

　救助袋には、いろいろな種類があるが、あまり複雑なものは具合が悪い。「安全、確実かつ容易に使用される構造」のものであることが原則である。

（垂直式の救助袋）

第10章　避難器具

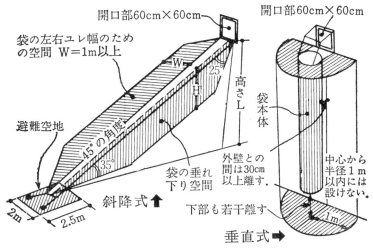

第170図　救助袋降下のための空間

　垂直式の救助袋は、垂直に垂れ下がった筒状の袋本体の内部を滑り降りるものであって、**筒の内部の大きさは、少くも直径50cm以上の球体**が通過できる大きさとなっている（**第168図参照**）。

　垂直式の場合は、建築物の壁面に振れると危険でもあるので、壁面から少くとも30cm以上離して設ける必要がある。また、筒の中心から半径1m以内の空間には、障害物を設けないようにしておかなければならない。ただし、救助袋と壁との間隔は0.3m以上（突出物からは0.5m以上）とする。

　また、そのように離して設けることにより入り口（降下口）は建物から離れた位置となり、その間を安全な金具で誘導してやらなければいけない。そのための**入口金具**は、入口枠、袋取付枠、結合金具、ロープなどで構成されている。底部には**マット**を設け、他は布で覆う。

　袋本体の下部出口と降着面との間隔は無荷重状態で0.5m以下とする。また、隣接して（避難空地を共用することとなる）設ける場合は相互の外面を1mまで接近させることができる。

　袋本体は、連続して、途中で停止することなく、平均4m程度のスピードで滑り降りられるものとなっている。スピード調節は、それぞれのメーカーによる特許（パテント）がある。途中で停止し、その後から次の人が降りてくるようなことがあると、大変に危険、事故のもととなる。先の人が袋から出てからでないと、次の人は降下してはいけない。降下にともない袋本体は伸縮するので、それを押えるために、袋に沿って**展張部材**を設ける。展張部材は、袋本体にかかる引張力を負担する。滑降部は、落下防止のため、布を重ねて二重構造とする等の方策を講じてある。

　降着の際、衝撃を受ける底面には、保護マット等の**緩衝装置**を設ける。出口附近が揺れるのを防ぐため、4個以上の取手を左右均等にシッカリと設ける。降下後、ゆれていると袋の出口から外へ出ずらいので、内部にロープを垂らし、それにつかまって降りるように工夫したものもある。

　使用に際して、袋を速やかに所定の位置にセットするため、袋の下端に**誘導綱**が設けられる。**誘導綱**は、太さ直径4mm以上で、長さは、袋本体の長さに4mを加えたもの以上とし、その先端には、**砂袋**（300g以上）が取付けられている。これを袋をセットするより先に、地上に投下する。砂袋には夜間においても識別できる塗料を塗っておく。下部支持装置を結合するための固定環を設けておく。

229

第10章　避難器具

(斜降式の救助袋)

　斜降式の救助袋は、建築物の3階以上の階の窓、ベランダ等から地上へ約45°程度の角度で設ける筒状の布製シュートである。その入口金具の構造、筒の内部の大きさ、袋本体の構造などは、垂直式の救助袋の場合と同様である。

　ただ斜めに降りるだけに、**降下スピード**は平均7m程度となる。袋は、よじれたり、片だるみのないものでなければならない。

　また、底部の布の縫い合せ目は、滑り降りる方向と平行であってはいけない。これらは滑り降りる人の安全を考えてのことである。底部が布がタテ方向に裂けたり、ほつれたりしては危険である。

　斜降式の救助袋は、垂直式と異って、袋を降ろし、下部を固定してからでないと使用できない。その点、誘導綱を投下する意味は大きい。下部の支持装置は、容易に操作でき、袋本体を確実に支持できるものとし、本体布及び展張部材の引張力が均等にかかるようにする。出口付近には6個以上の取手を設ける。

　斜降式の場合も下部に緩衝装置として受け布及び保護マットを取り付ける（**第169図参照**）。

(布の強度、縫合)

　救助袋は布を使用するので、金具等とは違った強度上の安全が保たれなければならない。先ず、本体布、受け布等の布は、耐久性を有し、織りムラがなく十分な密度を有するものとし、引張り強さ1.0kN以上、引裂強さは0.12kN以上（覆い布にあっては引張り強さ0.8kN以上、引裂強さ0.08kN以上）のものとする。

　縫い糸は、十分な引張り強さ、引掛り強さ及び耐久性を有するものとし、**縫い合わせ部**は、十分な強度を有し、縫い糸に緩みがないものであること。

　また、布は**保管**に際して、密閉しておくとムレることがある。水分を含んでいるところへ、やや熱を帯びてくると、布や縫い糸の強度に影響を与えることを指す。定期的な点検により通風を与える等により、ムレないように注意しなければならない。布の穴、切り傷、裂け傷、破れ、著しい摩耗（マサツによるケバ立ち）にも注意しなければならない。

　　注）昭和52年6月4日、岐阜県多治見市の高校で訓練中救助袋の縫い合せ部が開き、女生徒が転落し、重軽傷を負う事故があった。訓練前の点検を必ず実施すること。

　斜降式の救助袋の取付け部開口面積は0.6m×0.6m以上、操作面積は、幅1.5m以上×奥行1.5m以上（又は面積2.25㎡以上）とする。

　降下空間は下方及び側面の方向に対して、上部25度、下部35度の範囲とされている。ただし建築物の壁面との間隔は0.3m（突起物からは0.5m以上）とすることができる。

　袋本体の下部出口は、降着面よりの高さを0.5m以下（無荷重状態）とする。**避難空間**は袋本体の下端から前方2.5m及び中心から左右それぞれ1mを確保する。

(表示)

　救助袋には、(1)種類（救助袋）、(2)製造者名又は商標、(3)製造年月、(4)製造番号、(5)設置階数及び(6)展張方向（斜降式の救助袋に限る）を、見やすい箇所に表示する。

また、救助袋の**収納箱**には、その使用方法を表示する。（タテ30cm以上、ヨコ60cm以上）白地に黒文字で表示する。

設置位置には、**標識**（タテ12cm以上、ヨコ36cm以上）を設ける。

(降下空間の確保)

救助袋を使用するためには、その設定のための空間、使用中のタルミ又は左右のブレのための空間及び着地後の避難空間が、それぞれ必要となる。これは、避難器具を取付けた時だけでなく、将来にわたって、この空間内に工作物や樹木による障害が生じないように、確保するように心掛けなければいけない（第170図参照）。

(救助袋の試験)

救助袋については、国家検定の対象とはされておらず、**避難器具の基準**（昭和53年消防庁告示第1号）第9に救助袋の構造、材質及び強度が規定されている。もっとも、この基準も当初は含まれておらず、後に（昭和56年消防庁告示第8号）で追加されたものである。

これは、救助袋には各種のタイプのものが存在し、しかも繊維製品であることから、物理的な規格になじみにくいという特色があるからであって、さて、実際に基準はできたがそれをどのようにしてテストするか、これも問題である。

そこで消防庁は、（財）日本消防設備安全センターに**避難器具等認定委員会**を設け、そこで試験を行い、基準に対する合否の判定をさせることとしている。そのための「救助袋の**試験基準**及び**判定基準**」が定められている（昭和57．1．11消防予第8号）。合格したものには**認定証票**（第184図参照）を貼付してある。

●設置・維持基準の細目による開口部の大きさ等

先に述べたように「避難器具の設置維持に関する技術上の基準の細目を定める告示（平8．消防庁告示第2号）」が制定されているが、そこに定められた⑴**取付部の開口部の大きさ**、⑵**操作面積**、⑶**避難空地**及び⑷**降下空間**については、避難器具の種別毎に触れたところであるが、それらを一括して整理すると**第170-2、-3図**のようになる（同告示の施行に関する通知（平8．4．16消防予第66号）別紙1～4）。

●設置すべき避難器具の数・種類

防火対象物の用途に応じて、設置しなければならない避難器具の数は、その**収容人員**によって定められる。また、その設置する階によって適応する避難器具の**種類**に制限のあることは、先に述べたところである。

これについては、消防法施行令第25条第1項及び第2項に示されているとおりであるので、ことさら説明は必要としないかも知れない。

第10章　避難器具

1　取付部の開口部の大きさ

避難器具の種類	取付部の開口部の大きさ
救助袋 （避難器具用ハッチに格納したものを除く）	高さ　60cm以上であること。 幅　　60cm以上であること 入口金具を容易に操作できる大きさであり、かつ、使用の際、袋の展張状態を近くの開口部等から確認できるものであること
避難はしご （避難器具用ハッチに格納したものを除く） 緩降機 滑り棒 避難ロープ	取付部の開口部を壁面の部分に設ける場合 　　高さ　80cm以上であること。 　　幅　　50cm以上であること。 　又は 　　高さ　1m以上であること。 　　幅　　45cm以上であること。 取付部の開口部を床面の部分に設ける場合直径50cm以上の円が内接できるものであること
滑り台	高さ　80cm以上であること。 幅　　滑り台の滑り面部分の最大幅以上であること。
避難用タラップ 避難橋	高さ　1.8m以上であること。 幅　　避難橋又は避難用タラップの最大幅以上であること。

（注）避難器具用ハッチについては、基準（4.4.15消防予第85号）による。

2　操作面積

避難器具の種類	操作面積
救助袋 （避難器具用ハッチに格納したものを除く）	幅1.5m以上、奥行1.5m以上（器具の設置部分を含む。）であること。 　ただし、操作に支障のない範囲内（2.25㎡）内で形状を変えることができる。

第10章　避難器具

避難はしご 緩降機 救助袋 （避難器具用ハッチに格納したもの） 滑り棒 避難ロープ	0.5 ㎡以上（当該器具の水平投影面積を除く。）であること。 ただし、一辺の長さはそれぞれ0.6 m以上であり、器具の操作に支障のないもの 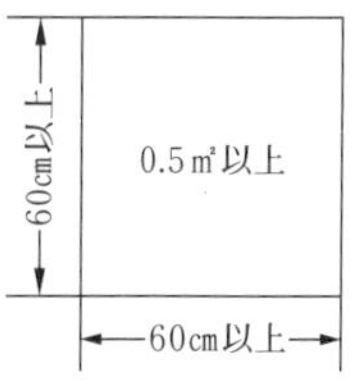	60cm以上×60cm以上 0.5㎡以上
滑り台 避難橋 避難用タラップ	それぞれの器具を使用するのに必要な広さを有していること。	

3　避　難　空　地

避難器具の種類	避　難　空　地	
避難はしご 緩降機 救助袋 （垂直式） 救助袋 （避難器具用ハッチに格納したもの）	降下空間の投影面積以上の面積	避難はしご（20cm、20cm、10cm以上、65cm以上） 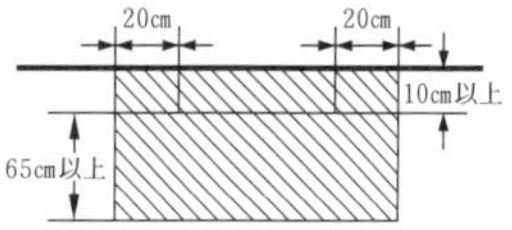 緩降機（φ50、15～30cm） 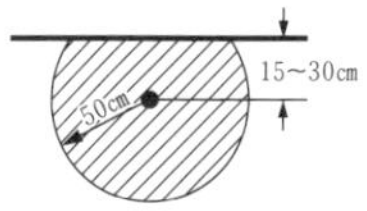 救助袋（垂直式）（1m、30cm以上） 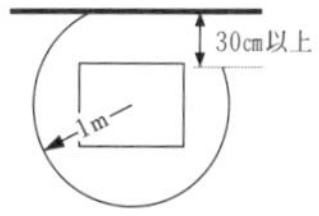
救助袋 （斜降式）	展張した袋本体の最下端から前方2.5 m及び袋の中心線から左右1 m以上の幅の範囲 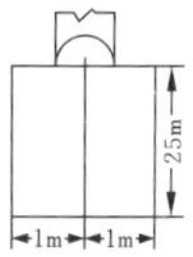	2.5m、1m、1m
すべり台	すべり台の先端から前方1.5 m以上及び中心線の左右0.5 m以上の範囲 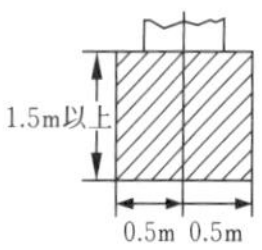	1.5m以上、0.5m 0.5m
避難用タラップ 避難橋 滑り棒 避難ロープ	避難上支障のない広さ	

第170図-2
取付部の開口部の大きさ、操作面積、退避空地

第10章　避難器具

4　降　下　空　間

避難器具の種類	降　下　空　間　の　大　き　さ
救　助　袋 （　斜　降　式　）	救助袋の下方及び側面の方向に対し、上部にあっては25°、下部にあっては35°の右図による範囲内。ただし、防火対象物の側面に沿って降下する場合の救助袋と壁面との間隔（最上部を除く。）は、30cm（ひさし等の突起物のある場合にあっては突起物の先端から50cm（突起物が入口金具から下方3m以内の場合にあっては30cm））以上とすることができます。 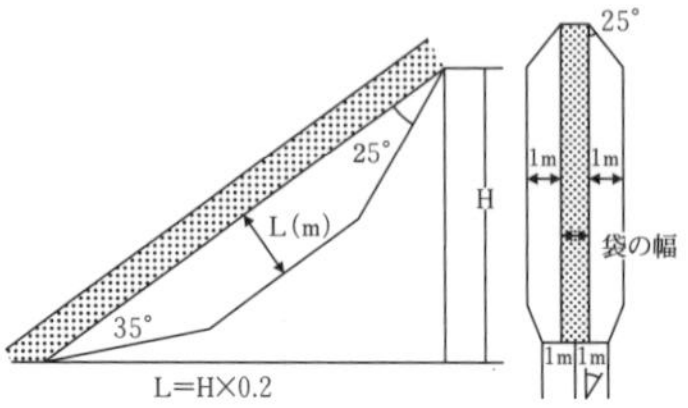
救　助　袋 （　垂　直　式　）	救助袋の中心から半径1mの円柱形の範囲。ただし、救助袋と壁との間隔は30cm以上（ひさし等の突起物がある場合にあっては救助袋と突起物の先端から間隔は50cm（突起物が入口金具から下方3m以内の場合にあっては0.3m））以上とする。 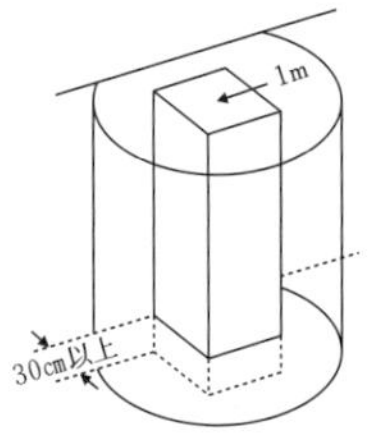
緩　降　機	器具を中心とした半径50cmの円柱形に包容される範囲以上。ただし、10cm以内の避難上支障のない場合若しくは10cmを超える場合でもロープを損傷しない措置を講じた場合にあっては突起物を降下空間内に設けてもさしつかえない。 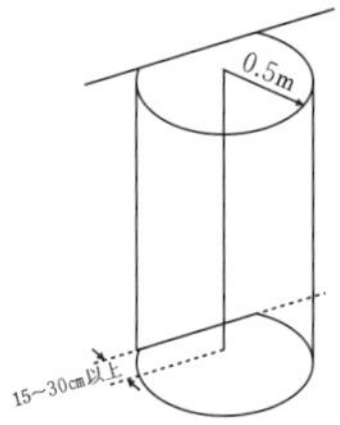
避難はしご （避難器具用ハッチに格納したものを除く）	縦棒の中心線からそれぞれ外方向（縦棒の数が1本のものについては、横さんの端からそれぞれ外方向）に20cm以上及び器具の前面から奥行65cm以上。 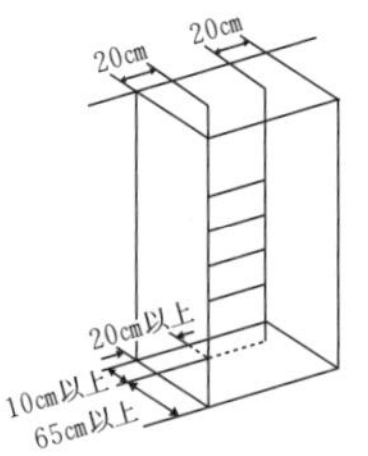
す　べ　り　台	滑り台の滑り面から上方に1m以上及び滑り台の両端から外方向に20cm以上の範囲内 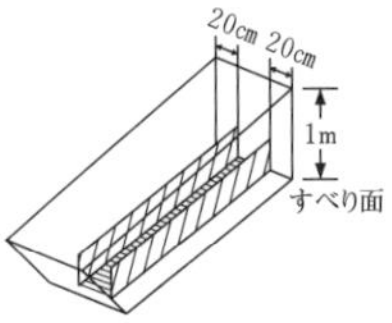

第10章　避難器具

避難用タラップ 避　難　橋	タラップの踏面から上方2m以上及びタラップの最大幅以上の範囲内。	
避難ロープ すべり棒	器具を中心とした半径50cmの円柱形の範囲。ただし、避難ロープにあっては壁面に沿って降下する場合の壁面側に対しては、この限りではありません。	
避難はしご （避難器具用ハッチ に格納したもの） 救　助　袋 （避難器具用ハッチ に格納したもの）	ハッチの開口部から降着面等まで当該ハッチの開口部の面積以上を有する角柱形の範囲であること。	

第170図-3　降下空間

第171図　収容人員の倍読み

　強いて言えば、省令である消防法施行規則第26条第1項を併せて読むこと程度か。そこには、**耐火建築物**で**避難階段**又は**特別避難階段**が**二つ以上**設けられている場合には、収容人員が**倍読み**できるという特例が規定してある。ところで、多くの場合に、この特例が適用されるため、特例というよりも、むしろ本則（本来の規定）と考えてもおかしくない。

　倍読みというのは、収容人員100人というところを200人、200人は400人と、300人は600人と、それぞれ読み替えて適用するものである。すなわち、規定が緩和されるので（**第171図参照**）である。

　従って、この解説では、その特例を忘れないように、あわせて説明するようにする。

　なお、消防法施行第25条第1項の例により、防火対象物を第1号から第5号までに区分して説明することにする。

第10章　避難器具

● 第1号の防火対象物における避難器具

〔第1号の防火対象物〕(6)項の防火対象物（病院・福祉施設・幼稚園等）が該当する。
〔設置しなければならない階〕収容人員が**20人以上の階**に設置する。ただし、下階に(1)項から(4)項まで、(9)項、(12)項イ、(13)項イ、(14)項、(15)項の部分がある場合には、収容人員10人以上の階に設置を要する。
〔設置すべき個数〕収容人員100人又はその端数ごとに**1個**を設置する。ただし、耐火建築物で避難階段又は特別避難階段が2以上設けられている場合は、収容人員200人又はその端数ごとに1個とする。
〔設置する避難器具の種類〕次の表による。

　なお、この表の○印が適応する器具であり、×印は適応しないもの、一印は本来設置が不要なものを示している。従って○印のある種類のうちから選んで設置することとなる。以下、同様である。

種類　　　　　階	地階	1階(避難階)	2階	3階	4階、5階	6階～10階	11階以上
避難用タラップ、避難はしご	○	—	○	×	×	×	—
緩　降　機	×	—	○	○	○	×	—
すべり台、避難橋、救助袋	×	—	○	○	○	○	—

（注）第1号の防火対象物は、病院等であるため、適応性のある器具が他の用途と較べて限定されていることに注意。

● 第2号の防火対象物における避難器具

〔第2号の防火対象物〕(5)項の防火対象物（旅館・ホテル、寄宿舎・共同住宅等）が該当する。
〔設置しなければならない階〕収容人員が**30人以上の階**に設置する。ただし、下階に(1)項から(4)項まで、(9)項、(12)項イ、(13)項イ、(14)項、(15)項の部分がある場合には、収容人員10人以上の階に設置を要する。
〔設置すべき個数〕収容人員100人又はその端数ごとに**1個**を設置する。ただし、耐火建築物で避難階段が2以上設けられている場合には、収容人員200人又はその端数ごとに1個とする。
〔設置する避難器具の種類〕次の表による。

種類　　　　　階	地階	1階(避難階)	2階	3階	4階、5階	6階～10階	11階以上
すべり棒、避難ロープ	×	—	○	×	×	×	—
避難用タラップ	○	—	○	○	×	×	—
避難はしご	○	—	○	○	○	○	—
すべり台、緩降機、避難橋、救助袋	×	—	○	○	○	○	—

（注）この表が、避難器具の適応性の基本となっている。

●第3号の防火対象物における避難器具

〔第3号の防火対象物〕次の防火対象物が該当する。

- (1)項　（劇場、映画館、公会堂等）
- (2)項　（キャバレー、遊技場等）
- (3)項　（料理店、飲食店等）
- (4)項　（百貨店、店舗、展示場等）
- (7)項　（学校）
- (8)項　（図書館、美術館等）
- (9)項　（公衆浴場、蒸気・熱気浴場等）
- (10)項　（停車場、飛行場等）
- (11)項　（神社、教会等）

〔設置しなければならない階〕収容人員が**50人以上**の階に設置する。ただし、主要構造部を耐火構造とした建築物の2階には設置を要しない。

〔設置すべき個数〕収容人員**200人**、又はその端数ごとに**1個**を設置する。ただし、耐火建築物で避難階段又は特別避難階段が2以上設けた場合は、収容人員400人又はその端数ごとに1個とする。

〔設置する避難器具の種類〕次の表による。

種類 ＼ 階	地階	1階（避難階）	2階	3階	4階、5階	6階〜10階	11階以上
すべり棒、避難ロープ	×	―	○	×	×	×	―
避難用タラップ	○	―	○	○	×	×	―
避難はしご	○	―	○	○	○	○	―
すべり台、緩降機、避難橋、救助袋	×	―	○	○	○	○	―

（注）この号に限り、耐火建築物の2階には設置を要しない。

●第4号の防火対象物における避難器具

〔第4号の防火対象物〕次の防火対象物が該当する。

- (12)項　（工場、スタジオ等）
- (15)項　（事務所等他に分類されないもの）

〔設置しなければならない階〕収容人員が**150人以上**の階に設置する。地階、無窓階にあっては収容人員100人以上の階に設置する。なお、この号については、2階に設置を要しない。

〔設置すべき個数〕収容人員**300人**又はその端数ごとに**1個**を設置する。ただし、耐火建築物で避難階段又は特別避難階段が2以上設けた場合は、収容人員600人又はその端数ごとに1個とする。

第10章　避難器具

〔設置する避難器具の種類〕次の表による。

種類＼階	地階	1階（避難階）	2階	3階	4階、5階	6階〜10階	11階以上
避難用タラップ	○	―	―	○	×	×	―
避難はしご	○	―	―	○	○	○	―
すべり台、緩降機、避難橋、救助袋	×	―	―	○	○	○	―

● 第5号の防火対象物における避難器具

　第5号の防火対象物は、その用途ではなく、避難階または地上へ直通する階段（**直通階段**）が二つ以上設けられていない防火対象物が該当する。言いなおせば、直通階段が一つしか設けられていない細いビル（ペンシルビルとも言う）に避難器具を設置させるものである（**第172図参照**）。

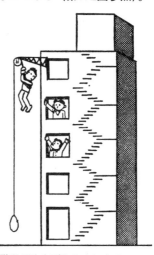

階段が1つしかないペンシルビルには，避難器具が必要，もともと敷地がせまいので緩降機とか垂直降下式の救助袋等が適する．

第172図　第5号の防火対象物は階段が1ケ所しかないもの

〔設置しなければならない階〕直通階段が2以上設けられていない3階以上の階で、収容人員が10人以上のものに設置する。ただし、(2)項（キャバレー、遊技場等）及び(3)項（料理店、飲食店等）が2階にある場合は、(16)項イに該当する場合を含め、2階にも設置を要する。

　ただし、上記の直通階段の数は、その階のうち、壁で区画された部分がある場合には、その区画部分毎に数えるものとする。なお、その壁に避難上有効な開口部（消防法施行規則第4条の2の2）が設けられている場合にあっては、上記の「壁で区画された部分」と考えなくてもよい。

〔参考〕避難上有効な開口部（消規第4条の2の2）

1) 開口部の大きさ――直径1m以上の円が内接することができる開口部又は幅75cm以上×高さ1.2m以上の開口部
2) その他の要件――開口部の下端の高さ（床面からの高さ）は、15cm以内であること。格子その他の避難を妨げる構造を有しないこと。開口部は、開口のため常時良好に維持されていること。

第10章　避難器具

〔設置すべき個数〕収容人員100人又はその端数ごとに１個を設置する。

〔設置する避難器具の種類〕次の表による。

種類＼階	地階	1階（避難階）	2階	3階	4階、5階	6階〜10階	11階以上
すべり棒、避難ロープ	―	―	(○)	×	×	×	―
避難用タラップ	―	―	(○)	○	×	×	―
すべり台、避難はしご、緩降機、避難橋、救助袋	―	―	(○)	○	○	○	―

（注）（○）印は、２階部分に(2)項（キャバレー、遊技場等）又は(3)項（料理店、飲食店等）部分を有し、２階の収容人員が10人以上の場合に限り適用する。

●避難器具設置数の減免

　ひと口に減免というが、減というのは、設置数を減らしてもよいということ、一方、**免**というのは設けなくてもよい、免除ということ。多少意味は違うが、いずれにせよ**緩和措置**であることに変りはない。

　先に特例ということで、２以上の避難階段又は特別避難階段を設けた耐火建築物の場合は、収容人員の倍読みを認めていると説明したが、これも一種の減免措置である。倍読みの結果、避難器具の設置数を減らすことができるからである（**第173図参照**）。

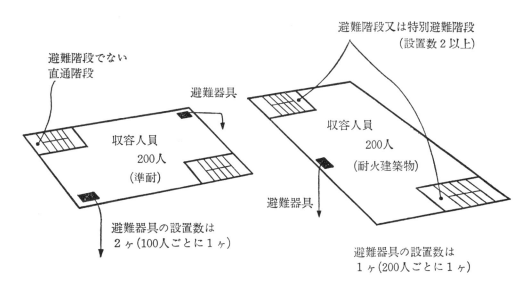

収容人員の倍読み規定の適用により，避難器具の設置数を減らすことができる(減免規定の適用)

第173図　収容人員が同じ200人でも倍読みとする

第10章　避難器具

　避難器具は、先に述べたように、本来これは非常時に全員が使用することを予定しているわけではない、当然、建築物には安全な階段があって、それを使用して避難すればよいのである。しかし、逃げおくれる人もいることがあるので、念のために設置しておくと考えてもよい。

　そのため、避難器具については、他の消防用設備とは異なり、建築物そのものの避難上の配慮が行き届いているかどうかによって、設置の必要性が変ってくる。そこに避難器具については、多くの減免措置を認め得る余地がある。

　ま、そんなわけであるから、以下に述べる7種類の**減免措置**（消防法施行規則第26条第2項から第6項まで）は、よく研究して活用してもらいたいものです。

　なお、避難器具は階を単位として設置するものであるから、減免措置を**階**ごとに適用されます。

●減免措置（その1）

〔避難階段又は特別避難階段を設置した場合の設置個数減〕（消防法施行規則第26条第2項）

　避難階段を1個設けた場合と、避難器具を1個設置した場合とを比較してみれば、どちらが効果的であろうかと言えば、そりゃ階段を設けた方が役に立ちそうな気がする。そこで階段の数によって避難器

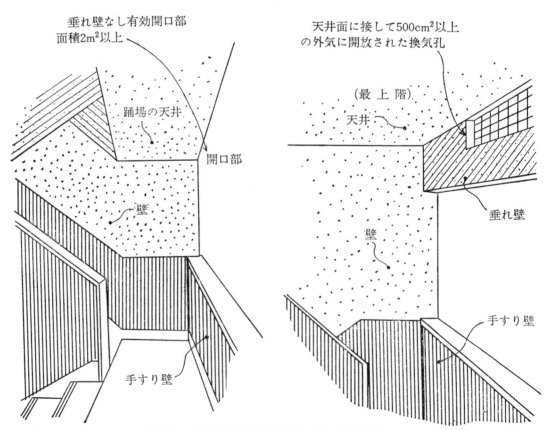

第174図　排煙上有効な開口部を有する屋内避難階段

具の設置数を減免しようとするもの。

しかし、消防庁では、建築基準法上の避難階段等をすべて認めているわけではない。**特別避難階段**や**屋外避難階段**については、そのまますべて避難器具の代替として認めているが、**屋内避難階段**に限っては、**一定の要件**を満たすもののみを、この減免措置の対象としている。すなわち、消防庁長官の定める告示（屋内避難階段等の部分を定める告示）に適合する**排煙上有効な開口部**を有するものに限っている（平成14年消防庁告示第7号）。

具体的に、その「排煙上有効な開口部」というのは、次の(1)及び(2)に該当するものを言う（**第174図参照**）。

(1) **直接外気に面する開口部の開口面積**は、2㎡以上であり、
(2) **開口部の上端**は、当該階段の部分の天井の高さの位置にあること。ただし、階段の部分の最上部における当該階段の天井の高さの位置に500㎠以上の外気に開放された**排煙上有効な換気口**がある場合は、この限りではない。

さて、これらの避難階段等が、建築基準法施行令第120条、121条、122条の規定に従って設置されている場合は、それぞれの階について、設置しなければならない避難器具の数から、これらの**避難階段の数**を減ずることができる。

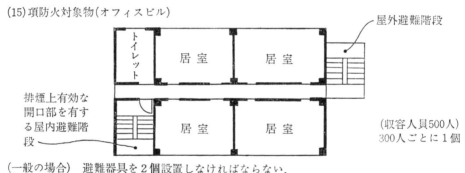

第175図　屋外避難階段等を設置した場合の設置個数減（その1）

もう1度整理すると、特別避難階段は、もうこれ以上安全な階段はないから、これはオーケー、屋外避難階段もオーケーであるが、屋内避難階段については、純屋内式のものは認めず、階段室タイプの共同住宅に設けられているもののように、屋内とはいうものの、相当部分が直接外気に面していて排煙上有効なものは認めようというもの。どちらかというと、完全な屋外階段ではないが、**屋外階段に準ずるようなもの**を認めているわけである。

なお、これらの構造の屋内避難階段等に限って緩和措置を講じている例が、後からも出てきます。

ここで実例で検討してみましょう。例えばオフィスビル（(15)項の防火対象物）で、地階又は無窓階でないときは、収容人員300人について1個の避難器具が必要となる。もしもある階での収容人員が500人とすると、その階では500÷300＝1.67→2となるから、2個の避難器具が必要となるわけである。

第10章　避難器具

　ところで、その防火対象物が耐火建築物であり、かつ、排煙上有効な開口部を有する屋内避難階段を一つ、屋外避難階段を一つ設けた場合にはどうなるか。
　先ず設置個数は、先に説明した読み替えの適用ができるから、収容人員600人に1個でよい。すなわち、この場合も1個設置すればよいことになる。
　しかも、排煙上有効な開口部を有する屋内避難階段一つ、屋外避難階段一つを設けているので、その数すなわち2個を減じてもよいことになる（**第175図参照**）。
　このように検討してみると、法令上は、事例のような場合には結局、避難器具は設置しなくてもよいことになってしまう。従って、この減免措置を適用することができる事例は多いのではないかと思う。ただし、屋内避難階段では、排煙上有効な開口部の存在しないものには適用できないので注意が必要。

（参考）**建築基準法上の階段の規定**
　建築基準法、3階建以上の建築物には、各階から避難階段又は地上に通ずる**直通**階段（傾斜路を含む）を設けなければならず、建築物の**5階以上の階**又は**地下2階**に通ずる直通階段は、**避難階段又は特別避難階段**とし、**15階以上の階**又は**地下3階以下の階**に通ずる直通階段は、**特別避難階段**としなければならない（建築基準法施行令第122条他）。
　また**6階以上の階**又は**特殊建築物**においては、直通階段を**2以上**設け、**2方向避難**ができるように配置しなければならない（建築基準法施行令第121条）（**第176図参照**）。

直通階段等の設置

6階以上の階又は特殊建築物
では二方向避難が必要

（病院・ホテルの例）
　耐火構造・不燃構造…………………50m以下
　　〃　　（内装不燃化の場合）…60m以下
　その他(木造等)の場合………………30m以下

第176図　建築基準法上の階段の規定

第10章 避難器具

居室の各部分から、直通階段への**歩行距離**は表の数値以下とする（建築基準法施行令第120条）。

(注)〔 〕内は、その居室から地上に通ずる主な廊下階段等の壁及び天井を**不燃材料**又は**準不燃材料**仕上げとした場合の緩和措置である。

階段までの歩距離

用　途　等	構　造	耐火構造、不燃構造	その他
		（m）	（m）
・無窓の居室（採光上有効な開口部の面積が居室の床面積の20分の1未満のもの） ・百貨店、マーケット、展示場、キャバレー、カフェー、ナイトクラブ、バー、舞踏場、遊技場、公衆浴場、待合、料理店、飲食店、床面積が10㎡をこえる店舗		30〔40〕	30
・病院、診療所、ホテル、旅館、下宿、寄宿舎、共同住宅、児童福祉施設等		50〔60〕	30
・その他の居室		50〔60〕	40

種類／階	地上	地下
直　通　階　段	地上3階以上	地下2階以下
避難階段(屋内・屋外)	地上5階以上	地下2階
特　別　避　難　階　段	地上15階以上	地下3階以下

●減免措置（その2）

〔耐火建築物間に渡り廊下を設けた場合の設置個数減〕（消防法施行規則第26条第3項）

　垂直方向に避難をする階段を認めるならば、水平方向に隣のビルに移れる**渡り廊下**を設けた階にも減免規定を認めよ、という主張。果して、こういうのを水平思考とやら言うのかどうか知らんが、至ってゴモットモ。

　すなわち、耐火建築物相互間に**耐火構造**又は**鉄骨造**の渡り廊下が設けられ、かつ、渡り廊下の両端に**自動閉鎖装置**（ドア・チェック等）付きの**特定防火設備である防火戸**（防火シャッターはダメ）が設けられており、その渡り廊下が**避難**、**通行**又は**運搬**の用以外に供されないものであるときは、緩和規定の適用があり、しかも、そのような渡り廊下がある場合は、渡り廊下一つについて避難器具を必要数から**2個**減じてよいことになっている（**第177図参照**）。

　A、Bという二つのビルがあって、その或る階に渡り廊下を設ければ、Aビルにとってその階の避難器具を2個減とすることができるだけでなく、Bビルにとっても、同じような緩和規定の適用があることになる。なお、道路をはさんだ建築物相互の「道路上空に設ける渡り廊下（建築基準法施行令第145条）」でもよい、同一敷地内の二つのビル相互間の場合でもよい。また、法令上は、必ずしも、空中とは限定していないため、地階相互間の渡り廊下の適用もあり得る。

第10章　避難器具

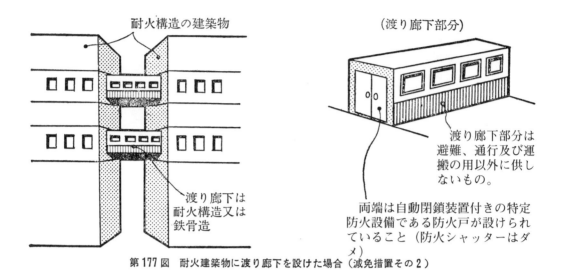

第177図　耐火建築物に渡り廊下を設けた場合（減免措置その2）

●減免措置（その3）

二棟を各階とも避難橋で連絡した例
（東京・港区）

〔屋上に避難橋を設置した場合の設置個数減〕（消防法施行規則第26条第4項）

　渡り廊下が良ければ、屋上に設ける避難橋だって認められて当然というのは、自然のなりゆきであろう。ところで、チョット待って欲しいのは、渡り廊下は建築物の一部であり、要するに建築物の構造上の安全性を認めて、避難器具の減免を認めたもの、これは避難階段についても同様。しかし、避難橋の場合は、避難橋そのものが、**避難器具の一種**である。

　大体、この避難橋という避難器具そのものが変っていて、他の避難器具は、地上又は避難階へ避難するのに対して、隣のビルに移って避難するという発想、従って、器具の適応性は2階から10階まで幅広いものの、実際には設置できる**条件**に恵まれることは少ない。条件に恵まれても、多くの場合、それは**屋上**ということが多い。ところが一体、屋上にまで避難器具の設置を義務づけているだろうか。義務づけがないのならば、避難橋という避難器具は、利用上役立つことは十分判るが、果して、どの階の収容人員の避難と対応させるべきか、疑問となるところである。

　この特例は、そのような疑問にも応じて、その直下階の

収容人員に対応し、直下階の避難器具設置個数減を認めることとしているのである。

　それは「**耐火建築物の屋上広場**（有効面積100㎡以上）相互間に**避難橋**が設けられ、その屋上広場へは避難階段又は特別避難階段が**2以上**設けられているときは、その屋上広場の**直下階**に限り、必要とされる避難器具の数から、**避難橋数の2倍の数**だけ差し引いてよい。ただし、屋上広場に面する窓及び出入口には**特定防火設備である防火戸**（又は鉄製網入りガラス戸）が設けられており、出入口から避難橋へ至る経路は、避難上支障がなく、かつ、避難橋に至る経路に設けられている扉等には施錠していない等、避難のときに容易に開閉できるものでなければならない。」ということになる（**第178図参照**）。

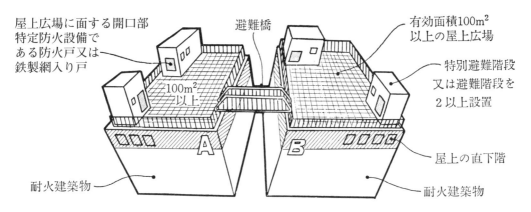

屋上に避難橋を設けると、その直下階の避難器具の数を2個減らしてもよい(避難橋の数×2)．A棟，B棟とも適用できる．
第178図　屋上に避難橋を設置した場合の設置個数減（減免措置その3）

　この場合も、避難橋で繋がっているA、Bの両ビルについて、それぞれの側にたって適用することができる。すなわち、Aビルについても、Bビルについても減免措置を適用できる。

●減免措置（その4）

〔避難器具の設置を要しない階〕（消防法施行規則第26条第5項第1号）
・⑿項〔工場・スタジオ〕及び⒂項〔事務所その他の事業所〕については、次の各号に該当する階には、避難器具の設置を要しない。
　イ　主要構造部が耐火構造であること。
　ロ　直通階段は、避難階段又は特別避難階段であること。
　ハ　バルコニー等（バルコニーその他これに準ずるもの）が避難上有効に設けられているとか、又は2以上の直通階段が相互にへだたった位置に設けられており、その階のあらゆる部分から2以上の異った経路により直通階段（複数）に到達できるもの。
・⑼項〔公衆浴場〕、⑽項〔停車場、乗降場〕、⑾項〔神社、寺院〕については、前記イ、ロ及びハに該当するほか、次のニ号に該当する階には避難器具の設置を要しない。

第10章　避難器具

　ニ　壁及び天井の室内に面する部分の仕上げを不燃材料又は準不燃材料でした場合又はスプリンクラー設備を設置した場合。
・その他の防火対象物〔(1)項から(8)項まで〕にあっては、前記のイ、ロ、ハ及びニに該当するほか、さらに次のホに該当する階には、避難器具の設置を要しない。
　ホ　開口部に特定防火設備である防火戸又は鉄製網入りガラス戸を設けてある耐火構造の壁及び床で区画されており、その区画内の収容人員が、それぞれ避難器具の設置を要する収容人員の数値未満であること。
　以上については、具体例を図で示すので、それによって、緩和規定の適用ができるかどうかを判断してください（**第179図参照**）。

● (12)項，(15)項の防火対象物

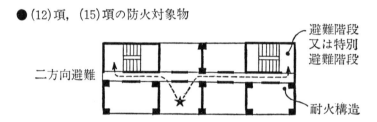

　　イ．主要構造部は耐火構造
　　ロ．階段は，避難階段又は特別避難階段
　　ハ．二方向避難ができるもの

● (9)，(10)項，(11)項の防火対象物

　　　上記のイ．ロ．及びハ．に次のニ．を追加
　　　ニ．内装（天井・壁）は，不燃化（不燃材料又は準不燃材料）又はスプリンクラー設備設置

● (1)〜(8)項の防火対象物

　　　上記のイ．〜ニ．に適合するほか

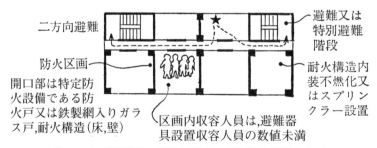

第179図　避難器具の設置を要しない階（減免措置その４）

第10章　避難器具

●減免措置（その5）

〔避難器具の設置を要しない階〕（消防法施行規則第26条第5項第2号）
　次の階には、避難器具を設置することを要しない。
　主要構造部が耐火構造であり、居室の外気に面する部分にバルコニー等が避難上有効に設けられ、かつ、そのバルコニー等から地上に通ずる階段その他の避難のための設備・器具が設けられていること。又は、そのバルコニー等から他の建築物に通ずる設備・器具が設けられていること（**第180図参照**）。
　　注）(5)項〔旅館・ホテル、寄宿舎・共同住宅等〕及び(6)項〔病院、福祉施設等、幼稚園等〕については、必ずバルコニーが設けられ、かつ、そのバルコニーから地上へ通ずる階段が設けられている場合に限り適用できる。

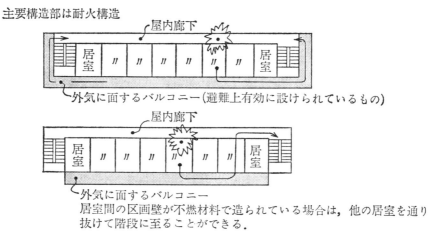

第180図　避難器具の設置を要しない階（減免措置その5）

●減免措置（その6）

〔避難器具の設置を要しない階〕（消防法施行規則第26条第5項第3号）
　次の階には、避難器具を設置することを要しない（**第181図参照**）。
　主要構造部が耐火構造であり、その階の収容人員が30人未満である場合で、居室又は住戸から直通階段が直接、接しており、直通階段に面する開口部に特定防火設備である防火戸（防火シャッターはダメ）が設けられているもの。
　　注）特定防火設備である防火戸は、随時開くことができる自動閉鎖式のもの又は煙感知器を連動して閉鎖し、くぐり戸（幅75センチメートル以上、高さ1.8メートル以上、床面から下端までの高さ15センチメートル以下）が設けられていること。
　　注）直通階段は、避難階段又は特別避難階段とするが、屋内避難階段にあっては、消防庁告示（昭48．6．1第10号）に定める排煙上有効な開口部を有するものに限る（**第174図**）。

第10章　避難器具

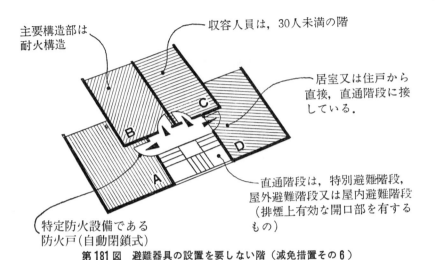

第181図　避難器具の設置を要しない階（減免措置その6）

● 減免措置（その7）

〔避難器具の設置を要しない階〕（消防法施行規則第26条第6項）

　次の階には、避難器具の設置を要しない。ただし、(1)項〔劇場等・公会堂等〕及び(4)項〔百貨店、店舗等〕には適用することができない。

　主要構造部を耐火構造とした**屋上広場**（面積1,500㎡以上）の**直下階**で、屋上広場及び地上に通ずる**直通階段**が2以上設けられており、かつ、屋上広場に通ずる窓及び出入口に特定防火設備である防火戸又は鉄製網入ガラス入り戸が設けられているもの（**第182図参照**）。

　　注）この場合の直通階段も、**避難階段**又は**特別避難階段**とするが、屋内避難階段にあっては、消防庁告示（昭48.6.1第10号）に定める排煙上有効な開口部を有するものに限る。

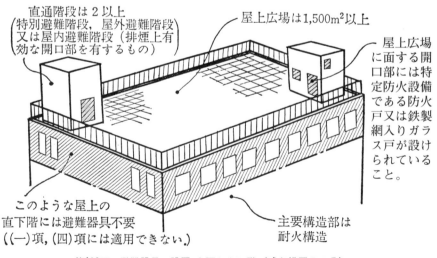

第182図　避難器具の設置を要しない階（減免措置その7）

第10章　避難器具

注）直通階段の他に「避難のための設備又は器具」が設けられている場合にも、この緩和措置の適用が受けられることとなっている。しかし、この規定については疑問点がある。もともと避難器具の設置減免規定に「避難のための設備又は器具」が設けられている場合というのは、矛盾していないか、というものである。

そこで、これは、法令上の適格な（その階に適合する）避難器具でないものであっても、という意味を持つものと考えられる。しかし、その場合は充分な安全防護に留意しなければならない。

●避難器具の点検

避難器具は、設置した後で建築物の内部が改装されたりするだけでなく、外部の降下空間に障害が生じたりしやすいので、定期的なチェックが大切である。

建築物内部でのチェックポイントは、避難器具の設置場所へ容易に近づけるか。内装の変更や家具の設置で、器具の操作に不便はないか。ロープとか避難はしごを、どこかへしまい込んでいないか。器具（救助袋収納箱等）の上に物が積んでいないか。降下のための開口部はスムーズに開くか。ベランダの

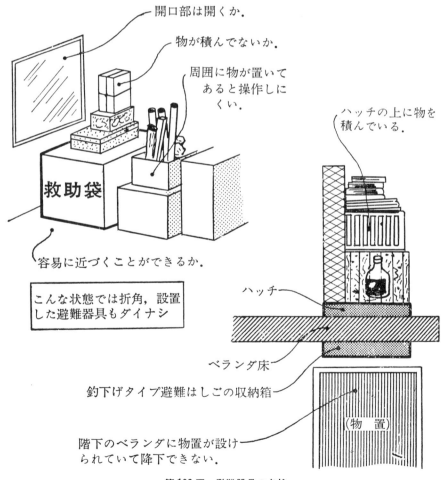

第183図　避難器具の点検

第10章　避難器具

ハッチ（つり下げはしご等のためのもの）に物を置いたり、ハッチは開けられるが階下に物（洗濯機等）があって降りられない、というようなことはないか。物置が設けられている例もある（**第183図参照**）。

器具そのものの手入れは良いか。久し振りに救助袋を開けてみたら、ネズミの巣だったということもある。

また、**建築物の外部空間**、特に道路などでは知らぬ間に、電線が引かれていたり、街路樹が大きくなっていたりして、障害となることもある。また、建築物に設けた日除け、看板、ネオンが障害になることもある。降下地点の状況にも変化がないか、気付かずに物置や車庫が設置されていることがある。注意。

●検定と消防設備士

避難器具のうち、**検定**の品目に指定されているのは、**金属製避難はしご及び緩降機**で、その規格は「金属製避難はしごの技術上の規格を定める省令」及び「緩降機の技術上の規格を定める省令」に定められている。なお、緩降機の規格は平成6年に全面的に改正されている。従って、これらの避難器具は、**合格の表示**（第184図参照）のあるものでなければ使用できない。

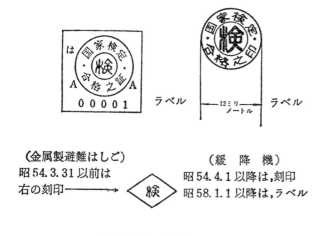
国家検定の合格マーク

㈶日本消防設備安全センターの認定証票

第184図　避難器具の合格マーク

その他の避難器具については、消防庁長官の定める基準（**避難器具の基準・昭和53年消防庁告示第1号**）に適合したものでなければならない。㈶**日本消防設備安全センター**の行う試験に合格したものには、**認定合格証票**（第184図参照）が貼付され、基準の適合品として取扱われる。

また、避難器具のうち、**金属製避難はしご（固定式のものに限る）、救助袋及び緩降機の取付工事**は、**甲種消防設備士（第5類）**でなければならず、それらの**整備**は、**第5類の甲種又は乙種消防設備士**でなければ行うことはできない（消防法施行令第36条の2）。

第11章　屋内消火栓設備

[参照条文] 消防法施行令第11条、消防法施行規則第12条

●屋内消火栓設備の役割・使用方法など

　火災の本当の初期には、水バケツや消火器による消火も可能であろうが、その火焔が天井に達するようになると、すでに**中期火災**に進展しているから、もはや消火器等では火勢に抗し得なくなり、その消火のためには多量の水が必要となる。そんな時期に**屋内消火栓**を使用すると、効果的に消火ができる。

　屋内消火栓設備というと、廊下などに設けられているあれのことか、と多くの人びとは思うが、あれは**屋内消火栓箱**であって、もちろん屋内消火栓設備の主要な構成部分であるが、あれだけがすべてではない。消火栓に多量の水を送水するための**水源**や、その水を送るための**ポンプ**や**配管**等も、すべて屋内消火栓設備の一部である。

　屋内消火栓設備の配管も、水道局の配管に直結していて、そこから水を送ってもらっているように勘ちがいしている人もいるが、決して消火栓の水は、水道局からの給水に依存しているのではなく、**独自の水源及び水圧を得るための施設（ポンプ等）**を有している。これは火災時における水量の不足や水圧の低下の影響を受けることなく放水を続けられるようにするためである。

　従って、水源を別途に用意するとともに、その水に一定の水圧を与えるため、⑴**高架水槽**　⑵**圧力水槽**又は⑶**ポンプ**を用いている。法令上は、そのいずれを用いてもよい（**第185図参照**）。

　さて、廊下に設けられている屋内消火栓箱の扉を開いてみる。この扉を勝手に開いて、いたずらをされるのを警戒するあまり、封印をしてしまっている例もあるが、それは好ましい事ではない。また一方では、ウッカリ、消防関係の設備に手を触れると、ベルが鳴ったりしてコワイから、と全然手を触れようとしないのも困る。ヤタラに恐れられているというのも考えものだ。

　むしろ、絶対にイタズラしてはいけない事項をハッキリと示すべきである。屋内消火栓箱は何度、扉を開いても差支えないが、中に設けてある**バルブ**（水栓）だけは、勝手にヒネラないように、とすべきである。また、消火栓箱の上に設けられている**押しボタン**（発信機）も、これだけは火災以外のときにイタズラで押すのは困る。この2つだけは、絶対に困るが、扉の開閉程度は全く差支えない。

　さて、これまでに設けられている消火栓（1号消火栓という。）箱の扉を開くと、その中にはホースが折りたたんで懸けられている。ホースには筒先（ノズル）が付いている。もう一端は、バルブに接続している。ホースは多くは**径40mm**のものが用いられる。これは消防隊の使用する**径65mm**のものより一

第11章　屋内消火栓設備

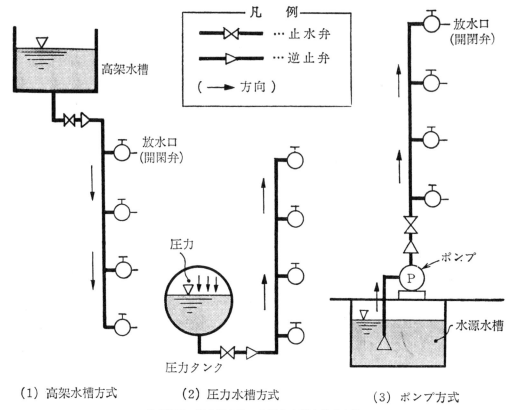

第185図　屋内消火栓の水源と水圧を得る方法

廻り細く、シロウトでも若干の訓練を行えば、それ程の困難もなく使いこなすことができる。ホースは**長さ15mのもの**が**2本**つながっている。

　火災を発見したならば、屋内消火栓箱の上部に設けられている押しボタンを押す。これは火災報知機の**発信機**であるから、火災の通報をし、あわせて非常ベルを鳴動させる。さらに屋内消火栓設備の加圧送水装置（ポンプ）の**遠隔操作**（リモート・コントロール）にもなっている。従って、押しボタンによってポンプも動かせているわけである。（ポンプの起動装置が専用のものもある。）

　ポンプが始動すると、**表示灯**（赤ランプ）が点滅状態（フリッカー状態）となる。これでポンプの始動を確認できる。

　次にホースを延ばす。ホースは、折りたたんであるものを脇にかかえて順次、下へ落としながら進むとよい。ホースの延伸が終了したら、**開閉弁**（バルブ）を左へ廻して全開してやると、ホース内への通水がはじまり、ノズルから放水させることができる。ホースは充分、延伸してから通水しないと、通水時の水圧によってホースが暴れることがある。放水中は、ノズルに水圧の反動力が生じる。ノズルを手放すと危険である。（**第186図参照**）。通常は2名以上で操作する。

　　注）屋内消火栓にも、いろいろと工夫がされているものがある。開閉弁は常時開放とされておりホース掛けにより自動弁のバルブを押えているタイプのものもある。このタイプでは、ホース掛けを手前に引き出すと自動弁が直ちに開く。

第11章　屋内消火栓設備

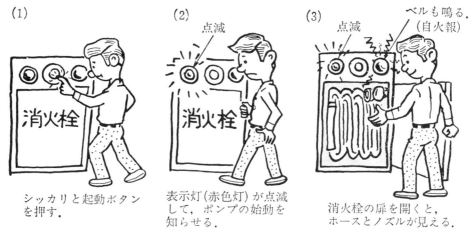

(1) シッカリと起動ボタンを押す．

(2) 表示灯(赤色灯)が点滅して，ポンプの始動を知らせる．

(3) 消火栓の扉を開くと，ホースとノズルが見える．

（注）起動装置が専用のものと兼用（警報設備）のものとがある．次ページ参照のこと．

(4) ホースを延ばす．（ホースは呼び40又は50の径のものが2本，長さは20m，15m，10mの3種がある．一般には径40，長さ15m×2）

(5) バルブ（開閉弁）を開くと，ノズルから放水が始まる．

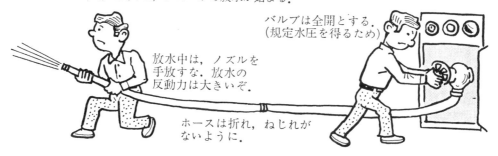

バルブは全開とする．（規定水圧を得るため）

放水中は，ノズルを手放すな．放水の反動力は大きいぞ．

ホースは折れ，ねじれがないように．

（注）操作の順序は先にホースを延ばしておいてから，開閉弁を開け，その後でポンプを起動する方法でもよい．日本消火栓機具工業会の操作方法では，そのようになっている．（第186-2図参照）

第186図①　屋内消火栓の使用方法（その1）

第11章　屋内消火栓設備

屋内消火栓の**起動装置**には①**専用の起動装置**が設けられているもの（従って自動火災報知設備の発信起動装置は別に設けられているもの）……**第186-2図の図1**、②**警報設備（自動火災報知設備）の発信機と起動装置が兼用のもの**……**第186-2図の図2**の2種類が存在し、それぞれ別の操作方法を表示している。これは（社）日本消防放水器具工業会で統一的にデザインして使用しているものである。

図1　加圧送水装置の起動装置が専用に設けられているもの

図2　加圧送水装置の起動装置が非常警報設備の起動装置等と兼用のもの

第186-2図　屋内消火栓の使用法

消火後は、弁を閉じれば放水は終了する。直ちにポンプ室でポンプを止める。ポンプの始動はリモ・コンでできるが、止めるときはポンプ室（又は中央管理室）でないと止められない。ホースは、はずして乾燥させる。

さて、このように消火力もある屋内消火栓設備は、実際の火災時にどのように活用されているであろうか。大いに活用して消火に成功したという話も聞くが、ときには火災時には、人命第一で**避難誘導**に全力を注いだため、全然活用のチャンスがなかったということもある。

確かに、病院、幼稚園、各種の福祉施設であるとか、旅館、ホテルのような用途では、よほど管理側の人的ユトリがない限り、人命尊重のため避難誘導の方に力が注がれる結果、折角、設置してある屋内消火栓も活用のタイミングを逸してしまうという。

果して、それで良いのか、それとも火を消しさえすれば避難は必要がなくなるという考えで消火に専

念するか、そのあたりになると**消防哲学**のような領域に属する議論となってくる。そもそも、消防の目的とは何か、消防に期待されているものは何か、消火に専念し消し止めればよいが、万が一に消しそこなって火災が拡大したとすると、それからの避難誘導では手おくれではないか。避難誘導を先に行って、結果的にとは言え、結局、使用しないのであれば、何のために消火栓を設置させるのか。議論はつきないようである。しかし、昭和62年の基準改正で、操作の簡単な2号消火栓も導入されたのでその普及によっては、このような考え方も次第に改められて来ることであろう。

　従って、軽々にその是非を論ずることはできないかも知れないが、用途によっては、従業員が収容人員の主体である事務所や工場などでは、十分に活用のチャンスがあろうし、また、実際の火災で使用されれば、その効果は大きかろうと思われる。また、逆に全員避難が容易ではない病院や福祉施設などでは、2号消火栓の活用により「避難より消火」という考え方も成り立つこととなろう。

●屋内消火栓設備の設置と免除

　屋内消火栓設備は、防火対象物の用途、規模（延べ面積）、構造（耐火、準耐火等）、内装不燃化の程度、階の種類（地階、無窓階等）などによって設置する必要があるかどうかを判定する仕組みとなっている。

　取りあえず、それをまとめてみると、次頁の表の延べ面積以上の建築物又は床面積以上の階に設置を要することとなる。

　消防法施行令別表第1⑬項〔自動車車庫、飛行機格納庫〕には設置義務がないが、これは別途に特殊な消火設備の設置が義務づけられている。

　特殊な消火設備とは、水噴霧消火設備、泡消火設備、不活性ガス消火設備、ハロゲン化物消火設備、粉末消火設備のことで、これらを設置した場合、その有効範囲内の部分は、重ねて屋内消火栓の設置をする必要はない。

　また、⒄項の重要文化財にも設置を要しない。大切に保存すべき文化財に、屋内消火栓設備の設置をしたのではブチコワシとなってしまうから、その点を配慮したものであろうと思われる。ただし、文化財を火災から守らなくても良いわけでなく、むしろ火災から如何にして守り、それを後世に伝えるかに意を用いなければならない。例年、1月26日は、文化財防火デーが行われ、各地で防火演習が繰り広げられる。

　次頁表の中で、耐火、準耐、一般の区分が設けられているので、それについての注釈を、先ず「**耐火**」は、**耐火建築物であって内装が不燃化された**ものをいう。「**準耐**」は、**準耐火建築物で内装が不燃化**されたものをいう。耐火建築物ではあるが内装が不燃化されていないものは、ここに含む。「**一般**」とは、前記以外のものをいう。従って、準耐火建築物であっても内装が不燃化されていないものは、この一般に含まれる。

　なお、内装を不燃化したものとは「**壁及び天井**（天井のない場合にあっては、屋根）の室内に面する部分（回り縁、窓台その他これらに類する部分を除く。）の仕上げを**難燃材料**でした防火対象物」をい

第11章　屋内消火栓設備

屋内消火栓設備の設置

防火対象物の用途等	延べ面積			地階、無窓階 4階以上の階		
	一般	準耐	耐火	一般	準耐	耐火
(1)項　劇場、映画館、公会堂等	500㎡	1,000㎡	1,500㎡	100㎡	200㎡	300㎡
(2)項　キャバレー、ダンスホール等 (3)項　料理店、飲食店等 (4)項　百貨店、店舗等 (5)項　旅館、ホテル、共同住宅等 (6)項　病院、福祉施設等（注1） (7)項　学校 (8)項　図書館、博物館等 (9)項　浴場、熱気・蒸気浴場 (10)項　停車場、発着場 (12)項　工場、スタジオ等 (13)項　倉庫	700㎡	1,400㎡ （注1）	2,100㎡ （注1）	150㎡	300㎡	450㎡
(11)項　神社、寺院等 (15)項　その他の事業場	1,000㎡	2,000㎡	3,000㎡	200㎡	400㎡	600㎡
(16の2)　　地下街（注2）	―	―	450㎡	―	―	―
指　定　可　燃　物	指定数量（危政令別表第4）の750倍以上を貯蔵し取扱うもの					

注1）(6)項イ(1)及び(2)並びにロ（(16)項イ及び(16の2)にあっては、前記用途に供される部分に限る。）で、延べ面積1,000㎡に総務省令で定める（防火上有効な措置が講じられた構造を有する部分消規則第13条の5の2）部分を加えた数値又は当該2倍の数値のうち、いずれか小さい数値

注2）地下街については、耐火構造で内装を不燃化したものしか認められていないので、上表の欄しか適用がない。なお、1,000㎡以上の地下街にはスプリンクラー設備が義務づけられている。

う（消防法施行令第11条第2項）。

　本頁表でみると、一般を基準としてみた場合、準耐では面積が2倍に、耐火では3倍になっている。これは俗に「**2倍読み**」又は「**3倍読み**」と称されている。法令上は、先ず基準となる面積を定めておいて、後は、それを2倍又は3倍の数値を読み替えて適用（緩和）することとしているのである（**第187図参照**）。なお、この2倍読み、3倍読みは表の注1に記したように要介護状態にある者を入居させる福祉施設（特定施設）については、1,000㎡が限度となる。

　　注）2倍又は3倍に読み替えるというと、一見、何か規制が強化されたように思いがちであるが、規定適用最小面積が大きくなるのだから、これは**緩和措置**なのである。

　指定可燃物については、防火対象物の用途ではなく、そこに貯蔵され、又はそこで取り扱われる物品の性質及び**数量**に着目したものであり、これについては、後から別途に詳しい説明を行う。

　屋内消火栓設備は、これに代る有効な消火設備が設けられた場合、その有効範囲内の部分には、設置することを要しない。これは、技術上の基準に従って設置（義務設置）した場合だけでなく、技術上の例により設置（自主設備）した場合にも適用できる。

　具体的には、**スプリンクラー設備**、**水噴霧消火設備**、**泡消火設備**、**不活性ガス消火設備**、**ハロゲン化物消火設備**及び**粉末消火設備**の有効範囲内である。必ずしもこれらの設備は、自動式のものである必要はなく、手動開放式又は移動式のものであっても、かまわない。

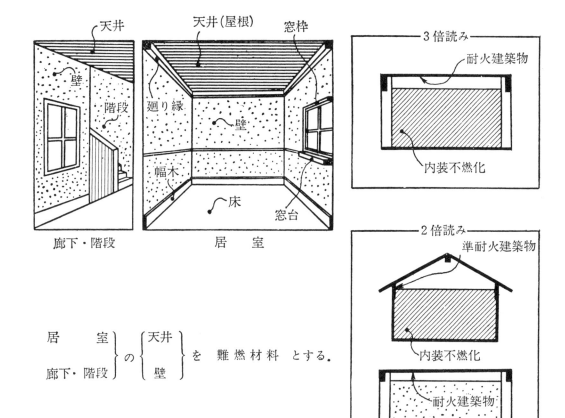

第187図　内装の不燃化と倍読み

　この他、**屋外消火栓設備**又は**動力消防ポンプ設備**を設けた場合には、**1階及び2階部分**に限り、その有効範囲の部分には、屋内消火栓設備の設置を要しない。これは屋外消火栓設備又は動力消防ポンプ設備は、建築物の1～2階に限って有効とされているからである。

●耐火構造・耐火建築物

　チョット余談となるが、屋内消火栓設備については政令（施行令）や省令（施行規則）の規定が、他の設備に較べて若干長そうな気がする。これは、消防用設備等のうちで、最初に出てくる本格的な設備であるため、例えば、**加圧送水装置**の規定にしても、**非常電源**にしても、すべて詳しく規定されているためだ。他の設備では、重複して規定するのを防ぐため、屋内消火栓設備の規定を**準用**するようにして

第11章　屋内消火栓設備

いるため、短かくて済んでいるのである。

　そんなわけで、この解説も、ここらでチョット時間をかけて、基本的な事項の解説をしておこうと思う。その第1号が「耐火構造・耐火建築物」である。

　建築物の防火性能に関する用語は、**消防法**も**建築基準法**も同じ定義のものを用いている。耐火構造、防火構造、耐火建築物、準耐火建築物、防火設備（特定防火設備）又は不燃材料、準不燃材料、難燃材料などがそうである。

　最初に建築基準法上の定義の大要を記す。（建築基準法第2条第7号、第9号の2）

> **耐火構造**……壁、柱、床その他の建築物の部分の構造のうち、耐火性能に関して政令〔令第107条〕で定める技術的基準に適合する鉄筋コンクリート造、れんが造その他の構造（以下略）
> **耐火建築物（大意）**……主要構造部を**耐火構造**とし、外壁の開口部で延焼のおそれのある部分に、防火戸その他の政令〔令第109条〕で定める防火設備を有する建築物（その他に耐火性能検証法によるものがある。）

　耐火構造の代表的なものは、言わずと知れた**鉄筋コンクリート造**である。鉄筋コンクリート造以外には無いと思われても困るので、こんな構造も耐火構造となりますヨ、という意味で「**れんが造**」も例示の一つとされている。**コンクリートブロック造**も耐火構造である。**鉄骨造**は、通常、鉄骨ムキダシのものは認めていない。ラス・モルタルなどで**防火被覆**を行うと耐火構造となる。鉄骨は、火にあうと急激に耐力が低下するからである。温度800℃で耐力は3分の1に低下すると言われている。従って、防火被覆をして熱から守ってやるのである。例外的に鉄骨トラス屋根とか、階段だけは、鉄骨のままでも、耐火構造として認められている。

　建築基準法施行令第107条では、壁、柱、床、はり、屋根及び階段という建築物の部分ごとに**耐火時間**を定めている。何時間の火災に耐えられるかというランクである。**30分、1時間、2時間及び3時間**の4ランクがある。柱を例にとると、20階建の場合、1階から6階までが3時間耐火、7階から16階までが2時間耐火、17階から20階までが1時間耐火となる。屋根及び階段はすべて30分耐火である。

　具体的な仕様（工事方法）は、**告示**（平成12年建設省告示第1399号）に示されている。例えば、鉄骨柱に設ける防火被覆（ラスモルタル）の厚さが、4cmなら1時間、6cmなら2時間、8cmなら3時間の耐火時間となる。（**第188図参照**）。

> 注）**耐火構造**は、それ自身が不燃材料で造られており、一定時間の火災にも耐える構造であるが、**防火構造**というのは、本来は燃える木造の外壁等にモルタルを塗る等の方法で着火するのを防ぐ（延焼を防止する）ことにより燃えにくくしているだけのものである。ラス・モルタルについては「第5章　漏電火災警報器」を参照のこと。防火構造の防火性能は30分間。

　建築物の**主要構造部**を耐火構造とし、かつ、延焼のおそれのある**開口部**に**防火戸**を設けたものが**耐火建築物**である。**主要構造部**というのは、建築物の防火上からみた主要な部分であって、先に耐火時間でも触れたように、建築物の「**壁、柱、床、はり、屋根又は階段**」をいう（建築基準法第2条）。これには、**基礎**が含まれていないが、基礎は土中にあって防火上、燃えにくい部分であるので含めない。

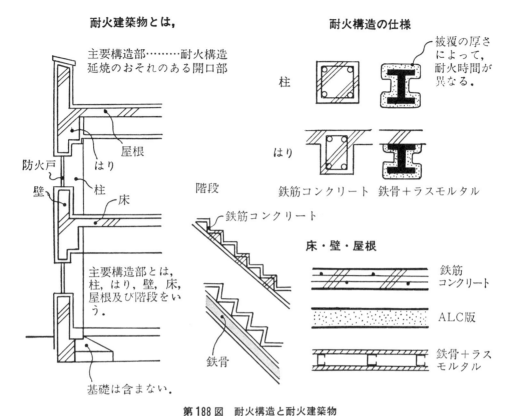

第188図　耐火構造と耐火建築物

注）基礎は、構造耐力上は主要な部分であるので「構造耐力上主要な部分（建築基準法施行令第1条第3号）」には含まれている。

　建築物を**耐火建築物**とするための要件は、(1)**主要構造部を耐火構造**とすること、及び(2)延焼のおそれのある開口部に**防火戸**を設けること、の両条件を満足させなければならない。

　しかし、消防法令上では、単に、耐火建築物と書けば済むところを、ワザワザ「主要構造部を耐火構造とした建築物」というように書き分けてある。屋内消火栓設備の場合（消防法施行令第11条第2項）でもそうである。何のために、このように書くかというと、法令上、外壁の防火戸は、外部からの延焼防止のための設備である。従って、延焼のおそれのある開口部のみに設置義務を課している。

　ところが、屋内消火栓設備は、内部出火のための消火を主目的とした設備とされている。従って、内部の燃えにくさ（内装不燃化の程度）は、設備上の基準に織り込んであるが、何も延焼条件（外部の防火環境）までは、設置上の基準には織り込んでいない。そこで、防火戸は、その有無によって屋内消火栓設備設置上の緩和条件とするワケにはいかない。ま、こういうのが法令上の理屈であるらしい。さらにしつこく言えば、防火戸さえはずせば耐火建築物でなくなるため、耐火建築物に課せられる防火区画等をのがれるのを防ぐ意味もある。しかし、ここまで常に突きつめて考える程のことはない。「主要構造部を耐火構造とした建築物」と書いてあっても、耐火建築物のことと考えても何も差支えがあるわけではない。こだわらないことである。その方が気が楽ではないか。

第11章　屋内消火栓設備

しかし、折角書いたので、延焼のおそれのある部分と防火戸についても説明しておく。

> **延焼のおそれのある部分**……隣地境界線、道路中心線又は同一敷地内の二以上の建築物相互の外壁間の中心線から、**1階**にあっては**3m以下**、**2階以上**にあっては**5m以下**の距離にある建築物の部分をいう（建築基準法第2条第6号）。

現在、隣地や道路の向う側に建築物があろうとなかろうと、将来の建築を予想して、延焼曲線（1階は3m、2階以上は5mと近似する）内にある部分を、法令上は延焼のおそれあり、とする。ただし、公園、広場、川等の空地や水面又は耐火構造の壁に面する部分は除かれる（**第189図参照**）。

同一敷地内にある2以上の建築物が現に存する場合は、現実的に相互に延焼のおそれがあることになる。ただし、小さな建築物については（延べ面積の合計が500㎡以内のものは）これを別々の建築物とせずに一つの建築物とみなしてよい。例えば、住宅と物置（別棟）のような場合には、相互に延焼のおそれがあるとせず、1棟と考えてよいのである。

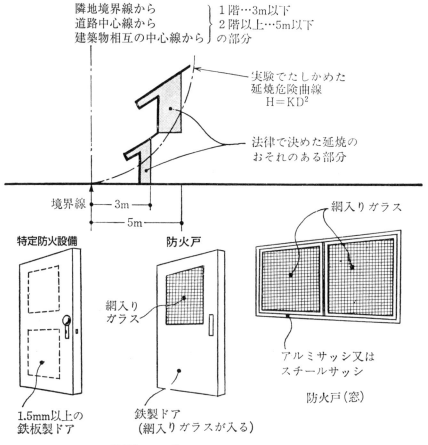

第189図　延焼のおそれのある部分・防火戸

耐火建築物の定義上は、建築物の外壁に設けられる**開口部**のうち、**延焼のおそれのある部分**については、**防火設備**を設けなければならないのである。

いきなり「防火設備」と言っても、何のことか判りにくいので、法令では「防火戸その他の」という例示を行っている。建築基準法施行令第109条第1項では、「防火戸その他の防火設備」とは、「防火戸、ドレンチャーその他火炎を遮る設備」とされている。

防火戸は、スチールドアでは、その厚さが0.8㎜から1.5㎜までの軽量のものは一般の防火設備（遮炎性能のあるもの）、1.5㎜以上の重量のものは特定防火設備となる。網入りガラス入りのスチールサッシ、アルミサッシは一般の防火設備（遮炎性能のあるもの）である（**第189図参照**）。（アルミサッシについては、大臣認定のものに限る。）

防火戸の他にドレンチャーその他の火炎を遮る設備も防火戸に代る防火設備として認められている。

●準耐火建築物

従前は**簡易耐火建築物**と呼んでいたものであるが、平成4年の建築基準法の改正により「**準耐火建築物**」と改められたものである。この準耐火建築物と改めたのは、初めて「**準耐火構造**」という構造が定義され、その**耐火性能（耐火時間）**の規定が導入されたことにある。従来の簡易耐火建築物は、単に主要構造部又は外壁を耐火構造とか不燃構造（鉄骨造）とするという外形上だけの定義であって、その耐火性能は示されていなかった。

その点、準耐火構造では「**耐火構造に準ずる耐火性能**（建築基準法第2条第7号の2）」として30分、**45分及び60分**の耐火性能（建築基準法施行令第107条の2、同第115条の2の2）が認められている。

具体的には、木造であっても、その壁又は床ごとにプラスターボードで覆う等により準耐火構造として認められるもので

・プラスターボード（厚さ9㎜・2枚重ね貼り…30分耐火）
・プラスターボード（厚さ9㎜＋12㎜重ね貼り…45分耐火）
・プラスターボード（厚さ12㎜・2枚重ね貼り…60分耐火）

という仕様が代表的なものである。これは高熱により耐力低下が認められる鉄骨等に耐火被覆を施すことにより、耐火時間（1時間・2時間・3時間）を与えているものと同じ思想によるものである。

このように準耐火建築物は、準耐火構造に耐火時間を与えることにより耐火性能を明らかにし合理的な体系となった。

それでは、**従前の簡易耐火建築物**はどのように扱われるのであろうか。それは、急に打ち切る訳にもいかないので、ソックリ準耐火建築物として移行することとなった。すなわち、建築基準法第2条第9号の3（準耐火建築物の定義）中で、「イ　主要構造部を準耐火構造としたもの」と並んで「ロ　イと同様の耐火性能を有するもの」として認められることとなったものである。具体的には、建築基準法施行令第109条の3に第1号（**外壁耐火構造**…石造・れんが造等）及び第2号（**不燃構造**…鉄骨造）とし

第11章　屋内消火栓設備

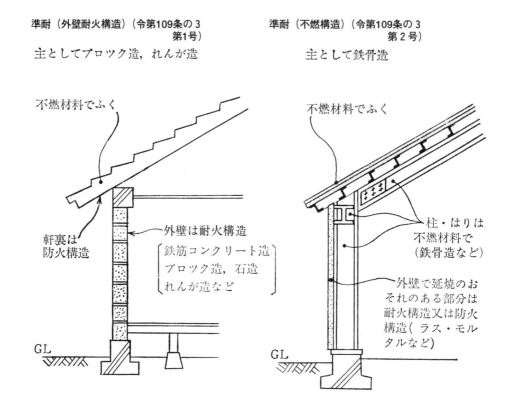

（注）延焼のおそれのある部分の開口部には「防火戸」を入れる。
第190図　準耐火建築物の1種（旧簡易耐火建築物）

て従前通りの仕様で認めている（**第190図参照**）。

●不燃材料・準不燃材料・難燃材料

　建築物の内装を不燃化したものとは、建築物の**天井**（天井のないときは屋根）及び**壁**の室内に面する部分を、**難燃材料（不燃材料又は準不燃材料を含む。）**でしたものをいう。
　もう少し厳密にいうと、室内に面する部分のうち、回り縁、窓台等の部分は除かれる。建築基準法上では、居室の壁のうち床面から1.2mの部分はのぞかれている。**廊下**、**通路**、**階段**にあっては、床面から1.2m以下の部分も、内装不燃化の対象となっている（建築基準法施行令第129条参照）。
　消防法令上では、不燃材料、準不燃材料又は難燃材料のいずれを用いても、内装不燃化となるが、建築基準法では、廊下、通路、階段には難燃材料の使用を認めず、居室にあっても、3階以上の階を特殊建築物の用途に供する場合には、天井の難燃材料の使用を認めてはいない、という違いがある。

違いはあっても、消防法にも建築基準法のいずれにも適法でなければいけない。従って「法令は厳なる規定を適用する」こととなるのだ。内装不燃化の規定では、両法にそれぞれ、厳しい部分と緩かい部分とを有しているため、仲々面倒なことだよ。

さて、**不燃材料**とは従前は、全く燃えない材料、**準不燃材料**とは「不燃材料に準ずる防火性能」を有する材料、**難燃材料**とは、元々燃える材料を燃え難くした材料というように区分されていたが、性能規定化により、それらの区分は改められて、**不燃性能**（通常の火災時における火熱により燃焼しない）によって区分されることとなった。

具体的には、建築基準法施行令第108条の2により、(1) 燃焼しないものであること、(2) 防火上有害な変形、溶融、き裂その他の損傷を生じないものであること、(3) 避難上有害な煙又はガスを発生しないものであること、と規定されており、その基準に、**20分間**耐えられるものが「**不燃材料**」、**10分間**耐えられるものが「**準不燃材料**」、**5分間**耐えられるものは「**難燃材料**」と定められた。

従って、先ず5分経過により難燃材料であるかどうかが判定され、10分経過により準不燃材料であるかどうか、20分経過により不燃材料であるかどうかが判定されることとなる。

その結果、不燃材料は、準不燃材料であり、難燃材料でもあることとなった。また、準不燃材料は難燃材料でもあることとなった。逆に言えば、難燃材料には、不燃材料・準不燃材料を含み、準不燃材料には不燃材料も含むこととなったのです。その関係を示したのが、**第191図**です。これまでの排他的関係が包含関係になったのです。

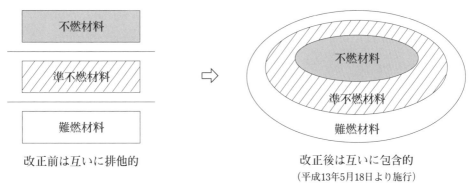

第191図　防火材料の関係

不燃材料には「コンクリート、れんが、瓦、陶磁器質タイル、繊維強化セメント板、ガラス繊維混入セメント板（厚さ3mm以上）、繊維混入ケイ酸カルシウム板（厚さ5mm以上）、鉄鋼、アルミニウム、金属板、ガラス、モルタル、しっくい、石、せっこうボード（厚さ12mm以上）、ロックウール、グラスウール板」が該当する（平12建設省告示第1400号）。

準不燃材料には「不燃材料、せっこうボード（厚さ9mm以上）、木毛セメント板（厚さ15mm以上）、硬質木片セメント板（厚さ9mm以上）、木片セメント板（厚さ30mm以上）、パルプセメント板（厚さ6mm以上）」（平12建設省告示第1401号）が、**難燃材料**には「不燃材料、準不燃材料、難燃合板（厚さ5.5mm以上）、せっこうボード（厚さ7mm以上）」（平12建設省告示第1402号）が該当する。

第11章　屋内消火栓設備

以上、建築物の耐火又は準耐火により、及び内装不燃化の組合せにより、屋内消火栓設備の設置基準について、**倍読み**、**3倍読み**が適用できることとなる。

●指定可燃物

もう一つ、**指定可燃物**の説明を済ませておくこととする。指定可燃物とは、危険物の規制に関する政令の別表第4に、その品名が連記してある物品で同表の数量以上のものをいう（危険物の規制に関する政令第1条の12）。

指　定　可　燃　物（危険物政令別表第4）

品　　名		指定数量
綿花類（不燃性又は難燃性でない綿状又はトップ状の繊維及び麻糸原料）		200kg
木毛及びかんなくず		400kg
ぼろ及び紙くず（不燃性又は難燃性でないもの、動植物油がしみ込んでいる布又は紙及びこれらの製品を含む。）		1,000kg
糸類（不燃性又は難燃性でない糸（糸くず）及びまゆ）		1,000kg
わら類（乾燥わら、乾燥藺及びこれらの製品及び干し草）		1,000kg
再生資源燃料（資源の有効な利用の促進に関する法律第2条第4項に規定する再生資源を原材料とする燃料。）		1,000kg
可燃性固体類（1気圧で固体又は20℃～40℃で液状となる次のもの） ・引火点が40℃～100℃の固体 ・引火点が70℃～100℃の固体又は液状体 ・引火点が100℃～200℃かつ燃焼熱量34KJ/g以上の固体又は液状体 ・引火点が200℃以上で、かつ燃焼熱量34KJ/g以上、融点100℃未満の固体又は液状体		3,000kg
石炭・木炭類（コークス、粉末の石炭が水に懸濁しているもの、豆炭、練炭、石炭コークス、活性炭及びこれらに類するものを含む。）		10,000kg
可燃性液体類（危険物の範囲から除かれる次のもの） ・第2石油類…塗料類その他で可燃性液体量40％以下、引火点40℃以上、燃焼点60℃以上の液体 ・第3石油類及び第4石油類…塗料類その他で可燃性液体量40％以下、1気圧20℃で液体のもの ・動植物油…1気圧20℃で液状であり、基準に従って容器に収容され又は加圧せず常温でタンクに貯蔵保管されているもの		2 ㎥
木材加工品及び木くず		10 ㎥
合成樹脂類（不燃性又は難燃性でない固体の合成樹脂製品、合成樹脂半製品、原料合成樹脂及び合成樹脂くず（不燃性又は難燃性でないゴム製品、ゴム半製品、原料ゴム及びゴムくずを含む）をいう。合成樹脂の繊維、布、紙及び糸並びにこれらのぼろ及びくずを除く。）	発泡させたもの	20 ㎥
	その他のもの	3,000kg

それぞれの火災に対する危険性についてはここで記すのは省略し、それらに対する消防用設備の規定のあらましを述べるに留めることとする。

消火設備の設置の要否については、いずれも危険物政令別表第4に示された数量（指定数量）の何倍を貯蔵したり、取扱ったりするかによって判定する。

〔消火器・簡易消火用具〕**指定数量以上**の場合に設置する。指定可燃物の種類により適応性のあるものを選ぶ。遡及適用がある。

指 定 可 燃 物 と 消 防 用 設 備 等

消防用設備等の種類	指定可燃物の貯蔵取扱量
消火器又は簡易消火用具	指定数量以上（適応性のあるもの）
大型消火器	指定数量の500倍以上（適応性のあるもの）
屋内消火栓設備又は動力消防ポンプ設備	指定数量の750倍以上（可燃性液体類を除く。）
スプリンクラー設備、水噴霧消火設備、泡消火設備、不活性ガス消火設備、ハロゲン化物消火設備又は粉末消火設備	指定数量の1,000倍以上 （適応性のあるものを用いる）
自動火災報知設備	指定数量の500倍以上

〔消火器具の適応性〕

消火器具 〔○印：適応性のあるもの －印：適応性のないもの〕	指定可燃物	可燃性固体類又は合成樹脂類（不燃性又は難燃性でないゴム類を除く）	可燃性液体類	その他
水消火又は強化液消火器（棒状）		○	－	○
強化液消火器（霧状）又は泡消火器		○	○	○
二酸化炭素消火器又はハロゲン化物消火器		○	○	－
粉末消火器	リン酸塩類等使用	○	○	○
	炭酸水素塩類等使用	○	○	－
水バケツ又は水槽		○	－	○
乾燥砂、膨張ひる石又は膨張真珠岩		○	○	－

〔消火設備の適応性〕

スプリンクラー設備	可燃性液体類を除く指定可燃物
水噴霧消火設備	すべての指定可燃物
泡消火設備	すべての指定可燃物
不活性ガス消火設備	油がしみ込んでいるぼろ、紙くず又は石炭・木炭類を除く指定可燃物。ただし、可燃性固体類、可燃性液体類又は合成樹脂類以外は全域放出方式とする。
ハロゲン化物消火設備	可燃性液体類、可燃性個体類、合成樹脂類又は木材加工品・木くずに限る。ただし、木材加工品・木くずは全域放出方式とする。
粉末消火設備	可燃性固体類、可燃性液体類又は合成樹脂類に限る。

注）上表中の「合成樹脂類」は、不燃性又は難燃性でないゴム製品、ゴム半製品、原料ゴム及びゴムくずを除く。

〔**大型消火器**〕大型消火器とは、たとえば粉末消火器であれば、消火剤が20kg以上のものをいう。**指定数量の500倍以上の場合に設置する**。これも遡及適用がある。
〔**自動火災報知設備**〕指定数量の**500倍以上**の場合に設置する。
〔**屋内消火栓設備**〕指定数量の**750倍以上**の場合に設置する。ただし、可燃性液体類に係るを除く。屋外消火栓設備又は動力消防ポンプで代替することができる（1階又は2階に限る）。
〔**動力消防ポンプ設備**〕設置は、屋内消火栓設備の代替として行うものであるが、建築物の**1階又は2階に限り**有効である。
〔**屋外消火栓設備**〕やはり屋内消火栓設備の代替とするもので**1階又は2階に限り**有効。

第11章　屋内消火栓設備

〔スプリンクラー設備〕指定数量の**1,000倍以上**の場合に設置する。ただし、可燃性液体類に係るものを除く。

〔水噴霧消火設備〕スプリンクラー設備の代替として設置する。なお、この設備は、可燃性液体類に対しても適応性がある。

〔その他の特殊消火設備〕指定数量の**1,000倍以上**の**指定可燃物**のうち、**可燃性液体類**については、**水噴霧消火設備**のほか、**泡消火設備**、**粉末消火設備**、**不活性ガス消火設備**、又は**ハロゲン化物消火設備**のどれでも適応性がある。

その他の指定可燃物と消火設備の適応性は、前頁の表を参照のこと。

なお、指定数量の5倍以上の指定可燃物（可燃性固体類及び合成樹脂類では指定数量以上のもの）を貯蔵し、又は取り扱う場合は、消防長等に**届出**を要する（火災予防条例(例)第46条）。

●1号消火栓と2号消火栓及び広範囲型2号消火栓

屋内消火栓には、消防法施行令第11条第3項の第1号に規定されたもの（**1号消火栓**）と、第2号に規定されたもの（**2号消火栓**）との2種類がある。1号消火栓とは、従前長い間使用されて来た基準に従うものであり、2号消火栓とは、昭和62年の消防法施行令の改正によって新たに設けられた新基準に基づくものである（2号消火栓については、日本消防検定協会が品質評価を行い、適合品には評価適合マークが付されている。）。

2号消火栓は、従来の1号消火栓に比して**放水量**が約半分程度（1号消火栓は130ℓ／分、2号消火栓は60ℓ／分）と小振りであって使いやすいところに特色がある。従ってホースも細く（1号消火栓の径は呼び40、2号消火栓では呼び25）、かつ、短いもの（1号消火栓は30m前後、2号消火栓は20m前後）となる。ただし**放水圧力**は、1号消火栓の0.17Mpaに対して2号消火栓は0.25Mpaとかえって高いから消火能力はさして劣るものではない。

何故、このような2号消火栓の基準が設けられたかというと、2号消火栓は、本来、1人で操作できるように**簡便なもの**となっているのである。単にホースが細いとか短いというだけでなく、加圧送水装置（ポンプ）は、開閉弁を開放するとか、ホースを延伸するだけで起動するようになっている他、ノズルには放水を始めたり止めたりする**開閉装置**が設けられている。

またホースの収納方式についても、2号消火栓は「延長及び格納の操作が容易にできること」とされており、これはホースリル方式を用いるものである。

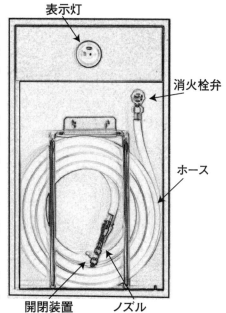

そこで、夜間に宿直員が1人しかいないような場合でも、楽に操作ができるので初期消火にも役立ち、かつ、放水の開閉装置により不必要な水損を防止することもできるので安心して使用できるという特色がある。ともすれば、これまで火災時にも余り活用されていないとの批判があった屋内消火栓設備も、この2号消火栓の導入により、大いに活用され効果を発揮することができるようになるのであろうと期待されているのである。

さらに平成25年の消防施行令の改正により新たに**広範囲型2号消火栓**の基準が設けられた。

広範囲型2号消火栓は、**ホースの長さ**が2号消火栓のホース接続口から水平距離が15mの範囲内に有効に放水できる長さに対し、広範囲型2号消火栓は25mと、1号消火栓と同じになっている。また、**ノズル放水圧力**0.17Mpa、放水量80ℓ／分と消火能力も高くなっている。

また、2号消火栓、広範囲型2号消火栓のホースについて、一人で操作できるものと**ホースの構造**が明確化（消防法施行規則第11条の2）されるとともに、屋内消火栓設備の屋内消火栓等の基準（平成25年消防庁告示第2号）で、易操作性1号消火栓、2号消火栓、広範囲型2号消火栓の放水用設備（「簡易操作型放水設備」）の構造及び機能が定められている。

さて、1号消火栓と2号消火栓及び広範囲型2号消火栓との使用区分は、次のとおりである。

〔1号消火栓の設置〕令別表第1(12)項イ〔**工場**又は**作業所**〕又は(14)項〔**倉庫**〕に設ける屋内消火栓及び指定数量の750倍以上の**指定可燃物**（可燃性液体類に係るものを除く。）の貯蔵及び取扱い場所に設ける屋内消火栓は、1号消火栓（易操作性1号消火栓）を設けること。

〔**1号消火栓、2号消火栓又は広範囲型2号消火栓の設置**〕上記以外の防火対象物又はその部分に設ける屋内消火栓は、1号消火栓、2号消火栓又は広範囲型2号消火栓を設けること。いずれを設置しても差支えなく、**選択**は**自由**である。

〔例規〕1号消火栓は、放水量等を勘案して火災荷重が大であり、かつ、延焼速度が速いと考えられる工場、倉庫及び指定可燃物を貯蔵し又は取り扱う建築物その他の工作物に設置を義務付けたものである（昭和62.10.26消防予第186号）。

〔例規〕特に旅館、ホテル、社会福祉施設、病院等の就寝施設にあっては、今後設置する場合、夜間等においても初期消火対応が有効に図られる2号消火栓を設置するよう指導されたい（昭位.10.26消防予第187号）。

以下、1号消火栓、2号消火栓及び広範囲型2号消火栓の主な性能等の比較一覧表を示す。

区　　分	1号消火栓	2号消火栓	広範囲型2号消火栓
配置（水平距離）	25m以下	15m以下	25m以下
水源水量（1個毎）	2.6㎥以上	1.2㎥以上	1.6㎥以上
〃　　（最大）	5.2㎥以上	2.4㎥以上	3.2㎥以上
放水圧力（ノズル）	0.17Mpa以上	0.25Mpa以上	0.17Mpa以上
放水量（毎分）	130ℓ以上	60ℓ以上	80ℓ以上
ポンプ吐出量(毎分)	150ℓ以上	70ℓ以上	90ℓ以上
開閉装置（ノズル）	なし	有り	有り
立上り管の径	呼び50m/m以上	呼び32m/m以上	呼び40m/m以上
（参考）			
使用ホースの径	呼び40m/m	呼び25m/m	呼び25m/m
使用ホースの長さ	30m程度	20m程度	30m程度

第11章　屋内消火栓設備

〔1号消火栓と2号消火栓の共用等〕　1号消火栓と2号消火栓は、同一防火対象物に設置しても差支えなく、その場合は、水源、加圧送水装置を共同することとなるが、その場合は次による（昭62.10.26消防予第187号）。

　すなわち、1号消火栓が2以上存する場合（隣接する場合）は、1号消火栓の例によるが、1号消火栓と2号消火栓とが隣接する場合は、両者の所要量の平均値（水源水量は3.8㎥以上）ポンプ吐出量は150ℓ＋70ℓ＝220ℓ／分とする。

●天井設置型消火栓について

　百貨店のような物品販売店においては、大空間となり壁が少ないことから、屋内消火栓の設置場所に困ることがある。そこでリール式の**2号消火栓（補助散水栓を含む。）** を天井に設置したらどうかという案があり、平成6年から、その設置が認められている（平6.10.18消防予第273号・天井設置型消火栓等に係る設置基準について）。

　天井面に設ける場合にあっても、2号消火栓又は補助散水栓の規定に適合しなければならないのは当然として、次のような基準によって運用されてきたが、平成25年の消防法施行規則の改正で基準が明記された。

・周囲には操作に支障となるパティション（間仕切）、陳列棚、設備、機器等が設けられていないこと。
・一般には消火栓等を中心に半径15mの円で覆うように配置するが、放水障害等のなく、ホースを直線的に延長できる天井設置型で**半径20m**まで緩和して差支えない。
・**開閉弁**をノズル等の降下、ホースの延長等の操作と連動する場合には床面からの高さが**1.5mを超える位置**として差支えない。
・**表示灯**も高さ3mに設けた場合、10m離れた高さ1.5mの位置から容易に識別できる赤色灯として差支えない。
・**ノズル等の降下装置**は、設置場所を見とおせる柱の壁に設け、直接操作部は床面からの高さ1.8m以下の位置に設ける。降下装置を柱・壁に設けるときは、その上部に赤色灯を設ける。降下装置の周辺には消火栓降下装置の操作部分である旨の表示を行う。

　新基準により、易操作性1号消火栓、2号消火栓、広範囲型2号消火栓、補助散水栓のいずれでも設置ができるようになった。新基準の要点は、次のとおりである。

・**開閉弁**は、床からの**高さ1.5m以下**の位置又は天井に設けること。ただし、開閉弁を天井に設ける場合は**自動式**のものとする。
・開閉弁を天井に設ける場合にあっては、次に適合すること。
　　イ　屋内消火栓箱の直近の箇所には、取付け位置から10m離れたところで、かつ、床面からの高さが1.5mの位置から容易に識別できる**赤色の灯火**を設けること。
　　ロ　消防用ホースを降下させるための装置の上部には、取付け面と15度以上の角度となる方向に沿って10m離れたところから容易に識別できる**赤色の灯火**を設けること。

・屋内消火栓及び放水に必要な器具は、消防庁長官が定める基準（屋内消火栓設備の屋内消火栓等の基準）に適合することとされ、一人でホースの延長、放水等ができる**簡易操作型放水用設備**の基準が示されている。

●易操作性1号消火栓について

　本来、屋内消火栓設備は高い消火能力を有する消火設備であるけれども、操作のために2名以上が必要、ホースを全部延ばさないと放水できない、円滑な使用のためには訓練を要する、放水までに時間がかかる等の理由により使用率は低い状態である。
　そこで一人でも使用できる2号消火栓のように改善した1号消火栓（易操作性1号消火栓）が開発された。それは次のような性能等を有するもので、具体的にはほぼ2号消火栓又はスプリンクラ設備の補助散水栓と準ずるものである。従って、その評価基準（易操作性1号消火栓の操作性等に係る評価基準・平8.12.12消防予第254号）で運用されてきたが、平成25年の消防法施行規則の改正で「一人で操作ができる屋内消火栓設備の基準」が明記され、「屋内消火栓設備の屋内消火栓等の基準」告示により構造及び機能について示された。概要は次のとおりである。
　要するにホースリール式を採り入れ、又は天井設置を認める等により、天井面からの降下装置の操作を要する場合には、それを含め、開閉弁の開放、消防用ホースの延長、放水等の一連の操作を一人でも円滑に行うことができるものである。
　また、ノズルに開閉装置、棒状又は噴霧状の放水切替ができるものとし、棒状放水では水圧力0.17MPaで130ℓ／分以上の放水量を有するものとする。かつ、ノズルを高さ1m仰角5°に保った場合の射程は7m以上とする。
　易操作性1号消火栓には、その旨の表示を設ける。あわせて天井設置型にはその旨及び降下装置の部分の表示を行う。既存の1号消火栓を改修して［改修易操作性1号消火栓］とすることもできる（平11.8.25消防予第216号）。

●屋内消火栓設備に必要な水量と水圧

　屋内消火栓設備は、多量の水を放水して消火するものであるから、**水源**としてどれだけの**水量**が確保してあるか、また放水するときにどれだけの水圧が得られるか、そういったことが、重要なポイントとなる。以下、1号消火栓、2号消火栓に分けて説明する。
〔1号消火栓（易操作性1号消火栓）〕 1号消火栓に設けられた**消防ホース**の径は、**呼び40**（内径38以上41以下）が多く用いられる。その先端の筒先におけるノズルの放水口は、**呼称13㎜**（実径12.7㎜）となる（**第192図参照**）。
　このノズルの**口径**と、**放水圧**、**放水量**との間には次のような**関係式**がなりたつ。

第11章　屋内消火栓設備

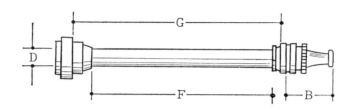

径	D	B	G	F	全　長	吐水口
40	38	80	363	330	480	12.7
50	51	95	363	350	545	12.7
65	63	120	455	420	650	19.0

第192図　ノズルの寸法(mm)

$Q = 0.2085 \times D^2 \times \sqrt{p}$

　Q：放水量（ℓ/分）

　D：ノズル口径（㎝）

　p：放水圧力（MPa）

　一方、1号消火栓に要求される性能は、法令上「ノズルの先端において、**放水圧力**が0.17MPa以上で、かつ、**放水量が130ℓ/分以上**」とされている（消防法施行令第11条第3項第1号ニ）。

　さっそく、この数値を、前の式に宛はめて規定の放水量が得られるかどうか、チョット計算しみましょう。

$Q = 0.2085 \times (1.27)^2 \times \sqrt{0.17 \text{MPa}}$

　　$= 0.2085 \times 1.613 \times 0.412$

　　$= 138.6 ℓ/分 > 130 ℓ/分$

このように、ギリギリではあるが合格となる（**第193図参照**）。

　130ℓ/分で**20分間**、放水するものとすると、水量は2,600ℓとなる。すわち、2.6㎥になる。

　法令上は、一つの屋内消火栓について、この2.6㎥の水量を予定している。ただし、1号消火栓を最も多く設置した階の消火栓設置数を基礎とし、それが2以上となるときは、2で打切りとしてよい。すなわち、最大の消火栓使用数を2として、それらを同時使用したときに、先程の放水圧0.17MPa及び放水量（130ℓ/分）が得られるものでなければいけない。

　そこで、各階ごとの屋内消火栓の**設置数**が問題となるが、その配置は、階ごとに消火栓のホース接続口を中心とする**半径25m**の円を描き、その階の各部分が、その円でおおわれるようにすればよい（**第194図参照**）。

　屋内消火栓の**ホースの長さ**は、長さ**15m**のものを**2本**つないでいるので、実際は30mの長さがあるのだが、何しろ屋内には壁が多く、出入口の位置も限定されるので、若干それを割り引いて有効範囲を、半径25mとしたものである。しかし、「水平距離が25mの範囲内を有効に放水することができる長さ」とされているので、この基準を満たす必要がある。

第11章　屋内消火栓設備

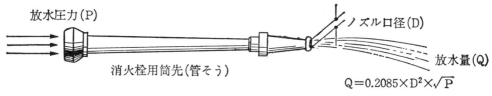

$Q = 0.2085 \times D^2 \times \sqrt{P}$

──── ノズル口径12.7mmとして ────

放水圧力0.17MPaならば放水量Qは137ℓ/分
　〃　　0.30MPa　　〃　　　182ℓ/分
　〃　　0.50MPa　　〃　　　235ℓ/分
　〃　　0.70MPa　　〃　　　278ℓ/分

放水圧力が0.17→0.70MPaに上ると放水量は2倍になる。
($\sqrt{0.17}=0.412$, $\sqrt{0.7}=0.837$)

第193図　放水圧力と放水量の関係

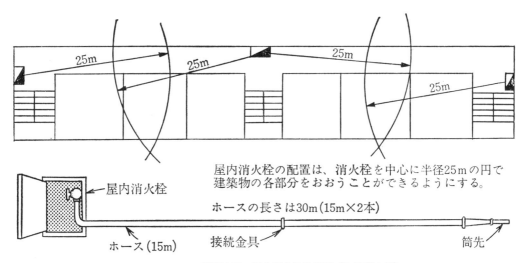

第194図　屋内消火栓の配置（1号消火栓）

階ごとの消火栓設置数	1	2以上
水源の数量（㎥）	2.6以上	5.2以上

第194図　水源の水量

このようにして、各階の消火栓の配置が決まると、最も設置数が多い階の設置数によって、**水源の水量**が決定される。

すなわち、どれ程大きな防火対象物であっても、屋内消火栓設備の水源の水量は、5.2㎥以上であればよいことになる。

　注）水源の水量は、各消火栓について20分間の放水量しか用意されないが、**非常電源**は**30分間**を要求されている。これは、すべての消火栓を同時に使用を開始するとは限らないので、若干の時間差を見込んで30分としたものである。

一方、水圧の方は0.17MPa以上とされているが、圧力はどれだけ高くてもよい、というものではない。余り放水圧が高すぎると、シロウトではノズルを使いこなせない。むしろ、危険でもある。そこで放水圧の高い方は、0.7MPa（放水量は、放水圧0.17MPaの場合の２倍となる）を限度としている。そこで、放水圧の上限を0.7MPaに押えるために、**減圧装置**が用いられる。例えば、消火栓の開閉弁にオリフィス（絞り）を入れて減圧したりしている（**第195図参照**）。２号消火栓においても最大放水圧を0.7MPaに押える。

　注）オリフィスを入れて、放水量を減らせば放水圧も低下する。逆に、放水圧が上れば放水量も増加し、従って、その**反動力**も大きくなる。そこで、放水圧が高くなりすぎると、ノズルを持つ人が、まともにこの反動力を受けて危険になるのである。

〔２号消火栓〕

　２号消火栓も基本的には、同じようなものであるが、**放水圧力**は、ノズルの先端において0.25MPa以

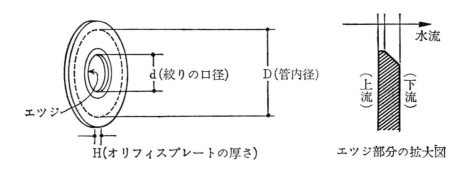

オリフィスプレートの絞り部分のエッジにより、上流側と下流側の向きを間違えないように使用する。

第195図　オリフィスプレート

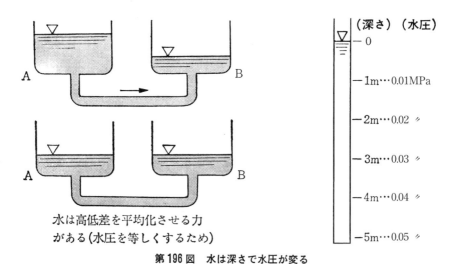

第196図　水は深さで水圧が変る

上、**放水量は毎分60ℓ以上**となる。すなわち、放水圧力はむしろ1号消火栓より高いが、ノズル口径が7.6mmと細いことから放水量は毎分60ℓ以上と1号消火栓の約1/2となる。従って、20分放水として**水源水量は1.2㎥**となる。

ホースの長さは20m程度、径は25mmを用いる。ノズルからの放水を開閉する装置がついている。

消火栓を中心として**半径15mの円**で防火対象物を覆うように配置する。

〔例規〕2号消火栓は、ロビー、ホール、ダンスフロア、リハビリ室、体育館、講堂その他これらに類する部分であって、可燃物の蓄積量が少なく、放水障害となるような間仕切・壁等がなく、かつ、ホースを直線的に延長することができるなど、消火活動上支障がないと認められる場合にあってはその水平距離を消防法施行令第32条を適用して最長25mまで緩和することとしても差し支えない。

また、2号消火栓を水平距離15mごとに設置した場合、一部に未警戒部分が生じる場合にあっては、原則として当該未警戒部分を生じないように屋内消火栓を設置するなどの措置が必要であるが、当該未警戒部分が直近の屋内消火栓からホースを延長して消火活動を行う場合に支障がないと認められる場合にあってはその水平距離を消防法施行令第32条を適用し、最長20mまで緩和することとしても差し支えない（昭62．10．26消防予第187号）。

〔広範囲型2号消火栓〕

広範囲型2号消火栓は、放水圧力は、ノズルの先端において0.17MPa以上、放水量は毎分80ℓ以上、水源の水量は1.6㎥を乗じて得た量以上となっている。

消火栓を中心に半径25mの円で防火対象物を覆うように配置する。ホースの長さはホース接続口から25mの範囲内を有効に放水できる長さ30m程度、ホースの収納及び構造は、一人で操作できるものであること。

●必要な水圧を得るための3つの方法

ノズルの先端での規定の水圧（0.17〜0.70MPa）を得るためには、どのような方法があるか。それには、水に圧力を加えるための装置が必要である。それを**加圧送水装置**と呼ぶ。法令上は、3種類の加圧送水装置が認められている。すなわち、**高架水槽、圧力水槽及びポンプ**の3種類である。それぞれの装置により、水に圧力を加える方法は異なる（加圧送水装置の基準・平9消防庁告示第8号）。

もっとも判りやすい高架水槽の場合を例にとると、地球の引力によって、水は絶えず、低きに流れる。従って、水面に高低差があると、その高低差を平均化しようとして、水に流れが生じる。ま、水が流れるのは、水の圧力差を平均化しようとする動きである、と言ってよい（**第196図参照**）。

水の底面における圧力（水圧）は、その水の深さだけの水の重量となる。水の比重は、1であるから、1cc（1㎤）の重量は1gである。

水の深さが3mであれば、3mの水柱の重さとなる。単位面積（1㎠）当り、300gとなる。0.3kgと表現してもよい。

このようなことから、1号消火栓で0.17Mpaの水圧（放水圧力）を得るためには、**17mの高さ（落差）**

第11章　屋内消火栓設備

が必要となる。言いかえれば、放水する位置から17mも高い位置に高架水槽を設けなければいけない理屈となる。同様に2号消火栓では0.25Mpaの水圧が必要だから、落差は25mとなる。以下、同様である。

　　注）厳密にいうと、高架水槽の水は、放水によって順次、水面が低下していくので、高架水槽の底面との間で、所定の落差を確保しなければならない。

　また、放水口（ホースの接続口）は、各階によって、その位置（高さ）が異なるので、最低0.17MPaの水圧を得るためには、最も位置の高い階（落差が少なくなる階）の放水口で、所定の放水圧を得なければならないこととなる。

　それよりも下階では、放水圧はもっと高くなる。1mについて0.01MPaずつ水圧が増加することになるから、例えば、30mであれば、0.3MPaの水圧増加となる。結局、0.17プラス0.30であるから、0.47MPaの水圧となるわけである。

　最高圧力を0.7MPaに制限するならば、高さに限度が生じる。すなわち、0.70－0.17＝0.53MPaとなるから、0.53MPaに相当する53mが限度となる最上階のホース接続口の位置と、最下階のホース接続口の位置との高低差は、53mが限度となる。

　以上は、水面の高低差と水圧の関係を理解してもらうために、理論だけで説明したものであって、実際は、このように簡単には割り切れない。それは、配管内を水が流れる際に管の内側と水との間に**マサツ**が生じるからである。

　　注）管などを通じて生じる水面のことを「水頭」という。英語でいうウォーター・ヘッド（Water Head）のことである。訳語の水頭よりも、原語のウォーター・ヘッドの方が何か理解しやすいような気がする。

　早い話が、サイフォンの水頭は、本来等しくなければならないのであるが、配管が長かったり、複雑であったりすると、それだけマサツが増えて水頭は等しくならない。若干、水頭が低下するのである（**第197図参照**）。

　さて、配管などのマサツによって低下する水頭の大きさを「**摩擦損失水頭**」と呼ぶ。配管だけではなく、ホースの内部にもマサツがあるから、その損失水頭も存在する。

　そこで、実際にノズルの先端で0.17MPaの放水圧を得るためには、単に17mの落差だけでは不十分で

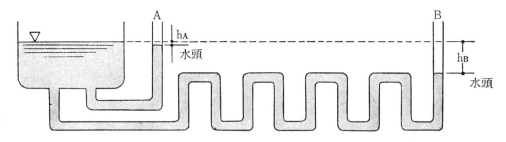

　　本来は、水槽の水面（点線の位置）まで水頭が上る理屈だが、実際
　　には、管内のマサツがあるため、水頭は少し下がる。これを「マサツ
　　損失水頭」という。(h_A, h_B)
　　　Aのマサツ損失水頭は少いが、Bでは、配管のマサツが大きくなる
　　ため、マサツ損失水頭（h_B）が大きくなる。

第197図　必要な落差の求め方

第11章　屋内消火栓設備

直管のマサツ損失水頭（配管用炭素鋼鋼管（JIS G 3452））

流量 (ℓ/分)	大きさの呼び						
	40	50	65	80	100	125	150
130	13.32	4.15	1.23	0.53	0.14	0.05	0.02
260	47.84	14.90	4.40	1.90	0.52	0.18	0.08
390	—	31.60	9.34	4.02	1.10	0.38	0.17
520	—	—	15.65	6.76	1.86	0.64	0.28
650	—	—	—	10.37	2.84	0.99	0.43
780	—	—	—	—	3.98	1.38	0.60

（単位：100m当りm）

ホースのマサツ損失水頭

流量 (ℓ/分)	種別 大きさの呼び					
	40		50		65	
	麻	ゴム	麻	ゴム	麻	ゴム
130	26	12	7	3	—	—
350	—	—	—	—	10	4

（単位：100m当りm）

継手・バルブのマサツ損失水頭（配管用炭素鋼鋼管（JIS G 3452））

種別			大きさの呼び												
			25	32	40	50	65	80	90	100	125	150	200	250	300	350
管継手	ネジ込式	45°エルボ	0.4	0.5	0.6	0.7	0.9	1.1	1.3	1.5	1.8	2.2	2.9	3.6	4.3	4.8
		90°エルボ	0.8	1.1	1.3	1.6	2.0	2.4	2.8	3.2	3.9	4.7	6.2	7.6	9.2	10.2
		リタンベンド（180°）	2.0	2.6	3.0	3.9	5.0	5.9	6.8	7.7	9.6	11.3	15.0	18.6	22.3	24.8
		チーズ・クロス（分流90°）	1.7	2.2	2.5	3.2	4.1	4.9	5.6	6.3	7.9	9.3	12.3	15.3	18.3	20.4
	溶接式	45°エルボ ロング	0.2	0.2	0.3	0.3	0.4	0.5	0.6	0.7	0.8	0.9	1.2	1.5	1.8	2.0
		90°エルボ ショート	0.5	0.6	0.7	0.9	1.1	1.3	1.5	1.7	2.1	2.5	3.3	4.1	4.9	5.4
		90°エルボ ロング	0.3	0.4	0.5	0.6	0.8	1.0	1.1	1.3	1.6	1.9	2.5	3.1	3.7	4.1
		チーズ・クロス（分流90°）	1.3	1.6	1.9	2.4	3.1	3.6	4.2	4.7	5.9	7.0	9.2	11.4	13.7	15.3
バルブ || 仕切弁	0.2	0.2	0.3	0.3	0.4	0.5	0.6	0.7	0.8	1.0	1.3	1.6	2.0	2.2
|| 玉形弁	9.2	11.9	13.9	17.6	22.6	26.9	31.0	35.1	43.6	51.7	68.2	84.7	101.5	113.2
|| アングル弁	4.6	6.0	7.0	8.9	11.3	13.5	15.6	17.6	21.9	26.0	34.2	42.5	50.9	56.8
|| 逆止弁（スイング）	2.3	3.0	3.5	4.4	5.6	6.7	7.7	8.7	10.9	12.9	17.0	21.1	25.3	28.2

注）継手及び弁の形状は、第203図参照のこと。　　　　　　　　　（単位：1個につき100m当りm）

第11章　屋内消火栓設備

あって、それに配管やホースの摩擦損失水頭を加えておかなければいけない。すなわち、それだけのユトリを与えておかなければいけないこととなる。

従って、**高架水槽**の場合に、所定の水圧を得るための**落差**は、次の式によって求められることなる（第198図参照）。

（高架水槽の必要な落差）

$$H = h_1 + h_2 + 17\text{m} \quad （2号消火栓では17mを25mとする。）$$

- H：必要な落差（メートル）
- h_1：消防用ホースの摩擦損失水頭（メートル）
- h_2：配管の摩擦損失水頭（メートル）

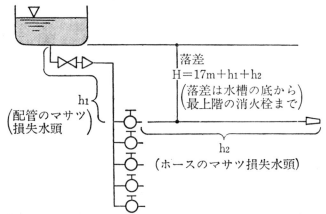

落差には17m（0.17MPaの水圧に相当）のほかに、配管とホースのマサツ損失見水頭を加えなければならない。

第198図　マサツ損失水頭

圧力水槽による場合は、必要な圧力は直接0.17MPaで良いことになるが、この場合も、配管やホースの内部摩擦を配慮しておかなければいけない。すなわち、配管やホースの**摩擦損失水頭圧**を加えておかなければならないのである。摩擦損失水頭圧とは、摩擦損失水頭を補うために必要な圧力である。

さらに圧力水槽の場合は、圧力水槽の位置によって**落差**が生じるので、それを加味しなければならない。水槽が放水口よりも高い位置にあれば、それだけ圧力が高まるので、水圧を落しておけばよいことになるが、一般には圧力水槽を地下室に設けたりするので、そのような場合には、上階まで水を押し上げるのに必要な圧力を追加しておかなければならないことになる。

従って、圧力水槽の圧力は次の式によって求められる。

（圧力水槽の必要圧力）

$$P = P_1 + P_2 + P_3 + 0.17\text{MPa} \quad （2号消火栓では0.17MPaを0.25MPaとする。）$$

- P：必要な圧力（MPa）
- P_1：消防用ホースの摩擦損失水頭圧（MPa）
- P_2：配管の摩擦損失水頭圧（MPa）
- P_3：落差の換算水頭圧（MPa）

第11章　屋内消火栓設備

注）**圧力水槽**というのは、コンプレッサーで空気を加圧した気密な水槽に水を送り込み、水槽中の水に必要な加圧を行うタイプの水槽である。

　加圧送水装置に**ポンプ**を用いる場合も、圧力水槽と同じような考え方で、ポンプの**全揚程**（どの高さまで水を送り上げるか）は、0.17MPaの水圧を得るための**17m**に、ホース及び配管の**摩擦損失水頭**を加え、さらにポンプの位置と放水口の位置との**落差**を加えなければならない。

（ポンプの必要な全揚程）

$$H = h_1 + h_2 + h_3 + 17\text{m} \quad （2号消火栓では17\text{m}を25\text{m}とする。）$$

$\begin{cases} H：ポンプの全揚程（メートル）\\ h_1：消防用ホースの摩擦損失水頭（メートル）\\ h_2：配管の摩擦損失水頭（メートル）\\ h_3：落差（メートル） \end{cases}$

●マサツ損失水頭の求め方

　摩擦損失の計算方法は、消防庁長官の定める基準に従わなければならない。具体的には平成20年消防庁告示第32号の「配管の摩擦損失計算の基準」がそれである。

　配管の**摩擦損失水頭H**（単位、m）を計算によって求めるときは、次の式による。

　$H = \Sigma Hn + 5$　　（流水検知装置を使用しないものは、$H = \Sigma Hn$とする。）

　これは、配管の径、流量及び長さによってそれぞれのHnを求めて、それを合計すればよいのである。それでは、Hnというのはどのようにして求めるか、一般的な炭素鋼管の場合の**理論式**は次のとおり。

$$Hn = 1.2 \frac{Qx^{1.85}}{Dk^{4.87}} \left(\frac{1'k + 1''k}{100} \right)$$

　大きさの呼びがKである管の基準内径をDk、その配管内を流れる水の流量（単位、ℓ/分）をQk直管の長さの計を1'k、管継手継手及びバルブ類の換算長さを1″kとして計算する。通常、使用する数値のみを集めた便利な**数表**〔上記告示別表第1～第7〕も用いられる（**第199図参照**）。

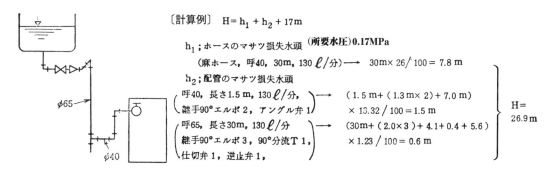

第199図　マサツ損失水頭（数表）

第11章　屋内消火栓設備

注）摩擦損失を求める計算式は、ハーゼンウィリアムの式を採用したものである。式の始めの係数（1.2）は、消防用設備の配管は絶えず水が流れるものではなく、停滞しているため新管の流量係数を用いてある。
　　また、カッコ内の分母（100）は、摩擦損失水頭を管長100メートル当りについて求めるためである。従って単位を間違わないように。

●屋内消火栓箱に関して

　1号消火栓及び広範囲型2号消火栓は、消火栓を中心とする**半径25m**の円で、2号消火栓は同じく**半径15m**の円で、建築物の各部分を覆うことができるように**配置**する。かつ、その使用が便利なように、通常は、階段の近くの廊下等に設ける。建築基準法令上でも、例えば、非常用の昇降機の乗降ロビーには、屋内消火栓等の消火設備を設置できるもの、とするような規定もある（建築基準法施行令第129条の13の3第3項第8号）。

注）この規定は「設置できるものとすること」として、建築物の構造を定めているに過ぎず、屋内消火栓の設置場所を規定したものではない。

　なお、**屋内消火栓箱**は、鉄筋コンクリート造の壁に、はめ込んで設置されるが、それに伴って、耐火構造の**防火区画**が破られることのないような配置が必要である。
　さて、屋内消火栓箱には「消火栓」の**表示**をしたうえ、上部には**赤色の灯火**を設ける。この赤色灯は、取付面と15°以上の角度となる方向に沿って10m離れた位置（壁面から2.56m離れると15°の角となる。）から容易に識別できるものでなければならない。
　扉を開くと、中に**消火栓**（開閉弁）が設けられている。通常は、弁の位置で水流が90°曲がる**アングル弁**が用いられる。この開閉弁は、床面から1.5m以下の**高さ**に設けることとされている（**第200図参照**）。

注）消火栓の扉は、右開き、左開きの2種類がある。扉の奥の方（蝶番についている方）に消火栓が設けられているケースが多い。
　　屋内消火栓に使用する開閉弁については「消火栓等開閉弁の構造及び性能の基準の細目について（昭54.6.11　消防予第113号通達）」により**基準**が定められるとともに(1)製造者又は商標、(2)製造年、(3)型式番号、(4)大きさの呼び及最大使用圧力〔減圧機構をとりつけたものにあっては使用圧力範囲〕、(5)の開閉方向、(6)海水の使用が可能なものにあってはＳＷの**表示**をすることとされた。なお、この基準に適合するものは、（財）日本消防設備安全センターにおいて**認定ラベル**を貼付している。

　開閉弁には、ホースを接続して、ホース懸けに掛けてある。1号消火栓では、**ホースの長さ**は、通常、15mのものを2本接続してある。他に20mのもの、10mのものもある。**ホースの径**は、呼称40（38〜41㎜）又は呼称50（51〜54㎜）が用いられる。一般には呼称40が多く用いられる。**消防用ホースの種類**としては、**消防用麻ホース**又は**消防用ゴム引ホース**がある。2号消火栓では、ホースの径は呼称25、長さ20mのものが用いられる。

注）他に**消防用濡れホース**もあるが、これは消防隊が使用するもので、屋内消火栓には使用されない。
　　消防用ホースは、**自主表示**の対象となっており、合格品には合格マークが入っている。他に、屋内消火栓用のものは「屋内消火栓用」の表示がされている（**第200図参照**）。

　ホースの先には、**筒先**が付けてある。筒先の先端部が**ノズル**である。2号消火栓及び広範囲型2号消火栓の場合は、ノズルに開閉装置が設けられている。

第11章　屋内消火栓設備

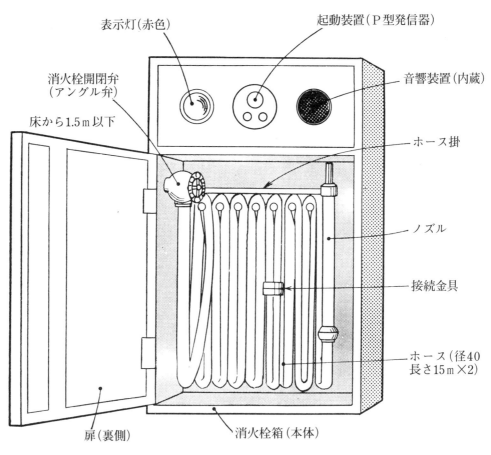

第200図　屋内消火栓箱

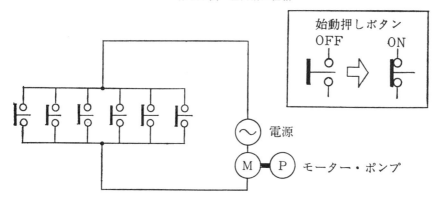

消火栓スイッチは、どの階のボタンを押しても、
直ちにモーター(ポンプ)が始動する。

第201図　消火栓スイッチの起動

第11章 屋内消火栓設備

　加圧送水装置が、**高架水槽**又は**圧力水槽**であるものは、開閉弁を開けることによって直ちに所定の水圧で放水することができる。
　注）開閉弁は、全開にしないと、所定の水圧が得られないことがある。
　これらの加圧送水装置によるものは、使用時に便利ではあるが、実際にこのタイプのものは設置例が少なく、ポンプによるものが多い。ポンプによるものは、ポンプを始動させなければ所定の水圧を得られないため、使用に際してポンプを遠隔操作で作動させてやらなければならない。
　注）屋内消火栓の配管は、満水していることが多い（湿式）ので、バルブを開くと放水することはできるがポンプを始動しないと、やがて水圧は低下してしまう。
　近頃の消火栓は、上部に**発信機**が設けられているものがあるので、それを押して発信すればよい。この押しボタンは、自動火災報知設備の発信機も兼ねているので、押せば受信機で発信し音響装置（ベル）も鳴る。それにあわせてポンプの方も**始動**する。ポンプが始動すると、表示灯（赤色灯）が**点滅**（フリ

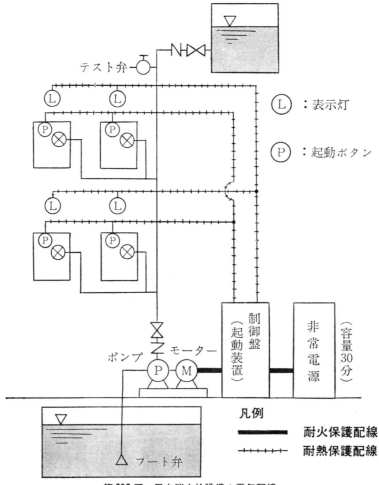

第202図　屋内消火栓設備の電気配線

ッカー）状態となって、始動を表示する（**第201図参照**）。

注）タイプによっては、屋内消火栓の内部に起動表示灯を設けたものもある。

この**表示灯回路**及び**操作回路**は、重要であるので**耐熱保護**が要求される。すなわち、配線は600Ｖ２種ビニル絶縁電線などの耐熱性のある電線を使用し、それを金属管工事、可とう電線管工事又は不燃性ダクトに布設したケーブル工事としなければならないのである（**第202図参照**）。

注）他に非常電源からモーターまでの回路は**耐火保護**としなければならない。

また、易操作性１号消火栓、２号消火栓及び広範囲型２号消火栓の加圧送水装置は、直接操作により起動できるものであり、かつ、開閉弁の開放、消防用ホースの延長操作等と連動して起動することができるものであること、とされている（消防法施行規則第12条第１項第７号ヘ、第２項第７号）。これは、これらの消火栓においては、１人操作が可能となることを念頭に定められたものである。なお、その１人操作性の総合的評価については、日本消防検定協会が鑑定を行っており、鑑定に合格したものには、その旨の表示が付されている。

●配管に関連して

配管の**管径**は、水力計算により算出された管径の呼び径による。ただし、主配管のうち**立上り管**は、１号消火栓では呼び50㎜以上、２号消火柱では呼び32㎜以上、広範囲型２号消火栓では呼び40㎜以上の管径とする。配管は、屋内消火栓の**専用**のものとする。

使用管径（呼び）	許容流水量（ℓ/分）
40	130
50	260
65	390
80	520
100	650

ただし、屋内消火栓設の起動装置を操作すると、直ちに他の消火設備への送水を遮断することができるような場合には、屋内消火栓の性能に影響がないところから、ポンプから他の設備への配管の分岐箇所までの配管に限り、兼用することができるものとされている。

これをみる限りでは、屋内消火栓設備については、かなりの優先権を認めているように思える。他の消火設備で水を用いるものとはスプリンクラー設備とか、水噴霧消火設備のようなものが想定されるが、これは自動消火設備よりも、人力によって直接、火源に対して放水できる設備があるのであれば、そちらの方に信頼を置いているものと考えられる。

何も遮断しなくても、両方の設備を一緒に働かせておいたら良いではないか、という意見も出るであ

種類		日　本　工　業　規　格
配　　　　管		G3442、G3448、G3452、G3454、G3459
フランジ、継手	ねじ込み式、継手	B2220、B2239
	溶　接　継　手	B2220
上記以外の継手	ねじ込み式、継手	B2301、B2302又は2308のうち材料にG3214（SUS F304又はSUS F316に限る。）又はG5121（SCS13 又はSCS14に限る）を用いるもの
	溶接式、鋼管継手	B2309、B2311、B2312、B2313（G3468を材料とするものを除く）
バ　ル　ブ　類		G5101、G5501、G5502、G5705（黒心可鍛鋳造品に限る）、H5120、H5121

第11章 屋内消火栓設備

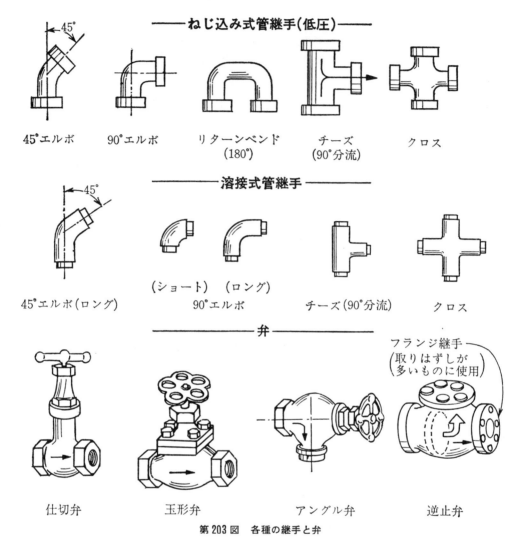

第203図 各種の継手と弁

ろう。そこで、**遮断**せずに屋内消火栓設備を起動したときに、他の消火設備も働くし、また、屋内消火栓設備の方も、機能に支障を来さないような水量、水圧が確保されるような場合には、**兼用**の配管としても一向に差しつかえない。

また、連結送水管の配管との**共用**も認められている。これは、両方の設備の使用時間に原則として重複がないとの考え方である。ただし、これらの兼用を認めるのは、法令上の明文の規定があるわけではなく、あくまで消防法施行令第32条を適用しての話である。

配管、管継手及びバルブ類の**材質**は、表に掲げる日本工業規格（JIS）に適合するものとする。又は、これらの規格と同等以上の強度、耐食性及び耐熱性のあるものを使用する。要するに、配管等は、品質の良いものを使用しなさいと言うこと（**第203図参照**）。

配管の**耐圧力**は、給水する加圧送水装置の締切圧力の**1.5倍以上**の水圧を加えても、その水圧に耐える強度を必要とする。このように大きな耐圧力を要求するのは、単なる水圧（静水圧）に耐えるだけで

第11章　屋内消火栓設備

はなく、いわゆるウォーターハンマーによる衝撃のような**動水圧**をも考慮したものである。

　屋内消火栓設備の配管内は、常時、**満水**させておく。これは、ポンプで送水をした場合のノッキング（配管内の空気が送水により圧縮されることで、管内に大きな反動が生じること）を防止するとともに、何よりも開閉弁まで水が満たされていることによる早期送水が図れることにある。その意味では**湿式**である。

　　注）従って、湿式の屋内消火栓設備では、加圧式水装置（ポンプ）を始動させなくても、開閉弁を開くと一応放水することはできる。しかし、これだけでは所定の水量及び水圧を得ることはできない。

　湿式に対して**乾式**の屋内消火栓設備も存在する。何故、乾式のものを認めるかと言えば**寒冷地**では配管内の水が凍結することがあるので、それを防止するために、通常は配管内の水を抜いておくのである。

　湿式すなわち配管内を満水としておくためには、管内の水が逆流して流出してしまうことがないような対策が必要となる。そこで、ポンプの吐出口近くの配管には、必ず**逆止弁**を設けておかなければならない。チャッキバルブ又はノンリターンバルブとも言う。スイング弁が一般的である（**第203図参照**）。

　逆止弁を設ける場合、水圧側に必ず**止水弁**を設けておかなければならない。これは、逆止弁の修理、取替えとか、ポンプの修理等の場合に配管内等の水の流出を止めるためのものである。この止水弁は、修理等の必要に応じて止水するために、予め設置しておくものであるから、**常時は開放**しておかなければならないものである。間違って閉鎖してあると、イザというときに配管に水を送れないから、折角の設備も役に立たないことになってしまう。『常時開放』という札でも下げておこう。

　止水弁には、**流れの方向**を表示し、開閉弁や止水弁には、**開閉の方向**を表示したものが用いられる（**第203図参照**）。

●可とう管継手の設置基準

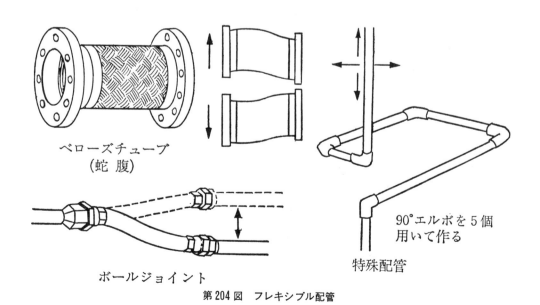

ベローズチューブ
（蛇　腹）

ボールジョイント

90°エルボを5個
用いて作る

特殊配管

第204図　フレキシブル配管

第11章　屋内消火栓設備

　地震等により危険物タンクとか消防用設備の加圧送水装置と配管の接続部が損傷を受けるおそれがある処からそれを防止するため可とう管継手（フレキシブル・ジョイント）が用いられる。
　そこで危険物施設関係については「可撓管継手に関する技術上の指針（昭56．3．9消防危第20号）」及び「可撓管継手に関する技術上の指針の取扱いについて（昭57．5．28消危第59号）」において詳細な指針や「耐震性能評価基準」が定められているところである。
　一方、消防用設備に用いる加圧送水装置の吸込側及び吐出側周辺配管に使用される可撓管継手についても基準が設けられている。これは配管の耐震性を高めるだけでなく加圧送水装置（ポンプ）の振動を配管に伝えないというメリットもある（第204図参照）。
　そこで「加圧送水装置の固定配管に使用する可撓管継手の基準（平5・6・30消防予第199号）」が定められ、その適合品については、㈶日本消防設備安全センターにおいて認定を行い、認定マークが貼付されている。従って、基準の詳細については説明を省略するが、その認定マークで適合品であることを確認することができる。認定マークについては第204－2図参照のこと。

●合成樹脂パイプを消火設備の配管に使用する場合には

　屋内消火栓設備などの配管は、従来、鋼管等（JIS　G3442、G3448、G3452、G3454若しくはG5459に適合する管又はこれらと同等以上の強度、耐食性及び耐熱性を有する金属性の管）を用いることとされていたが、平成13年の改正で、合成樹脂製の管を用いることができるよう改められた。
　それは、気密性、強度、耐食性、耐候性及び耐熱性を有するものとして消防庁長官が定める基準に適合するものでなければならない。具体的には「（平成13年消防庁告示第19号）合成樹脂製の管及び管継手の基準」に示されている。
　なお、合成樹脂製の管・継手が使用できるのは、下記の場合となっている。
・屋内消火栓設備（消規則第12条第1項第6号＝(ロ)及びホ(ロ)）
・スプリンクラー設備（消規則第14条第1項第10号）
・水噴霧消火設備（消規則第16条第3項第2号の1）
・泡消火設備（消規則第18条第4項第8号）
・屋外消火栓設備（消規則第22条第8項）

●建築基準法施行令の規定との関係

　建築基準法施行令第5章の3に建築設備等に関する規定があり、給排水その他の配管設備についても詳しい規定が設けられている。その規定の中で消火設備と最も関連が深く、質疑が多いのが第129条の2の5第2項第1号の「飲料水の配管設備（これと給水系統を同じくする配管設備を含む。）とその他の配管設備とは、直接連結させないこと」というもの。飲料水の配管に工業用水や雑用水などの不純な

水が混入したのでは、衛生上支障があるのでそれを禁止したものだから、その限りでは別にどういうことはないのだが、これが飲料水用の給水タンクから消防用設備用の給水を受けることを禁じているのではないかという懸念が残る。もしも、そうだとすると、これは大変なことになるが、その心配はない（泡消火設備に関しては、泡水溶液が飲料水に逆流するといけないので、これだけは禁止されている）。

泡消火設備以外の消火設備の用水は、飲料水の給水系統から採って**差支えない**のである。

注）通達では「消火設備等の配管設備は、飲料水と給水系統を同じくする配管設備に該当する」という趣旨の表現となっているがこれは、消防設備用配管は、給水設備用配管とみなされるので直接連結しても差支えないという意味である。（51．3．3　建設省住指発第136号）。

消防庁の通達「飲料水の配管設備以外の配管設備には、消用用設備等（泡消火設備を除く。）に係る配管設備を含まないものとして取扱ってさしつかえない」という表現も同じことを述べているのだが、読み違えないように（昭51．3．3　消防安第31号）。

●**高架水槽方式（加圧送水装置）**

加圧送水装置の基準（平9消防庁告示第8号）によると、**高架水槽方式**の加圧送水装置とは「**高架水槽の落差を利用して送水するための圧力を得る方式の加圧送水装置**で、**水槽**、**制御盤**、**水位計**、**排水管**、**溢水用排水管**、**補給水管**、**マンホール**その他必要な機器で構成されているものをいう。」とされている。

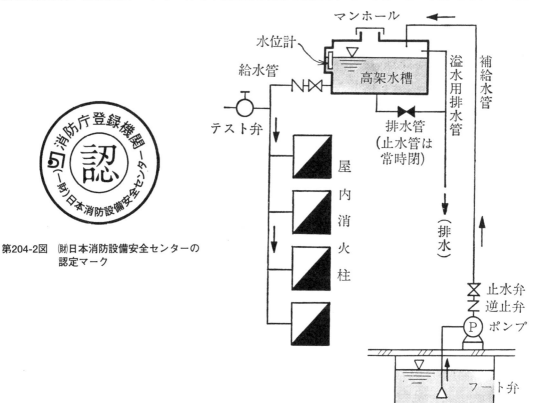

第204-2図　㈶日本消防設備安全センターの認定マーク

第205図　高架水槽のメカニズム

第11章　屋内消火栓設備

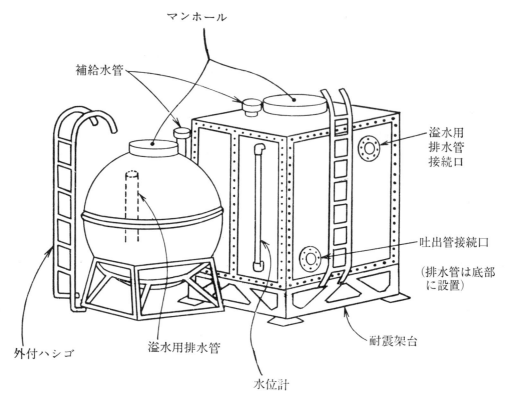

第206図　高架水槽（球形・角形）

同基準の第3に確実な作動、十分な耐久性、防腐処理等の基準が定められている。

　加圧送水装置に**高架水槽**を用いる方式は、水の**落差**による水圧を利用するものだから、消火栓の開閉弁を開放すれば、直ちに所定の水圧で放水することができる。従って、その構成も比較的簡素なものとなっている。メンテナンスも簡便である（**第205図参照**）。

　しかし、そのような利点の割には、あまり設置例はないようである。先に説明したように水圧0.17MPa又は0.25MPaを得るためには、単純には1号消火栓ならば17m、2号消火栓ならば25mの落差があればよいのだが、ホースや配管の摩擦損失水頭を考慮しなければならず、それらを加えると、消火栓を設置する最上階よりも、さらに30m～40m程度は高い位置に水槽を設けなければならないことになる。これだけ高いと、屋上のペントハウスをチョット高くしただけでは間に合わない。おそらく、そのようなことが理由となって、メカニズムが簡便な割には活用されていない。高層ビルの下階部分のみを、この高架水槽方式とすることは考えられるが、どうせポンプを用いるならば、下階はポンプで十分間にあうしネ。

　さて、消防法施行規則第12条第1項第7号イ（ロ）には「高架水槽には**水位計、排水管、溢水用排水管、補給水管及びマンホールを設けること**」と簡潔に規定されている。

　高架水槽を設けても、そこには自然に水が溜るわけではなく、やはりポンプで揚水してやらなければならない。そのために、**補給水管**を設けて給水し、現在の水位をみるために**水位計**が必要となる。一方、給水しすぎてあふれないように、**溢水用排水管**（オーバーフロー）を設けておく。また、タンク内の水

第11章　屋内消火栓設備

を排水して掃除をしたりするために、底部に**排水管**（止水弁付）及び上部には**マンホール**（蓋付）を設けておく（**第206図参照**）。

水槽内の水面には、**フロートスイッチ**を設けておき、水位が一定ラインを割り込むと、自動的にポンプが始動して、水槽へ水を送り込む。また、一定ラインまで水が補給されると、ポンプは自動的に停止するようになっている。先程の溢水用排水管は、この装置に故障が生じて自動的にポンプが停止しなかった場合、補給水を排水するためのもので、通常は、補給水管の口径の2倍程度の大きさのものを常水面より若干上部に設けておく。

●圧力水槽方式（加圧送水装置）

圧力水槽方式の加圧送水装置とは、加圧送水装置の基準（平9、消防庁告示第8号）によると「水槽に加えられた**圧力**を利用して送水を行う方式の加圧送水装置で、**水槽**、**圧力計**、**水位計**、**制御盤**、**排水管**、**補給水管**及び**マンホール**その他必要な機器で構成されるものをいう。」とされている。同基準第4によれば圧力水槽の十分な強度、安全、確実な作動、十分な耐久性等の基準が定められている。

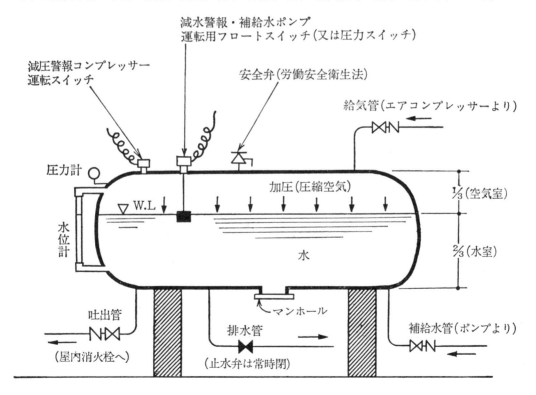

圧力水槽は，第2種圧力容器とする．
（労働安全衛生法）
第207図　圧力水槽の構造

第11章　屋内消火栓設備

　圧力水槽（プレッシャータンク）は、建築物の給水方式としても活用される方式である。密閉された鋼鉄製のガンジョウな水槽内に水を圧入し、水槽内の**圧縮された空気の圧力**により送水するシステムである（第207図参照）。

　　注）圧力水槽は、労働安全衛生法に定める**第２種圧力容器**の構造規格に適合するものでなければいけない。第２種容器とは、ゲージ圧力0.2MPa以上の気体を保有するもの。

　そこで、この水槽は満水したときに、水の容積が**３分の２**となるのを限度としている。残る３分の１は圧縮された空気の容積となる。この水槽方式は、水槽の設置場所（高さ）を問わないという利点はあるものの、水槽の３分の２しか貯水できないこと、放水に従って水圧は低下するので、貯水量のすべてを有効水量とみることができない等の欠点もある。

　圧力水槽の必要な**圧力**は、先に説明したように所定の水圧0.17MPa又は0.25MPaに、ホース及び配管による摩擦損失水頭圧を加えなければならない。さらに圧力水槽の位置による落差を加えなければいけない。

　落差を加えるとは、圧力水槽が消火栓よりも高い位置にあれば、その落差に相当する換算水頭圧だけ低い圧力で差支えないことになるが、反対に圧力水槽が低い位置にあるときは、逆に落差相当分の換算水頭圧を加えなければならないことになる。一般に圧力水槽は地下室に設けることが多いので、圧力をそれだけ高くして上階へ送る必要がある。

　近頃の圧力水槽は、流出水の中に水槽の圧縮空気を巻き込んで気圧の低下を生じることを防ぐため、空気室と水室とを隔膜で分離するようにしている。隔膜にはブチルゴムまたはスチレンブタジエンゴム（膜厚1.5mm以上でピンホールのないもの）を用いる。空気室には、あらかじめ圧縮空気を封入しておく。

　消防法施行規則によると「圧力水槽には、**圧力計**、**水位計**、**排水管**、**補給水管**、**給気管**及び**マンホール**を設けること」とされている。

　　注）この他、労働安全衛生法上の第２種圧力容器として、最高使用圧力以下で作動するよう調整した**安全弁**を設け、圧力計の目盛には、**最高使用圧力**を表示しなければならない。

　水位計、排水管、マンホールが必要となるのは、高架水槽の場合と同様である。**圧力計**は水槽内の圧力を計るためのもの、圧縮空気の気圧が、水表面の圧力と等しくなる。**補給水管**からの水の補給は、内部に圧力がかかっているため圧入することになる。この給水は**圧力スイッチ**により、一定圧力に達するとポンプが停って送水を止め、圧力が低下して来ると、ポンプが始動して送水する。また、圧縮空気が漏れる（空気が水に溶けて逃げる等）ときの補給用に**給気管**を設ける。給気は、エアコンプレッサーによって行う。

　　注）消防法施行規則第12条第１項第７号ロ（イ）、同条第２項第４号に定める圧力水槽に必要な圧力P（P＝$P_1+P_2+P_3+0.17$MPa又はP＝$P_1+P_2+P_3+0.25$MPa）を得るためには、水槽内のゲージ圧力は、次の式で示す圧力を必要とする。

$$P_1 = (P+1)(V-V_1)/V_0 \text{〔MPa〕}$$

P_0：水槽内の必要ゲージ圧力〔MPa〕
V：水槽内の容積〔m³〕
V_0：加圧に要した空気の締める体積〔m³〕

注）これは、先に説明したように、圧力水槽からの放水により、水槽内の圧力が低下することを配慮したものである。

●ポンプ方式（加圧送水装置）

ポンプ方式の加圧送水装置とは、「**回転する羽根車により与えられた運動エネルギー**を利用して送水のための圧力を得る方式の加圧送水装置で、**ポンプ**及び**電動機**並びに**制御盤**、**呼水装置**、**水温上昇防止用逃し配管**、**ポンプ性能試験装置**、**起動用水圧開閉装置**、**フート弁**、その他必要な機器（付属装置等）で構成されるもの（平9、消防庁告示第8号・加圧送水装置の基準）」とされている。

このポンプ方式による技術上の基準は前記の「加圧送水装置の基準」第5に詳細に定められているので、それによるものとする。

加圧送水装置には前記のように、高架水槽方式や圧力水槽方式があるけれども、それぞれ一長一短が

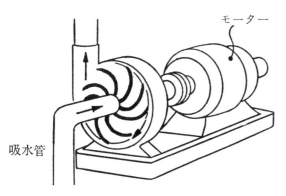

遠心ポンプは、ポンプの側面から水を送り込む。羽根車に飛ばされて、水は遠心力で揚水される。（羽根の形と回転方向に注意）

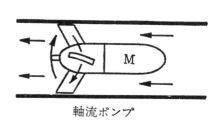

軸流ポンプ

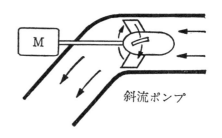

斜流ポンプ

軸流，斜流とも管内で，スクリューのような羽根車を回す。斜流は管が曲っているので，モーターは外部（屈曲部）に設ける。

案内羽根がある。

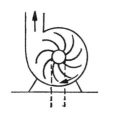
ヴォリュートポンプ

タービンポンプ

第208図　ターボ形ポンプ

第11章　屋内消火栓設備

あって、結局、一般的にはポンプが使用される。

先ず、消火設備用のポンプは「**単段または多段のターボ形ポンプ**」が一般的である。ターボ形ポンプ（Turbo Pump）とは、羽根車（インペラー）をケーシング内で回転させ、液体にエネルギー（遠心力）を与えて揚水（または送水）するポンプのこと。**単段**というのはポンプに入った水が一度だけ羽根車の中を通る構造のもの、**多段**とはポンプに入った水が直列に2度以上、羽根車中を通る構造のものをいう。

ターボ形ポンプには、**遠心ポンプ**（渦巻ポンプ、セントリヒューガルポンプともいう。）が一般的である。このポンプは、羽根車の回転方向に注目のこと。水をすくう方向ではなく外側へ水をはじき飛ばす方向に回転する。案内羽根（ガイドベン）の有無により、ボリュートポンプ、タービンポンプの区分がある。

遠心ポンプは、羽根車から吐き出される流れが軸に垂直の面内にある。これに対して、**軸流ポンプ**は羽根車から吐き出される流れが軸と同心の円筒面内にあるもの、**斜流ポンプ**とは、同じく流れが軸の中心線を共有する円すい面内にあるポンプをいう（**第208図参照**）。

注）ポンプには、このほか**ピストン方式**のものや**歯車方式**と呼ばれる形式のものがある。

●ポンプの設置

設置場所により、**地上ポンプ**、**水中ポンプ**の別がある。

ポンプに限らず、加圧送水装置の全体について言えることだが、**設置場所**は点検に便利で、かつ、火災による被害を受けるおそれが少ない場所とする。これは、不燃材料で造られた壁、床、天井で区画された室で出入口には防火戸を設ける等の配慮が必要である。

また、機器の設置については、**地震**による**震動**に耐えるための措置を講じておかなければならない。配管やポンプを固定するため、それらの接続部には応力が集中して破損することのないように、**フレキシブル管**等たわみのある継手を用いる。貯水槽、加圧送水装置等は、単に架台に載せるだけではなく、**アンカーボルト**を用いて床に固定する等の対策を講ずる。

●ポンプの専用

ポンプは消火栓設備の**専用**のものとしなければならない。ただし、法令上は、「他の消火設備と**併用**または**兼用**する場合において、それぞれの消火設備の性能に支障を生じないものにあっては、この限りでない（消防法施行規則第12条第7号ハ(ニ)）」とされている。

具体的には、次のようにポンプの能力を強化した場合に認めるような運用がされている。

(1) 同一防火対象物に2種以上の消火設備がある場合は、各設備の規定水量のうちの最大数量に、その他の設備の規定水量の50％以上を加算した水量以上を送水できるもの。

(2) 同一階に、2種以上の消火設備がある場合には当該階における各設備の規定水量を加算した水量以

第11章 屋内消火栓設備

上を送水できるもの。ただし各設備（固定式に限る）を設置する部分に通ずる開口部が廊下または階段室等で延焼防止のための防火区画が有効になされているときは、加算しないことができる。

●ポンプの能力

ポンプの**吐出量**は、1号消火栓が最も多く設けられている階の消火栓数（2を超えるときは2）に**150ℓ/分**を乗じて得た量以上とする。これは消火栓の放水量（130ℓ/分）の約10％増に当る。2号消火栓ならば、放水量が60ℓ/分であるから、吐出量は消火栓数（2を超えるときは2）×70ℓ/分が広範囲型2号消火栓は放水量が80ℓ/分、吐出量は消火栓数（2を超えるときは2）×90ℓ/分が必要となる。

ポンプには**吐出量**と**揚程**（ポンプによって揚げる水面の高さ）との間には、**性能曲線**（**第209図参照**）というものがある。図からも判るように吐出量を規定よりも多くすると（定格吐出量を超えると）揚程が低下する。普通のポンプでは、そのような使用方法をすることはないが、消火設備用のものでは、設計水量以上に使用することも想定しておかなければならない。

さて、そのように定格吐出量をこえたときの揚程の低下の割合であるが、規定では「定格吐出量の**150％**である場合にあっても、定格揚程の**65％以上**でなければならない」こととされている。**第209図**では、実線は合格、点線ならば不合格である。

また一方、ポンプの圧力は強ければよいというものではない。ノズル先端での放水圧力が1号消火栓ならば0.7MPaを超えないように**減圧措置**を講じておくことも必要。この減圧措置には、**オリフィス**を用いたり、水圧によって自動的に流過口径が変化する**減圧弁**が用いられる。このほか、高架水槽を高層

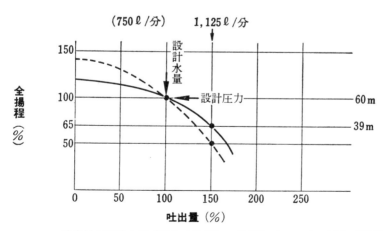

吐出量が設計水量（定格吐出量）の150％となっても、圧力（揚程）の低下は65％以下となってはいけない。図では実線がギリギリ合格、点線は低下が激しく不合格。

第209図　ポンプ性能曲線

第11章　屋内消火栓設備

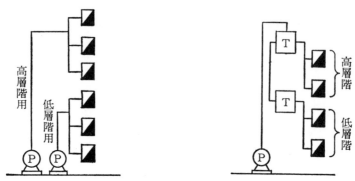

配管（ポンプ共）を区分したり，高架タンクを別に
設けたりして，高層階，低層階の水圧を調整する。

第210図　減圧措置の例

階、低層階に区分して設置するとか、配管系統を同様に区分してそれぞれ高層階用ポンプ、低層階用ポンプを設ける方法がある。また、中継ポンプを用いて途中階で加圧する方法もある（**第210図参照**）。

●ポンプの原動機

ポンプの原動機は、**電動機**（モーター）に限られている。内燃機関（エンジン）は原則として用いてはならない。電動機の容量は次の式による。

$$P = \frac{0.163 \times Q \times H}{E} \times K$$

$\left\{\begin{array}{l} P：原動機の出力（Kw）\\ Q：排水量（m^3/分）\\ H：揚程（m）\\ E：ポンプ効率\\ K：伝達係数〔電動機直結1.1〕\end{array}\right.$

なお、電動機とポンプとは、**軸継手**により**直結**させるが、最初からモーターとポンプを一体とした**共通軸**のものもある（**第211図参照**）。

●ポンプの起動装置

ポンプを動かすには、直接、**制御盤**のスイッチを入れる方法と、各階の消火栓に設けられたＰ型発信機（自火報の発信機と兼用）を押して**遠隔操作**（リモートコントロール）する方法とがある。ただし、

第11章 屋内消火栓設備

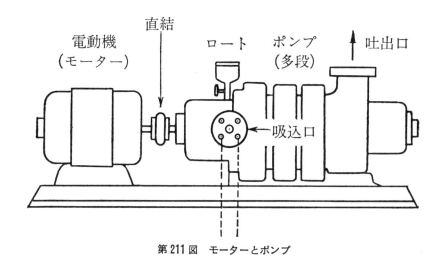

第211図　モーターとポンプ

〔計算例〕Q＝0.3m³／分（同時開口を2、すなわち150ℓ／分×2＝0.3㎥／分）、H＝35m、E＝0.55（ポンプ口径65）、K＝1.1（直結）とすれば、

$$P \geqq \frac{0.163 \times Q \times H}{E} \times K = 3.4 \rightarrow 7.5 \text{kw}$$

モーターは、メーカー品から選定する。また、ポンプも同様に必要能力適合品を選ぶ。

ポンプ効率〔E〕

ポンプ口径	ポンプ効率
40	0.40〜0.45
50〜65	0.45〜0.55
80	0.55〜0.60
100	0.60〜0.65
120〜150	0.65〜0.70

注）この計算例は、あくまでも一つのメーカー品についての計算例であり、法令的な強制力のあるものではありません。

　ポンプを停めるのは、すべて制御盤のスイッチでなければ停めることはできない（実際には、使用上の便のため、中央管理室にも停止スイッチを設置することがある。）。使用開始は、どこからでも可能でなければならないが、停止は集中管理としている。これは、思わぬミスから放水中の水が停まるような事故を防いでいるのである。

　消火設備ポンプが起動すると、消火栓に設けた**起動表示ランプ**が点灯するか、表示灯（赤色灯）が点滅状態となって起動を知らせる。

　このほか、**自動式**といって、水を放射するとフロートスイッチ等の作動で、電磁リレーが働きモーターが廻ってポンプを作動させるタイプや、**起動用の圧力タンク**（100ℓ以上）を設けておき、放水による圧力低下を**圧力スイッチ**がキャッチしてポンプを起動させる方法もある（**第212図参照**）。これらは、**湿式**のものに限られるが、連続して放水できるという特色がある。**圧力スイッチ**とは、スプリングとベローズとで作動するもの。**ベローズ**とは、家庭の冷蔵庫等にも使用されていて、圧力や温度の変化により伸縮して、スイッチの接点を開閉するメカニズムである。

第11章　屋内消火栓設備

　ポンプ起動の**テスト**は、遠隔操作（発信機）によって起動を確認するほか、制御盤で直接操作して起動を確認する。起動用圧力タンクが設けられているものは、タンクの排水弁を開放するとノズルから放水する等して、配管内圧力を低下させて、起動を確認する。停止は、いずれも制御盤による。
　制御盤は、鋼鉄用の不燃材料製で消火設備の専用のもので、直接操作できる起動装置及び停止装置が設けられている。非常電源に切替ったときも、継続運転ができる（**第213図参照**）。

●吸水管（サクションパイプ）

　水源（水槽）から水を吸い上げるために、ポンプ毎に**専用**の**吸水管**を設ける。
　一般には水源はポンプよりも低いのが常である。その場合、吸水管の脚部には**フート弁**が設けられる。これは一種の逆止弁で、ポンプの運転を停めた場合にも水が落ちないようにするものである。また、フート弁には、水槽内のゴミを吸わないように濾過装置（**ストレーナー**）を設ける。
　フート弁に異物が付いたり、つまったりして弁の開閉が故障した場合には、容易に点検が行えるものでなければならず、そのため、吸水管ごとにフート弁を引上げられるようになっており、クサリが付けられている（**第214図参照**）。
　このフート弁が完全に機能しているかどうかテストするには、次のような方法がある。
(1)　ポンプには**呼水ロート**が設けられている。これは通常、ポンプ内の水が溢流しないように、コックが閉められている。そこでこのコックを開いてみると、ポンプ内には呼水が充満しているはずだから、連続的に水があふれ出る。これが、溢水しないようだと、フート弁から水が漏れてしまっていることが判る（ロートは**第212図参照**）。
(2)　今度は、呼水管の止水弁を止めて、水を補給しないようにしてみる。その場合、フート弁が完全であれば、水は減少しないはずである。水が減っていくようでは、フート弁が不完全である。フート弁は、ポンプ内を常に満水にして、いつでもポンプが始動できるようにしておくために重要である。また、フート弁の設置位置により、水源内の**有効水量**のとり方に違いが出るので注意しなければいけない（**第215図参照**）。
　水源がポンプより高い場合の吸水管には、止水弁を設ける。この場合は、水は自動的にポンプ内に流入する。ポンプにゴミが入らないよう、水槽の吐出口には濾過装置を設ける。

●呼水装置

　水源の水位がポンプより低い場合には、ポンプを始動させるために**呼水**をしてやる必要がある。ポンプ内に空気が入っているとカラ廻りをしてしまうので、水を入れて空気を追い出してしまうのである。そうすると、その水が水を呼ぶように、ポンプから水が揚がりはじめる。勤務先の帰りがけに、チョット1杯やったばかりに、次から次へとハシゴ酒になるのも、呼水に似たようなものだ。

第11章　屋内消火栓設備

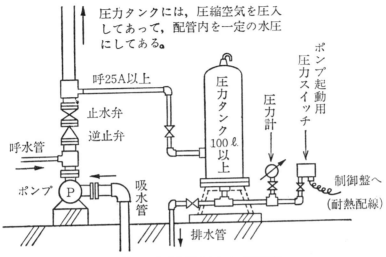

第212図　起動用圧力タンク（減圧式）

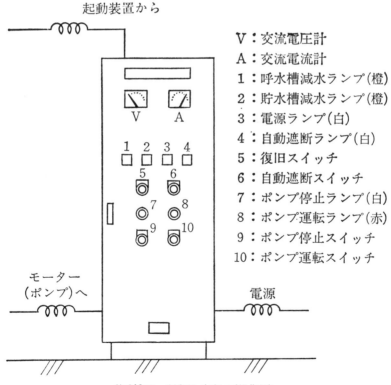

第213図　制御盤（ポンプ操作盤）

295

第11章　屋内消火栓設備

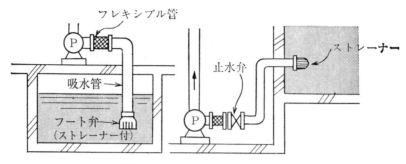

水源がポンプより低い場合と高い場合

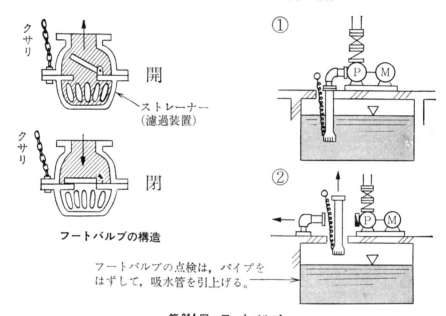

フートバルブの点検は，パイプをはずして，吸水管を引上げる。

第214図　フートバルブ

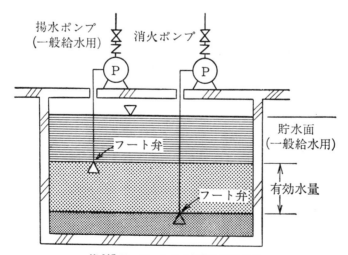

第215図　フート弁の位置と有効水量

第11章　屋内消火栓設備

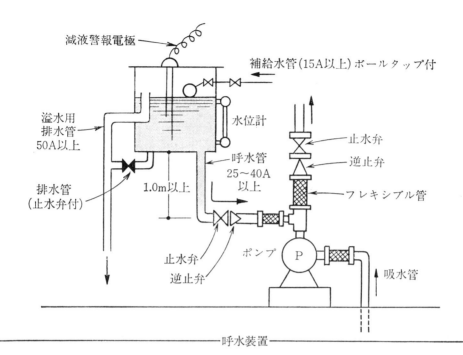

―呼水装置―

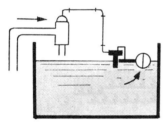

満水になるとボールが浮き，水は停まる。

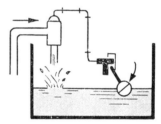

減水するとボールが低くなり，水が出る(補給する)

(ボールタップの原理)

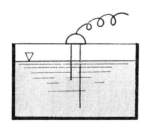

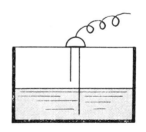

電極が水中にあるとよいが，減水して一端が水中から現れると警報を発する。

(減水警報装置(電極))

第216図　呼水装置

第11章　屋内消火栓設備

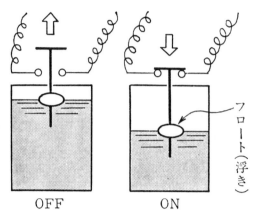

水面の上下とともにフロートが上下して
スイッチ開閉する。

第217図　フロートスイッチ

さて、ポンプの呼水は、小型の水槽（**呼水槽**）に水を貯めておいて、これを配管（**呼水管**）により常時ポンプの上部から吸水してやるようになっている（**第216図参照**）。

呼水槽は、鋼鉄製（火災による被害を受けるおそれのない場合には、合成樹脂〔FRP〕製とすることができる）のものとし、ポンプを有効に作動できる**水量**（約100～150ℓ）を有する専用のタンクとする。

呼水槽には、常時満タンとしておかなければならない。そのため、自動的に水を補給するための装置（**ボールタップ**等）を設けておかなければならない。

ボールタップというのは、柄がついたボールのようなもので、それが水面に浮いており、水位が下がればボールも沈む、そのボールが一定の場所まで下がると給水栓の弁が開いて給水を始め、それにより一定の水位まで給水が終わると、ボールが浮いて弁を閉じて止水する装置である。テストを兼ねて、手でボールを押し沈めると水が出るし、ボールを持ち上げて満水状態と同じようにしてやれば水は停まる。水洗便所にも天井近くにタンクがあるタイプ（シスターン）もあるが、これは、やはりタンク内にボールタップがあって給・止水を自動的に行っている（**第216図参照**）。

さて、ボールタップは、呼水槽の水が3分の2以下になると、水圧のある給水管から自動的に給水し、一定の水位に達すると自動的に給水を止める。

注）高架水槽への補給水は、上水道の水圧では給水できないのでポンプにより揚水してやらなければならない。その場合には、このボールタップではポンプを廻すことはできないので**フロートスイッチ**を用いる。フロートスイッチは、スイッチの一方の接点を水面に浮かせておいて、水面の上下に伴って接点の開閉を行うものである（**第217図**）。

補給水管の径は、呼び15以上とする。ボールタップの故障で止水できなくなるときに備えてオーバーフロー用の**溢水用排水管**を設ける。この管径は呼び50以上の大きなものとする。底部には、一般用の**排水管**（止水弁付、止水弁は常時閉）が設けられる。

また、ボールタップが故障で、水位が下がっても作動しないというような事故を、一早く発見するために、**減液警報装置**が設けられる。この装置の発信部は、フロートスイッチまたは電極により、中央管

理室等、人のいる場所へブザー等の音響で警報する（**第216図参照**）。

●ポンプに設ける計器（圧力計・連成計）

　ポンプには**圧力計**に**連成計**とを設ける。**圧力計**は、ポンプの吐出側に設けて、吐出管出口の水圧を計る。また、ポンプの吸込側（吸水管）には**連成計**を設ける。

　連成計というのは、真空計と圧力計との両方の機能をあわせもっている計器で、真空目盛と圧力目盛がついている。吸込時には真空計として水の吸い上げる状況（サクション側の漏気、吸管のツマリ、キャビテーション等）を確認できるし、有圧水（水源がポンプより高い場合等）には圧力計として送水状態をつかむことができる（**第218図参照**）。

　　注）キャビテーションというのは、水の流動中に、ある部分で低圧となり、その水温における蒸気圧以下になると、局部的に水が蒸発して気泡を発生する。管の曲部やポンプの羽根入口部に生じやすい。キャビテーションを起こすと金属で叩くような音や振動を伴い、そのまま運転を継続するとポンプの寿命を著しく短くする。

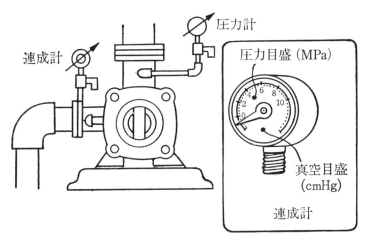

第218図　圧力計と連成計

●水温上昇防止装置（逃し配管）

　ポンプを、どの消火栓も使用しない状態のままで運転すると（**締切運転**という）、水は吐けるところがないので、エネルギーが熱に転化し、そのうちに水温が上り始める。そこで、その水温の上昇を防止するための装置（**逃し配管**）を設けておかなければならぬ。

　　注）ポンプ本体に、その機構を有しているのもある。

　その逃し配管は、一般にポンプの**揚水量**の**3〜5%**（最大40ℓ/分）を排水できるように呼び15以上のものを用いて、ポンプを連続運転しても**水温**が**30度**を超えないようにする。

　この逃し配管には止水弁を設けるけれどもポンプ運転中は、たとえ締切運転をしていなくても常に弁

第11章　屋内消火栓設備

を開放して「逃し」がきくようにしておく必要がある。

　普通、呼び水槽が設けられているときは、それを利用し、逃し配管は呼び水管から分岐して呼び水槽内に放水してやる（**第219図参照**）。

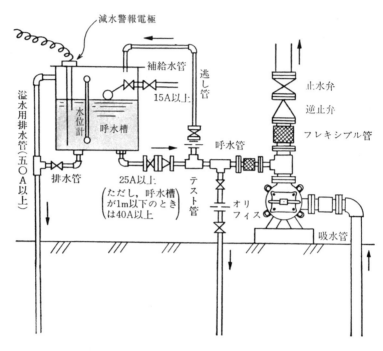

　呼び水槽を設けないときは、ポンプの吐出側（逆止弁より手前）から逃配管を取り出し、貯水槽に放水してやる。

　逃し配管の途中には**オリフィス**（絞り板）を設けて流出量の調整を行う。オリフィスの最小流過口径は3mm以上とする。

　この水温上昇防止装置が適正なものかどうか、それは次の式で判定する。

　すなわち、自動的に排水した逃し水量を測定し、それが次の式で求めた逃し水量（q）より大きくしなければならない。

$$q = \frac{Ls \cdot C}{60 \cdot \Delta t} \quad (\ell/分)$$

　q：逃し水量（ℓ／分）

　Ls：ポンプ締切時出力（kW）

　C：860kcal（1kW時当りの水の発熱量）

　Δt：30度（ポンプ内部の水温上昇限度）

第11章 屋内消火栓設備

● ポンプの性能テスト用配管

　消火設備のポンプは、その本当の実力を発揮できる状態（**定格負荷**の状態）で運転できるのは、火災でない限りあり得ないことである。だからと言ってポンプが果して規定の性能を有しているかどうか判らないというのでは、はなはだ心もとない。そこで締切運転時であっても、その性能をテストできるような配管をしておく。

　この配管は、主管の逆止弁より手前で（呼び水管から分岐してもよい）とり、水源へ放水できるようにする。途中に**オリフィス**を設けてその前後で圧力を測定できるようになっている。**流量計**（ローターメーター）を使用するタイプもある。なおオリフィスの前後には止水弁（テスト弁）及び流量調整弁が設けられる（**第220図参照**）。

　さて、テストは先ず、ポンプの吐出側にある止水弁を閉じて水が上がらないようにしておいてから、ポンプを動かし（締切運転）、その後テスト弁を徐々に開く。これは急激に開くと圧力計（または流量

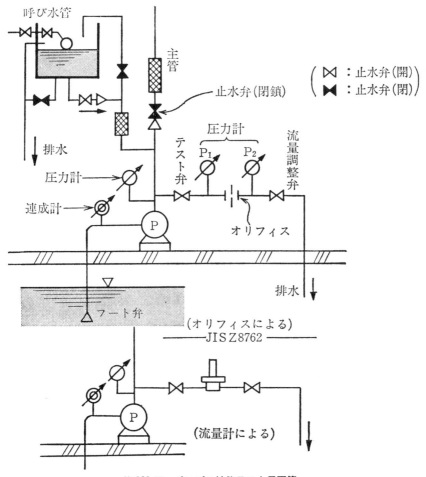

第220図　ポンプの性能テスト用配管

第11章　屋内消火栓設備

計）が損傷するので少しずつ開く。そしてポンプの定格吐出量（定格揚程）になるようにしてやる。2つの圧力計の読み（または流量計の読み）から、流量が求められる。流量は次の式で求める。（この計算式は圧力単位はkgf/cmでであることに注意）

$$Q = K\sqrt{P_1 - P_2}$$

- Q：流量（揚水量）（ℓ/分）
- K：係数
- P_1、P_1：圧力計の読み（kgf/cm）

（注）kgf/cm＝0.1MPaに相当する。

　この値とポンプに設けてある圧力計及び連成計の値とによって、**ポンプの性能特性曲線**（第209図参照）に当てはめ、それによって性能を確認できるのである。
　このテスト管による方法のほか、消火栓のようにバルブを設けておき、そこへホース、ノズルを接続して実際に放水し、ノズルの先端で**ピトー管**を用いて、直接、放水圧を測定する方法を採用しても構わない（**第231図参照**）。

●内燃機関を原動機とする加圧送水装置

　屋内消火栓設備等に設ける加圧送水装置のうち、原動機に**内燃機関**（ディーゼルエンジン）を用いるものについては、危険物の規制に関する政令第20条（消火設備の基準）の規定上差支えない（平元．7．4消防危第64号）こととされているが、それについて「**内燃機関駆動による加圧送水装置等の構造及び性能の基準（平4．3．25消防危第26号）**」が定められている。
　これに適合する加圧送水装置については、（財）日本消防設備安全センターにおいて**認定**を行い、その旨の認定証票（**第204-2図参照**）が貼付されている。
　なお、この基準に基づく内燃機関は、**自家発電設備の基準及び運用指針**の例によるものである。
　また、**電動機**を原動機とする加圧送水設備については、すでに認定の対象として認定証票の貼付が行われている（昭55．6．2消防予第111号・加圧送水装置等の構造及び性能の基準の細目）ところであるので念の為。

●屋内消火栓設備の総合操作盤

　高層建築物（地上15階建以上で延べ面積30,000㎡以上）、大規模建築物（延べ面積50,000㎡以上）等（消防法施行規則第12条第1項第8号）の防火対象物に設ける**屋内消火栓設備**には、基準に適合する総合操作盤（平成16年消防庁告示第7号）を、消防庁長官の定める設置方法（平成16年消防庁告示第8号）に基づいて防災センター等に設けて、そこで当該設備の監視、操作等を行うことができるようにしなければならない。（消防法施行規則第12条第1項第8号）
　なお、この総合操作盤関係については、当アタック講座〔下〕**第26章　総合操作盤**を参照のこと。
　この**屋内消火栓設備**について総合操作盤の表示項目、警報項目及び操作項目は、次のとおり。

第11章　屋内消火栓設備

（表示項目）
- イ　加圧送水装置の作動状態及び電源断の状態
- ロ　呼水槽の減水状態及び水源水槽の減水状態
- ハ　操作盤の電源の状態
- ニ　連動断の状態（自火報等の作動と連動して起動するものに限る。）

（警報項目）
- イ　加圧送水装置の電源断の状態
- ロ　減水状態（呼水槽及び水源水槽）

（操作項目）
　警報停止

●パッケージ型消火設備による屋内消火栓設備の代替

　パッケージ型消火設備とは、消防法施行令第29条の4第1項に規定する「必要とされる防火安全性能を有する消防の用に供する設備等」として省令（平成16年総務省令第92号）で、**屋内消火栓設備に代えて用いることができる**ものとして定められている。

　同省令第1条によると、**パッケージ型消火設備**とは、「人の操作によりホースを延長し、ノズルから消火薬剤（消火に供する水を含む。）を放射して消火を行う消火設備であって、ノズル、ホース、リールまたはホース架、消火薬剤貯蔵容器、起動装置、加圧用ガス容器等を一の格納箱に収納したもの」をいうとされている。

　その設置及び維持に関する技術上の基準は、消防庁長官が定めるものとされており、それに適合するものでなければならない。すなわち、平成16年5月31日消防庁告示第12号「**パッケージ型消火設備の設**

区　分	Ⅰ　型	Ⅱ　型
防　護　面　積	850㎡以下	500㎡以下
ホース接続口からの有効半径	20m以下	15m以下
ホ　ー　ス　の　長　さ	25m以上	20m以上
放　射　時　間	2分以上	1分30秒以上
放　射　率	16～40ℓ／分以上（消火薬剤の種類による）	40ℓ／分以上
消　火　薬　剤　量	80～200ℓ／分以上（消火薬剤の種類による）	60ℓ／分以上

パッケージ型消火設備Ⅰ型及びⅡ型の性能等

第11章　屋内消火栓設備

(1)構成
　本製品は、消火剤貯蔵容器、加圧用ガス容器、起動部、ホース及びノズル開閉弁が一体として組まれ、一つの格納庫に収容されたものである。
(2)仕様
　①使用消火剤
　　種類　　第3種浸潤剤等入り水
　　型式番号　鑑剤第10〜1号
　　消火剤量　80ℓ
　　使用温度範囲　−10℃〜40℃
　②消火剤貯蔵容器
　　内容積・本数　27ℓ・3本
　　使用最高圧力　9.8kgf/cm²（0.98MPa）
　③加圧用ガス容器
　　内容積・本数　3.4ℓ・1本
　　容器内最高圧力　150kgf/cm²（15MPa）
　④ホースの長さ　25m
　⑤放射時間　160秒（20℃）
　⑥放射距離　10m以上
　⑦放射量　28ℓ/min

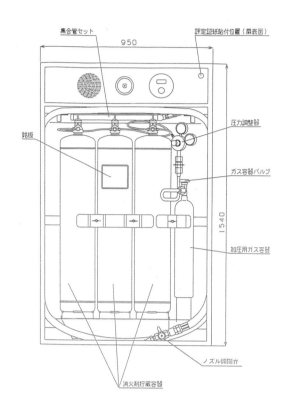

第220-2図　パッケージ型消火設備Ⅰ型の例

置及び維持に関する技術上の基準」がそれである。そこには、パッケージ型消火設備の一般性能等、放射性能、消火薬剤の種類及び消火薬剤量、消火薬剤の性能等並びに表示について規定されている。以下、その概要を示す。

（設置することができる防火対象物等）前記告示第3〜第8
　パッケージ型消火設備を設置することができる防火対象物は「消防法施行令第1(1)項から(12)項まで若しくは(15)項に掲げる防火対象物又は同表(16)項に掲げる防火対象物の同表(1)項から(12)項まで若しくは(15)項に掲げる防火対象物の用途に供される部分」とされている。これは言い直すと、令別表第1の表中、(13)項の車庫、駐車場、格納庫及び(14)項倉庫を除く、という意味である。これらの用途部分は、特殊な消火設備の設置が義務づけられるので対象から除いたものと考えればよい。なお、危険物政令別表第4の指定数量の750倍以上の指定可燃物（可燃性液体類を除く。）を貯蔵し、又は取り扱うものには設けてはならない。
　それだけでなく、そのタイプ（Ⅰ型又はⅡ型）により、設置することができる防火対象物の規模が限定されている。
・Ⅰ型を設置することができる防火対象物の範囲
　耐火建築物…地階を除く階数が6以下で、かつ、延べ面積が3,000㎡以下のもの

第11章　屋内消火栓設備

	耐火建築物	耐火建築物以外のもの
Ⅰ型	3000㎡以下かつ地上6階以下	2000㎡以下かつ地上3階以下
Ⅱ型	1500㎡以下かつ地上4階以下	1000㎡以下かつ地上2階以下

パッケージ型消火設備の設置対象（範囲）

　耐火建築物以外…地階を除く階数が3以下で、かつ、延べ面積が2,000㎡以下のもの
・Ⅱ型を設置することができる防火対象物の範囲
　耐火建築物…地階を除く階数が4以下で、かつ、延べ面積が1,500㎡以下のもの
　耐火建築物以外…地階を除く階数が2以下で、かつ、延べ面積が1,000㎡以下のもの
　ただし、上記の範囲内にあっても、「地階、無窓階又は火災のとき煙が著しく充満するおそれのある場所」には設けることができない。
　なお、このⅠ型及びⅡ型の性能等による区分は、別掲の表を参照されたい。この表以外の性能等は、Ⅰ型・Ⅱ型とも同一基準である。すなわち、ノズル開閉弁は、開閉方向が表示されているとともに、棒状放水と噴霧放水との切替えができ、棒状放水のときの放射距離は10m以上とされている。また、消火薬剤貯蔵容器の近くには赤色灯を設けるとともに、パッケージ型消火設備である旨を表示した標識を設けること。
　また、消火薬剤の種別には、(1)強化液、(2)機械泡（第1種、第2種）及び(3)浸潤剤等入り水（第1種・第2種・第3種）の別がある。強いて、その区分を示すと、次のようになる。
・強化液とは、アルカリ金属塩類を含有する水溶性の消火薬剤である。

第11章　屋内消火栓設備

- 機械泡とは、化学反応によらず消火効果を有する泡を生成する水溶性の消火薬剤である。第1種と第2種の差は、第1種の方が放射率（ℓ／分）が高いことによるものである。
- 浸潤剤等入り水とは、浸潤剤等を含有する水溶性の消火薬剤である。第1種、第2種及び第3種に区分されるが、その差は第1種の方が放射率（ℓ／分）が高く、第3種は低いことによるものである。

（パッケージ型消火設備の認定）

　パッケージ型消火設備については、㈶日本消防設備安全センターによる認定が行われており、その合格品には、表示（**第204－2図P.281参照**）が行われている。従って、この表示のあるものは、上記告示の技術上の基準に適合しているものとして扱ってよい。

●検定と消防設備士

〔**検定**〕屋内消火栓設備に関連するものとしては「**消防用ホース**」及び消防用ホースに使用する「**差込式またはねじ式の結合金具**」がある。これらは品質評価合格品を使用しなければならない（消防法施行令第41条）。

　また、検定の対象とはなっていないが、2号消火栓については日本消防検定協会が認定評価を行い、合格品に対しては**第10-2図**のような表示を行っている。

　なお、2号消火栓のホースについては、口径が小さくなり、ホースリール方式の導入も考えられることから、従来の検定に適合せず、又は想定しないホースの出現も考えられる。その場合には令第32条の規定の適用により、同等以上の性能を有しているものは特認することとしている。例えば、ジャケット保形ホース、ゴム保形ホース等で、この特例を適用したものには、㊦のマークが付されている。

　その他、消防庁の定める基準に「**消火栓開閉弁**の構造及び性能の基準の細目（昭54・6・11付消防予第113号）」及び「**加圧送水装置**等の構造及び性能の基準の細目（昭和55・6・2付消防予第111号」があり、それらの基準の細目に適合するものには（財）日本消防設備安全センターが**認定**し、ラベルを貼付している（**第204-2図参照**）。

〔**消防設備士による工事・整備**〕屋内消火栓設備の**工事**は、**甲種消防設備士（第1類）**でなければならない。ただし、水源、電源及び配管の部分は除かれている。

　また屋内消火栓設備の**整備**は、やはり**第1類**の**消防設備士**（甲種、乙種）でなければならない。ただし、ホースまたはノズル、ヒューズ類、ネジ類等の部品の交換、消火栓箱等の補修その他これらに類する軽微な整備は、消防設備士でなくても行うことができる（消防法施行令第36条の2）。

第12章　屋外消火栓設備

〔参照条文〕消防法施行令第19条、消防法施行規則第22条

●屋外消火栓設備の特色

　屋外消火栓設備は、建築物の敷地内に設けられる屋外の消火栓であって、建築物の外部から放水して消火及び延焼防止に当るほか、必要に応じて建築物の内部にもホースを延伸して消火に当ることもできる。しかし、高層階や地階に対して効果的に使用することは困難であるので、建築物の**1階及び2階**に限って有効であるとしている。

　この点は、**動力消防ポンプ設備**も同じような効果を有している。従って、屋外消火栓設備と動力消防ポンプ設備とは、そのいずれか一つを設ければ足りる。相互に**代替機能**を有しているからである。

　あわせて、屋外消火栓設備または動力消防ポンプ設備のいずれかを設置した場合は、建築物の1～2階に屋内消火栓設備の設置を要しない。これらの設備は、屋内消火栓設備に代替する機能を有しているからである。

　　注）逆に屋内消火栓設備を設置したとしても屋外消火栓設備またはその代替としての動力消防ポンプ設備の設置
　　　を免除することができないので、注意を要する。

　また、屋外消火栓設備または動力消防ポンプ設備は、建築基準法の**建築設備**には該当しない点も共通している（該当するものもある。）。

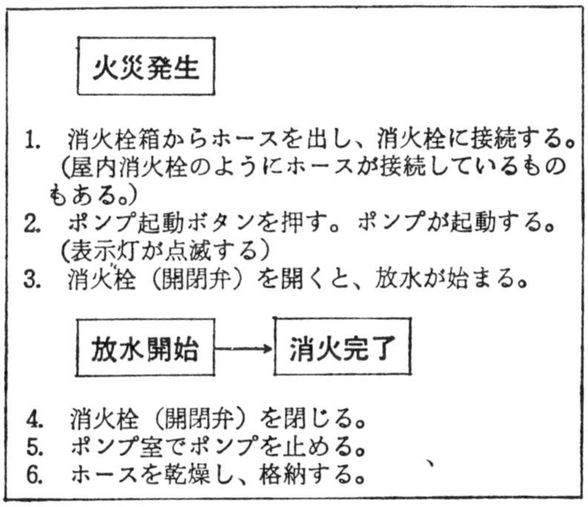

```
        ┌──────────────┐
        │   火災発生    │
        └──────────────┘
1. 消火栓箱からホースを出し、消火栓に接続する。
   （屋内消火栓のようにホースが接続しているもの
    もある。）
2. ポンプ起動ボタンを押す。ポンプが起動する。
   （表示灯が点滅する）
3. 消火栓（開閉弁）を開くと、放水が始まる。

   ┌──────────┐      ┌──────────┐
   │ 放水開始 │ ───→ │ 消火完了 │
   └──────────┘      └──────────┘

4. 消火栓（開閉弁）を閉じる。
5. ポンプ室でポンプを止める。
6. ホースを乾燥し、格納する。
```

第221図　屋外消火栓の使用方法

第12章　屋外消火栓設備

　屋外消火栓設備も、その**使用方法**は屋内消火栓設備とほぼ同様であるが、消防ホースの径が、呼称50または呼称65というように屋内消火栓設備の呼称40よりも一廻り太くそれだけ消火能力は強大であるが、取扱いについては熟練を要する（**第221図参照**）。

　　注）屋内消火栓設備の毎分放水量が130ℓ以上であるのに対して**屋外消火栓設備の毎分放水量**は350ℓ以上と2.7倍、**放水圧力**も0.17MPa以上に対して0.25MPa以上と大きい。

　消火栓そのものは、**地上式**（スタンド式）のものと**地下式**（埋込式）のものとがある。いずれも近くに消火栓箱を設けて、そこにホースや筒先を格納しておき、使用に際してホースを接続する。地上式消火栓では、屋外にあるため寒冷期には水が凍結するおそれがある。そこで弁そのものは地下に設けて、使用後には水を抜くようにしている。もちろん、消火栓箱内に開閉弁及びホース等を設けた屋内消火栓タイプのものもある（**第222図参照**）。

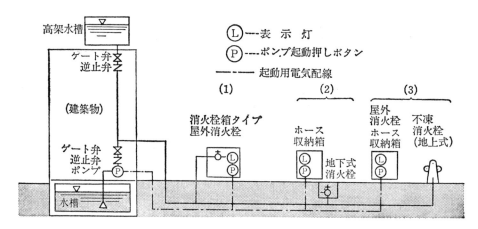

第222図　屋外消火栓設備のシステム

●屋外消火栓設備の設置対象防火対象物

　屋外消火栓設備を設置する防火対象物（建築物）は、その用途に関係なく、もっぱら、**1階及び2階**部分の床面積の合計によって判断する。これは、屋外消火栓設備の消火範囲が1～2階であることから、その部分の床面積の大小で判断することとなる。

　従って、地階部分や3階以上の階の床面積の大小は問わない。平屋建の場合は、2階部分の床面積が存在しないから、当然1階部分のみの床面積で判断する。

　防火対象物の用途に関係なく、と先程書いたが、法令上は「消防法施行令別表第1(1)項から(15)項まで、(17)項及び(18)項に掲げる建築物」と規定している。(18)項のアーケードまで含んでいるのにかかわらず、(16)項イ、ロの複合用途防火対象物や(16の2)項〔地下街〕や(16の3)項〔準地下街〕が含まれていない。それは何故か。

　地下街や準地下街には、地上部分（1～2階部分）が存在しないのだから、これを除外してあるのは判る。しかし、(16)項の複合用途防火対象物が含まれないという理由が判らない、と思う人がある。

　それは、(16)項の複合用途防火対象物は、その構成用途が、(1)項から(15)項までのいずれかに該当

するから、改めて(16)項を規定するまでのことはない、というのが除外の理由。本当に法令は理屈っぽいものですね。

消防法施行令第９条を読んでみると、そのような趣旨の規定があります。逆にいうと、(16)項という用途で規定があるのは、**第９条のカッコ書**の条文だけに限られているのです。たとえば、誘導灯などは(16)項イとして設置を義務づけているのがその例です。カッコ書の条文以外は、それぞれの構成用途によって、規制を受けます。覚えておきましょう。

次に、屋外消火栓設備を必要とする建築物の規模は、**１階及び２階の床面積の合計**で判断するが、**耐火建築物**ではそれが**9,000㎡**以上、**準耐火建築物**では**6,000㎡**以上、**その他の建築物**（木造建築物など）では**3,000㎡**以上のものが、それに該当する。

耐火建築物または準耐火建築物でない場合、すなわち主として**木造建築物**で近接している棟は、**１棟**とみなして規定が適用される。

この近接しているというのは、いわゆる**延焼のおそれのある部分**を有する建築物群のことで、具体的には「建築物相互の１階の外壁間の中心線からの水平距離が、１階にあっては３ｍ以下、２階にあっては５ｍ以下である部分を有するもの」である。このような建築物群は、１棟とみなされるので、それらの１〜２階部分の総計で屋外消火栓設備の要否をチェックする（**第223図参照**）。

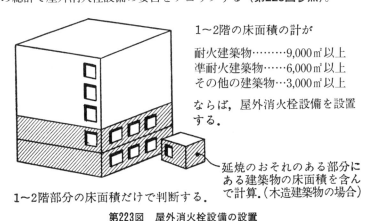

第223図　屋外消火栓設備の設置

●屋外消火栓設備の設置を要しない部分

建築物にスプリンクラー設備、水噴霧消火設備、泡消火設備、不活性ガス消火設備、ハロゲン化物消火設備また粉末消火設備を、技術上の基準に従って設置したとき〔義務設置〕又は技術上の基準の例により設置したとき〔自主設置〕は、他の設備の場合と同様に、それらの設備の**有効範囲**内の部分について屋外消火栓設備を設置しないでよい。

また、先に述べたように、動力消防ポンプ設備とは相互に代替機能があるから、動力消防ポンプ設備を設けた場合は、その有効範囲内は、屋外消火栓設備を設ける必要はない。

「**動力消防ポンプ設備の有効範囲**」とは何かと聞かれることがあるが、少くも、動力消防ポンプ設備

第12章　屋外消火栓設備

に関する基準（消防法施行令第20条）に適合するように設置されたものは、その防火対象物の1～2階部分は、その有効範囲と解すべきであろう。

なお、1～2階部分の消火設備は、屋外消火栓設備や動力消防ポンプ設備の方が**優先**するので、これらの設備を設ければ、屋内消火栓の省略はできるが、反対に屋内消火栓が設けられていても、屋外消火栓またはその代替としての動力消防ポンプ設備の方は免除にならない。注意を要する。

〔例規〕　建築物の1階及び2階の1部にスプリンクラー設備を設置した場合、その有効範囲を除外して床面積を算定し、屋外消火栓設備の設置の要否を判定してよいか。

〔答〕　設置対象物であるかどうかの判断は、スプリンクラー設備の有効範囲であると、ないとを問わず、床面積だけで判断する。設置が必要となった場合、スプリンクラー設備等の有効範囲を除外し、残りの部分を屋外消火栓設備の有効範囲（半径40mの円）で覆うように配置すればよい。

なお、**不燃物品**のみを収納する倉庫等の場合には、消防法施行令第32条の適用の余地がある。

●屋外消火栓設備の基準

〔屋外消火栓の配置〕　屋外消火栓は、消火栓を中心とする**半径40mの円**によって建築物の各部分が覆われるように配置する（**第224図参照**）。なお、その設置位置は、消火栓を使用する消火活動と、建築物内部からの避難とが、お互いに支障とならないように配慮して定める。消火栓の直ぐ近くには「消火栓」という**標識**を見やすく設置しておく。地下式の場合は、鉄蓋に「消火栓」の表示をしたものを用いる。

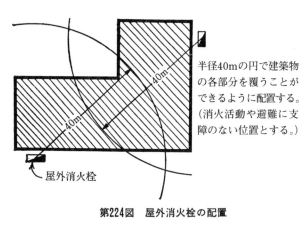

第224図　屋外消火栓の配置

〔例規〕　「建築物の各部分」とは、建築物の外壁部分のみをいうのか、または建築物内部もすべて含むのか。

〔答〕　一般に**1階部分の外壁**またはこれに代る柱等の部分と解してよい（昭50・6・16付消防安第65号）。

地上式の屋外消火栓は、自動車に当てられて転倒することがある。特にバックするときに死角となってぶつけられることが多いので設置場所を選択するとともに、必要に応じて**防護柵**を設けておく。また、

地下式のものも、格納ピットには、重量車の通過に耐えられるような**鉄製蓋**をもうける。

〔**屋外消火栓の開閉弁**〕この開閉弁には、弁本体だけでなく、ホースの接続口も含んだものとして考えてほしい。**ホース接続口**は、先に述べたように口径は、呼称50または呼称65を用いる。これは屋内消火栓設備の口径（呼称40）と較べて大きい。また、屋内消火栓のように常時ホースを接続してあるタイプのものもあるが、ホースは近くの格納箱に別途保管収納してあるものもある。

従って、ホース接続口には、保護のため、**覆蓋**を設けておく、これは、接続口が機械的な衝撃を受けて変形するのを防ぐほか、土砂等によるネジの目詰まりを防止する意味もある。

ホースの接続の金具は、法令上は、**ねじ式**結合金具または**差込式**結合金具のいずれでもよい。口径は呼称50または65を用いる。

消火栓は、**地上式**（スタンド式）、**地下式**（埋込式）がある。もちろん、**屋内消火栓タイプ**のものもある。地上式のものは、地盤面からの高さが1.5ｍ以下の位置に、地下式のものは、地盤面からの深さが0.6ｍ以内の位置に設ける。なお、地盤面下に設ける場合のホース接続口は、地盤面下0.3ｍ以内の位

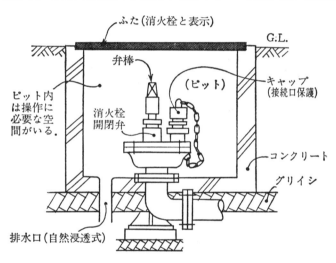

キャップをはずして，消防用ホースを取りつけ，開閉器で弁棒を操作し，開閉弁を開くと，放水できる。

双口型の地下消火栓もある。

第225図　地下式消火栓

第12章　屋外消火栓設備

置に設けること。また、**単口型**や**双口型**の区別もある。双口型の場合は、いずれか一方の口から放水することができるような切替弁が設けられている。従って一方の口から取水中に、別の口にホースを接続することができるようになっている。消火栓には、直近の見やすい箇所に「消火栓」と表示した標識を設けておく。

　開閉弁は、手動操作により、容易に開閉できるものとする。地下式の場合には、弁棒の頭部に**弁棒キャップ**（角型）が設けられているので、それを地上から長い柄のついた開閉器（大箱廻し）で操作する。従って近くに**開閉器**を保管しておかなければならない（**第225図参照**）。地上式の場合は、頭部に開閉装置が設けられているが、弁そのものは地下部分に設けてある。これは地上部分に水が常時滞留していると、寒冷期に凍結するおそれがあるからである。消火栓の使用後においては、弁を閉じると弁の横にある排水用の小さな弁（逆止弁またはボール弁）が開いて立上り部分の水を排水する仕組みとなっている。これは、土中に浸透させて排水するだけのことだから、周囲は砂利詰めとする等排水しやすいようにしておく（**第226図参照**）。地下式消火栓を設けるピットにも、ピット内の排水のため**水抜き穴**を設

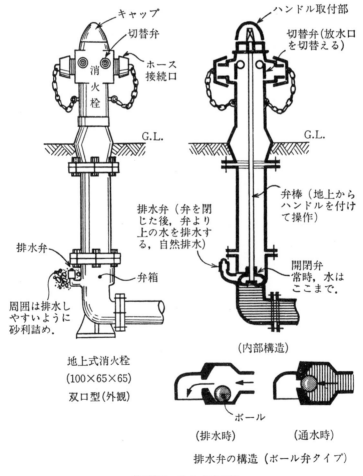

第226図　地上式消火栓

けておく。ピットは、ホースの着脱とか修理等を考えて、十分な大きさが必要でる。

また、開閉弁には、**減圧機構**を有しているものがある。これは、屋外消火栓を使用した場合のホースのノズル先端での放水圧力を所定の圧力（毎0.25MPa以上0.6MPa以下）に保つためのオリフィス等で、弁とホース接続口との間に設けられる。

これらの開閉弁については、消防法令に直接の規定があるのではなく「消火栓開閉弁の構造及び性能の基準の細目について」という通達（昭54・6・11付消防予第113号）によって示されており、その基準に適合するものについては、㈶**日本消防設備安全センター**の**認定**によりラベルを貼付することとしている（**第204-2図参照**）。

なお、開閉弁には、(1)製造者名または証票、(2)製造年、(3)型式番号、(4)大きさの呼び、(5)最大使用圧力〔減圧機構付のものはその使用圧力範囲〕、(6)弁の開閉方向が表示される。また、海水を使用することができる材質のものにはSWのマークが入っている。

注）地上式（スタンド式）の消火栓は、ホースに通水すると加圧によるホースの引延ばしによる引張力により大きな力が加わって転倒する事故がある。従って、その基礎部分は堅固に固定しておかなければいけない。

〔**屋外消火栓箱**〕屋外消火栓も屋内消火栓のように消火栓箱を設けて開閉弁（アングル弁）にホースを常時接続しておくことが望ましい。しかし、地上スタンド式や地下埋込式のものも認められている。これらの消火栓では、常時ホースを接続しておくわけにはいかないので、ホースや筒先は、別途**屋外消火栓箱（ホース格納箱**ともいう）を設けて、その内部に格納しておく。格納するのは、消火栓と同じ口径のホースと筒先（ノズル口径は19mm以上）である。屋内消火栓の配置は半径40mの円であるが、ホースの長さは、40mの範囲内の各部分を有効に放水できる長さとされているので、建築物の形状と消火栓の配置状況でホースの必要本数が決まる。（**第227図参照**）。

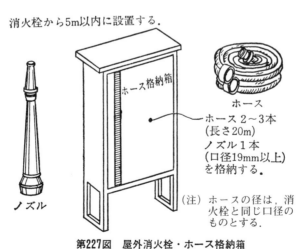

第227図　屋外消火栓・ホース格納箱

屋外消火栓箱は、消火栓から5m以内の場所に設け、その表面には「ホース格納箱」と表示する。

注）消火栓の面する建築物の外壁に消火栓箱を設けるときは、判りやすいので5m以上離れてもよいこととされている。

第12章　屋外消火栓設備

〔**配管等の基準**〕屋内消火栓設備の配管等の基準に従って設置すること。

〔**水源の水量**〕屋外消火栓の水源は、必ずしも水槽に限らず、池や河川等を利用してもよいこととなってはいるが、安定的な水量確保という観点から、主に水槽が用いられる。必要な水量は、7㎥以上とされている。屋外消火栓設備の数が2以上である場合には、14㎥以上とする。すなわち消火栓二つ分でよい。これは、三つ以上の消火栓を同時利用することは、ほとんどないからである。

〔**加圧送水装置**〕屋外消火栓設備の加圧送水装置は、多くの場合、ポンプを使用するであろう。

　ポンプを使用する場合、水源の位置がポンプより低い位置となるであろうから、その場合は、屋内消火栓設備の例により、**呼水装置**を設けておかなければならない。

　加圧送水装置も、大むね屋内消火栓設備の例によればよいのであるが、その能力は、次のように多少大きめのものが求められる。

（高架水槽の必要な落差）

$$H = h_1 + h_2 + 25\,m$$

　　H ：必要な落差（メートル）
　　h_1：消防用ホースの摩擦損失水頭（メートル）
　　h_2：配管の摩擦損失水頭

（圧力水槽の必要圧力）

$$P = P_1 + P_2 + P_3 + 0.25\,MPa$$

　　P ：必要な圧力（MPa）
　　P_1：消防用ホースの摩擦損失水頭圧（MPa）
　　P_2：配管の摩擦損失水頭圧（MPa）
　　P_3：落差の換算水頭圧（MPa）

（ポンプの必要な全揚程）

$$H = h_1 + h_2 + h_3 + 25\,m$$

　　H：ポンプの全揚程
　　h_1：消防用ホースの摩擦損失水頭（メートル）
　　h_2：配管の摩擦損失水頭（メートル）
　　h_3：落差（メートル）

（ポンプの吐出量）

　400ℓ／分以上とする。消火栓数が2個以上のときは、800ℓ／分以上とする。かつ、消火栓のノズルの先端における**放水圧力**が**0.6MPa**を超えない措置を講じておくこと。

　屋外消火栓設備の加圧送水装置の能力は、消火栓を使用した場合のノズルの先端における**放水圧力**が0.25MPa以上であり、かつ、**放水量**が350ℓ／分以上となるようなものでなければならない。あわせて、加圧送水装置にはノズル先端の放水圧力が0.6MPaを超えないための措置が必要である。

　　注）**放水量**と**放水圧力**、**ノズル口径**との間には次のような関係がある。

　　　放水量＝（Q）＝$0.2085 \times D^2 \times \sqrt{P}$　（この計算式の圧力単位はMPaであることに注意。）

Q：放水量（ℓ／分）
D：ノズル口径（mm）
P：放水圧力（MPa）

放水圧力2.5kg、ノズル口径を19mmとすると、放水量は約372ℓ毎分となる。

　これは１個の消火栓を使用した場合の放水量だけでなく、２個の消火栓を同時に使用した場合においても、それぞれのノズルにおいて規定の放水圧力及び放水量が得られるものでなければならない。

　その他の規定としては、加圧送水装置の設置場所は、点検に便利で火災による被害を受けるおそれが少い箇所とすること、加圧送水装置の操作部またはその直近の箇所に、装置の始動を明示する赤色の**表示灯**を設けること、という規定がある。この**操作部**の表示灯は、屋内消火栓の場合と同様にポンプを遠隔操作するので、ポンプが確実に作動したかどうかを確認するためのものである。確認のために赤ランプの表示灯が点灯（または点滅状態）する。順序が逆になったが、加圧送水装置（ポンプ）の起動装置は、屋外消火栓箱の内部又はその近くで遠隔操作する操作部（Ｐ型発信機でもよい。）を設けておくが、もちろん直接操作もできるものでなければならない。

　この操作回路の**配線**は重要なので、屋内消火栓の場合と同様、**耐熱保護**とする。ただし地中に配線する場合には耐熱保護の必要はない（**第228図参照**）。

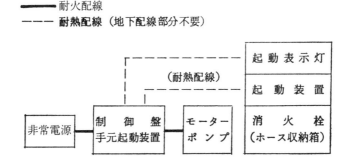

第228図　屋外消火栓設備の配線保護

　屋外消火栓設備には、屋内消火栓設備の例に応じて、有効に30分以上作動できる容量の**非常電源**を付置する。非常電源からモーターまでの配線は**耐火保護**を必要とする。

　貯水槽、加圧送水装置、非常電源、配管等は、地震の震動等に耐えるような措置をしておく必要がある。

　注）屋外消火栓設備の非常電源装置の猶予期限は、平成４年５月31日である。

第12章　屋外消火栓設備

●屋外消火栓設備の総合操作盤

　高層建築物（地上15階建以上で延べ面積30,000㎡以上）、大規模建築物（延べ面積50,000㎡以上）等（消防法施行規則第12条第1項第8号）の防火対象物に設ける**屋外消火栓設備**には、基準に適合する総合操作盤（平成16年消防庁告示第7号）を、消防庁長官の定める設置方法（平成16年消防庁告示第8号）に基づいて防災センター等に設けて、そこで当該設備の監視、操作等を行うことができるようにしなければならない。（消防法施行規則第12条第1項第8号の準用、同規則22条第11号）
　なお、この総合操作盤関係については、**当アタック講座〔下〕第26章　総合操作盤**を参照のこと。
　この**屋外消火栓設備**について総合操作盤の表示項目、警報項目及び操作項目は、次のとおり。
〔表示項目〕
　　イ　加圧送水装置の作動状態
　　ロ　加圧送水装置の電源断の状態
　　ハ　呼水槽の減水状態
　　ニ　水源水槽の減水状態
　　ホ　総合操作盤の電源の状態
〔警報項目〕
　　イ　加圧送水装置の電源断の状態
　　ロ　減水状態（呼水槽又は水源水槽）
〔操作項目〕
　　警報停止

●検定と消防設備士

〔**検定品目**〕　屋外消火栓設備に関連するものとしては「消防用ホース」及び消防用ホースに使用する「差込式又はねじ式の結合金具」がある。これらは自主表示対象であるので合格品を使用しなければいけない（消防法施行令第41条）。
〔**消防設備士による工事・整備**〕　屋外消火栓設備の工事（電源、水源及び配管の部分を除く）は、甲種消防設備士（**第1類**）でなければならず、その整備も甲種消防設備士（第1類）又は乙種消防設備士（第1類）でなければならない。ただし、ホース又はノズル、ヒューズ類、ネジ類等の部品の交換、消火栓箱、ホース格納箱等の補修その他これらに類する軽微な整備は、消防設備士でなくても行ってさしつかえない（消防法施行令第36条の2）。

第13章　動力消防ポンプ設備

〔参照条文〕　消防法施行令第20条

●動力消防ポンプとは

　動力消防ポンプとは，水槽等の水を吸い上げ、消防ホースに水を供給するエンジン（内燃機関）付の消防ポンプのことである。大きなものは、自衛消防隊の使用する消防ポンプ自動車から、小さなものは、可搬式（ポータブル）の消防ポンプまでがある。

　動力消防ポンプ設備というので、何か建築物に固定的に設置されたポンプ設備のような気がするが、決して建築設備に相当するものではない。屋内消火栓設備や屋外消火栓設備の**代替機能**を有することから、消防法上、設備扱いとなっているものである。

　　注）「代替」は、ダイガエと読む人もあるがこれは辞書によるとダイタイと読む。

　動力消防ポンプは、すべて検定の対象となっており、その検定のための規格省令が制定されているが、その**定義**によると「ポンプ、内燃機関、車台、架台その他必要な機械器具から構成される消防の用に供するポンプ設備」をいうものとされている。

　規格上は、動力消防ポンプは、次の２種類に分類される。

・**消防ポンプ自動車**—ポンプが自動車の車台に固定されたもの（大部分は、消防機関向け）
・**可搬式消防ポンプ**—ポンプが車両を使用しないで人力により搬送され、又は、人力によりけん引される車両若しくは自動車の車台に取り外しができるように取り付けられて搬送される消防ポンプで、乾燥重量（燃料、潤滑油、冷却水その他の液体をすべて取り除いた場合の総重量をいう。）が150kg以下のものをいう。

　なお、総重量は、級別により下記のとおりとする。

Ｂ－３，Ｃ－１，Ｃ－２	100kg以下
Ｄ－１	25kg以下
Ｄ－２	15kg以下

注）実際に消防用設備の代替として利用される動力消防ポンプは、１００ｋｇ以下の軽いもの（従前は「軽可搬消防ポンプ」といった）が多い。

第13章　動力消防ポンプ設備

●動力消防ポンプ設備の機能

　動力消防ポンプ設備は、建築物の1～2階について、屋内消火栓設備又は屋外消火栓設備に代替する機能を有していることから、それらの設備を設置する代わりとして使用されている。実際には、消火栓設備を設置することよりも経済的である（工事費と比較して安上りとなる）ことが大きな要因となって、採用されることが多いという。
　消火栓設備との代替機能についてまとめると**第229図**のようになる。
〔**屋内消火栓設備**の設置を要する場合〕（消防法施行令第11条第1項、第2項）
　屋内消火栓設備を設置すれば当然オーケーとなるが、建築物の1～2階部分についてはこれに替えて屋外消火栓設備又は動力消防ポンプとすることができる。
〔**屋外消火栓設備**の設置を要する場合〕（消防法施行令第19条第1項、第2項）
　屋外消火栓設備の設置に替えて、動力消防ポンプ設備とすることができる。
　　注）以上の規定をもっと具体的に説明すると、屋内消火栓設備のみ設置義務があるときは、屋内消火栓設備（又はこれに代替する設備）を設ければよいが、それに併せて、屋外消火栓設備の設置も義務づけられている場合

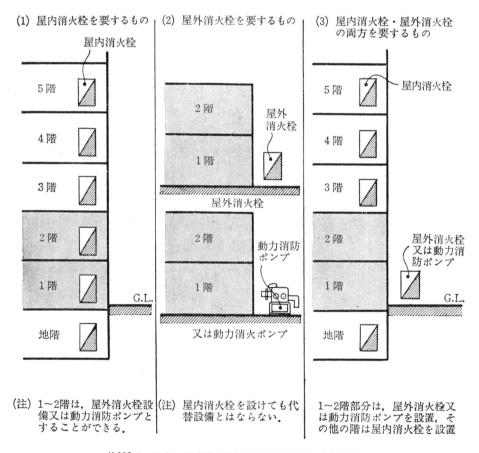

第229図　屋内・屋外消火栓及び動力消防ポンプの設置

には、屋内消火栓設備が設置してあっても、それだけでは不十分で、さらに**屋外消火栓設備**又は動力消防ポンプ設備の設置が必要となる。

　そこで、どうせ屋外消火栓設備又は動力消防ポンプ設備を設置するのであれば、1～2階部分の屋内消火栓は設置しなくてもよいことになるから、その部分の屋内消火栓は設置しないでおこうということになりやすい（第229図参照）。

●動力消防ポンプの放水量と水源

　動力消防ポンプの能力は、その放水量によって定まる。動力消防ポンプは自主表示対象器具として指定されており、その表示上の規格として定められている放水量のことを「**規格放水量**」と呼んでいる。
　そこで、その規格放水量を用いて、必要な動力消防ポンプの能力を示すと、**次の表**のようになる。

設 置 対 象	規 格 放 水 量（㎥／分）
屋内消火栓設備の代替とするもの	0.2以上
屋外消火栓設備の代替とするもの	0.4以上

　一方、動力消防ポンプに使用する水源としては、それぞれの規格放水量で**20分間以上**放水できるだけの水量を確保しておかなければならない。ただし、その水量が20㎥以上となるときは、**最低20㎥**あれば足りる。

　また、その水源は偏在していてはならないので、消防ポンプの能力（規格放水量）に応じて、**下の表の水平距離**（その半径の円）で建築物の各部分を覆うように配置する。

動力消防ポンプの規格放水量（㎥／分）	水平距離（半径）
0.5以上	100 m
0.4以上0.5未満	40 m
0.4未満	25 m

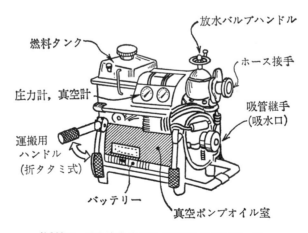

第230図　動力消防ポンプ（軽可搬式消防ポンプ）

　また、動力消防ポンプは水源の近くに常置しておかなければならない。ただし、消防ポンプ自動車又

第13章　動力消防ポンプ設備

は自動車でけん引するものは、水源からの歩行距離が1,000m以内の場所に常置することとしてよい。

注）動力消防ポンプとして最もよく用いられている**軽可搬消防ポンプ**には、放水性能により、下記のようなランク（級）がある。

いずれも規格放水量で30分以上放水できるよう、燃料タンクが付置されている。（**230図参照**）。

動力消防ポンプの放水性能

級　別	規　格　放　水　性　能		高　圧　放　水　性　能		ポンプの最高効率
	規格放水圧力 （MPa）	規格放水量 （㎥／分）	高圧放水圧力 （MPa）	高圧放水量 （㎥／分）	（％）
B－1	0.85	1.5以上	1.40	0.9以上	55以上
B－2	0.70	1.0 〃	1.00	0.6	
B－3	0.55	0.5 〃	0.80	0.25	
C－1	0.50	0.35 〃	0.70	0.18	
C－2	0.40	0.20 〃	0.55	0.10	

（注）屋内消火栓設備の代替とするものはC－2級（規格放水量0.2㎥／分）以上、屋外消火栓設備の代替とするものはB－3級（同0.4㎥／分）以上とする。

（注）規格放水、高圧放水は替え口の径を調節して行う。

$$\text{ポンプの最高効率} = \frac{\text{規格放水性能に係る水動力}}{\text{規格放水性能に係る軸動力}} \times 100\%$$

●可搬消防ポンプ等の維持管理

可搬消防ポンプ等（可搬消防ポンプの他、非常動力装置、内燃機関を原動機とするポンプを用いる加圧送水装置等を含む。）は、重要な消火設備であるが、その機能の維持を図るには、定期的な**点検**が必要であり、かつ、その**整備**には高度な知識・技能が必要となる。

そこで消防庁では、「**可搬式消防ポンプ等整備資格者**に関する規程（平5．消安セ規程第30号）」による資格者を活用することとしている。この資格者は㈶日本消防設備安全センターが行う講習を受け免状を交付された者である。これらについては、平成5年消防予第27号通達「可搬式消防ポンプ等の維持管理の推進について」参照。

●検定と消防設備士

〔**検定**〕動力消防ポンプは、自主表示の対象とされており、「**動力消防ポンプの技術上の規格を定める省令**」が定められている。

その他、動力消防ポンプに付置する「消防用吸管」も自主表示の対象となっており、また「消防用ホース」及びそれらに使用する「差込式又はネジ式の結合金具」は自主表示の対象となっている（消防法施行令第41条）。

動力消防ポンプの自主表示

第13章　動力消防ポンプ設備

〔消防設備士〕動力消防ポンプは、消防設備士による工事、整備の対象となっていない。

(参考) 動力消防ポンプのテスト

　消防法令では、動力消防ポンプを消防設備の一種として設置することを義務づけているけれども、どのようにしてテストするか、ということまでを規定していない。従って、**点検要領**を参考として、その要領を示すと次のようになる。

　先ず、エンジンを始動するためには、**燃料**は規定量入っているか。**冷却水**は充分入っているか（冷却水は、ラジエーターのオーバーフローパイプの開口位置まで入っていなければならない）。また、真空ポンプの駆動を容易にするために、**潤滑油**も規定量はいっているか、を確かめておく。

　次に必要本数のホースを延長して筒先を保持し、放水の準備をする。**エンジンの始動**は、スターター

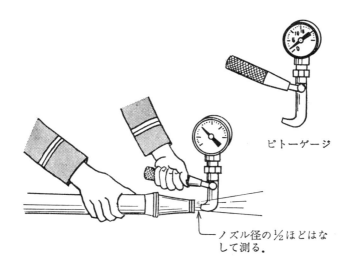

(1) 棒状ノズルはピトーゲージで測定する．

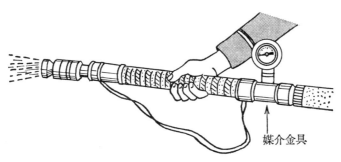

(2) 棒状・噴霧併用ノズルは媒介金具を用いて測定

第231図　放水圧の測定

第13章　動力消防ポンプ設備

スイッチの操作により、エンジン及びポンプの始動が容易であるかどうかを確かめる。必ずしも１回の操作だけで始動するとは限らない。繰返し操作で始動すれば、それでオーケーとしなければならない。真空ポンプの働きで、水が揚って来て、ポンプ本体への給水が開始されると、水圧が発生し、それにより**真空ポンプ**の方の作動は停止するはずである。

　真空計と**連成計**とかの計器を眺めながら**真空指度**が適正であるとか、真空ポンプの停止による真空指度が急激に著しく低下することがないか、という点をチェックする。

　各部からの著しい**漏水**がないか、という点も点検の対象となる。

　次に、所要の**放水圧力**や**放水量**が得られるかどうか、チェックする。放水圧力は、ノズルの先端で、**ピトーゲージ**によって測定すればよい。これは、そんなにむずかしいことではない。ポンプ圧力は、圧力計で測定すればよい。ノズルの口径が判っているから、**放水量**は、$Q = 0.2085 \times D^2 \times \sqrt{P}$ の計算式によって求めればよい。ただし、Dはノズルの口径（cm）、Pはノズル圧力（MPa）とする（**第231図参照**）。この計算式の圧力単位はMPaであることに注意。

補講－1　消防用設備等へ性能規定を導入

●性能規定の導入

　平成15年の消防組織法及び消防法の一部改正により、消防用設備等の技術上の基準に性能規定が導入された。これは、消防用設備等の技術上の基準を多様化するもので、規制改革の一環として行われたものである。すなわち、平成14年3月の「**規制改革推進計画（閣議決定）**」において「基準の内容が、技術革新に対して柔軟に対応できるよう、仕様規定となっている基準については、原則としてこれをすべて**性能規定化**する（以下略）」という基本方針に則ったものである。

　これまでの消防用設備等に関する技術上の基準は、非常に具体的で、その構造・材料・寸法・設置方法等を、仕様的に定めていた。その通りに工事を行えば、法令に適合していることとなり、それに反すれば不適合となってしまう。このような「**仕様規定**」は、客観性が高く、裁量の入り込む余地が少ないところから行政の透明性を図るため、高い評価を受け、技術法規の主流となって来た。

　しかるに近年は、建築物も大規模化、高層化、深層化が進み、かつ、その利用形態の多様化が進展しており、それに伴って、より合理的な技術の改革も進んでいる。それに対応して、技術上の基準の改正も行われているが、どうしても、一般的な基準としてなじむものに限られ、特殊な技術についてまで規定化することは困難である。そのようなことから、仕様規定のまま技術基準を付加していくには、自らその限界がある。

　そこで、これまでの仕様規定によって得られる最終的な**性能**（結果）を重視し、どのような性能が要求されているのかを明らかにすることによって、技術的な改革に対して柔軟に対応しようとするのが今回の**性能規定**の導入である。すでに、建築基準法においては、平成10年の改正（施行は平成12年）によって性能規定化が終了している。

　その点では、消防法上の危険物行政は、遥かに先輩であるといえる。それまで、**消防法別表**において品名列記により**危険物**の指定をしていたのを、昭和63年の改正で、性状及び試験方法を定めることにより、いちいち法改正（別表改正）をするまでもなく、一定の性状を示す物品は、自動的に危険物として扱えるようにしたからである。これが正に「性能規定化」なのである。激しい技術革新（イノベーション）に遅れをとらないためにも、技術法令の性能規定化は、避けて通れないところである。

●性能規定化には、どのような効果があるか

　先にも述べたように、これまでの仕様規定は、構造・材料・寸法等を詳細に定めていたから、とにかくそれに従っていれば、法令上は適合とされるから、安心感というか客観性、透明性に富んでおり、その限りでは優れた手法であった。ところが、世の中の技術が進歩しているのに、それに付いていけないというデメリットがあることも事実である。すなわち、新しい技術が開発されても、それを直ちに実用化することができない。実用化（法令改正）までに時間がかかりすぎる。そんなことを繰返していると

補講−1　消防用設備等へ性能規定を導入

　そのうちに、技術改革の意欲すらそいでしまう結果となってしまう。
　そこで、性能規定化によって柔軟に対応するには、新しい技術を認めるルールを明確にしなければならない。そのためには、これまでの技術基準は、結果としてどのような性能を実現して来たかが問われる。おそらく、初期消火性能とか火災発生感知・通報性能といったものが考えられる。そこで、新技術の評価は、その性能が同等以上のものであるかどうかによって与えられる。もちろん、その信頼性を含めて、客観的に検証できる方法を確立する必要がある。日本の技術水準からすれば、そのような検証は十分に行うことができる。大切なのは、理論だけではなく、現実に性能規定をサポートしていくだけの国力があるかどうかということである。
　ところで、今回の改正では、これまでの仕様規定による技術上の基準は、もちろん、今後とも有効であるとしている。問題は、それら以外の技術をどのようにして認めるかということである。そこで、これまでの仕様規定によるものを（**ルートA**）とする。これは今まで通りの規定に従って設計施工すればよろしい。次に新技術の導入のケースである。これには、これまでの技術の改良型とでもいうべきものと、全く発想の異なる技術開発とがあり得る。これまでの技術の改良型は、比較的検証法が定めやすく、同水準の性能を有しているかどうかを客観的に評価することは、それ程困難ではない。そこで、これを**ルートB**とする。次に全く予想もしない新技術への対応であるが、これは、どんなものが開発されるやら全く判らないので、あらかじめ検証方法をオープンにすることは非常に困難であって、実際には1件審査とせざるを得ないと思われる。これは、**ルートC**に当たる。
　図によると、これは床面積200㎡の事務所におけるスプリンクラー設備の例であるが、前期のルートA、ルートB、ルートCにあてはめたイメージ例を掲げてある。

消防用設備等の性能規定化のイメージ
〔事務所用途の例〕

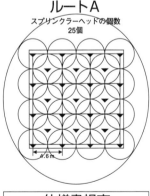

ルートA
スプリンクラーヘッドの個数 25個

仕様書規定
通常のスプリンクラーヘッド
→1のヘッドの防護面積が<u>一定以下</u>
Ex.　r（散水半径）＝2.3m以内

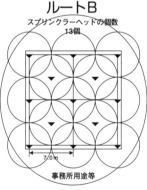

ルートB
スプリンクラーヘッドの個数 13個
事務所用途等

客観的検証法
高性能のスプリンクラーヘッド
→1のヘッドの防護面積が<u>大</u>
Ex.　r（散水半径）＝3.5m

ルートC
スプリンクラーヘッドの個数 1個
可動する
用途制限なし

大臣認定
火点を特定して消火するシステム（ヘッドは1）
→1のヘッドの防護面積が<u>極めて大</u>
Ex.　r（散水半径）＝10m

注意：床面積200㎡の例

（ルートA）従前からの技術上の基準（仕様規定）によってスプリンクラー設備を設けたものである。ヘッドの間隔（放水の散水半径）を2.3ｍとすると、ちょうど25箇のヘッドを配置した設計となる。

（ルートB）改良型のヘッドでは、その散水半径を3.5ｍとするので防護面積も増え、結果的にはヘッドの数は13箇で済むことになる。ただし、その消火性能は従前のものと同水準以上のものでなければならない。この検証法を示すのは比較的容易と考えられる。

（ルートC）従前の固定的ヘッドの感覚から大きく踏み出して、ヘッドが放水銃のように可動するもので、感知器と連動し、火点をめがけて効率的に放水できるシステムが開発されたとする。そういう特殊なものは、一般的な検証法によらず「大臣認定」によって、その設置を認めることとする。

このような考え方に基づいて、法令では、ルートBについて政省令を整備して、客観的検証法を定め個々の消防用設備等がこれに適合するかどうかは、消防機関が認定する。もう一つのルートCは、そのような客観的基準を作成し難いものであることから、そのような特殊の消防用設備等については、国（総務大臣）が一元的に認定を行うものとしている。

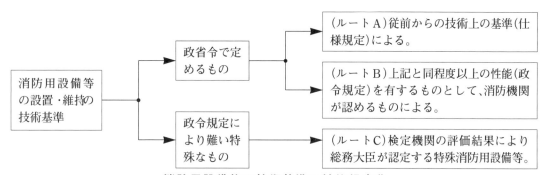

消防用設備等の技術基準の性能規定化

●消防法改正のポイント

性能規定導入に伴う消防法改正のポイントを示すと、次のとおり。

(1) **消防用設備等の設置・維持の基準**（消防法第17条第１項の改正）

消防用設備等は「技術上の基準」に従って設置・維持するだけでなく「政令で定める消火、避難その他の消防の活動のために必要とされる性能を有するように」設置・維持しなければならないものとされた。消防用設備等が有しなければならない性能は、政令で定められる。

(2) **特殊消防用設備等の大臣認定**（消防法第17条第３項）

一般的な技術上の基準に従う消防用設備等に代えて、「特殊消防用設備等」の総務大臣認定を得たものについては、一般的な技術上の規定は適用しない。特殊消防用設備等は、特殊消防用設備等の設置・維持計画に従って設置・維持しなければならない。この設置維持計画は、省令で定めるところにより作成するものとする。

(3) **認定の前提となる性能評価**（消防法第17条の２から第17条の２の４）

大臣認定を受けるには、日本消防検定協会等による性能評価を受けなければならない。日本消防検定協会等とは、協会のほか総務大臣の登録を受けた法人をいう。「**性能評価**」とは、「設備等設置維持計画」

補講-1　消防用設備等へ性能規定を導入

に従って設置し、及び維持される場合における「特殊消防用設備等の性能に関する評価」をいう。性能評価の結果は、「評価結果」として申請者に通知される。申請者は、それを添えて大臣に認定の申請を行う。大臣は、技術上の基準による消防用設備等と同等以上の性能を有するものを認定する。不正の手段により認定を受けたもの等に対しては失効させることがある。

(4)　**消防用設備等に対する措置命令**（消防法第17条の第2項の改正）

消防長等は、特殊消防用設備等の設置・維持に関しても必要な命令を出すことができるものとされた。

(5)　**消防設備士関係の改正**（消防法第17条の5他）

消防設備士の業務に、「設備等設置維持計画に従って設置しなければならない**特殊消防用設備等**」の工事又は整備が加えられた。それに関連して、従前は「消防用設備等」とされていた工事・整備の対象が「**工事整備対象設備等**」と改められた。この工事整備対象設備等とは、「消防用設備等又は特殊消防用設備等」をいうものである。（消防法第17条の8）

(6)　**消防用機械器具等の検定関係の改正**（消防法第4章の2第1節）

従前は、消防用機械器具等の検定は、「日本消防検定協会又は総務大臣の**指定**する者（同法第21条の3第1項）」が行うものとされていたが、改正により「日本消防検定協会又は法人であって総務大臣の**登録**を受けたもの」と改められた。関連して、日本消防検定協会の目的に「特殊消防用設備等の性能に関する評価」を行うことが追加された（同法第21条の7）。あわせて、同協会の業務としても、「特殊消防用設備等の性能に関する評価を行うこと」が規定された（同法第21条の36第1項第3号）。

(7)　**登録検定機関の規定の整備**（消防法第4章の2第2節）

従前の指定検定機関は、登録制となったことに関連して「**登録検定機関**」と名称を改めると共に所要の整備が行われた。この登録検定機関においても「特殊消防用設備等の性能に関する評価を行う業務」が加えられ、それを行う場合には、その旨を明示して登録（業務区分毎の登録）を受けるものとされた（同法第21条の45第1項第1号）。あわせて、登録を受けるための要件として、性能評価をする特殊消防用設備等の製造・販売業者等に支配されるものであってはならないこと等の規定が整備された（同法第21条の46第1項）。登録の有効期間は3年とし、更新を受けることができるものとされた（同法第21条の47）。これらの整備は、従前の大臣指定であれば、当然にそれにふさわしいものが選ばれて指定されるものと考えられたが、今回の改正では、申請による登録と改められたので、登録のための基準を設ける等の整備が行われたものである。

(8)　**別表の追加**（別表第2、第3）

従前、消防法別表は、危険物関係のみであったが、今回の改正により**別表第2及び第3**が追加されたことに関連して、危険物関係の別表は「別表第1」と改められた。なお、新設された**別表別2**は、登録検定機関の業務区分ごとに必要となる一定の資格者を定めたものであり、**別表第3**は、同じく登録検定機関が行う業務区分に応じて必要となる機械器具（試験装置等）を一覧表としてまとめたものである（同法第21条の46第1項第1号及び第2号関係）。

●改正後の消防法施行令第32条（基準の特例）を読んでみる

消防法令の性能規定化を最も判りやすい形で実感できるのは、改正された消防法施行令第32条（基準の特例）の規定を読んでみることである。次にその改正後の消令第32条の規定を示す。

> **第32条** この節［消防法施行令第2章消防用設備等第3節設置及び維持の技術上の基準］の規定は、消防用設備等について消防長又は消防署長が防火対象物の位置、構造又は設備の状況から判断して、この節の規定による消防用設備等の基準によらなくとも、火災の発生又は延焼のおそれが著しく少なく、かつ、火災等の災害による被害を最小限度に止めることができると認めるときにおいては適用しない。

改正前の規定とどこが変わったかというと、消防長又は消防署長の判断により適用除外とされていた**「又は予想しない特殊の消防用設備等その他の設備を用いることにより、この節の規定による消防用設備等の基準による場合と同等以上の効力があるとき」**という部分が削除されたのである。

これは、消防法の改正により「必要とされる防火安全性能を有する消防の用に供する設備等」が、別途認められ、かつ、その基準が消防法施行令第29条の4に規定されたのであるから、これは削除されて当然であると言える。あわせて、旧規定では「火災の発生及び延焼のおそれが著しく少なく」と規定されていた部分が「火災の発生又は延焼のおそれが著しく少なく」と改められ、そのいずれかを満足すれば適用できることと改められている。

ところで、この改正で、もう一つ注目されるのは、建築基準法の性能規定化に伴い同法旧第38条（特殊の材料及び構法）の規定が全文削除されたことから、消防法施行令第32条の規定も同じように全文が削除されてしまうのではないかと心配していた向きもあったのであるが、上記したように「予想しない特殊の消防用設備等」に関する部分は削除されたものの、従前から認められていた前段の消防長又は消防署長の認定による適用除外の部分は残されることとなったことである。

すなわち、火災予防への対応は状況に応じて千差万別であるところから、例えば冷凍倉庫内にスプリンクラー設備の設置は要しないというように、防火対象物の位置、構造等により、消防長等の判断により適用除外とすることができる根拠規定が残されたのである。しかし、これは必ずしも全面的な適用除外のみではなく、消防用設備等に関する設置・維持の技術上の基準の一部の不適用（改変適用）も含まれる。

●「特殊消防用設備等」に関する規定の新設

次に消防法の改正により設けられた特殊消防用設備等に関する規定について説明を行う。この規定は先に説明した「**ルートC**」に相当するものである。

改正前の消防法第17条［消防用設備等の設置、維持義務等］第1項においては、「政令で定める防火対象物」には、「消防用設備等」を「政令で定める技術上の基準に従って………設置し、及び維持しなければならない」と規定されていた。すなわち、政令で定める仕様規定により、その能力、配置等が技

補講−1　消防用設備等へ性能規定を導入

術上の基準として定められており、上記の消防法施行令第32条の規定は、その適用を除外する特例として存在していたことになる。

それが、今回の性能規定化により、消防用設備等は「**必要とされる性能を有するように…………設置し、及び維持しなければならない**」ものと改められたのである。また、消防法第17条の改正に伴い、消防法施行令第32条第1項は前記のとおり改められたものである。あわせて、消防法第17条には、第3項が新設された。この第3項も、性能規定化のポイントであるので、その規定を次に示す。

> **消防法第17条［消防用設備等の設置、維持］第3項**
> ③　第1項の防火対象物の関係者が、同項の政令若しくはこれに基づく命令又は前項の規定に基づく条例で定める技術上の基準に従って設置し、及び維持しなければならない消防用設備等に代えて、特殊の消防用設備等その他の設備等（以下「**特殊消防用設備等**」という。）であって、当該消防用設備等と同等以上の性能を有し、かつ、該当関係者が総務省令で定めるところにより作成する特殊消防用設備等の設置及び維持に関する計画（以下「**設備等設置維持計画**」という。）に従って設置し、及び維持するものとして、総務大臣の認定を受けたものを用いる場合には、当該消防用設備等（それに代えて当該認定を受けた特殊消防用設備等が用いられるものに限る。）については、前2項の規定は、適用しない。

この規定について若干の解説を行うと、従前からの政省令及び条例の規定に基づく技術の基準に従って設置し、維持される消防用設備等（**ルートＡ**）については、従来通りで差し支えないのであるが、その消防用設備等に代えて設置される「**特殊消防用設備等**」については、

1）消防用設備等と同等以上の性能を有するものであること。
2）特殊消防用設備等に関する「**設備等設置維持計画**」に従って設置し、及び維持されるものであること。
3）総務大臣の認定を受けたものであること。

の3点について、それぞれの要件を満たすものでなければならない。そのすべての要件を満たすものについては、前2項の規定（政省令の技術上の規定及び条例の技術上の規定）は、適用除外となる、というものである。

確かに、性能規定化であるから、先ず、従前の消防用設備等と同等以上の性能を有するものであることと言うのは、前提条件であるが、単にそれだけではない。政省令又は条例で定める技術上の基準（設置・維持に関する基準）が適用除外となってしまうのであるから、それに代えて「設備等設置維持計画」（下記）を作成し、それに従って設置され、維持されるものでなければならない。さらに、上記の1）及び2）の2点について総務大臣の認定を受けなければならない。

●特殊消防用設備等の設置及び維持に関する計画（設備等設置維持計画）

消防法第17条第3項の規定により、特殊消防用設備等の設置及び維持に関する計画は、「**設備等設置**

維持計画」といい、次に掲げる事項を記載することとされている（消防法施行規則第31条の3の2）。
1）防火対象物の概要に関すること。
2）消防用設備等の概要に関すること。
3）特殊消防用設備等の性能に関すること。
4）特殊消防用設備等の設置方法に関すること。
5）特殊消防用設備等の試験の実施に関すること。
6）特殊消防用設備等の点検の基準、点検の期間及び点検の結果についての報告の期間に関すること。
7）特殊消防用設備等の維持管理に関すること。
8）特殊消防用設備等の工事及び整備並びに点検に従事する者に関すること。
9）前各号に掲げるもののほか、特殊消防用設備等の設置及び維持に関し必要な事項に関すること。

●**総務大臣による「特殊消防用設備等」の認定手続き**

　前記のように、特殊消防用設備等を開発し、それを実用化しようとする場合においては、総務大臣の認定を受けなければならないものとされ、その認定システムは、改正法第17条の2から第17条の2の4までに規定された。

　消防機関とすれば、この特殊消防用設備等を設置したい旨の届出があれば、総務大臣の認定書の写を提出させ、認定を受けた「設備等設置維持計画」に従ってその特殊消防用設備等が設置・維持されるかどうかを審査又は検査すればよいことになる。

　しかし、特殊消防用設備等を開発する関係者にとっては、その大臣認定のための手続きを行わなければならないこととなるから、そのシステムを理解しておかなければならない。消防機関としても、そのシステムを知っておく必要があろう。そこで、そのシステムの概要を次に示す。

① 認定を申請するに先立って、先ず特定機関の「**性能評価**」を受けなければならない。この性能評価をすることのできる特定の機関とは、1）日本消防検定協会又は2）総務大臣の登録を受けた法人のいずれかとする（消防法第17条の2第1項）。

　　ここでいう性能評価とは、「設備等設置維持計画に従って設置し、及び維持する場合における特殊消防用設備等の性能に関する評価」をいうものである（同条同項）。

　　性能評価の結果は、申請者に通知される（同条第3項）。

② 総務大臣の認定を受けるには、その特殊消防用設備等の設備等設置維持計画及び上記の性能評価の結果を添えて申請する。大臣は認定に当たり、関係消防長又は関係消防署長に通知をするものとし、関係消防長等は、それに対して意見を述べることができる（消防法第17条の2の2）。総務大臣は、申請のあった特殊消防用設備等が通常の消防用設備等と同等以上の性能を有していると認められるときは、その認定を行う。

③ 総務大臣は、不正の手段で認定を受けたり、設備等の設置維持計画に従って設置・維持されていないと認めるときは、その認定を失効させることができる。また、認定を受けた特殊消防用設備等又はその設備等設置維持計画を変更するときは、軽微な変更を除き、総務大臣の承認を必要とする

補講－1　消防用設備等へ性能規定を導入

（消防法第17条の2の3）。
④　総務大臣は、協会等の性能評価機関が、性能評価を行う業務が困難となった場合等においては、大臣が自ら性能評価を行うことができる（消防法第17条の2の4）。
⑤　上記に関連して、従前の日本消防検定協会に関する規定（第21条の17から第21条の44まで）及び指定検定機関に関する規定（改正後は「登録検定機関」に関する規定（第21条の45から第21条の57まで）が整備された。

●必要とされる「防火安全性能」とは（ルートB）
　消防法施行令第2章消防用設備等においては、その第3節において設置及び維持の技術上の基準を定めているが、これは消防法第17条第1項の「必要とされる性能」を有する技術上の基準を定めたものである。さらに、この第3節の内容を検討すると、第2款消火設備に関する基準から第6款消火活動上必要な施設に関する基準までは、「通常用いられる消防用設備等」（ルートA）に関するものである。
　ところで、性能規定化に伴って、この第3節に「第7款必要とされる防火安全性能を有する消防の用に供する設備等に関する基準（第29条の4）」が追加された。この基準はルートBにとって必要な基準である。そこで念のためにその条文を次に示す。

消防法施行令第2章第3節第7款
必要とされる防火安全性能を有する消防の用に供する設備等に関する基準
第29条の4　法第17条第1項の関係者は、この節の第2款から前款までの規定により設置し、及び維持しなければならない同項に規定する消防用設備等（以下この条において「**通常用いられる消防用設備等**」という。）に代えて、総務省令で定めるところにより消防長又は消防署長が、その**放火安全性能（火災の拡大を初期に抑制する性能、火災時に安全に避難することを支援する性能又は消防隊による活動を支援する性能をいう。以下、この条において同じ。）**が当該通常用いられる消防用設備等の防火安全性能と同等以上であると認める消防の用に供する設備、消防用水又は消火活動に必要な施設（以下、この条、第34条第6号及び第36条の2において「**必要とされる防火安全性能を有する消防の用に供する設備等**」という。）を用いることができる。
2　前項の場合において、同項の関係者は、必要とされる防火安全性能を有する消防の用に供する設備等について、通常用いられる消防用設備等と同等以上の防火安全性能を有するように設置し、及び維持しなければならない。
3　通常用いられる消防用設備等（それに代えて必要とされる防火安全性能を有する消防の用に供する設備等が用いられるものに限る。）については、この節の第2款から前款までの規定は、適用しない。

　さて、この規定を説明する前に、この条で用いられる用語について、その定義を示すこととする。

- **通常用いられる消防用設備等**＝政省令で定められている技術上の基準に従って設置・維持される消防用設備等を指すもので、いわゆる**ルートA**に相当するものである。
- **必要とされる防火安全性能を有する消防の用に供する設備等**＝これは上記の政省令の技術上の基準に従って設置・維持されるのではなく、これと同等以上の防火安全性能を有すると認められる消防用設備等を指すもので、いわゆる**ルートB**に相当するものである。
- **防火安全性能**＝「火災の拡大を初期に抑制する性能、火災時に安全に避難することを支援する性能又は消防隊による活動を支援する性能」をいう。

　この第29条の4の規定は、消防用設備等の設置・維持を義務づけられている防火対象物の関係者に対して、「通常用いられる消防用設備等」に代えて「必要とされる防火安全性能を有する消防用設備等」を用いることができることを明らかにしたものである。

　ただし、そのためには総務省令で定める手続きにより、消防長又は消防署長の認定を受けたものでなければならず、あわせて、その設置・維持について、通常用いられる消防用設備等と同等以上の防火安全性能を有するように設置・維持しなければならない。それらが満たされるものについては、関係規定（通常用いられる消防用設備等に適用される技術上の基準）は適用されない。

　これに関連して、消防長又は消防署長が、通常用いられる消防用設備等に適用される技術上の基準を適用しないことについては、消防法施行令第32条の規定がある。

　なお、前記した**防火安全性能**には、①**初期拡大抑制性能**、②**避難活動支援性能**及び③**消防活動支援性能**の3種類が法定されているが（消令第29条の4）、この3性能に関する**客観的検証方法**は、別途策定されることとなっている。

　あわせて、消防法施行令第29条の4第1項に規定する「必要とされる防火安全性能を有する消防の用に供する設備等」として、①**パッケージ型消火設備（屋内消火栓設備の代用）**及び②**パッケージ型自動消火設備（スプリンクラー設備の代用）**の2設備が認められた。（平16.5.31総務省令第92号）

　これらの2設備は、上記省令の定義によれば、次のとおりである。
- **パッケージ型消火設備**＝人の操作によりホースを延長し、ノズルから消火薬剤（消火に供する水を含む。以下同じ。）を放射して消火を行う消火設備であって、ノズル、ホース、リール又はホース架、消火薬剤貯蔵容器、起動装置、加圧用ガス容器等を一の格納箱に収納したものをいい、消防庁長官が定める設置及び維持に関する技術上の基準［平成16年5月31日消防庁告示第12号］に適合するものとすること。（同省令第1条による）…………本書［上］P.303〜306参照のこと。
- **パッケージ型自動消火設備**＝火災の発生を感知し、自動的に水又は消火薬剤を圧力により放射して消火を行う固定した消火設備であって、感知部、放出口、作動装置、消火薬剤貯蔵容器、放出導管、受信装置等により構成されるものをいい、消防庁長官が定める設置及び維持に関する技術上の基準［平成16年5月31日消防庁告示第13号］に適合するものとすること。（同省令第2条による。）…………本書［下］P.191〜196参照のこと。

　消防庁では、この2件に限らず、一定程度普及し、技術上の知見が蓄積された大臣認定の特殊消防用設備等は、順次ルートBに移行し、手続の簡素化を進め、その普及を図ることとしている。

補講-1　消防用設備等へ性能規定を導入

●消防設備士に関する規定の整備

　特殊消防用設備等の導入に伴い、消防設備士の規定も整備されることとなった。すなわち、消防設備士免状を有しない者は「設備等設置維持計画」に従って設置し、及び維持しなければならないとされる「特殊消防用設備等」についても、工事又は整備を行ってはならないものとされた（消防法第17条の5第2号）。これは裏返せば、消防設備士は、その業務の対象とする消防用設備等に代えて設置される特殊消防用設備等の工事又は整備を行うことができるものと解される。

　なお、関連して法令上「消防用設備等又は特殊消防用設備等」を総称して「**工事整備対象設備等**」と呼ぶこととなった（消防法第17条の8第1項）。あわせて、消防設備士試験においては、特殊消防用設備等を含む「工事整備対象設備等」の「設置及び維持に関して必要な知識及び技能」についても行うものとされた（消防法第17条の8第1項）。

　また、指定講習の内容についても、工事整備対象設備等に関するものとし、特殊消防用設備等を含むことが明らかにされた（消防法第17条の11）。

　なお、消防設備士でなければ行ってはならない工事又は整備（消防法施行令第36条の2第1項及び第2項）に係る消防用設備等に類するものとして、次の設備が指定されている。（平成16年消防庁告示第14号、平成22年2月5日最終改正）

(1)　必要とされる防火安全性能を有する消防の用に供する設備等
　一　パッケージ型消火設備
　二　パッケージ型自動消火設備
　三　共同住宅用スプリンクラー設備
　四　共同住宅用自動火災報知設備
　五　住戸用自動火災報知設備
　六　特定小規模施設自動火災報知設備
　七　複合型居住施設用自動火災報知設備

(2)　特殊消防用設備等
　一　ドデカフルオロ―2―メチルペンタン―3―オンを消火剤とする消火設備
　二　加圧防煙設備
　三　火災による室内温度上昇速度を感知する感知器を用いた火災報知設備

　これらのうち、特殊消防用設備等の詳細については、次のような執務資料（消防庁通達）があるので、参考までに掲げておく。

消防用設備等に関する執務資料（平18.11.30消防予第500号の問66～問68）

> 問66　「消防用設備等に類するものを定める件の一部を改正する件」（平成18年消防庁告示第22号）第2第2号（1）に規定する「ドデカフルオロ―2―メチルペンタン―3―オンを消火剤とする消火設備」とはどのような設備か。

(答) ドデカフルオロ―2―メチルペンタン―3―オンを消火剤とする消火設備とは、ハロゲン化物消火設備に代えて用いる設備として法第17条第3項の規定に基づく総務大臣認定を受けた特殊消防用設備等である。

消火剤貯蔵容器に充てんされた消火剤を噴射ヘッドから放出するハロゲン化物消火設備に類似する設備で、燃焼連鎖反応の抑制等により消火するものであり、火災の拡大を抑制又は消火する性能を有する設備である。

オゾン層破壊計数が0であること、地球温暖化係数が小さいこと等環境特性が優れている点、消火剤放出後の水損がない点、消火剤自体の人体に対する安全性が高い点などの利点があり、消火実験等により消火性能が確認された無人の電算機室等には有効な消火設備である。

設備の概要は次のとおり。

① 放射された消火剤が防護区画の全域に、かつ、速やかに拡散できる性能を確保すること。
 ・防護区画の開口部には、消火剤放出前に閉鎖できる自動閉鎖装置等が設けてあること。
 ・防護区画の換気装置等の機器は、消火剤放出前に停止すること。
 ・防護区画には、圧力上昇を防止するための措置がなされていること。
 ・消火剤放出時に消火剤がガス化すること。
② 貯蔵容器の充てん比は、0.7以上1.6以下であること。
③ 貯蔵容器には、特殊消防用設備等の一定の性能評価等を受けた容器弁及び安全装置を設けること。
④ 放出された消火剤及び燃焼ガスを安全な場所に排出するための措置を講じること
 ・排出ファンの換気能力は1時間あたり5回以上とすること
⑤ 特殊消防用設備等の一定の性能評価等を受けた当該設備等の起動、停止等の制御を行う制御盤を設けること。

※ドデカフルオロ―2―メチルペタン―3―オンを消火剤とする設備はハロゲン化物消火設備と基準化された。(平成22年8月26日改正)

問67 「消防用設備等に類するものを定める件の一部を改正する件」(平成18年消防庁告示第22号) 第2第2号(2)に規定する**「加圧防煙設備」**とはどのような設備か。

(答) 加圧防煙設備とは、排煙設備に代えて用いる設備として法第17条第3項の規定に基づく総務大臣認定を受けた特殊消防用設備等である。

耐火構造の床又は壁等で区画するとともに、開口部に特定防火設備である防火戸を設けた特別避難階段の附室、非常用エレベーターの乗降ロビーその他これらに類する場所を消防活動拠点とし、かつ、当該拠点に給気し加圧するとにより、一定の耐熱性能と耐煙性能を確保するとともに、火災室において排煙を行い、煙を制御することにより、火災時において消防隊が行う消

補講-1　消防用設備等へ性能規定を導入

　　防活動を支援する性能を有する設備である。
　　設備の概要は次のとおり。
① 消防活動拠点は、通常の火災規模において内部に消防隊が滞在できること。
　・温度上昇が10ケルビン以下であること。
　・壁面、扉等の拠点側表面の温度が100℃以下であること。
　・加圧することにより、煙の流入を防ぐこと。
　・扉の開閉に要する力が120N以下であること。
② 消防活動拠点は、水平距離50m以内で防火対象物の各部分を包含すること。
③ 消防活動拠点には、排煙設備の起動装置、連結送水管の放水口、防災センターとの通話装置等、消防活動に必要な設備を備えていること。
④ 消防活動拠点は、消防隊が退避する場合に延焼防止を図る空間として機能すること。
⑤ 排煙機は、高温の煙が発生する盛期火災においても性能を確保すること。

問68　「消防用設備等に類するものを定める件の一部を改正する件」（平成18年消防庁告示第22号）第2第2号（3）に規定する「**火災による室内温度上昇速度を感知する感知器を用いた火災報知設備**」とはどのような設備か。

（答）　火災による室内温度上昇速度を感知する感知器を用いた火災報知設備とは、自動火災報知設備に代えて用いる設備として法第17条第3項の規定に基づく総務大臣認定を受けた特殊消防用設備等である。
　　従来の自動火災報知設備の感知器による火災感知方法（煙濃度・熱検知）に加え、火災温度上昇速度を監視する機能により、従来の自動火災報知設備より早期に他の消防用設備等及び防火設備等を連動制御することで、避難誘導及び防火区画の形成を行い、より早く安全に避難させる性能を有する設備である。
　　設備の概要は次のとおり。
① 設備の構成について
　・検定に合格した受信機及び感知器を中心に構成される自動火災報知設備に、火災進展状況の判断及び警報発信機能を有する外部処理装置を付加したシステムであること。
　・自動火災報知設備からの情報をもとに、外部処理装置のリアルタイム制御機能により火災の進展状況を予測するとともに、初期火災段階での温度上昇に応じて「フェイズ進展警報」を発し、避難安全性確保及び被害拡大防止の観点から、必要とされる他の消防用設備等及び防火設備等の連動制御を行うこと。
② フェイズ進展状況の判断機能について
　・外部処理装置において感知器が設置されている室の条件に基づき、感知器単位でフェイズ

進展基準期間を設定するとともに、データベース管理し、火災発生時には感知器の熱検知機能により、温度上昇に要する時間をモニタリングすること。モニタリングした温度上昇所要時間と感知器の設置環境ごとに設定した温度上昇所要時間の基準値を比較することで、火災の進展が設計段階での想定条件より早いと判断した場合には、フェイズ進展警報を発報すること。

③ フェイズ進展警報による放送設備の連動制御について

・フェイズ進展警報は、通常の火災確定条件（感知器が火災信号レベルに達し、自動火災報知設備が作動する。）による連動制御とは独立した形で、放送設備の連動制御を行うため、通常の火災確定条件又はフェイズ進展警報のいずれか早い信号をきっかけとして放送設備による火災放送鳴動を行えること。

●消防機関の検査・消防設備士等による点検規定の整備

これまで特定防火対象物の関係者に義務づけられていた消防用設備等の設置の届出及び設置した消防用設備等が設備等技術基準に適合している旨消防機関の検査を受けなければならない旨の義務づけを、特殊消防用設備等を設置した場合においても適用することとした（消防法第17条の3の2）。

あわせて、防火対象物の関係者に義務づけられていた消防設備士等による消防用設備等の定期点検及びその結果の消防機関への報告を、特殊消防用設備等にも拡大適用することとした（消防法第17条の3の3）。

●消防機関による措置命令規定の整備

これまでも、消防長又は消防署長は、消防用設備等が法令の定める技術上の基準に従って設置され、又は維持されていないと認めるときは、技術上の基準に従って設置し、又は維持するよう必要な措置命令を防火対象物の関係者に対して発することができるものとされていた（消防法第17条の4第1項）。

今回は同条に第2項として、特殊消防用設備等が設置された場合においても、認定を受けた設備等設置維持計画に従って設置され、又は維持されていないと認めるときは、消防長又は消防署長はその防火対象物の関係者に対して、認定を受けた計画に従って設置するよう、又は維持のため必要な措置を命ずることができるものとされた（消防法第17条の4第2項）。

補講−2 住宅用防災機器
(平成18年6月1日施行)

●**住宅にも防災機器の設置を義務づけ**(消防法第9条の2・消防法施行令第5条の6)

　共同住宅を除き、一般の個人住宅は、消防法施行令別表第1の各項のいずれにも該当しないことから消防法第7条〔消防用設備等の設置、維持〕の規定の適用を受けていない。従って、消防法施行令第2章消防用設備等の規定に基づく消防用設備等の設置・維持義務も適用がなかった。

　ところが、平成16年10月の消防法の改正(消防法及び石油コンビナート等災害防止法の一部を改正する法律)により、住宅についても「**住宅用防災機器**」の設置・維持義務が課せられることとなった。ただし、この義務づけは、上記の別表第1に住宅を追加したり、一般の消防用設備等の設置・維持を義務づけるものではなく、それは別建てで市町村条例において定めることとされ、設置・維持すべき住宅用防災機器の基準もあわせて条例に定められることとされた。(**平成18年6月1日施行**)

　先ずは消防法第9条の2〔住宅用防災機器の設置等〕の規定を次に示す。

消防法第9条の2　住宅の用途に供される防火対象物(その一部が住宅の用途以外の用途に供される防火対象物にあっては、住宅の用途以外の用途に供される部分を除く。以下この条において「住宅」という。)の関係者は、次項の規定による**住宅用防災機器**(住宅における火災の予防に資する機械器具又は設備であって政令で定めるものをいう。以下この条において同じ。)の設置及び維持に関する基準に従って、住宅用防災機器を設置し、及び維持しなければならない。

②　住宅用防災機器の設置及び維持に関する基準その他住宅における火災の予防のために必要な事項は、政令で定める基準に従い**市町村条例**で定める。

　この規定から判るように、**住宅用防災機器**とは「住宅における火災の予防に資する機械器具又は設備」とされ、それには「**住宅用防災警報器**」及び「**住宅用防災報知設備**」の別がある(消防法施行令第5条の6)。なお、これらは、いずれも「その形状、構造、材質及び性能が総務省令で定める技術上の規格に適合するもの」でなければならない。

住宅用防災機器の種類及び定義(消防法施行令第5条の6第1号・第2号)

一　**住宅用防災警報器**　住宅における火災の発生を未然に又は早期に感知し、及び報知する警報器をいう。

二　**住宅用防災報知設備**　住宅における火災の発生を未然に又は早期に感知し、及び報知する火災報知設備をいう。(その部分であって検定対象機械器具等に該当するものは、技術上の規格に適合するものに限る。)

補講-2　住宅用防災機器

●**住宅用防災機器の設置・維持に関する基準**（消防法施行令第5条の7～第5条の9）
　前記のように住宅用防災機器の設置・維持に関する基準は、市町村条例で定められるが、それは政令で定める基準に従ったものでなければならない。その基準は、消防法施行令第5条の7から第5条の9までに示されている。それらを次に示す。

消防法施行令第5条の7（住宅用防災機器の設置及び維持に関する条例の基準）
　住宅用防災機器の設置及び維持に関し住宅における火災の予防のために必要な事項に係る法第9条の2第2項の規定に基づく条例の制定に関する基準は、次のとおりとする。
一　住宅用防災警報器又は住宅用防災報知設備の感知器は、次に掲げる住宅の部分（ロ又はハに掲げる住宅の部分にあっては総務省令（平成16年総務省令第138号）で定める他の住宅との共有部分を除く。）に設置すること。
　イ　就寝の用に供する居室
　ロ　イに掲げる住宅の部分が存する階（避難階を除く。）から直下階に通ずる階級（屋外に設けられたものを除く。）
　ハ　イ又はロに掲げるもののほか、居室が存する階において火災の発生を未然に又は早期に、かつ、有効に感知することが住宅における火災予防上特に必要であると認められる住宅の部分として総務省令（平成16年総務省令第138号）で定める部分
二　住宅用防災警報器又は住宅用防災報知設備の感知器は、天井又は壁の屋内に面する部分（天井のない場合にあっては、屋根又は壁の屋内に面する部分）に、火災の発生を未然に又は早期に、かつ、有効に感知することができるように設置すること。
三　前2号の規定にかかわらず、第1号に掲げる住宅の部分にスプリンクラー設備（総務省令で定める閉鎖型スプリンクラーヘッドを備えているものに限る。）又は自動火災報知設備を、それぞれ第12条又は第21条に定める技術上の基準に従い設置したときその他の当該設置を同等以上の性能を有する設備を設置した場合において総務省令で定めるときは、当該設備の有効範囲内の住宅の部分について住宅用防災警報器又は住宅用防災報知設備を設置しないことができること。
2　前項に規定するもののほか、住宅用防災機器の設置方法の細目及び点検の方法その他の住宅用防災機器の設置及び維持に関し住宅における火災の予防のために必要な事項に係る法第9条の2第2項の規定に基づく条例の制定に関する基準については、総務省令で定める。

消防法施行令第5条の8（住宅用防災機器に係る条例の規定の適用除外に関する条例の基準）
　法第9条の2第2項の規定に基づく条例には、住宅用防災機器について、消防長又は消防署長が、住宅の位置、構造又は設備の状況から判断して、住宅における火災の発生又は延焼のおそれが著しく少なく、かつ、住宅における火災による被害を最小限度に止めることができると認めるときにおける当該条例の規定の適用の除外に関する規定を定めるものとする。

消防法施行令第5条の9（準用……第5条の3・第5条の5（条例の基準）の準用）

説明の都合上、住宅用防災機器の住宅への設置業務化及び設置・維持の基準(消防法施行令)を先に示したが、前記のように具体的な技術上の基準等は、**市町村の条例(火災予防条例)**で設置されることなり、また、それによって初めて実効性のある規制が可能となるものである。

そこで、前記の消防法施行令第5条の7から第5条の9までの規定においては、何度も「総務省令」に詳細を委任している部分があるが、それについての説明はここでは省略することとしたい。何故ならば総務省令(平成16年総務省令第138号・住宅用防災機器の設置及び維持に関する条例の制定に関する基準を定める省令)で定める基準は、ソックリ、別に定める「火災予防条例(例)」に採り入れられていることから二度手間を省くためである。

●市町村火災予防条例(例)で定める住宅用防災機器の設置・維持基準

消防庁においては、前記の総務省令の制定・公布を受けて、早速、従前からの「市町村火災予防条例(例)」の一部を改正して、準拠すべき改正条例のお手本を示している(平成16年12月15日消防安第227号・消防庁次長発各知事、政令指定都市市長あて「火災予防条例(例)の一部改正について(通知)」)。以下、それに従って説明する。

この通達では、市町村火災予防条例(例)に、「第3章の2　住宅用防災機器の設置及び維持に関する基準等」の規定(第29条の2から第29条の7まで)を設けることとしている。

市町村火災予防条例(例)
　　第2章の2　住宅用防災機器の設置及び維持に関する基準等
(住宅用防災機器)
第29条の2　住宅の関係者(住宅の所有者、管理者又は占有者をいう。)は、次条及び第29条の4に定める基準に従って、次の各号のいずれかの住宅用防災機器を設置し、及び維持しなければならない。
　一　住宅用防災警報器(令第5条の6第1号に規定する住宅用防災警報器をいう。)
　二　住宅用防災報知設備(令第5条の6第2号に規定する住宅用防災報知設備をいう。)

「**住宅**」とは、消防法第9条の2第1項に示されているように、「その一部が住宅の用途以外の用途に供される防火対象物にあっては、住宅の用途以外の用途に供される部分を除く。」ものである。

「**関係者**」とは、所有者、管理者又は占有者(消防法第2条第4項)をいうものであるが、「住宅用防災機器の設置及び維持について指導する場合は、住宅の設備等の所有者又は受益者としての居住者が適当と考えられる」としている。(平成16年12月5日消防安第228号・条例運用通達)

住宅用防災機器には、住宅用防災警報器及び住宅用防災警報設備の2種類が存在する。その用語の意義は、上記の消防法施行令第5条の6第1号及第2号に定めるところによる。

補講−2　住宅用防災機器

(住宅用防災警報器の設置・維持)

(住宅用防災警報器の設置及び維持に関する基準)……火災予防条例(例)第29条の3

第29条の3　住宅用防災警報器は、次に掲げる住宅の部分(第2号から第5号までに掲げる住宅の部分にあっては、令別表第1(5)項ロに掲げる防火対象物又は(16)項に掲げる防火対象物の住宅の用途に供される部分のうち、もっぱら居住の用に供されるべき住宅の部分以外の部分であって、廊下、階段、エレベーター、エレベーターホール、機械室、管理事務所その他入居者の共同の福祉のために必要な共用部分を除く。)に設けること。

一　就寝の用に供する居室

二　前号に掲げる住宅の部分が存する階(避難階を除く。)から直下階に通ずる階段(屋外に設けられたものを除く。)の上端

三　前二号に掲げるもののほか、第1号に掲げる住宅の部分が存する階(避難階から上方に数えた階数2以上である階に限る。)から下方に数えた階数が2である階に直下階から通ずる階段の下端(当該階段の上端に住宅用防災警報器が設置されている場合を除く。)

四　第1号及び第2号に掲げるもののほか、第1号に掲げる住宅の部分が避難階のみに存する場合であって、居室が存する最上階(避難階から上方に数えた階数が2以上である階に限る。)から直下階に通ずる階段の上端

五　前四号の規定により住宅用防災警報器が設置される階以外の階のうち、床面積が7m^{2}以上である居室が5以上存する階(この号において「当該階」という。)の次に掲げるいずれかの住宅の部分

　イ　廊下

　ロ　廊下が存しない場合にあっては、当該階から直下階に通ずる階段の上端

　ハ　廊下及び直下階が存在しない場合にあっては、当該階の直下階から当該階に通ずる階段の下端

2　住宅用防災警報器は、天井又は壁の屋内に面する部分(天井のない場合にあっては、屋根又は壁の屋内に面する部分。)の次のいずれかの位置に設けること。

一　壁又ははりから0.6m以上離れた天井の屋内に面する部分

二　天井から下方0.15m以上0.5m以内の位置にある壁の屋内に通ずる部分

3　住宅用防災警報器は、換気口等の空気吹出し口から、1.5m以上離れた位置に設けること。

4　住宅用防災警報器は、次の表の上欄〔左欄〕に掲げる住宅の部分の区分に応じ、同表の下欄〔右欄〕に掲げる種別のものを設けること。

住宅の部分	住居用防災警報器の種別
第1項第一号から第四号まで並びに第五号ロ及びハに掲げる住居の部分	光電式住宅用防災警報器(住宅用防災警報器等規格省令第2条第4号に掲げるものをいう。)

第1項第5号イに掲げる住居の部分	イオン化式住宅用防災警報器（住宅用防災警報器等規格省令第2条第3号に掲げるものをいう。）又は光電式住宅用防災警報器

5　住宅用防災機器は、住宅用防災警報器等規格省令に定める技術上の規格に適合するものでなければならない。

6　住宅用防災機器は、前5項に定めるもののほか、次に掲げる基準により設置し、及び維持しなければならない。

　一　電源に電池を用いる住宅用防災警報器にあっては、当該住宅用防災警報器を有効に作動できる電圧の下限値となった旨が表示され、又は音響により伝達された場合は、適切に電池を交換すること。

　二　電源に電池以外から供給される電力を用いる住宅用防災警報器にあっては、正常に電力が供給されていること。

　三　電源に電池以外から供給される電力を用いる住宅用防災警報器の電源は、分電盤との間に開閉器が設けられていない配線からとること。

　四　電源に用いる配線は、電圧工作物に係る法令の規定によること。

　五　自動試験機能を有しない住宅用防災警報器にあっては、交換期限が経過しないよう、適切に住宅用防災警報器を交換すること。

　六　自動試験機能を有する住宅用防災警報器にあっては、機能の異常が表示され、又は音響により伝達された場合は、適切に住宅用防災警報器を交換すること。

（住宅用防災警報器を設置すべき住宅の部分に関する用語の定義）

　先ず、最初にこの条に用いられている用語の定義を示す。

　「居室」とは、建築基準法上「居住、執務、作業、集会、娯楽その他これらに類する目的のために継続的に使用する室をいう（同法第2条第4号）。」とされている。住宅は、居住のために継続的に使用されるものである。ただし、玄関、廊下、階段、押入れ、物置、便所、浴室のように使用が一時的なものは居室ではない。

　「避難階」とは、「直接地上へ通ずる出入口のある階をいう（建築基準法施行令第13条の3第1号）。」ものである。傾斜地に建つ建築物にあっては、必ずしも避難階は単一階であるとは限らず、複数階が該当することがあり得る。

　「住宅用防災警報器等規格省令」とは、「住宅用防災警報器及び住宅用防災報知設備に係る技術上の規格を定める省令（平成17年総務省令第11号）」を省略したものである。なお、本書では、単に「規格省令」と略称することがある。

（住宅用防災警報器を設置すべき住宅の部分）

　住宅用防災警報器を設置するのは、住宅としての専用部分に限られる。すなわち、共同住宅や複合用途防火対象物の共用の廊下、階段、エレベーターホール、管理事務所などの部分は、設置対象に含まれ

補講－2　住宅用防災機器

ない。従って、単に廊下、階段といった場合、それは「もっぱら居住の用に供されるべき住宅」の内部に存する廊下、階段に限られることとなる。

次に「住宅用防災警報器」を設置すべき場所は、この条の第1項第1号から第5号までに示されている。基本的には「就寝の用に供する居室」に設置するものとされている。これは就寝中の出火に対して発見が遅れ大事に至るケースが多いところから、住宅の全就寝室に設置させることとしたものである。なお、この就寝の用に供する居室とは、現に就寝の用に供しているかどうかという狭い意味ではなく、広く就寝の用に供し得る居室と解して運用すべきものである。

その他、この就寝室の位置（階）によっては階段にも設置が必要となる。この場合「階段の上端(ウワバ)」とは、階段を昇り切った場所の天井（又は壁上部）を、「階段の下端(シタバ)」とは、階段を昇り始める場所の天井（又は壁の上部）を意味するものと考えてよい。（これらについては、下図を参照のこと。）

なお、第5号は、その階に就寝室が存在しない場合にあっても、居室（床面積7m²以上）が5室以上あれば、その階の廊下等にも住宅用防災警報器を設置すべき事を定めたものである。

（住宅用防災警報器の設置位置）
　住宅用防災警報器は、前記の住宅の部分に設置すべきものとされているが、具体的には、その場所の

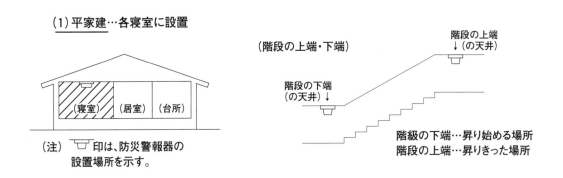

342

(3) 3階建

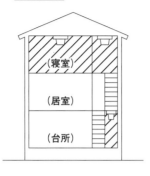
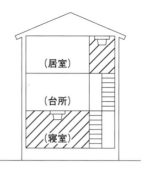

3階に寝室があれば、その寝室と3階に至る階段の上端・下端に設ける

寝室が1階にしかなくても、その寝室のほか、階段の上端に設ける

(4) 大型住宅…一の階に居室（7㎡以上）が5室以上ある場合には、その階に寝室がなくても、廊下に設ける。

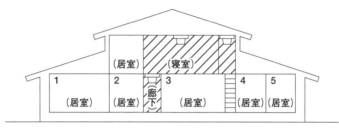

（注）この大型住宅の廊下には、イオン化式の警報器を用いることができる。その他は光電式警報器に限る。

図　住宅用防災機器を設置する住宅の部分

天井に設けるものである。天井のない場合には、屋根又は壁の屋内面とする。

　天井に設ける場合＝壁又ははり面から0.6m以上離れた位置

　壁に設ける場合＝天井から下方0.15m以上0.5m以内の位置

　なお、これらの距離は、感知器の感知部の中心まで距離をいう。

（注）付近に換気口（空気の吹出し口）がある場合には、そこから1.5m以上離れた位置とすること。これは、感知器が煙感知型であるため、吹出し口近くでは煙を感知しづらくなるのを防ぐための設置である。

（住宅用防災警報器の規格・種類）

　住宅用防災警報器には、技術上の規格が省令（住宅用防災警報器等規格省令）で定められていること

補講－2　住宅用防災機器

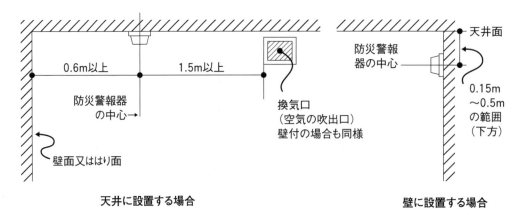

天井に設置する場合　　　　　　　　　　　壁に設置する場合

図　住宅用防災警報器の取付位置

から、当然にその省令に定められた技術上の規格に適合したものを用いなければならない（火災予防条例（例）第29条の3第5項）。

　住宅用防災警報器が規格に適合しているかどうかについては、従前から日本消防検定協会が鑑定を実施しており、それに適合しているものには、別図の表示が付されている。関連して下記通達を参照されたい。（平成17年1月25日消防安第16号、規格省令の公布について）

　なお、法令改正により、住宅用防災警報器は、平成26年4月以降検定対象になった。

第八　運用上の留意事項（抄）
1　住宅用防災警報器が規格省令に適用していることを消防本部等において確認する必要が生じた場合は、5に示す**日本消防検定協会**の表示等を参考として確認することが一般的であると見込まれるが、当該表示等がない場合は、必要に応じ、当該住宅用防災警報器の製造事業者にその性能の確認方法を問い合わせる等により確認すること。なお、規格に適合しない住宅用防災警報器に関する情報を把握した場合は、消防庁防火安全室まで連絡すること。
5　住宅用防災警報器が規格省令に適合していることを第三者が確認した旨の表示等を行う場合は、規格省令に定める試験を実施できる設備及び機器を有する法人等が規格省令に適合していることを確認する必要があること。これまで日本消防検定協会が消防法第21条の36第1項第6号に基づいて行っている鑑定もこれに該当することとなるが、当協会による鑑定を受けた住宅用防災警報器及び補助警報装置には、引き続き、別図の表示が付されるものであること。
6　規格省令第11条の規定による住宅用防災警報器又は補助警報装置の性能等の判断に際しては、当該住宅用防災警報器等の総合的な性能等を確認して行うこととしており、規格省令に適合するものと同等以上の性能があると総務大臣が認めたものについては、各消防機関あて通知する予定であること。

補講-2　住宅用防災機器

日本消防検定協会の検定に合格した住宅用防災機器には、右図のような表示が付される。

住宅用防災警報器には、下記のような「**光電式**」及び「**イオン化式**」の2種類が存在する。
- **光電式住宅用防災警報器**——周囲の空気が一定の濃度以上の煙を含むに至ったときに火災警報を発する住宅用防災警報器で、一局所の煙による光電素子の受光量の変化により作動するものをいう（規格省令第2条第4号）。
- **イオン化式住宅用防災警報器**——周囲の空気が一定の濃度以上の煙を含むに至ったときに火災警報を発する住宅用防災警報器で、一局所の煙によるイオン電流の変化により作動するものをいう（規格省令第2条第3号）。

警報器は「**煙を感知するものに限る**（規格省令第2条第1号）。」とされているので、自動火災報知設備における煙感知器と同様、その感知システムには「光電式」と「イオン化式」の別がある。なお、光電式住宅用防災警報器は、いかなる住宅の部分にも使用することができるが、イオン化式住宅用防災警報器は、廊下にのみ設置することができる（火災予防条例（例）第29条の3第4項表、第1項第5号イ）。

（**住宅用防災警報器等の構造・機能等**）……規格省令の概要

住宅用防災警報器の構造・機能等については、規格省令に概ね次のように定められている。

1) 取付け・取はずしが容易にできる構造のものであること。
2) 取扱いが容易で、附属部品の取替えも容易であること。
3) 火災警報（火災が発生した旨の警報）が確実に発せられるものであること。
4) **火災警報**には、警報音又は音声によるもののほか、それら以外の方法によるものとがある。
   （警報音又は音声による火災警報）定められた電圧及び条件下で測定した音圧は70デシベル以上であり、かつ、その状態を1分間以上継続できること。
   （警報音・音声以外による火災警報）住宅の内部にいる者に対し、有効に火災の発生を報知できるものであること。（具体的な警報の報知方法としては、**閃光や振動**が考えられる。通達第八2）
5) **電源**としては、電池を用いるもの及び電池以外の電力を用いるものとがある。
   （**電池**を用いるもの）電池の交換が容易にできること。住宅用防災警報器を有効に作動できる電圧の下限値となったことを72時間以上点滅表示等により自動的に表示し、又はその旨を72時間以上音響により伝達することができること。（これらの表示又は伝達があったときは、適切に電池を交換すること。予防条例（例）第29条の3第6項第1号）
   （**電池以外の電力**を用いるもの）電源として電池以外から供給される電力を用いる場合においては、分電盤との間に開閉器が設けられていない配線から電源をとり、常に正常な電力が供給されていること。
6) 住宅用防災警報器は、その基板面を取付定位置から45°傾斜させた場合、機能に異常を生じないこと。感知部の受ける気流の方向により住宅用防災警報器に係る機能に著しい変動を生じないこ

補講－2　住宅用防災機器

と。

7)　**自動試験機能**を有する住宅用防災警報器は、次によること。
　　自動試験機能とは、警報器の機能が適正に維持されていることを自動的に確認することができる装置を有するもので、機能に異常が生じたことを72時間以上点滅表示等により自動的に表示し、又はその旨を72時間以上音響により伝達することができること。（これらの表示又は伝達があったときは、適切に住宅用防災警報器を交換すること。予防条例（例）第29条の3第6項第6号）
　　なお、自動試験機能を有しない住宅用防災警報器にあっては、交換期限が表示されているので、その交換期限が経過しないよう適切に住宅用防災警報器を交換すること。（火災予防条例（例）同条同項第5号）

(注)　**交換期限**は、出荷時等を起点として最大10年を目途として「年月」を明示するものとされている。（規格省令公布通達第八4）

8)　**住宅用防災警報器の表示**は、(1)住宅用防災警報器という文字、(2)交換期限（自動試験機能付のものには不要）、(3)規格省令に適合する旨を確認した場合、その旨及び確認した第三者の名称等とする。

9)　**連動型住宅用防災警報器**とは、「他の住宅用防災警報器と連動して火災警報を発することができる附属装置を有する住宅用防災警報器をいう（規格省令公布通達第八3）。」ものであるが、連動することにより機能に有害な影響を及ぼすおそれのある附属装置とならないものでなければならない。

10)　**イオン化式住宅用防災警報器**（イオン化式感知器を含む。）は、放射性同位元素等による放射線障害の防止に関する法律の改正により、同法第2条第3項の「放射性同位元素装備機器」に該当することとなる予定である。該当することとなった場合においては、不要となったイオン化式感知器又は警報器を廃棄する場合には所定の手続き等が必要となる。

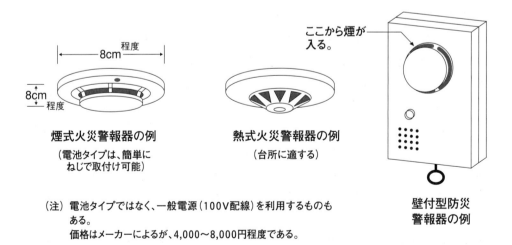

図　住宅用防災警報器のいろいろ

（住宅用防災報知設備の設置・維持）

　住宅用防災報知設備と住宅用防災警報器との違いは、後者の警報器は単体としての機械器具であるのに対して、前者は報知設備というからには、少くとも複数の機械器具を組合せたものであると考えてよい。すなわち、住宅用防災報知設備は、感知器のほか受信機を有するものであると言える。それだけ、自動火災報知設備に近いものということができる。

　次に、住宅用防災報知設備の設置及び維持に関する基準を示す。

（住宅用防災報知設備の設置及び維持に関す目基準）……火災予防条例（例）第29条の4

第29条の4　住宅用防災報知設備の感知器（感知器等規格省令第2条第1号に規定するものをいう。以下「感知器」という。）は、前条（P330参照）第1項各号に掲げる住宅の部分に設けること。

2　感知器は、前条（P330参照参照）第2項及び第3項に定める位置に設けること。

3　感知器は、次の表の上欄〔左欄〕に掲げる住宅の部分の区分に応じ、同表の下欄〔右欄〕に掲げる種別のものを設けること。

住 宅 の 部 分	感 知 器 の 種 別
前条第1項第一号から第四号まで並びに第5号ロ及びハに掲げる住居の部分	光電式スポット型感知器（感知器等規格省令第17条2項で定める1種または2種の試験に合格するものに限る。この表において同じ）
前条第1項第5号イに掲げる住居の部分	イオン化式スポット型感知器（感知器等規格省令第16条2項で定める1種または2種の試験に合格するものに限る。）又は光電式スポット型感知器

4　住宅用防災報知設備は、その部分である法第21条の2第1項の検定対象機械器具等で令第37条第4号か第6号までに掲げるものに該当するものについてはこれらの検定対象機械器具等について定められた法第21条の2第2項の技術上の規格に、その部分である補助警報装置については住宅用防災警報器等規格省令に定める技術上の規格に、それぞれ適合するものでなければならない。

5　住宅用防災報知設備は、前4項に定めるもののほか、次に掲げる基準により設置し、及び維持しなければならない。

　一　受信機（受信機規格省令第2条第7号に規定するものをいう。以下同じ。）は、操作に支障が生じず、かつ、住宅の内部にいる者に対し、有効に火災の発生を報知できる場所に設けること。

　二　前条第1項各号に掲げる住宅の部分が存する階に受信機が設置されていない場合にあっては、住宅の内部にいる者に対し、有効に火災の発生を報知できるように、当該階に補助警報装置を設けること。

　三　感知器と受信機との間の信号を配線により送信し、又は受信する住宅用防災報知設備にあっては、当該配線の信号回路について容易に導通試験をすることができるように措置されていること。ただし、配線が感知器からはずれた場合又は配線に断線があった場合に受信機が自動的

補講－2　住宅用防災機器

>　　に警報を発するものにあっては、この限りでない。
> 四　感知器と受信機との間の信号を無線により送信し、又は受信する住宅用防災報知設備にあっては、次によること。
>　　イ　感知器と受信機との間において確実に信号を送信し、又は受信することができる位置に感知器及び受信機を設けること。
>　　ロ　受信機において信号を受信できることを確認するための措置を講じていること。
> 五　住宅用防災報知設備は、受信機その他の見やすい箇所に容易に消えないよう感知器の交換期限を明示すること。
> 六　前条第6項第1号、第5号及び第6号の規定は感知器について、同条同項第2号から第4号までの規定は住宅用防災報知設備について準用する。

　住宅用防災報知設備は、感知器及び受信機で構成される。受信機が存在するので、住宅用防災警報器のように自ら火災警報を発する必要はなく、自動火災報知設備における感知器のように、火災が発生した場合において信号を受信機に対して送信できるものであればよい。
　ただし、感知器は少くとも自動火災報知設備における感知器と同様、「火災報知設備の感知器及び発信機の係る技術上の規格を定める省令（昭和56年自治省省令第17号）」に適合するものでなければならない。すなわち、同省令第2条第1号に規定する感知器でなければならない。さらに第3項によれば、住宅の部分の区分に応じて使用できる感知器の種別が特定されている。
　住宅用防災報知設備においても、感知器を設置する場所及び位置については、住宅用防災警報器の場合と全く同様である。（第1項・第2項）
　感知器の種別は、住宅の部分の区分に応じて定められているが、これも住宅用防災警報器の種別と同じ考え方によっている。すなわち、**光電式スポット型感知器**（1種・2種・3種の別があるが、感度のよい1種又は2種に限る。3種を用いてはならない。）は、光電式住宅用防災警報器を設置する住宅の部分（あらゆる住宅の部分）に用いることができるし、**イオン化式スポット型感知器**（1種・2種・3種の別があるが、感度のよい1種又は2種に限る。3種を用いてはならない。）は、イオン化式住宅用防災警報器を設置する住宅の部分（廊下部分に限る。）に用いることができる。（第3項）
　また、住宅用防災報知設備に用いる検定対象機器は、感知器に限らず、中継器、受信機又は発信機等にあっても、すべて規格省令の技術上の基準に適合したものでなければならない。なお、補助警報装置についても同様に、住宅用防災警報器等規格省令の技術上の基準に適合したものでなければならない。（第4項）
　その他、住宅用防災報知設備の設置及び維持に係る基準は、次の通り。（第5項）
　本来、住宅に設けなければならない住宅用防災機器には、取り付けの簡単な住宅用防災警報器であっても差支えないのであるが、あえてこの住宅用防災報知設備を設置しようとするのは、住宅が大型であるとか、階数が多いというような要因により、一元的な管理をした方が良いと考えられる場合が多いものと考えられる。

さて、そこで住宅用防災警報器と住宅用報知設備との差を改めて考えみると、前者は、警報器の内部に音響装置を内蔵しているものであるから、作動した警報器ごとに警報を発するものである。従って一般の住宅においては、これで十分であると言える。しかしながら、前記のように大型又は階数の多い住宅においては、警報器ごとの警報では十分に報知が行き届かないことがあるため、より自動火災報知設備に近づけたシステムとしているものである。

防災報知設備においては、自動火災報知設備用の感知器を使用するから、それ自体が警報を発するものではなく、受信機へ信号を送り、受信機の音響装置が鳴動しして警報を発することになる。その場合において、感知器が設置されているにもかかわらず、受信機が設置されていない階においては、感知器の作動に気付くのが遅れることもあり得る。そこで、そのような場合に備えて、受信機を置いていない階（感知器を設置した階に限る。）には、「**補助警報装置**」を設けることとしている（第5項第2号）。

この補助警報装置とは、「住宅の内部にいる者に対し、有効に火災警報を伝達するために、住宅用防災報知設備の受信機から発せられた火災が発生した旨の信号を受信して、補助的に火災警報を発する装置をいう（規格省令第2条第6号）」ものとされている。これからも判るように、自動火災報知設備における地区音響装置としての役割りを果すものである。

なお、規格省令公布通達第六においては、補助警報装置について、次のように示している。
・ 補助警報装置のうち、警報音によるものの音圧は、定められた電圧・条件下で測定した値が70デシベル以上であり、かつ、その状態が1分間以上継続できること。
・ 警報音によらないものは、住宅の内部にいる者に対し、有効に火災の発生を報知できるものとする。

（基準の特列について）

火災予防条例（例）第29条の6においては、次のように基準の特例を定めている。

市町村火災予防例（例）

> **（基準の特例）**
> **第29条の6** 第29条の2から第29条の4までの規定は、住宅用防災警報器等について、消防長（消防署長）が、住宅の位置、構造又は設備の状況から判断して、これらの規定による住宅用防災警報器等の設置及び維持に関する基準によらなくとも、住宅における火災の発生又は延焼のおそれが著しく少なく、かつ、住宅における火災による被害を最小限に止めることができると認めるときにおいては、適用しない。

住宅用防災警報器等についての、消防法施行令第32条の基準の特例と同じように、消防長又は消防署長の判断により基準の特例を認めて差支えないこととされている。そのような特例（条例第29条の2から第29条の4までの規定の適用除外）を認める具体的な事例は、次によることとされている。（運用通達第2）

(1) 消防法令の想定していないような高性能を有する特殊な警報器や消火設備等が設置されている場合
(2) 市町村の助成事業等により既に住宅用火災警報器と概ね同等の性能を有する住宅用防災機器又はこ

補講-2　住宅用防災機器

れに類する機器が設置されている場合（第29条の3第1項に定められた住宅の部分に設置されている場合に限る。）

(3) 共同住宅の特例基準（「共同住宅等に係る消防用設備等の技術上の基準の特例について」（昭和61年12月5日付け消防予第170号）及び「共同住宅等に係る消防用設備等の技術上の基準の特例について」（平成7年10月5日付け消防予第220号））に定める共同住宅用自動火災報知設備又は共同住宅用スプリンクラー設備が設置されている場合（平成19年3月31日までの暫定運用）

また、この基準の特例を適用して、住宅用防災機器の適用除外をする場合の事務処理については、次によることとされている。（運用通達第2、2適用除外の事務処理）

(1) **建築確認の対象となる住宅**（新築住宅）

　ア　消防法第7条の同意の対象となる受託の場合

　　消防長（消防署長）は、条例第29条の6の規定に基づき住宅用防災機器の設置及び維持の適用を除外する場合、適用除外に係る概要を建築確認申請書の正本に添付する等により、特定行政庁等に通知すること。（別紙様式例参照）

　イ　ア以外の場合

　　消防長（消防署長）は、建築基準法第93条第4項の規定により通知が行われる住宅について、条例第29条の6の規定に基づき住宅用防災機器の適用を除外する場合、その適用の除外を認定した時点において、その旨及び概要を建築主等に文書等で示すとともに、遅滞なく特定行政庁等に通知すること。

(2) **建築確認の対象とならない住宅**（既存住宅等）

建築確認の対象とならない既存住宅等に条例第29条の6の規定を適用する場合、((2)〔市町村助成事業〕及び(3)〔共同住宅特例基準〕に係る適用除外については次図に示すとおり認めて差支えないこと。

なお、1(1)〔想定外の高性能機器〕に係る適用除外については統一した例を示すことが困難であり、

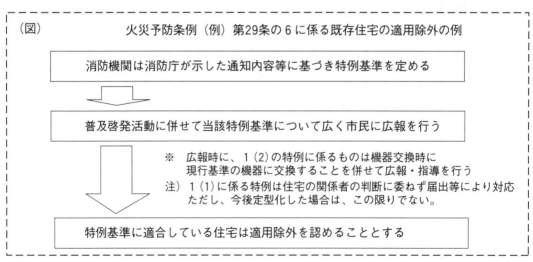

※　本例示はあくまで参考例示であり消防機関の実態に応じて運用して差し支えない。

かつ、住宅の関係者に判断を委ねることができないことから、原則として消防機関が判断する必要があること。また当該適用除外に係る事務手続は、消防機関ごとに実態に応じて定める必要があること。

(住宅用防災警報器等の設置の免除)

> (設置の免除)…火災予防条例(例)第29条の5
> 第29条の5　前3条の規定にかかわらず、次の各号に掲げるときは、次の各号に定める設備の有効範囲内の住宅の部分について住宅用防災警報器又は住宅用防災放置設備(以下「住宅用防災機器等」という。)を設置しないことができる。
> 一　第29条の3第1項各号又は前条第1項に掲げる住宅の部分にスプリンクラー設備(表示温度が75℃以上で作動時間が60秒以内の閉鎖型スプリンクラーヘッドを備えているものに限る。)を令第12条に定める技術上の基準に従い、又は当該技術上の基準の例により設置したとき
> 二　第29条の3第1項各号又は前条第1項に掲げる住宅の部分に自動火災報知設備を令第21条に定める技術上の基準に従い、又は当該技術上の基準の例により設置したとき

　住宅用防災機器等を設置すべき住宅の部分に、有効な正規のスプリンクラー設備であるとか、自動火災報知設備が設置されている場合においては、重ねて住宅用防災警報器等を設置する必要がないことから、その設置を免除するものである。

　なお、その後、平成17年総務省令第41号「住宅用防災機器の設置及び維持に関する条例の制定に関する基準を定める省令の一部を改正する省令」が制定され、第6条(設置の免除)の規定が次のように定められている。これは、特定共同住宅等省令(平成17年総務省令第40号)の施行に伴うものであることから、平成19年4月1日からの施行となるものである。

> **住宅用防災機器の設置及び維持に関する条例の制定に関する基準を定める省令**
> (設置の免除)
> 第6条　令第5条の7第1項第3号の総務省令で定めるときは、次の各号のいずれかのときとする。
> 一　スプリンクラー設備(前条に定める閉鎖型スプリンクラーヘッドを備えているものに限る。)又は自動火災報知設備を、それぞれ令第12条又は第21条に定める技術上の基準に従い又は当該技術上の基準の例により設置したとき
> 二　共同住宅用スプリンクラー設備、共同住宅用自動火災報知設備又は住戸用自動火災報知設備を、それぞれ特定共同住宅等における必要とされる防火安全性能を有する消防の用に供する設備等に関する省令第3条第2項第2号並びに第3号及び第4号(同令第4条第2項においてこれらの規定を準用する場合を含む。)に定める技術上の基準に従い、又は当該技術上の基準の例により設置したとき。
> 三　複合型居住施設用自動火災報知設備を複合型居住施設における必要とされる防火安全性能を有する消防の用に供する設備等に関する省令(平成22年総務省令第7号)第3条第2項に定め

補講－2　住宅用防災機器

> る技術上の基準に従い、又は当該技術上の基準の例により設置したとき。

　この施行日以前は、共同住宅の基準の特例として、通達（平成7年消防令第220号通知）で運用されているものであるが、特定共同住宅等省令が消防法施行令第29条の規定に基づいて定められたことに伴いその施行日以降は、火災予防条例（例）第29条の4の規定に基づいて定められたことに伴いその施行日以降は、火災予防条例（例）第29条の5に基づく設置免除の対象となるものである。
　なお、この施行の日の前日までは、通達による運用であり、火災予防条例（例）においても、本条の適用ではなく、第29条の6に基づく基準の特例の例示として示されているものである。（339ページ参照）

住宅用防災警報器・住宅用防災報知設備の特例（規格省令第11条）
　住宅用防災警報器及び住宅用防災報知設備については、その技術上の規格を定める省令（平成17年総務省令第11号）が制定されており、その概要については、先に説明した通りである。ところで、消防法の体系も、性能規定化されたこともあり、当然のことながら、この技術上の規格に適合するものと同等以上の性能を有する機器も使用が認められることとなる。
　具体的には、上記の規格省令第11条の規定（基準の特例）によるものである。

住宅用防災警報器及び住宅用防災報知設備に係る技術上の基準を定める省令
　　　　　　　　　　　　　　　　　　　　（平成17年1月25日総務省令第11号）
（基準の特例）
第11条　新たな技術開発に係る住宅用防災警報器又は住宅用防災報知設備の補助警報装置について、その形状、構造、材質及び性能から判断して、この省令の規定に適合するものと同等以上の性能があると総務大臣が認めた場合は、この省令の規定にかかわらず、総務大臣が定める技術上の規格によることができる。

　この特例措置の具体的運用については、総務省から「住宅用防災警報器及び住宅用防災報知設備の技術上の規格を定める省令第11条の運用等について（平成18年2月20日消防予第78号）」通達されているところである。

●**確認申請・消防同意との関係**
　消防法第17条の規定に基づく消防用設備等の設置・維持義務については、建築着工前に得なければならないとされる建築確認手続きの中の消防同意（消防法第7条・建築基準法第93条）を通じて指導する機会が与えられている。しかし、この住宅用防災警報器等については、上手にこのシステムが機能するかどうか。

そのような心配が生じるのは、大部分を占める既存住宅については、建築確認申請が出て来ないからである。すなわち、住宅に住宅用防災警報器等を設置する工事だけでは、建築確認申請を必要とする要件に該当しないからである。また、新築、増築、改築等を伴うものにあっても、その規模・地域等によっては建築確認手続不要（従って、消防同意も不要）とされるケースがあるからである。

（建築基準関係規定）…建築基準法施行令第9条

建築基準法第6条（建築確認）第1項に「建築基準関連規定」という用語の定義が定められている。これは建築主事等が、申請に基づいて確認業務を行う場合に、その申請に係る計画が法令の規定に適合しているかどうかチェックするときの対象となる法令上の規定をいうものである。建築基準法令の規定が対象となることは当然であるが、その他に政令（建築基準法施行令第9条）で定めるものも含まれる。

消防法第7条の規定に基づいて、建築主事等の行う確認処分について、事前に消防長又は消防署長の同意を必要とするのは、建築基準関係規定中「建築物の防火に関するものに違反しないものである（建築基準法第93条第2項）」ことについてである。さて、建築基準法施行令第9条の規定においては、その第1号に「消防法第9条、**第9条の2**、第15条及び第17条」を掲げている。この消防法第9条の2の規定とは、改正後の第9条の2であるから、（旧）圧縮アセチレンガス等の届出規定ではなく、住宅用防災機器の設置・維持義務に係るものである。

なお、確認申請の添付図面（各階平面図）には、「住宅用防災機器の位置及び種類」を明示するものとされている。(建築基準法施行規則第1条の3第1項第1号の表（い）項の各階の平面図)

このように、建築確認に係る住宅（新築・増築・改築）にあっては、確認申請の必要があり、消防同意の義務づけがあるから、それを通じて指導のチャンスがあり、住宅用防災機器に係る条例の規定に違反するものは、消防法に基づく同意はできないことになる。（従って、建築確認は得られない。）

（建築確認が必要な住宅）……建築基準法第6条第1項・第2項、第6条の3、消防法第7条第1項

さて、住宅用防災機器の設置・維持義務は、既存住宅を含むすべての住宅に課せられている。そこで新築・増築・改築等の工事を伴わない場合においては、少なくとも建築確認等の手続きは必要がないのでその同意事務を通じての指導というチャンスはない。また、これらの工事を伴うものであったとしても都市計画区域外であるとか防火・準防火地域外であるとかにより適用除外となるものがある。消防法上も、消防法第7条第1項ただし書の規定の適用による適用除外を設けている。消防法施行令第1条では、住宅にあっても、同法施行令別表第1(5)項の共同住宅や長屋又は一定の住宅については、消防長等の同意を要することとしている。それは「1戸建の住宅で住宅の用途以外の用途に供する部分の床面積の合計が延べ面積の1/2以上であるもの又は50m^{2}を超えるもの」である。これらは、消防法第7条の規定により消防用設備等の設置・維持義務が課せられているものである。逆にいうと、これらに含まれない住宅は、確認申請が不要とされるケースがあり得るということになる。

そこで住宅に限って、確認申請の必要があるかどうかを表にまとめてみることとする。（次頁参照）

（建築確認等に係る消防機関の対応）……火災予防条例（例）の運用通達第5

火災予防条例（例）の運用通達（平16.12.15消防安第228号）第5によれば、次のように示されている。

補講-2　住宅用防災機器

第5　建築確認等に係る消防機関の対応に関する事項

1　建築基準法第93条第4項により、消防長（消防署長）の同意の必要のない住宅に係る対応について

　　建築基準法施行令の改正により、建築基準法第6条第1項の建築基準関係規定に位置づけられたことから、特定行政庁等を消防機関との緊密な連携及び相互協力により、すでに建築基準関係規定となっている消防法第9条〔火気使用設備等〕等に係る建築確認事務と同様に適切な対応とする等、事務の円滑な処理を図ること。

2　建築確認を必要としない住宅に係る対応について

　　建築確認を必要としない住宅（既存住宅を含む。）については、管内調査、地域の自主防災組織等との連携等によりその把握に努め、積極的に住宅用防災機器の設置について指導すること。

（既存住宅への適用）……火災予防条例　（例）の運用通達第4

　既存住宅への適用に関しては、改正条例の施行期日（平成18年6月1日、附則第1項）にかかわらず一定の猶予期間が設けられているので、それを次に示す。

附則第2項（経過措置）

2　この条例の施行の際、現に存する住宅（改正後の〇〇市（町・村）火災予防条例（以下「新条例」という。）第29条の2に規定する住宅をいう。以下同じ。）における同条各号に掲げる住宅用防災警報器若しくは住宅用防災報知設備（以下「住宅用防災警報器等」という。）又は現に新築、増築、改築、移転、修繕若しくは模様替えの工事中の住宅に係る住宅用防災警報器等が新条例第29条の2から第29条の5までの規定による住宅用防災警報器等の設置及び維持に関する基準に適合しないときは、当該住宅用防災警報器等については、平成〇年〇月〇日までの間、これらの規定は、適用しない。

この附則第2項の運用に関しては、やはり運用通達において、次のように示されている。

第4　附則に関する事項

1　既存住宅への適用時期について（附則第2項関係）

　　この条例施行の際、現に存する住宅又は現に新築、増築、改築、移転、修繕若しくは模様替えの工事中の住宅（以下「既存住宅」という。）に係る住宅用防災機器が、第29条の2から第29条の5の規定による住宅用防災機器の設置及び維持に関する基準に適合しないときは、当該住宅用防災機器については、適用日を定めた上で、その適用日までの間、これらの規定は、適用しないこととされたいこと。

　　なお、適用日は具体的な日付けを明示する必要があり「当分の間」とする等の規定は改正法令の趣旨にそぐわないものであること。

2　既存住宅への適用時期の考え方について

　　消防法改正による住宅への住宅用防災機器の設置及び維持の義務づけについては、最近の住宅火災による死者数の急増等にかんがみ行われたものであることから、新築住宅、既存住宅の区分を問わず

同時期が望ましいものであること。

しかしながら、既存住宅への住宅用防災機器の設置及び維持の義務付けについては、住民の理解を図りつつ行う必要があることから、各市町村における住宅火災による死者の発生状況や、広報活動による住民の認識の高まり、既存住宅における普及体制の整備状況等を勘案して、最終的に市町村で判断し、その適用時期を定める必要があること。

なお、消防法改正の趣旨をかんがみ、早急に既存住宅への適用の環境を整え、新築住宅への適用から原則として **2年後**（平成20年5月31日）、**遅くとも5年後**（平成23年5月31日）までに全市町村において既存住宅への適用が必要と考えられること。

3　その他

条例で定められた既存住宅への適用日以降、増築又は改築の申請を行う住宅についても、住宅用防災機器の設置を確認する必要があることから、当該適用日を定める際、特定行政庁等との連絡を密に行うこと。

なお、新築住宅又は既存住宅を問わず、住宅用防災機器の設置について、高齢者等の居住する住宅については、「老人日常生活用具給付等事業」の活用により一層の促進を図るよう、既に通知済みの「高齢者等の居住する住宅における防火対策の充実について（平成16年6月29日付消防安第123号）」を参照のこと。（運用通達第5、3その他）

建築物に関する基準が改正される場合、建築基準法の例でいうと、同法第3条第2項の規定にあるように、現に存する建築物（工事中のものを含む。）については、不適合部分が存在しても適用しない、とするのが通例である。すなわち、新基準は施行後、新らたに着工する建築物に限って適用されることとなる。例えば、防火地域に指定された場合に、その地域内の木造建築物を全て一夜で耐火建築物に建て替えることは不可能であるからである。

しかし、この条例改正は、既存住宅においても、住宅用防災警報器等を設けることは、費用面からみても、また工事手間の面からみても、一定の猶予期間を設ければ、それ程の負担を強制することとならないであろうし、一方、住宅火災における死者発生数の増加を押え、さらにそれを減少させるということは、喫緊の重要性があるからであろう。

一応、条例（例）では、猶予期日を示さずに地方公共団体の自主的判断に委せることとしているが、この期日をどのように定めるかは、今後、当局の頭を悩ませることとなろう。各地方公共団体は、固定資産税の徴収等を通じて、既存住宅の総量は把握していることであろう。一般的に言って、通常は、市町村内の建築物の床面積の総計の約半分は住宅であると考えてよい。全国では、戸数が4000万戸以上存在しているし、毎年100万戸以上の住宅が建設されている。また、住宅の所有者又は占有者の中には、負担に耐えられない低所得者も数多く居られよう。

そのような条件の中、猶予期限をどのように定めるのが適切であろうか。仲々の難題である。

通達（平成16年12月15日付消防安第228号「改正火災予防条例（例）の運用について」）第四1においては、「当分の間」とするのは適切でなく、具体的な日付を明示する必要があるとしている。

補講－2　住宅用防災機器

確認申請・消防同意が必要な住宅・必要でない住宅

(建築基準法第6条第1項・第2項、第93条、建築基準法施行令第147条の3、消防法第7条、消防法施行令第1条)

住宅
├─ 共同住宅（床面積100㎡超）
│　　（建基法第6条第1項第1号）──── 確認申請必要・消防同意有
└─ 上記以外の住宅
　　├─ 大型住宅等
　　│　1．木造……延べ面積500㎡超
　　│　　　　　又は高さ13m超
　　│　　　　　　軒の高さ9m超
　　│　2．木造以外……階数2以上
　　│　　　　　又は延べ面積200㎡超
　　│　　（建基法第6条第1項第2号・第3号）──── 確認申請必要・消防同有(注)
　　└─ 大型住宅等以外の住宅
　　　　├─ 都市計画区域内
　　　　│　●新築住宅………すべて
　　　　│　●増築・改築・移転住宅
　　　　│　　防火・準防火地域内すべて
　　　　│　　防火・準防火地域外……
　　　　│　　　……床面積10㎡以内免除
　　　　│　　（建基法第6条第1項第4号、同条第2項）──── 確認申請必要・消防同有(注)
　　　　└─ 都市計画区域外
　　　　　　　　　確認申請不要 ──── (確認不要につき、消防同意もなし)
　　　　　　（既存住宅で増改築を行わないもの・約4000万戸）
　　　　　　確認も同意もない、これらにどうアプローチするか。

(注)防火地域及び準防火地域外にある1戸建住宅は、確認申請があっても消防同意は省略されている。ただし、併用住宅等で、住宅以外の用途部分が延べ面積の1／2以上、又は50㎡超の場合は、消防同意が必要(建築令第147条の3、消令第1条)

(注)準都市計画区域は、都市計画区域と同じ扱いとする。

●住宅における火災の予防の推進

改正火災予防条例（例）においては、住宅における住宅用防災機器の設置及び維持の義務化に加えて一般的な住宅火災の予防推進策を設けているので、それを次に示す。（火災予防条例（例）第29条の7）

　　　市町村火災予防条例（例）
　（住宅における火災の予防の推進）
第29条の7　○○市（町・村）は、住宅における火災の予防を推進するため、次に掲げる施策の実施に努めるものとする。
　一　住宅における出火防止、火災の早期発見、初期消火、延焼防止、通報、避難等に資する住宅用防災機器その他の物品、機械器具及び設備の普及の促進
　二　住民の自主的な防災組織が行う住宅における火災の予防に資する活動の促進
2　○○市（町・村）民は、住宅における火災の予防を推進するため、第29条の3第1項に定める住宅の部分のほか、台所その他の火災の発生のおそれが大であると認められる住宅の部分における住宅用防災警報器等の設置に努めるものとする。

この条の規定については、運用通達第3に次のように示されている。

第3 住宅における火災の予防の推進に関する事項(第29条の7関係)

1 本条は、法令において義務づけられていない部分(台所など)への設置の促進等、各消防機関が様々な住宅防火に係る施策の推進に資するよう例示したものであり、市町村の実情の応じ、柔軟に対応しても差し支えないものであること。

2 第29条の7第1項第1号に規定する「その他の物品、機械器具及び設備」とは、新たな住宅防火対策の推進について」(平成13年4月1日付け消防法第91号)別添「住宅防火基本方針」第4、2に掲げる住宅用防災機器等であり、例えば**住宅用消火器**、**住宅用自動消火装置**、**防災品等**がこれに該当すること。

3 台所へ設置する住宅法防災警報器等の種別等については、今後示す予定であること。

(注)台所においては、焼き魚などによる煙の発生等が予想されることから、熱感知型の住宅用防災警報器を使用するのが適切であると考えられる。

この火災予防条例(例)第29条の7は、単に住宅の寝室等に住宅用防災機器を設置すれば足りるというものではなく、基本的に住宅における出火を減少させることの重要性を示しているものと言える。確かに出火を早期に覚知し、避難をすることは最重要事項であるが、日頃からの自主防災活動等を通じて通報・避難等の訓練を行うことも重要である。また、住宅として出火原因となりやすい火気使用設備の周辺(台所等)には、寝室とは別に住宅用防災警報器等(熱感知型)を設置するという対策も重要である。

MEMO

MEMO

編集・著作権及び
出版発行権あり
無断複製転載を禁ず

6訂版
消防設備がマスターできる！
消防設備アタック講座〔上〕

定価（本体3,685円）
（本体3,350＋税10％）

著者　髙木　任之

監修　小林　恭一

発行　平成11年12月8日（新世紀版第1刷）
　　　平成27年8月18日（6訂版第1刷）
　　　令和4年11月19日（6訂版第6刷）

発行者　近　代　消　防　社
　　　　三ツ井　栄志

発行所

株式会社　近　代　消　防　社

〒105-0021　東京都港区東新橋1丁目1番19号
（ヤクルト本社ビル内）
TEL　東京　(03) 5962－8831㈹
FAX　東京　(03) 5962－8835
URL　https://www.ff-inc.co.jp/

＜振替　00180－6－461　　00180－5－1185＞

ISBN978－4－421－00869－2　〈乱丁・落丁の場合はお取替え致します。〉2015©